文京学院大学総合研究所叢書 4

対人援助のための
コミュニケーション学

実践を通じた学際的アプローチ

伊藤英夫・工藤秀機・石田行知【編】

文京学院大学総合研究所

対人援助のためのコミュニケーション学
―― 実践を通じた学際的アプローチ ――

はしがき

編者を代表して
工 藤 秀 機

　心理学者エドガー・ルビンが考案したルビンの壺といわれる図形がある。背景に黒地を用いた白地の図形で，見方により向き合った二人の顔にも見えるし大型の壺にも見えるという特徴を持つ多義図形のことである。図の白い部分に注目する癖のある人はこの図を壺と認識し，図の黒い部分に注目する傾向のある人はこの図を向き合った2人の顔と認識する。人の癖によって同じ図形が別のものに見える，このような現象は，コミュニケーションの場面においてもしばしばみられる。つまりコミュニケーションの場において，個人個人に備わっている遺伝的要因，社会環境，経験，志向といったさまざまな背景の相違により，片方の感情や思いが相手側に異なって受け取られるという事態が生じるのである。

　家族間のコミュニケーション，友人同士のコミュニケーション，職場におけるコミュニケーション，あるいは日常生活上でのありふれたコミュニケーショの場において，常に自分の伝達したいことが思いどおりに相手方に伝わっているかというと，必ずしもそうとは限らない。自分の気持ちや考えを相手に伝えたつもりであっても，受け手側の理解や解釈がわずかに食い違うことで共感を得られないことも起きる。それは前述した個人個人の背景が異なることに起因している。

　ある程度の時間をかけて繰り返しコミュニケーションが継続されないと，不十分な相互理解のため，的確な意志疎通の得られない可能性が生まれる。

　コミュニケーションを重ねる機会の少ない交渉の場面や，会見あるいは報道の場などにおいては，短時間で相手に伝えたい事柄を理解してもらう必要性から，効果的な意思伝達のためのコミュニケーション技法への需要が生まれるようになり，これらの需要にこたえる形でコミュニケーション技法を必要とする人たちへの解説書等が既に数多く出版されている。

　このように，日常的な社会生活の中のコミュニケーションにおいてさえ，自分の考えや感情を忠実に相手側に伝えることのむずかしさがあるわけであるが，コミュニケーションがさらに困難となる特殊な場合には，専門的コミュニケーション技法の知識なくしては，相互に適切な関係性を築くことは難しくなる。

　例えば，コミュニケーションの対象が幼児や児童，発達障害の人，高齢者，身体に障害を抱えている人，病人，認知機能が低下している人，あるいは外国人であったり，災害等により困難な状況に置かれている人であったりするような場合には，日常的に行われているごく当たり前のコミュニケーションだけでは相互の思いや気持ちを適切に伝達することが大変難しくなってしまう。

i

この人たちは，他者からの支援もしくは援助を必要としている場合が多いのであるが，コミュニケーションの技術が稚拙であれば，支援する側と支援される側との間に感情，思い，考えなどの伝達内容に乖離が生じ，適切な支援を行う上で支障が出る。さらに支援する者と支援される者との間で個々の背景や状況が大きく異なっていることが多いことなどから，両者のコミュニケーションは的確性を欠きやすく，誤解や反発が生まれる可能性すらある。

　対人援助は適切なコミュニケーションがなされてこそ成果を出すのであり，このために対人援助に特化した専門的コミュニケーション技法が必要とされるのである。

　本書は，この特別な対人援助のためのコミュニケーション技法を1つの学問体系として捉え，文京学院大学の諸学部に所属する各分野の専門家が，理論面と実践面で積み上げた知識と経験をもとに執筆されたものを一冊の書籍にまとめたものである。医療や福祉，教育等の分野で様々な支援に携わる専門職の方々や，こうした分野に関心をもっておられる学生諸君，ならびに研究者の方々の参考書として，ぜひご一読いただきたいと願っている。

2018年　秋　文京学院大学学長室にて

目　　次

はしがき────（工藤 秀機）i

序　章　支援とコミュニケーション────────────（伊藤 英夫）1
 （1）対人援助とコミュニケーション　1
 （2）対人援助の実際　1
 （3）対人援助職の養成　2
 （4）対人援助職に必要なコミュニケーションの力　3
 （5）共　生　社　会　4

第1部　子どもへの支援とコミュニケーション

第1章　保育の質の向上を図るコミュニケーション────（椛島 香代）9
第1節　乳幼児の理解を図る……………………………………………9
 （1）保育実践と乳幼児理解　9
 （2）記録から乳幼児理解を深める　10
 （3）観点の設定　10
 （4）乳幼児の育ちを捉える──教育課程との関連で　11
第2節　環境との「かかわり」を支援する──モノに着目して…………12
 （1）保育環境とは　12
 （2）遊びを生み出す環境　12
 （3）物的環境を考える　13
 （4）環境を再構成する　14
第3節　環境との「かかわり」を支援する──ヒトに着目して…………14
 （1）環境の一部としての保育者　14
 （2）遊びに保育者がどうかかわるか　15
 （3）幼児間のコミュニケーションを図る　16
 （4）幼児の多様性を受け止めながら　16
第4節　保育者間の協働を考える………………………………………17
 （1）複数担任間の連携を図る　17
 （2）キャリアの違いを乗り越える　19
 （3）多様な見方を包含して　20
 （4）保育実践の質の向上を図るために　21

第2章　環境との身体的コミュニケーション ──────（木村　学）23
　　　　　子どもの環境認識をどのように援助できるか

　第1節　環境とのコミュニケーション……………………………………………23
　第2節　身体的コミュニケーションと現代的課題………………………………24
　第3節　マイナー・サブシステンスに見られる遊びと身体技法………………26
　第4節　子どもの環境認識…………………………………………………………27
　第5節　援助者の役割………………………………………………………………28

第3章　養子縁組家族と出自に関するコミュニケーション ────（森　和子）35

　第1節　養子縁組の概要と現状……………………………………………………35
　第2節　出自を知ることの必要性──「真実告知」「ルーツ探し」……………36
　第3節　家庭における出自に関するコミュニケーション………………………37
　第4節　養子縁組家庭での出自に関するコミュニケーションの事例…………38
　　（1）幼児期〜児童期の成長発達課題──最初の真実告知への適応　39
　　（2）学童期の成長発達課題　40
　　（3）青年期〜成年期の成長発達課題　43
　　（4）壮年期〜老年期の成長発達課題　45
　第5節　養子としてのアイデンティティの形成…………………………………46
　　（1）幼年期──養親と養子の蜜月　46
　　（2）学童期──自分の成育歴への疑問と理解　47
　　（3）青年期──生みの親へのアプローチ　47
　　（4）成人期──血縁の家族の構築　48
　　（5）壮年期──取り除かれる生みの親との垣根　48
　　（6）老年期──2組の親がいるかけがえのない自分　49

第2部　障害のある人への支援とコミュニケーション

第4章　知的障害児への支援とコミュニケーション ──────（柄田　毅）53

　第1節　知的障害の理解と支援……………………………………………………53
　　（1）障害の理解と支援の基本理念　53
　　（2）知的障害とは　54
　　（3）共生社会の理念に基づく知的障害児への支援　55
　第2節　知的障害児のコミュニケーション障害…………………………………55
　　（1）知的障害によるコミュニケーションの困難　55

(2) 認知発達段階によるコミュニケーションの特徴の違い　56
　第3節　知的障害児への支援とコミュニケーションの実践……………………57
　　(1) 人間のコミュニケーションの概要　57
　　(2) 乳幼児期のコミュニケーションの特徴と知的障害児への支援の手がかり　58
　　(3) 重度知的障害児へのコミュニケーション機会を促進する支援　60
　　(4) 話ことばによる知的障害児のコミュニケーション支援　61
　　(5) 知的障害児への支援を担う指導者の基本的姿勢　63

第5章　発達障害児へのコミュニケーション支援────────(伊藤 英夫) 65
　第1節　発達障害とは………………………………………………………………65
　第2節　新しい発達障害の考え方…………………………………………………66
　第3節　発達障害の認知特性と情報処理特性……………………………………67
　　(1) ミラーニューロン　67
　　(2) 継時処理と同時処理　67
　　(3) 実行機能とワーキングメモリー　68
　第4節　補助・代替コミュニケーション（AAC）………………………………69
　　(1) 補助・代替コミュニケーション（AAC）とは？　69
　　(2) AACの2つの側面　69
　　(3) AACの手段による分類　70
　　(4) サイン・手話　70
　　(5) 図形シンボル　71
　　(6) 図形シンボルのステップ　72
　　(7) シンボルとしての具体物──ある特別支援学校での実践　73
　　(8) AACのためのアセスメント　73
　　(9) VOCA　73
　第5節　療育・保育・教育の現場におけるAACの活用…………………………74
　　(1) VOCAを使った指導例　74
　　(2) 支援に選択肢を作るということ　76
　　(4) ライフサイクルという視点の重要性　77
　　(5) 既成概念をうち砕いて，意識を変えること　77

第6章　SSTを中心とした精神障害者支援とコミュニケーション──(柴田 貴美子) 79
　第1節　精神障害の現状……………………………………………………………79
　　(1) 精神障害とは　79
　　(2) 統合失調症とは　80

第2節　社会生活技能訓練（SST）……………………………………………………83
　　（1）　SSTの概要　83
　　（2）　統合失調症に対するSSTの効果　84
　　（3）　基本訓練モデル　84
第3節　SSTを活用したコミュニケーション支援………………………………………85
　　（1）　SSTの目標設定を通して　85
　　（2）　統合失調症の事例──伸一さん（仮名），25歳，男性，統合失調症　86
第4節　支援者としてのコミュニケーション……………………………………………88
　　（1）　支援者として「伝える」　88
　　（2）　支援者として「聴く」　90
　　（3）　支援者としての心構え　91

第3部　医療現場での支援とコミュニケーション

第7章　医療ソーシャルワーカーのコミュニケーションスキル ──（笹岡眞弓）　97
第1節　医療現場における「コミュニケーション」の実際…………………………97
第2節　ソーシャルワークにおけるコミュニケーションスキル……………………99
第3節　MSWとはだれか？……………………………………………………………100
　　（1）　90年の歴史──発展途上の職業　100
　　（2）　MSWは医療職か福祉職か？　もめた20年
　　　　　　──MSWはSocial Worker in Medical Field　101
　　（3）　医療ソーシャルワーカー業務指針　101
第4節　生活モデルの普及──コミュニケーションがより重要なキーワードに………102
　　（1）　日常的な繋がりを構築する──地域包括ケア時代を迎えて　102
　　（2）　説得しない──患者のQOLのために　103
　　（3）　Face to face──情報共有の基本　104
　　（4）　パブリックスピーチ──MSW業務の延長線上にある　104
第5節　「医療の場」でコミュニケーションを構築する
　　　　　──MSWのコミュニケーションスキル……………………………………105
　　（1）　退院援助──待つ力　105
　　（2）　薬物等，アディクションの患者への支援──患者の側に立つこと　105
　　（3）　自殺企図──積極的な介入が不可欠　106
　　（4）　虐待──その事実に対峙する　106
　　（5）　チーム医療（多職種連携）に──適切な自己主張　106

第8章　チーム医療とコミュニケーション ────────（草野 千秋）109

第1節　チームとは……………………………………………………………………109
(1) 集団（グループ）とチーム　110
(2) 組織におけるチームの必要性　110
(3) チームワークに働きかけるチームマネジメント　111

第2節　集団のコミュニケーション……………………………………………………112
(1) 社会的スキルとしてのコミュニケーション　112
(2) 組織コミュニケーションの重要性とその役割　112
(3) チームコミュニケーション　113

第3節　チーム医療のコミュニケーション構造…………………………………………115
(1) 医療組織の構造と専門職　115
(2) チーム医療におけるコンフリクトとコミュニケーション　117
(3) チーム医療のコミュニケーション構造　118

第4節　チーム医療のコミュニケーションマネジメント……………………………119
(1) リーダーの役割──チームリーダーシップとチームマネジメント　119
(2) チーム訓練の可能性　121
(3) チーム医療の最近の動向　121

第9章　緩和ケアにおけるコミュニケーション ───────（奥原 秀盛）125

第1節　緩和ケアとは……………………………………………………………………125
(1) 緩和ケアが広がった背景　125
(2) ホスピス・緩和ケアの歴史と発展　127
(3) 緩和ケアの定義とその変遷　128
(4) 緩和ケアにおける重要な「全人的ケア」という概念　130

第2節　緩和ケアにおける援助的コミュニケーション………………………………131
(1) がん患者の体験　131
(2) 緩和ケアにおけるコミュニケーションスキル　132

第3節　意思決定支援とコミュニケーション…………………………………………135
(1) インフォームドコンセント　135
(2) アドバンスケアプランニング　136

第4節　家族とのコミュニケーション…………………………………………………137
(1) 緩和ケアにおける家族の位置づけ　137
(2) 家族のニーズに対する支援　137

第4部　高齢者支援のためのコミュニケーション

第10章　超高齢社会におけるコミュニケーションによる高齢者支援 ──（大橋 幸子）143

第1節　超高齢社会，日本──我が国の高齢化率の行方 …………………143
(1) 高齢化の進展　143
(2) 高齢化率の行方　144
(3) 高齢化率の上昇と社会問題　145
(4) 将来の平均寿命は男性84.95年，女性91.35年　146

第2節　高齢者におけるコミュニケーションの機能 …………………146
(1) コミュニケーション　146
(2) コミュニケーションとマズローの欲求5段階説　146
(3) マズローの欲求5段階説と高齢期の問題　148
(4) コミュニケーショナル・サポート──コミュニケーションによる高齢者支援　149

第3節　高齢者のコミュニケーションと心理──コミュニケーショナル・サポート …150
(1) 精神的欲求を実現する機能的コミュニケーション社会　150
(2) 社会的欲求へのコミュニケーショナル・サポート　151
(3) 承認欲求・自己実現欲求へのコミュニケーショナル・サポート　151
(4) 繰り返し継続する，チームで実践する　152

第4節　要介護高齢者コミュニケーショナル・サポートのヒント …………………153
(1) 要介護高齢者にむけたコミュニケーショナル・サポート　153
(2) 表情をよみとること，小さな変化に気づくこと　154
(3) 承認を支援するコミュニケーション　155
(4) 高齢期はだれにも訪れる──人生の四季・過渡期を意識して備える　155

第11章　在宅高齢者のQOLを高める支援 ──（奈良　環）159
　　　　　これからの在宅生活を支えるために必要なこと

第1節　多様化する高齢者の生活 …………………159
(1) 変わりゆく終の棲家　160
(2) 高齢者像の変化　161
(3) 仕事と社会参加　161
(4) 老年期を迎える準備と仕事　162

第2節　要支援・要介護者の在宅生活を支える …………………164
(1) フレイル予防　164
(2) 生活支援・介護予防サービスの充実　165

(3) 地域住民による活動　*166*
　　(4) 通所型サービスの多様化　*168*
第 *3* 節　在宅高齢者のQOLの向上に関わるリーダーの育成 …………………………… *168*

第 *12* 章　閉じこもり高齢者への支援 ───────────── （山崎 幸子）*171*
　　　　　　家族等によるコミュニケーションのあり方
第 *1* 節　高齢者の閉じこもりとは ……………………………………………………………… *171*
　　(1) 閉じこもりの定義　*171*
　　(2) 諸外国におけるホームバウンドと閉じこもりの差異　*172*
第 *2* 節　閉じこもりをもたらす要因とは ……………………………………………………… *173*
　　(1) 閉じこもりの関連要因　*173*
　　(2) 閉じこもり状態改善のための支援プログラム　*174*
第 *3* 節　閉じこもりの改善に向けた専門家による心理的要因へのアプローチ ………… *175*
　　(1) 心理療法の一種であるライフレビューを用いた支援　*175*
　　(2) 外出に対する自己効力感を向上させるための運動を活用した支援　*176*
第 *4* 節　閉じこもりの改善に向けた社会・環境面へのアプローチ ……………………… *178*
　　(1) 閉じこもりをもたらす同居家族の関わり　*178*

第 *5* 部　文化的・経済的障壁とコミュニケーション

第 *13* 章　権利アプローチによる子ども支援とコミュニケーション ──（甲斐田 万智子）*185*
第 *1* 節　途上国における子ども支援の変遷──子どもの権利条約と権利アプローチ … *185*
　　(1) 子どもの権利条約の採択とその前後　*185*
　　(2) 権利アプローチの推進　*186*
　　(3) 子どもの意見表明　*187*
第 *2* 節　子どもの意見表明の機会の保障 ……………………………………………………… *188*
　　(1) 子どもの声を聴く国際社会の取組み　*188*
　　(2) 国レベルで子どもの声を聴く取組み　*190*
　　(3) 地域レベルで子どもの声を聴く取組みに関する国際的議論
　　　　──子どもにやさしいまちづくり　*190*
第 *3* 節　カンボジアで子どもの意見を聴く地域レベルの取組み …………………………… *191*
　　(1) カンボジアの文化と子どもの権利　*191*
　　(2) 地域における権利保有者である子どものエンパワーメントの事例　*192*
お わ り に ………………………………………………………………………………………… *198*

第14章　言語的マイノリティの子どもへの教育支援 ――――（小林 宏美）201

第1節　外国人住民の増加と外国人児童生徒の現状……………………………201
(1) 外国人住民の増加　201
(2) 外国人児童生徒のおかれている現状　202
(3) 言語的マイノリティの子どもへの教育支援と本章の視座　202

第2節　言語的マイノリティに寄り添う教育……………………………………203
(1) 言語的マイノリティと文化資本　203
(2) バイリンガル教育の射程　204
(3) なぜ子どもの母語・母文化が大切なのか　205
(4) 母語の喪失と親子の関係　205

第3節　言語的マイノリティの教育実践における母語の使用………………207
(1) 言語的マイノリティにとってどのような学習環境が望ましいのか　207
(2) カナダにおけるバイリンガル教育の実践例　207

第4節　アメリカの言語的マイノリティに対するバイリンガル教育………208
(1) アメリカの状況　208
(2) ロサンゼルスの言語的マイノリティに対するバイリンガル教育　208

第5節　外国人児童生徒にとって望ましい教育とは…………………………211

第15章　異文化間の信頼関係構築とコミュニケーション ――――（能間 寛子）215

第1節　信 頼 と は………………………………………………………………215
(1) 信頼の定義　215
(2) 信頼が必要なときとは　216
(3) 信頼とリスク　217
(4) 信頼とコントロール　218

第2節　信頼の種類………………………………………………………………219
(1) 合理的信頼　219
(2) 知識に基づく信頼　220
(3) 情緒的信頼　220
(4) アイデンティティに基づく信頼　221

第3節　信頼関係構築のプロセス………………………………………………222
(1) 信頼のシグナル　222
(2) 信頼のシグナルのコミュニケーション　223
(3) 変化する信頼の性質と相互依存性　224
(4) 不均衡な信頼　225

第 *4* 節　信頼関係構築における文化的影響……………………………………………226
　（1）　高信頼文化と低信頼文化　*226*
　（2）　日本文化に関する信頼の研究　*227*
　（3）　文化的感受性　*228*

第 6 部　災害支援とコミュニケーション

第 16 章　被災者の生活再建における環境調整と被災者間コミュニケーション
――――――――――――――――――――――――――――（嶋崎 寛子）*235*

第 *1* 節　東日本大震災の被害と影響の長期化………………………………………235
第 *2* 節　英雄期の被災者の生活………………………………………………………236
　（1）　避難所での生活　*236*
　（2）　避難所での生活支援　*237*
第 *3* 節　ハネムーン期の生活…………………………………………………………238
　（1）　仮設住宅での生活（前期）　*238*
　（2）　仮設住宅での生活支援（前期）　*239*
第 *4* 節　幻滅期の生活…………………………………………………………………241
　（1）　仮設住宅での生活　*241*
　（2）　仮設住宅での高齢者の生活支援（後期）　*241*
第 *5* 節　再建期の生活…………………………………………………………………242
　（1）　恒久住宅での生活　*242*
　（2）　恒久住宅での生活支援　*243*

第 17 章　被災者―支援者の関係を越えたコミュニケーションの在り方 ――（中山 智晴）*247*
第 *1* 節　「幸せな暮らし」とは…………………………………………………………247
　（1）　幸せな暮らしとは何か　*248*
　（2）　物質的欲求から精神的欲求へ　*249*
　（3）　東日本大震災のもたらしたもの　*249*
　（4）　豊かさを「得ること」から「分かち合う」時代へ　*250*
第 *2* 節　被災者と支援者との今後の関係性……………………………………………251
　（1）　支援者と被災者の関係性に関する調査　*251*
　（2）　支援者へのインタビュー調査概要　*252*
　（3）　被災者と支援者の今後の関係性　*253*
　（4）　被災者の自立　*253*

第3節　自然界の仕組みから「相互扶助」の在り方を考える……………………254
　　　(1) 生物学的「相互扶助」の仕組み　254
　　　(2) 生き物は強くなくても生き残れる　255
　　　(3) なぜ，共生社会が必要なのか　256
　　第4節　被災者－支援者の関係を越えたコミュニケーション……………………258
　　　(1) 被災者の「ニーズ」と支援者の「支援欲求」のズレ　258
　　　(2) 「共生する社会」のためのコミュニケーションの重要性　258
　　　(3) コミュニケーション支援による共生社会の実現に向けて　259

第18章　東日本大震災におけるボランティア活動とコミュニケーション──（文野　洋）263
　　第1節　災害とコミュニケーション………………………………………………263
　　　(1) 災害に関連するコミュニケーション　263
　　　(2) 減災コミュニケーション　264
　　　(3) 災害支援のコミュニケーション　266
　　第2節　東日本大震災におけるボランティア活動の体験の意味づけ……………266
　　　(1) 体験の意味づけとコミュニケーション　266
　　　(2) NPO法人「まごころネット」を通じた災害支援ボランティア活動　268
　　　(3) 大学生の災害支援ボランティア活動の語りの調査　269
　　　(4) 大学生の災害支援ボランティア活動の意味づけ　270
　　第3節　災害支援ボランティア活動とコミュニケーション………………………272
　　　(1) 災害支援ボランティア活動の参加者のコミュニケーション　272
　　　(2) 災害支援ボランティア活動のデザイン　272

あとがき ────（石田 行知）275

編者・執筆者紹介

（執筆順，〈 〉内は担当）

工藤　秀機（くどう ひでき）〈はしがき・編集〉
文京学院大学保健医療技術学部看護学科教授（学長）
専攻：　臨床医学，臨床栄養学
主要業績：
『臨床医科学入門』光生館，2004 年。（共著）
『栄養を知る事典』日本文芸社，2006 年。（共著）

伊藤　英夫（いとう ひでお）〈序章・第 5 章・編集〉
文京学院大学人間学部児童発達学科教授
専攻：　臨床発達心理学，発達障害
主要業績：
「臨床発達心理士の高度専門性の確立」臨床発達心理士認定運営機構監修　西本絹子・藤崎眞知代編著『臨床発達支援の専門性』ミネルヴァ書房，2018 年。
「自閉症スペクトラム障害児の言語発達」岩立志津夫・小椋たみ子編『よくわかる言語発達』改訂新版，ミネルヴァ書房，2017 年。
「個人の能力・特性のアセスメント」本郷一夫・金谷京子編『臨床発達心理学の基礎　シリーズ臨床発達心理学・理論と実践①』第 2 版，ミネルヴァ書房，2016 年。

椛島　香代（かばしま かよ）〈第 1 章〉
文京学院大学人間学部児童発達学科教授
専攻：　幼児教育学，乳幼児の人間関係の発達，保育方法
主要業績：
『就学前教育の計画を学ぶ──教育課程・全体的計画から指導計画へ』ななみ書房，2017 年。（共著）
『教育課程・保育課程を学ぶ──子どもの幸せをめざす保育実践のために』ななみ書房，2014 年。（共著）
「授業を通した保育者資質としての『表現力』の育成──演劇的手法の可能性に着目して」『保育士養成研究』33，2016 年。（共著）

木村　学（きむら まなぶ）〈第 2 章〉
文京学院大学人間学部児童発達学科准教授
専攻：　児童学，環境教育学
主要業績：
「学校生活と総合的学習の相互連関の一考察──子どもの興味・関心の芽生えはいかにして育まれるか」日本生活科・総合的学習教育学会『せいかつか & そうごう』16，2009 年。
「学校ビオトープにおける子どもの自然探索行動──休み時間の虫捕り遊びはいかにして展開されるか」日本環境教育学会『環境教育』35，2007 年。
「地域の ESD 活動に主体的に参加する学生」地域と連携する大学教育研究会編『地域に学ぶ，学生が変わる──大学と市民でつくる持続可能な社会』学芸大学出版会，2012 年。

森　和　子（もり　かずこ）〈第3章〉
文京学院大学人間学部人間福祉学科教授
専攻：児童家庭福祉学，里親養育
主要業績：
「『親になる』意思決定に関する一考察――実子を授からず里親になった夫婦の語りから」『家族関係学』23，2004年。
「養親子における『真実告知』に関する一考察――養子は自分の境遇をどのように理解していくのか」『文京学院大学人間学部研究紀要』7(1)，2005年。
「血縁によらない親子関係の再構築――真実告知後の養子と養母のやりとりの記録から」『家族心理学研究』30(2)，2017年。

柄　田　　毅（つかだ　たけし）〈第4章〉
文京学院大学人間学部児童発達学科教授
専攻：聴覚言語障害学，障害児指導法
主要業績：
「軽度聴覚障害児の聴力管理に関する配慮事項の検討」『文京学院大学人間学部研究紀要』15，2014年。
「重症心身障害児に対する指導におけるICT機器の活用について――特別支援教育に関する多領域支援の構築に向けて」『人間教育と福祉』4，2015年。
「地域発達相談における大学付設機関の役割について」『文京学院大学人間学部研究紀要』18，2017年。（共著）

柴田　貴美子（しばた　きみこ）〈第6章〉
文京学院大学保健医療技術学部作業療法学科准教授
専攻：精神障害リハビリテーション，精神科作業療法
主要業績：
「デイケアにおける症状自己管理モジュール改訂の試み」『精神障害とリハビリテーション』12，2008年。（共著）
「社会資源マップ作りを通した当事者・精神保健福祉関係者との協業」『埼玉作業療法研究』15，2015年。（共著）
「発達障害児とその親を対象としたSSTプログラムの有用性――親子SSTプログラム開発のための予備的研究」『作業療法』37，2018年。（共著）

笹岡　眞弓（ささおか　まゆみ）〈第7章〉
文京学院大学人間学部人間福祉学科教授
専攻：社会福祉学，医療ソーシャルワーク
主要業績：
「歴史的経緯を踏まえた社会事業・医療・公衆衛生における医療ソーシャルワーク業務の展開――病院完結型業務終焉への過程」学位論文，2017年。
「急性期病院におけるソーシャルワーカーの実務基準と質指標（クオリティーインジケーター，QI）の開発に関する実践研究」報告書，厚生労働省研究事業厚生労働科学研究費補助金（厚生科研費），2013年。（研究代表，共著）
『救急患者支援――地域につなぐソーシャルワーク』へるす出版，2017年。（共著）

草野　千秋（くさの　ちあき）〈第8章〉
　文京学院大学経営学部経営コミュニケーション学科准教授
　専攻：　組織論，人的資源管理論
　主要業績：
　「プロフェッショナル・チームに対するチーム訓練の可能性——デンマークのチーム医療訓練を事例にして」『日本マネジメント学会誌』20(1)，2018年。
　「プロフェッショナルのチームワークに関する考察——チーム医療のインプットからプロセスに向けたチーム・マネジメント」『経営論集』26(1)，2016年。
　「専門職マネジメントの変遷における今日的課題への視座」『経営論集』25(1)，2015年。

奥原　秀盛（おくはら　ひでもり）〈第9章〉
　文京学院大学保健医療技術学部看護学科教授
　専攻：　成人看護学，がん看護学
　主要業績：
　「複合的がんサポートプログラムに対する課題の検討」『Palliative Care Research』6(1)，2010年。（共著）
　「緩和ケア病棟における家族を対象としたサポートグループでの語りの様相」『日本がん看護学会誌』21(1)，2007年。（共著）
　「がん患者のためのサポートグループ・ファシリテーター教育プログラムの実施と効果」『Palliative Care Research』1(1)，2006年。（共著）

大橋　幸子（おおはし　さちこ）〈第10章〉
　文京学院大学保健医療技術学部作業療法学科教授
　専攻：　リハビリテーション作業療法学，高齢期作業療法
　主要業績：
　「介護老人保健施設でのリスク」丸山仁司編集『理学療法リスク管理・ビューポイント』文光堂，2008年。
　「作業療法評価学」「作業療法治療学」「日常生活活動（ADL）」長﨑重信編集『イラスト作業療法ブラウンノート』メヂカルビュー社，2008年。
　「応用動作」長﨑重信監修，木之瀬隆編集『作業療法学ゴールド・マスター・テキスト　日常生活活動（ADL）』メヂカルビュー社，2016年。

奈良　環（なら　たまき）〈第11章〉
　文京学院大学人間学部人間福祉学科准教授
　専攻：　介護福祉，在宅介護
　主要業績：
　「介護におけるコミュニケーション技法」日本介護福祉学会編集委員会編『介護福祉学事典』ミネルヴァ書房，2014年。
　「介護現場で必要とされるリーダー像」公益社団法人社会福祉振興・試験センター『介護福祉』102，2016年。

山崎　幸子（やまざき さちこ）　〈第12章〉
文京学院大学人間学部心理学科准教授
専攻：　老年臨床心理学
主要業績：
　"Long-term effects of Rice-farming care on cognitive function and mental health of elderly people with cognitive impairment: a follow-up study," *Psychogeriatrics*（in press）.（共著）
　「高齢者の閉じこもりをもたらす同居家族の関わりチェックリストの開発」『老年社会科学』39(3), 2017年。（共著）
　"Depression in older adults: Do close family members recognize it?" *Geriatrics & Gerontology International*, 16(12), 2016.（共著）

甲斐田　万智子（かいだ まちこ）　〈第13章〉
文京学院大学外国語学部英語コミュニケーション学科教授
専攻：　国際協力，子どもの権利，ジェンダー
主要業績：
　『小さな民のグローバル学――共生の思想と実践を求めて』上智大学出版，2016年。（共編）
　『SDGsと開発教育――持続可能な開発目標のための学び』学文社，2016年。（共著）
　『児童労働撤廃に向けて――今，私たちにできること』アジア経済研究所，2013年。（共著）

小林　宏美（こばやし ひろみ）　〈第14章〉
文京学院大学人間学部コミュニケーション社会学科准教授
専攻：　国際社会学，バイリンガル教育，多文化教育
主要業績：
　「『中国帰国者』の子どもの生きる世界――文化変容過程と教育」宮島喬・太田晴雄編『外国人の子どもと日本の教育――不就学問題と多文化共生の課題』東京大学出版会，2005年。
　『多文化社会アメリカの二言語教育と市民意識』慶應義塾大学出版会，2008年。
　「国境を超えて形成される家族関係――日本語を母語としない生徒への聞き取り調査から」坪谷美欧子・小林宏美編著『人権と多文化共生の高校――外国につながる生徒たちと鶴見総合高校の実践』明石書店，2013年。

能間　寛子（のうま ひろこ）　〈第15章〉
文京学院大学外国語学部英語コミュニケーション学科准教授
専攻：　経営学，組織行動，異文化コミュニケーション
主要業績：
　"Developing cultural sensitivity: Building intercultural trust between Japanese expatriate managers and Australian supervisors"『文京学院大学外国語学部紀要』16, 2017年。
　「職場における「素直さ」の役割：フォロワーの視点から」『文京学院大学外国語学部紀要』16, 2017年。
　"Sunao as character: its implications for trust and intercultural communication within subsidiaries of Japanese multinationals in Australia," *Journal of Business Ethics*, 113(3), 2013.（共著）

嶋﨑　寬子（しまざき ひろこ）　〈第16章〉
　文京学院大学保健医療技術学部作業療法学科助教
　　専攻：　地域作業療法
　　主要業績：
　　「南相馬市における仮設住宅住民の震災後の生活の特徴」『日本プライマリ・ケア連合学会誌』38(2)，
　　　2015年。（共著）
　　「社会資源マップ作りを通した当事者・精神保健福祉関係者との協業」『埼玉作業療法研究』15，
　　　2015年。（共著）
　　「震災後の地域在住高齢者に対する生活課題解決支援プログラムの効果検証」平成28年度南相馬市
　　　地域課題解決調査研究事業報告書，2017年。（共著）

中山　智晴（なかやま ともはる）　〈第17章〉
　文京学院大学人間学部コミュニケーション社会学科教授
　　専攻：　環境共生学，人と自然の共生メカニズム論
　　主要業績：
　　『競争から共生の社会へ——自然のメカニズムから学ぶ』改訂版，北樹出版，2016年。
　　『地球に学ぶ——人，自然，そして地球をつなぐ』第3版，北樹出版，2016年。
　　『地球との和解——人類と地球にはどんな未来があるのか』ジェローム・バンデ編，麗澤大学出版会，
　　　2009年。（共訳）

文野　洋（ふみの よう）　〈第18章〉
　文京学院大学人間学部心理学科准教授
　　専攻：　社会心理学，コミュニケーション
　　主要業績：
　　「インタビューにおける語りの関係性——エコツアーの参加観察」『社会心理学研究』23，2007年。
　　「体験から環境を学ぶ」茂呂雄二・田島充士・城間祥子編『社会と文化の心理学——ヴィゴツキーに
　　　学ぶ』世界思想社，2011年。

石田　行知（いしだ ゆきさと）　〈あとがき・編集〉
　文京学院大学保健医療技術学部教授（非常勤）
　　専攻：　生理・薬理学，筋生理学，天然物薬理学
　　主要業績：
　　"Compartmentation of ATP synthesis and utilization in smooth muscle: roles of aerobic glycolysis
　　　and creatine kinase," *Mol. Cell. Biochem*, 133/134, 1994.（共著）
　　"A specific interaction of arginine residue in μ-conotoxin with muscle-type sodium channel," in A.
　　　Mori, M. Ishida and J. F. Clark（ed.）, *Guanidium Compounds in Biology and Medicine*, 5,
　　　Blackwell Science, 1999.（共著）
　　「Hypoxia下における平滑筋の緊張と弛緩」『血管医学』2，2001年。

序章

支援とコミュニケーション

伊藤　英夫

(1) 対人援助とコミュニケーション

　人が人に対して組織的，系統的に援助を行うことを対人援助という。おもに，職業として行う援助を指すことが多く，「対人援助職」という用語も定着している。また広義の対人援助職としては，被災者支援や途上国支援などをオーガナイズするNPOの職員なども含まれることもある。そこには，対人援助職としての専門性が求められている。対人援助の現場では，援助ニーズのある人（要援助者）に，援助力を有する人（援助者）が直接かかわりながら援助を行う。この際の「直接かかわる」ためには，当然，対面のコミュニケーション力が要求される。その必要とされるコミュニケーション力とは，要支援者とのやりとりを通して，支援ニーズを正確に把握し，要支援者に合った効果的な支援方法を探り出して支援を行うとともに，支援結果や効果を読み取る力としても重要である。

(2) 対人援助の実際
① 対象となる人々

　対人援助の対象者となる人々は，乳幼児，障害児・者，病児・者，高齢者，外国人，被災者，社会的マイノリティなど，多岐にわたり，対象期間も乳幼児期から終末期まで全てのライフステージに及んでいる。特に最近は，その対象範囲が広がる傾向にある。たとえば，障害の考え方に「スペクトラム」という概念が導入されて以来，様々な人たちが対象となりつつある。それは，ある障害について，1つの連続体として捉える概念であり，色にたとえると，定型発達の白から重度の障害の黒までの間に，様々なスペクトラムのグレーが連続体として存在するというとらえ方である。このような考え方においては，障害か定型発達かという二分法の発想ではなく，限りなく定型発達に近い障害から重度あるいは典型的な障害まで，さまざまな障害の状態が存在する。したがって，障害と定型発達との間には明確な境界線があるわけではなく，ボーダレスの状態となる。この考え方は障害にとどまらず，病児・者，高齢者など，先に挙げた人々全てに当てはまり，支援が必要と感じる程度も様々である。

　このような考え方では，支援を必要とする人々は「異質」「特別」な人々ではなく，支援が必要ではないと思っていた人々も，やがては少しずつ支援が必要な人々へと移行していく可能性を

示しており，そういう人々全てを包み込む社会，すなわちインクルーシブな共生社会というとらえ方へと発展する。したがって，このような状況での支援ニーズの把握や支援の実際には，微妙な場合や慎重な判断を要する場合が増加し，より細やかなコミュニケーション力が必要とされるだろう。

② 対人援助職

このようにさまざまな支援ニーズの人々が存在すれば，それに対してさまざまな支援者が存在することになる。乳幼児に対する保育は保育士，幼稚園教諭がその役を担っており，学校の教員，養護施設，通園施設などの指導員，相談機関や学校などにおける心理職，保健所・保健センターの保健師，様々な医療機関・施設・教育機関等で支援する作業療法士，言語聴覚士，社会福祉士，産業カウンセラー，大学等でおもに研究に従事しながら臨床活動も行っている社会学者，教育学者，心理学者，社会福祉学者などさまざまである。さらに言えば，一般企業の人事課やさまざまな職種へのスーパーバイザーなども，広義の対人援助職と言えるだろう。

したがって，対人援助が行われるフィールドは，保育・教育機関，医療・保健機関，福祉施設，大学などの他に，国内にとどまらず，途上国や被災地での活動も含まれることになる。

(3) 対人援助職の養成
① 大学における対人援助職の養成

本書の執筆者が勤務する文京学院大学には，外国語学部，経営学部，保健医療技術学部，人間学部の4学部のうち，おもに保健医療技術学部と人間学部で対人援助職の養成を行っている。

保健医療技術学部には，理学療法学科，作業療法学科，臨床検査学科，看護学科の4学科があり，そのなかでも対人援助職の色彩が濃いのは，理学療法学科，作業療法学科，看護学科であろう。技術や知識を学ぶのは当然のことながら，対人コミュニケーションの力を養成することが重要なファクターとなる。理学療法学，作業療法学，看護学の知識や技術にいかに優秀でも，病気や障害を抱えている人々に対応する場合，その人々の心の状態を把握し，その人々の支援ニーズを掘り起こし，寄り添った支援を行うためには，適切なコミュニケーション力がなければ，円滑な支援は行えない。支援ニーズがあるからと言って，全ての人が前向きの状態とは限らない。人の心の状態は治療効果と密接な関係にあり，コミュニケーションの果たす役割は大きい。これらの力は，実技の授業や現場実習で身につけることとなる。

人間学部は，コミュニケーション社会学科，児童発達学科，人間福祉学科，心理学科の4学科からなり，いずれの学科も対人援助職の養成を行っている。コミュニケーション社会学科では，文字通り，地域社会での対人援助のためのコミュニケーション力を学ぶ学科である。特に，フィールドワークやインターンシップの形態をとる授業で実践におけるコミュニケーション力を養成している。児童発達学科は保育士，幼稚園教諭，小学校教諭に，人間福祉学科は，社会福祉士，精神保健福祉士，介護福祉士に，心理学科は公認心理師に対応しており，1年生で読み・書き・話す力を養成し，おもに2～4年生で現場での実習やインターンシップで対人コミュニケーション力を養成している。

学部として対人援助職の養成をうたっていない外国語学部や経営学部についても，一般企業の人事課などでは，さまざまな仕事上の悩みを抱えた社員への支援を行っているし，よい人材の育成を担うスーパーバイザーなど仕事に就くことも可能であろう。

② 最近の対人援助職養成における問題点

近年，対人援助職を養成する上で問題となっている現象がある。対人援助職を希望する学生の中に，対人関係やコミュニケーションが苦手な学生が増えている現象である。実習前の1～2年生の時点であらかじめその傾向がはっきりしている場合は，配慮が可能な施設や園で実習する場合もあるが，実習の現場でその傾向が発覚する場合もある。座学では優秀な成績を収めていても，実践の場でうまくコミュニケーションが取れなかったり，利用者や施設のスタッフとトラブルになるなどの現象が増えている。なぜ対人関係やコミュニケーションが苦手な学生が対人援助職を志望するのかという問題については，なるべく早いうちに自己分析に取り組ませることが必要である。自分の強みや弱みについて確認するとともに，自分のキャリアの方向性を考えることが重要な課題と言えよう。

(4) 対人援助職に必要なコミュニケーションの力

支援に必要なコミュニケーションには，関係性構築のためのコミュニケーションと支援に必要なコミュニケーションとがある。

① 関係性構築のためのコミュニケーション

関係性構築のためのコミュニケーションとは，いわゆる対人関係に必要なコミュニケーションである。支援の現場では，関係性構築と信頼関係構築のためのコミュニケーションが，まず重要なものとなる。支援が必要な人々を理解すること，同時に支援が必要な人々に理解されること，次の段階としてその人々との信頼関係を作るためのコミュニケーションスキルが必要となる。支援を円滑に進め，効果的に行うためには，まず関係性を構築し，信頼関係を構築する必要がある。

支援が必要な人々を理解するためには，その人がどんな性格なのか，支援者とどういう関係性を望んでいるのか，どういう背景の人生を送ってきた人なのか，どういう価値観を持った人なのかなどについて，コミュニケーションを通して把握する必要がある。もちろん，事務的に行っては関係性の構築はできない。根掘り葉掘り聞きすぎても警戒されてしまうので，一見普通の会話のなかから，相手を不快にさせずに自然な形で把握することが重要である。

支援が必要な人々に理解されるためには，支援者としての雰囲気，笑顔，さわやかな語り口など周辺言語による安心感をもたらすコミュニケーションが必要となる。

支援の内容によっては，信頼関係の構築が重要な要素となる場合がある。支援が必要な人々にとっては，支援者からのありきたりな，通り一遍の応答や誠意が感じられない対応では信頼関係を構築するのは難しい。いつでも誠実で明快な対応，支援者としての立場やポリシーが明確なことなどから，信頼関係が形成されていくのである。支援が深刻な内容の場合などは，ある程度の支援者の自己開示も有効な戦略となる。支援者が自分の場合はこうだったという自己開示を行うことで，親近感や共感性が芽生え，支援者に対する信頼が形成されていく。

② 支援に必要なコミュニケーション

　実際の支援を行う際には，支援を必要としている人々が安心して支援を受けることができることが大切である。そして自分の将来を肯定的に捉え，リハビリや療育・教育に対して積極的に取り組み，支援者を信頼して身をゆだねるためのコミュニケーションが重要となる。ノンバーバルな対象者の表情，雰囲気などを感じ取る感受性が高いと，支援内容や方法に配慮することができる。もちろん言語によるコミュニケーションも併行して行われ，それぞれが相補的な関係で進められる。

　筆者は30年以上，保健センターで乳幼児健診の発達相談を担当しているが，入室してくる際の保護者の表情，子どもへの言葉かけの内容や口調，無理に明るく振る舞っている様子，戸惑いを隠さず不本意な表情などを瞬時に読み取り，自己紹介とともに対象児の心配な状況について確認をとる。その際の保護者の表情の変化，微妙な雰囲気を分析しながら，しゃべる際の言葉の選択，説明の仕方，間の取り方などを調整する。同時に保護者の言葉遣い，しゃべり方や表情などから，障害のリスクに対する感じ方や考え方を感じ取りながら，保護者の性格傾向を考慮に入れ，どこまで説明するか，あるいは家庭での状況を聞くだけにとどめるかなど，当日の最終目標をどこに置くかを決めながら対応する。このように初回の相談では，なるべく保護者を不安にしないように心がけ，その後も相談を継続できるような配慮も必要となる。その際，最も難しいのが，自身の表情や口調である。特に表情は重要で，不安を与えないようにとあまりにこにこしていても違和感があるし，難しい表情ばかりでは，深刻な印象を与えてしまう。表情は自分でコントロールできる部分とできにくい部分があり，思わず表情に出してしまい，本音を悟られる場合があるので，注意が必要である。

(5) 共 生 社 会

　現代社会では先に述べたように，さまざまなスペクトラムの人々がさまざまな生活を送っている。わずかな支援で充分な人もいれば，多くの支援を必要としている人もいる。本来は，支援が必要だから弱者であるという考え方ではなく，支援が必要な人も必要でない人も同じ人間としては対等であるべきである。現在支援が必要でないとしても，将来必要となる人がほとんどだからである。このように，さまざまなスペクトラム，さまざまなステージの人々が一緒に暮らす社会こそが共生社会である。

　筆者は前任校で「福祉コミュニケーション論」という授業を担当していたことがある。実際に当事者から話を聞くのが一番と思い，地域の視覚障害者，聴覚障害者，身体障害者の当事者に特別講師として1回ずつ授業をしてもらった。おもに，ふだんはどういう生活を送っているのか，健常者とどのようにコミュニケーションをとっているのかなどについて講義してもらった。学生たちはほとんど初めて聞く話ばかりであったが，その後，街で講師の方に遭遇して挨拶ができたなどから始まり，駅などで困っている人を見つけて，声をかけられるようになったなどの報告を聞くようになった。学生たちの意識の中にあった，障害者と健常者との壁が少し取り払われた瞬間であった。筆者もこれこそが共生社会に必要な教育だと実感していた。

また筆者は，スペシャルオリンピックスという活動にもかかわっている。知的障害のある人たちのスポーツ活動である。そこで今，力を入れて取り組んでいるのが「ユニファイドスポーツ」と呼ばれるものである。団体競技のサッカーやバスケットなどで，障害者と健常者が混成チームを組んで行う競技である。彼らは互いにスポーツを通してコミュニケーションをとりながら，その人の個性，考え方，行動特徴，障害の特性などを学び合い，練習を重ねることでチームとして一致団結することができるようになる。これこそが共生社会の縮図のようなもので，これからのわれわれのあり方を暗示していると言える。つまり支援が必要な限り，支援者と要支援者という立場は存在するが，一方ではその両者が互いに協力し合って生活し，社会を作り上げていく必要があるということにほかならない。

　このような社会を目指すためにも，対人援助という場面で，専門職として何ができるのか，そのためにはどのようなコミュニケーションが必要なのかという問いに，それぞれの専門家の立場から切り込んでいくのが本書のねらいである。

第1部

子どもへの支援とコミュニケーション

第1章

保育の質の向上を図る
コミュニケーション

椛島　香代

✿本章では，保育における乳幼児の適切な理解を踏まえた環境構成や保育者のあり方について，実践事例を取り上げながら考察する。すなわち，保育学の領域から，乳幼児の成長を支える保育者の援助のあり方を考える。乳幼児の発達特性を鑑みて，乳幼児の身の回りの環境に対する主体的なかかわりを引き出すことが，その学習には重要であることはよく知られている。そのため，保育において教育環境の検討は欠かせない。保育者は，単に乳幼児を援助するのみならず，保育者自身も含めた乳幼児の生活する場全体を，教育環境としての適切性を吟味しつつ捉え構成していくのである。

　第1に，環境構成の根拠となる乳幼児理解について考える。対象となる乳幼児の実態に合わせた保育展開を図るために何をどうみればよいのか，その観点を検討する。第2に，環境構成をモノ（物的環境），ヒト（人的環境）の点から吟味する。特に，人的環境では，乳幼児の主体的な取組みである遊びを支援するために保育者の協働のあり方を考えていく。乳幼児が生活の中でモノやヒトとコミュニケーションしながら成長していく存在であることから，保育者の専門性とは単に一人ひとりの乳幼児の援助を行うのみではないことは明らかである。教育環境の質を考察したり，集団としての育ちを保障したりする側面でも専門性を磨く必要がある。より深いかつ多面的な乳幼児理解に支えられてこそ，適切な環境構成が可能になる。「協働」とは，保育者が互いに育ちあえる保育の評価も含まれているのである。

　　　keywords： 幼児教育，乳幼児理解，環境構成，保育評価，保育者の協働

第1節　乳幼児の理解を図る

(1) 保育実践と乳幼児理解

　保育実践は概ね計画→実践→評価→改善というPDCAサイクルで行われる。このサイクルの根底には乳幼児理解が存在する。計画立案の際の基盤となるのは現在の乳幼児の姿であり，保育者は，実践時には乳幼児の反応や様子を見ながら，つまり理解しながら展開していく。また，評

価や保育改善の際には自らの実践が乳幼児の発達や状態との関連で適切であったかを考察する。保育実践は乳幼児理解に始まり，乳幼児理解に終わるといっても過言ではない。

　理解のあり方は，乳幼児の発達段階によって異なってくる。年齢が低くなるほど個別対応が必要となり，また，保健，生理学的領域における理解の必要性も高まる。3歳未満児，特に乳児の保育については，生命と安定した快適な生活を守る「養護」(厚生労働省)の領域が大きい。それゆえ，保育所における保育は養護と教育という2つの側面で捉えられている。3歳以上児についても，養護の側面を念頭に置きながら教育について考えていく。乳幼児の身体的・心理的特徴を踏まえ，保育展開において安全，安心，安定を条件としながら教育の側面について計画していく。乳幼児理解は，養護的側面，教育的側面で行われる必要がある。保育における乳幼児理解は多面的でなければならず，しかしながらそのために理解が漠然としてしまう，保育者によって偏りが出てしまうという危惧も存在する。保育者の「見る目」を育てることが重要になってくる。

⑵　記録から乳幼児理解を深める

　保育者の記録は，乳幼児の実態について考察を深めるための大切なツールである。毎日の記録を蓄積することで1週間，1カ月など長い時系列で乳幼児の変化を捉えることができる。指導計画と比較しながら記録を見ていくと，計画に添って乳幼児が順調に成長しているかを検証することも可能である。指導要録や学校評価に対応するなど保育について言語化することも求められるため，その根拠資料ともなる。

　記録には，乳幼児の生活リズムや食事の量，午睡時間など養護の側面と，発達の状態，興味関心，遊びの取り組み方や遊びから経験していることなど教育の側面とからまとめられていく。記録に何を残すか，どのくらいの量が書かれているかという点から保育者自身の問題意識や乳幼児を観察する際の観点が浮かび上がってくる。記録によって乳幼児の理解をさらに深めるとともに，保育者自身の乳幼児の見方について振り返ったり，記録をもとに他の保育者と話し合い，解釈や考察することにより，自分の見方を修正したり，乳幼児について深く理解したりできる。

　一方で，保育者は多忙で記録に割くことができる時間は多くはない。効率よくかつ有効な記録を書くことも課題となる。振り返りの際にも，観点が捉えにくい記録，量が多すぎて必要な情報が捉えにくい記録では活用しにくくなる。何をどのようにまとめていくかを整理していくことは，見方の偏りや必要な情報を網羅するためにも重要であり，さらには園全体で共有化することで担任が変わった時に引き継ぎもしやすい。また，記録によって教育成果を可視化することもできる。幼児の変容や成長を記録によって検証する取組みは欠かせない。幼児の成長の様子を誰もがわかるように示していくためにも，記録の取り方を工夫することは重要である。

⑶　観点の設定

　前述のように，記録によって乳幼児の実態を把握し，理解を深めていく。以下では，乳幼児理解により役立つための記録の様式の工夫について考察していく。

　図1-1は，筆者が3歳未満児を保育していた時に考案した記録書式例である。項目全体を掲

日付 (月齢)	保育時間 (○時〜○時)	食事		睡眠			排泄			遊び		発達			備考
		量	好きな食材	時間	寝つき	時間	寝起き	間隔	トレーニング有無	大便の状態	関心（好きな玩具など）	遊び方	運動	言語	人とのかかわり	

図 1-1　記録用紙例

載するため，圧縮してある。この保育施設では，保護者が不定期に乳幼児を預ける場があり，筆者はそのプログラムを担当していた。保育時間帯も選択できるため，受入時間も弾力的，またその日の顔ぶれも前日までわからない，という状態の中で保育が行われていた。利用して次に来所するまでの期間もわからないため，予約が入ると前回の状態を確認する必要があった。そこで，生活実態や遊びの状態を細分化し，すぐに状態をつかめるような書式を作成した。この書式は，その後，保育実践を重ねながら同僚と話し合い，統廃合したり，また新たな枠組を作成したりしていった。このような保育では，まずは養護を中心に据えざるを得ない。母子分離の状態（人とのかかわり）や食事や睡眠の状態（午睡の際の入眠がどのようにして行われたか）など前回の状態を知っておくことで，異なる保育者でも適切に対応することが可能となる。また，遊びの状態を参考にして，遊具や教材の準備を行い充実した時間を過ごせるように配慮するのである。これらの記録は個々にカルテとして棚に保管され，必要な時に保育者は読むことができる。その日の利用者のカルテを取り出し，担当の保育者は記録を読み合いながらその日の保育展開や各乳幼児への配慮などについて話し合った。また，安定して過ごせる乳幼児が多いと予測できるときには，グループ活動や戸外への散歩を計画するなど，より質の高い経験を乳幼児に提供できるよう配慮していた。このように，保育の特徴や保育の際に必要となる情報は何かを検討し記録のまとめ方を工夫していくことで，保育実践に役立ち，保育者の打合せを効率的，効果的に行うことができる。

(4) 乳幼児の育ちを捉える──教育課程との関連で

　幼児教育は，遊びを通した様々な経験から育てるという特徴を持つ。幼稚園教育要領のねらいと内容は「心情・意欲・態度」で示されており，到達度目標の配列にはなっていない。系統的に学習することが難しいと考えられている幼児期の特徴を考えると適切である。しかし，幼児の育ちを捉えるときに「心情・意欲・態度」という内面を捉えることは大変難しいことでもある。それゆえ，各園で編成される教育課程には，子どもの望ましい姿が示されることが多い。どのような姿になることを目指していくのかを示すことで，具体的な教育方法の検討を行う。乳幼児理解には，教育課程に示された望ましい姿になっているか，示されている姿とのすり合わせを行い，環境のあり方，保育形態，教材など今後の保育方略を検討する意味もある。乳幼児の実態に即した保育を行う際の指標となるものが教育課程である。乳幼児の実態を捉えるということは保育者が自らの保育実践を評価することにもつながると冒頭でも述べたが，望ましい育ちになっているかという点での評価が含まれているのである。教育課程を活用することは，目の前の乳幼児の実

態を捉えつつかつ保育実践を行いつつもその実践が適切であるか，また捉えた実態が教育課程との関連でどのような課題があるのかを考察し，望ましい姿にむかって保育実践の見直しや修正を行うことにつながる。

第2節　環境との「かかわり」を支援する──モノに着目して

　この節からは，保育における「教育」の側面に注目し，モノ（第2節），ヒト（第3節）を通して幼児教育の質向上を図るための方法について考察していく。

(1)　保育環境とは

　幼児期の学習支援は幼児期の発達的特徴を捉えた上で行うべきであることはよく知られている。幼児教育は「環境を通して行うことを基本する」（文部科学省）とされている。保育者は幼児の主体性を図る教育環境を構成していく。幼児は身の回りにあるさまざまなモノやコト，ヒトとのコミュニケーションを通して体験を重ね，学習していく。園全体，そして幼児の見るもの触れるもののすべてが教育環境といえる。教育課程に示された幼児の姿をめざして，保育者は指導計画（ねらい）を立案し，ねらいの達成のためにどのような環境を用意すればよいかを検討していく。園内の環境は保育者の意図を反映して変化するのである。その際，対象となる幼児の実態を捉えながら工夫していく。例えば，「友だちと一緒に遊ぶ楽しさを味わう」ことをねらうとする。クラスの幼児の多くが戸外遊びを好んでいると，戸外に遊びを多く設定する。室内だけではなく戸外にままごとコーナーを作ったり，戸外で使用できる大型ブロックを使いやすい場所に設定したり，幼児が遊びの拠点をもち，集い，かかわりが生まれるような環境を構成していく。集団遊びも設定し，一緒に遊ぶ経験を通して互いを認識していけるような配慮も行う。どのような場所にどのような遊びを設定するかによって幼児の行動は変わるとともに，その経験内容も変わってくる。

　保育環境は，先の例のように保育室内にとどまらない。さらには，園外散歩などの活動では歩く道での経験なども環境となる。予定しているルートを点検し，交通安全指導に生かしたり，季節によって見ることのできる花や実，香りなどにも注意を払ったりしていく。保育者は，幼児の生活全般を検討し，望ましい経験を重ねることができるように日々，保育環境を精査し工夫しているのである。

(2)　遊びを生み出す環境

　幼児は，身の回りのモノに働きかけ，活動（遊び）を生み出していく。遊びに生かそうと準備のために幼稚園の門から保育室まで園庭に石灰で線を引いておいたことがある。登園時，幼児はその線の上を歩いて保育室に来た。何人もの幼児が線の上を並んで楽しそうに歩いて，時には小走りで保育室にむかってやってくるのである。幼児にとっては園庭に引かれた一本の線ですら刺激となり，その上を歩く，走る，という活動につながることがわかる。

　保育者は，園にあるさまざまなモノを吟味し，それらを幼児がどのように活用して遊びを生み

出していくのか想像しながら環境設定を行う。幼児が独りでじっくり取り組める遊び，幼児が場を共有して互いに影響しあいながら取り組める遊び，グループで幼児同士がゆっくりとかかわりながら取り組める遊び，など遊びの場をつくり，そこには遊びのイメージがわくようなモノを置いていく。同時に5領域（健康，人間関係，環境，言葉，表現）をヒントに遊びを通して多様な経験ができるように配慮する。幼児教育における遊びは，楽しいという満足感を得るとともに，成長，発達を促すための経験も保障する必要がある。幼児が主体性を発揮して遊びを選択していく環境，その遊びを継続する中で自らを成長させることができる環境である。何かをやりたくなる，やることで楽しさを感じ継続したくなる，やりながら課題をみつけ解決しようと努力したくなるなど，始めた遊びを幼児自身がさらに発展させるような環境であるために，保育者はモノや場を調整していく。保育者は構成した環境の中で幼児がどのように遊んでいるかを観察しながら常時，遊びへの支援を考えていく。

(3) 物的環境を考える

保育環境にはモノを置く以外に，場の作り方も含まれる。生活場面でもモノの置き方，幼児の動線に配慮した場を設定することで幼児の安全を守り，自立を育むことができる。

例をあげて考えていく。図1-2は，登園時の保育室の設定である。登園後，コップ，タオルをかけ，かばんと帽子をロッカーにかける。コップかけが入室してすぐに目に入る，テーブルが置かれておりそこでコップ袋を出したり，タオルを置いたりすることができる。その後，ロッカーに帽子とかばんをかける。朝の登園時に必要な一連の動きが物的環境を工夫することによって，幼児自身で円滑に行うことができる工夫である。また，先に登園した幼児が行っている姿を見ることができるため，友だちをモデルにして行動を起こすこともできる。場の使い方や自分の動きを思い出しながら幼児自身が行うことができる。保育者が一人ひとりに声をかけなくても，友だちをモデルにしたり，コップかけを目印に必要な行動を起こしたりすることができる。

図1-3は，昼食時の設定である。今度は，コップかけが水道近くに移動され，手洗い，うがいの際に使いやすくなっている。幼児の生活がやりやすいように，動線を考えてぶつからないように安全面を配慮しながら場面に応じて物的環境を考えていくのである。

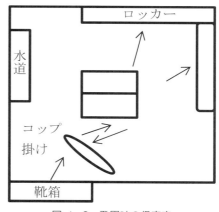

図 1-2 登園時の保育室

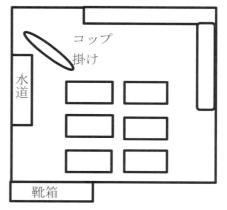

図 1-3 昼食時の保育室

物的環境を整えることで，幼児の主体的な取り組みを引き出したり，集団生活を円滑に進めたりすることができる。また，クラスのほとんどの幼児が主体的かつ円滑に行動することができると，保育者は個別対応を必要とする幼児に丁寧にかかわることもできる。物的環境は，保育者の意図を反映し，ねらいに応じて工夫される。保育者は，幼児が身の回りの場やモノとかかわりながら成長できるように，幼児がかかわっていく環境を構成していくのである。

(4) 環境を再構成する

　保育者が，遊びの様子をみながら環境に新たな刺激を与えることを環境の再構成という。幼児は遊びを変えて遊び場を移動することがある。誰かが使った遊び場を少し片づけるなどして整えることで，別の幼児がその遊び場で遊び始めることもある。また，遊びの様子を見ながら新しいモノを出したり，逆に片づけたりすることもある。遊具や用具，素材の数や量は参加している幼児の人数や動きによってコントロールすることもある。それぞれの幼児が充実した活動ができるように，当初構成していた環境へのかかわり方を観察して再構成していく。例えば，切り紙に取り組む幼児が多く，はさみが不足していると判断した場合，保育者ははさみの問題だけでなく別の視点でも幼児を観察してその後の援助を考えていく。多くの幼児がはさみを使い慣れていると判断できる時には，はさみの数を増やすことがある。しかし，幼児たちがはさみを使い慣れていないと判断すれば，安全面を考慮し，はさみを出すことはせず，紙を使った別の遊びを紹介するなどして，順番にはさみを使えるように配慮していく。いずれの場合も，幼児がやりたいと思ったときにすぐにできる，言い換えれば待つことがないようにしているのである。後者では，別の遊びを紹介することで紙を使った遊びの経験を広げるとともに，それぞれの幼児の活動時間を調整し，はさみが順番に使えるようにするのである。道具や材料を調整しながら活動の充実と安全を図っていく。

　運動遊びでもこのような配慮はよく行われる。転がしドッジボールのとき，幼児が十分に動き回って逃げられるようにするために，コートを広くとりぶつからないようにすることもあれば，外野の幼児の人数が多くなるとボールが当たりやすくなるようにコートを少し狭くしたりする。参加する人数が増えてくるとコートを広げることもある。遊びの様子を見ながら場を調整していくのである。保育者は再構成する前後の遊びの様子を観察し，幼児の経験の違いにも注目して分析していく。

第3節　環境との「かかわり」を支援する——ヒトに着目して

(1) 環境の一部としての保育者

　第2節では，保育における物的環境について考察した。物的環境を構成するのは言うまでもなく保育者である。その環境の中にいるのも保育者である。保育者も保育環境の一部なのである。
　保育者の居方，居場所は幼児の遊びに大きな影響を与える。保育者は人的環境としての自分を認識し，意図を持った動きをしなければならない。例えば，登園時にどこにいるか，何をしてい

るか。幼児の受入れを丁寧に行い情緒の安定を図ることは言うまでもないが，遊び場を整えていたり，絵の具をといていたり，敢えて遊びの準備をしている姿を見せることがある。幼児は保育者の姿を見て，興味を持ったり，今日の遊びについて理解したりする。保育者が自らの影響力を意識して，意図的に行動することで，遊びへの動機づけを行っている例である。また，盛り上げたい遊びに保育者が参加することで，これまで興味を示さなかった幼児が参加することも多い。また，消極的な幼児を誘って一緒に参加するなども行う。幼児の経験の幅を広げるために，また遊びの中でより多くの経験を積むための援助を行うために，保育者は遊びの仲間として参加する。参加することで，幼児の人間関係，発達の様相，課題などを把握していく。また，参加している時にも他の遊びにも目を配っている。保育者の立ち位置や向きにもその意図が表れていることが多い。参加して直接援助しながら，近くの遊びも観察し，援助の方策や環境構成について考察しているのである。遊びは，園内全体で行われているので，「みえない」場所もあることを意識しながら保育者は移動し，観察し，援助していく。

　これらの援助の基盤には幼児との信頼関係の構築がある。個々の幼児と信頼関係を構築することで，幼児たちは安心して自分のやりたい遊びを始めることができる。入園当初には保育者の近くで過ごす幼児が多いが，徐々に行動範囲を広げていくのは信頼関係が構築され，場にも慣れて主体性を発揮できるようになったからである。幼児の主体性の発揮には，保育者との信頼関係が欠かせないことを認識して，一人ひとりの幼児とのかかわりも大切にする。保育者は，遊びにかかわりつつ，参加している幼児個々との関係性についても配慮していく。

(2) 遊びに保育者がどうかかわるか

　幼児は遊びを通して様々なことを学んでいく。同じ遊びをしていても学びは個々の幼児で異なっていることも多い。遊びを観察する際に，保育者は幼児一人ひとりがどこで何をしていたかということだけではなく，その遊びの中で経験している内容も捉えていく。

　事例から考えてみたい。お弁当屋さんごっこをしているグループでは，お弁当につめるきんぴらごぼうの材料（茶色の色画用紙をはさみで細く切る）を切っている幼児，お客さんを呼びに行く幼児，お店らしくしようと椅子を運んでくる幼児，などさまざまな動きがあった。お客さんを呼んできたもののまだお弁当ができていないため，売るものがないということが起こった。きんぴらごぼうを作っていた幼児が「なんで呼んできたの，まだできていないのに！」といったことにより，グループ間でトラブルが起こった。それぞれのイメージで動いていたが，伝え合っていなかったために遊びが進まなくなってしまったケースである。保育者は，幼児個々の気持ちや考えを聞きながら，どうすればよいのかを話し合っていった。お店を開くまでにはいろいろな準備が必要であること，その準備にはどのようなものがあるか（お弁当に入れる材料や料理をしてそれもたくさん必要であること，お店らしいしつらえにするために椅子や棚を置いたり，看板をつくったりする必要があること，開店すると決まったらお客さんを呼びに行くことなど）を幼児と一緒に話し合った。幼児同士でイメージを共有し遊びの見通しが持てるように援助したのである。また，お弁当に入れたい食材は何かを聞いてふさわしい材料や作り方を書いた本などを提供して幼児が調べな

がら作業できるようにした。ここでは，幼児が互いに言葉で話し合う表現力，どのような作業が必要か考える思考力，役割を分担して一緒に取り組むという協同，お弁当のおかずづくりなどイメージを造形表現するとともにはさみやセロテープ，のりの使い方など技能，など多くの経験が含まれている。遊びを通しての総合的な学びを達成するために，保育者は援助していくことがわかる。

(3) 幼児間のコミュニケーションを図る

　前述のお弁当屋さんの事例をもう少し掘り下げて考えてみたい。幼児期は自己中心性が残り，他の立場に立って考えることが難しいことも多い。この事例のトラブルの際にも，それぞれが自分のやりたいことを主張するとともに，自己主張の強い幼児に言い負かされて1人が涙ぐむ状態になっていた。遊びの中で相手の動きを見るということは自分のやりたいことに夢中になっていると難しいものである。きんぴらごぼうを作っていた幼児は一心不乱と言ってもよい状態で色画用紙を切っていた。細かく切るために量がなかなか増えず，自分で量を確かめながら「まだまだ足りない……」などとつぶやきながら切っていたのである。そこへ，お客さんを大勢連れてきて「お弁当ください！」と言われた。この幼児はあわててしまう。一方でお客さんを呼びに行った幼児はお店ごっこ（お弁当屋さん）を早く始めたかった。お店らしく売り買いをしたかったのである。この事例で保育者はお互いのやりたいことを話し合えるように一緒に考えていった。保育者は話し合えるような状態を作るとともに時には幼児がうまく言葉にできないことをわかりやすく言葉にして話していくなど仲立ちを行った。

　幼児間のコミュニケーションは，遊びの中で互いの行動に関心を寄せ，理解する，動きを捉えながら自分の動きを決めていく，お互いの考えやイメージを話し合う，など多様である。幼児が遊びの中でコミュニケーションをとることの必要性を感じ取り，自分の思いを伝え理解してもらった経験を深め，相手の気持ちや考えに関心を持ち理解し自分と異なることに気づくなど，多様な経験を重ねながらコミュニケーション技能を育てていく。

(4) 幼児の多様性を受け止めながら

　遊びへの取組みにも個人差がある。1人でじっくり遊ぶことを好む，1日の中でいろいろな遊びをする，長期間同じ遊びに取り組む，などである。それゆえ保育者は幼児が遊びを通して何を学んでいるのかを理解する必要が出てくる。制作を好み，箱などで細かい作業をしながら創り上げることが好きな幼児は，人とのかかわりの点で経験が薄いかもしれない。周囲にいる他の幼児とのかかわりを観察するなどしていく。例えば，その幼児が他の幼児のやっていることに目を向けている様子が見られれば他児へ関心がないわけではないし，また他の幼児のアイディアを見て自分も新しいイメージがわいたようなら相手の行動からよみとっていることにもなる。幼児の主体的取組みを尊重しながらコミュニケーションの質を捉え援助の方法を考えていく。例えば，その幼児の作品を帰りの集まりの時に紹介し，みんなの前で話をしてもらうことで他の幼児の関心を引き出し，他の幼児からの働きかけを通してかかわりを増やしていくなどである。それぞれの

幼児の課題を理解し，どのような経験を提供するかを考えていく。

　一方で，保育では，形態の工夫もある。1日の流れをマネージメントするのは保育者である。遊びの時間以外に，学級全員で一緒に活動する場面をつくることがある。一般に学級活動，一斉活動と言われるものである。集団で行う楽しさを味わう，学級の幼児みんなに経験してほしいなど，課題があるときには学級活動を行う。全員で経験することは例えばルールを共通にする，学級の課題をみんなで考え問題解決する，などには有効である。ドッジボールで転がったボールを取り合いになることが増えて遊びが停滞する時など，学級全体でドッジボールをやって，場面を捉えてみんなで考える。幼児からは様々な意見が出てくるが，自分たちで考え学級で共有されたルールは浸透しやすい。幼児教育では，幼児の遊びの状態を見ながらルールを少しずつ変えて遊びを発展させることも多い。約束事やルールを守るなどの規範意識は幼児自身が必要感をもち，その目的が理解されることが重要であり，集団生活を営む際に必要な約束事などにも幼児が主体的に取り組めるように配慮していく。学級活動の場は，経験の偏りを修正し，新しい遊びに触れたり，その面白さを味わったりする機会にもなる。幼児の興味・関心，取組み方の多様性を受容しながらそれぞれの幼児の経験を広げていく。

第4節　保育者間の協働を考える

　保育者にもさまざまな性格や考え方の人がいる。幼児にとって保育者は身近に濃密にかかわる大人であるが，保育者の多様性は，幼児にとっても多様な人とかかわる機会を提供する場ともいえる。先に保育者も重要な人的環境の一部であることを述べたが，以下では，保育者自身の多様性を包含しながら幼児にとって質の高い教育を提供するための協働のあり方について考察する。

(1)　複数担任間の連携を図る

　3歳未満児，3歳児学年では複数で担任することも多い。複数担任にはリーダー，補助（サブ）という役割分担を行うこともある。保育の仕事は，幼児に関わるという点においては，立場の違いには関係なく共通である。そこに，難しさがある。幼児の育ちを保障するというとき，時には幼児を受容するだけではなく，幼児の気持ちを受け止めつつも幼児に頑張りや変容を求めることがある。どこまで援助するかということについて，担任間で方向性を議論することが必要となるが，保育現場では打合せの時間が十分とは言えないことも多く，実際にはお互いの動きをみながら呼応するように保育が進むこともある。特に，補助（サブ）が非常勤であると勤務時間の関係で打合せの時間を確保することがなお難しいことがある。短い打合せを有効に活用する，保育中の声の掛け合いなど，お互いに幼児への対応について共有する努力をしていかねばならない。かかわり方に違いがあると幼児個々のねらいを達成する妨げになることもある。打合せの重要性を認識し，時間をとる努力をする必要がある。

　打合せでは，幼児個々の課題を共有していく。日頃の様子を見て，どうとらえているか，今後どのような経験が必要かを話し合う。例えば，身支度を自分でやろうとしない幼児がいるとき，

その背景にある家庭環境や幼児の情緒の状態について話し合うこともある。幼児がまだ不安定で保育者の手を借りて安定することが必要なのか，保育者が見守ることで自分から行動できるのか，それぞれの保育者がかかわった時の状態などを話し合いながら理解を深めていく。保育者はかかわりながら幼児についての理解を深めるということも行うため，各保育者が幼児にかかわったときの言葉かけ，援助，幼児の反応などを話し合うことによって，幼児についてより多面的にかつ深く理解することができる。このように，複数担任には多面的に幼児を理解できる利点がある。また，自分が見ていなかった時間帯，活動についての情報を得ることもでき，幼児について深く理解することができる。互いのもつ情報を共有しながら援助の方向性について議論していく。

　この議論を踏まえて指導計画が作成される。幼児の実態をまとめ，教育課程も参考にしながらねらいを設定する。環境構成や援助の留意点などをもとに具体的なかかわり方を考えていく。ねらいを「身支度など身の回りの生活を自分でやろうとする」としていても，そのねらいを達成するまでの道筋は幼児によって異なる。物的環境を整えておけばそこから読みとって自分から行動を起こすことができる幼児もいれば，保育者が個人的に声をかけて行うことができる幼児，保育者が幼児の行動をずっと見守っていることで行うことができる幼児，保育者が一緒に行うあるいは手伝うことが必要な幼児などがいる。複数担任では，1人の保育者が個別にかかわる必要がある幼児を援助している場合には，もう1人の保育者が学級全体をみて指導していく。リーダー，補助（サブ）という役割をあらかじめ決めている場合には，個別のかかわりはサブが行うことが多い。しかし，個別に支援する幼児との関係性によってはリーダーの保育者がかかわることもあり，その場合には補助（サブ）が学級全体をみていく。幼児との関係性や場面に応じてリーダーと補助（サブ）は役割を変えながら保育を進めていく。幼児にとって最も効果的な方法をとるために立場にこだわらずに協働することも必要である。そのような意味で，保育は弾力的で，保育者の役割についても柔軟に捉える必要が出てくる。保育者はその場の状況を読み取りながら自分の役割を果たしていくのである。

　あらかじめ役割を決めていても，状況に応じて動きを変えなければならないこともある。保育者の資質として，柔軟性や状況判断力が必要となる所以である。打合せどおりにしか動けないと，突発的な出来事に対応できない。保育現場では，十分に予測して計画を立てたつもりでも幼児は予想外の行動をすることがある。そのような場面では，あらかじめ決めたとおりに行動しようとしても無理があるだけではなく，時には幼児の安全にかかわることも出てくる。相手の動きを見ながら，自分がどの場所に行き，どの幼児にかかわるべきかを考えて行動していく。複数で保育している場合には，幼児の観察だけではなく，他の担任の動きを知っておくことの重要性がここにある。

　また，互いに声をかけあいながら保育を進めることもある。幼児が保育室内と戸外で遊んでいる場合，場を分担してそれぞれの場の幼児を確認しながら保育していく。すれ違うタイミングで必要な情報を一言二言伝えることもしばしばである。片づけに時間がかかりそうな遊び，気持ちの切り替えが難しそうな幼児が何をしているか，集まりを始める時間の調整などである。遊びの状況によって片づけに時間がかかる日もあるが，そのような時に，幼児それぞれが気持ちを切り

換えて次の活動に移れるよう，声掛けのタイミングや片づけ方を工夫する。砂遊びで着替えが必要な幼児が多い場合には，1人の保育者がそこについて片付けや着替え，汚れた衣服の処理などを行う。その様子を見ながらもう1人の保育者は他の幼児の片づけ，手洗いなどを指導していくのである。

特別な支援を要する幼児（以下，障がい児）がいる場合には，保育者が障がい児介助として入ることがある。この場合は1人の保育者は，障がい児を見守り，援助する役割が中心となる。障がい児の生活自立のための援助，好きな遊びを探したり，取り組めたりするための援助，他の幼児とのかかわりを仲立ちする援助などを行っていく。学級活動を行うとき，障がい児の状況によっては，すべての時間参加することが難しいと判断されることがある。その際には，障がい児が参加できる場面に経験できるよう配慮していく。障がい児の理解を深め，担任に伝えながら援助の方向性を考えていく。幼児教育の特徴として同年齢の幼児集団の中で生活することも大切な学習となる。たくさんの幼児がいて，視覚や聴覚に刺激が多いことは障がい児にとってストレスになることもある。一方で，社会生活の第一歩として集団の場に少しずつ慣れていくことも必要である。障がい児の状態をきめ細かく捉えながら担任間で援助について議論していく。また，他児にとっても，さまざまな人とかかわる大切な機会となる。多様な人々が共に暮らすことを受け入れ，互いに気持ちよく暮らすにはどうすればよいかを考える機会を提供していく。それぞれの持ち味を受け入れ合い，コミュニケーションをとる方法を獲得できるよう学級を運営していく。

⑵　キャリアの違いを乗り越える

複数担任，対応学級の担任では，共に保育を行い，話合いをしなければならない場面も多くなる。キャリアの異なる保育者が組んだ場合には，キャリアの浅い保育者がとまどいや力量の差に苦しむことがある。リーダーが若い保育者であると年上の補助（サブ）に指示しにくい，考えを表明しにくいということもあり，フラストレーションを抱えることもある。

筆者が文京学院大学の卒業生を対象としてヒヤリング調査を行った際，特に1年目には，様々な物の位置から職場の文化まで何もかもがわからないことだらけなのに，誰に聞いたらよいかわからない，聞きにくい，ということを述べる者が多かった。何を聞いたらよいかもわからなかったと述べた者もおり，すべてが初めての中で問題の整理もつかないまま保育をすることが大変だったことが窺える。クラス担任は，キャリアに関わらずその職務が同じであるという点に特徴がある。通常，業務は細分化され新人は初歩的なことから徐々に経験して少しずつ職務の量を増やして任されることが多い。例えば，ある程度仕事の内容を理解しなければ顧客との電話などにも出られない。ところが，学級担任になると，年度当初から保護者への対応が求められる。

複数担任の際，年上の保育者がきめ細かい配慮をすると，キャリアの違いをカバーすることができる。新規採用の保育者が園についてよく知る保育者と組むことで些細なことでも質問できる，保護者対応を見ながら学ぶ，保育を支援してもらい，少しずつ保育について理解することができる。最近では「メンター」「チューター」などと呼ばれる先輩保育者が新規採用保育者について職場への適応を支援する仕組みも増えてきた。同じ学級で複数担任の場合もあれば，他の学年の

担任が話しやすい環境を作って今の大変さを受けとめる場合もある。職場の人間関係が保育職の離職につながらないよう配慮しているのである。

　学級担任は互いの保育を見ることが難しいこともあり，新任がモデルをもちながら担任の仕事を理解することがなかなかできない。そこで，新任が他の保育者の保育を観察する時間を設けて研修に生かしたり，園内研修で研究保育を行いお互いの保育を観察したりする機会を設けて若い保育者を育てようとする取り組みもある。さまざまな保育者の保育を観察し，学習する機会を持つことで保育についての理解を深めることができる。

　保育の職務の広域化，深化に伴い保育者の職務は増加している。子育て支援，地域支援など保育者の職務は広がってきており，保育者自身が自分の専門性をどのように磨いていくか，研修のあり方も課題になっている。新規採用からどのような道筋でどのように育てていくのか，保育者のスキルアップ，キャリアアップについても幼児の育ちを保障することを中心にすえた上で考えていく必要がある。

(3) 多様な見方を包含して

　遊びを中心とした保育では，同学年の担任間だけではなく，他の学年の保育者も園にいる幼児を観察することが可能である。砂場にいるときに他の学級，学年の幼児の様子を見るとともに，援助することもある。第三者的な目が保育実践の参考になることもある。例えば，場の使い方など学年の担当者が変わると変わることがある。すのこを持ってきて戸外にままごとコーナーをつくった時，別の学年がその場を利用して遊ぶこともある。保育者は互いに遊びの様子を見ながら場所の広さやそこに置くものなどを話し合っていく。園庭全体の遊びの状態を見た時にその場にコーナーがあることは適切であるのか，学年を超えて話し合うこともある。ままごとをしている年少児のすぐそばで年長児がボール遊びをしていれば，お互いに危ないということにもなるし，全体の動線を考えてとおり道を確保することを話し合うこともある。今行われている遊びの状態を情報交換しながらそれぞれの学年の幼児が充実した時間を過ごせるように配慮していく。

　また，別の学年の担任が観察してその学年の状態についてコメントを行うことは，教育課程との関連で考察する際にも有効であることがある。例えば，「今年の年中さんは片づけに時間がかかっていることが多いかな」「なかなかお部屋に入らない子が多いよね」などのコメントがあったとする。年中の担任間で，それは片付けがうまくできない，片付けの後の活動に気持ちを切り換えたり，見通しを持てない幼児が多いという幼児の状態の問題なのか，片付けについての指導が不十分なのか，気持ちを切り換えたり次の活動への期待を持たせにくい言葉かけをしているのかという保育者の指導の問題なのかを検討することになる。第三者的な意見は自らの保育を振り返る機会になるとともに，その学年の幼児の育ちを客観的にみる機会にもなる。改めて教育課程に戻り，その時期の幼児がどのようにあるべきであるかを確認しながら保育方略を検討していくことができる。保育者はそれぞれのやり方を受入れ，尊重することも必要であるが，保育の質を保証する上でも様々な視点で幼児をみて意見を言い合えるような職場環境をつくっておくことが重要であろう。

⑷　保育実践の質の向上を図るために

　保育者の職務の広がりと深まりによる専門性の多角化が言われるようになって久しい。幼児教育施設として幼稚園，保育所，幼保連携型認定こども園と大きく３つに分かれ，それぞれで機能も少しずつ異なることから，就職した先によって保育者の職務も異なってくる。一方，2017（平成29）年３月の幼稚園教育要領と保育所保育指針そして幼保連携型認定こども園教育保育要領の改正では，「育みたい資質・能力」「幼児期の終わりまでに育ってほしい姿」が共通に示され，いずれの施設も幼児教育の場として教育の質を保証しなければならないことが明確になってきている。遊びの中で幼児に必要な経験，学習を提供し，育ってほしい姿に近づけていくのである。

　保育者は，担任をしている学級の幼児のことを日々考えながら保育している。しかし，その時の幼児の状態をただ受け入れるだけではなく，「幼児期の終わりまでに」育つことができるような配慮，支援をしていくことも必要である。幼児の育ちを検証する際，単に受け持った時点を原点とするのではなく，客観的な指標ともなりうる要領や指針，教育課程をもとに，幼児の姿を見てどのような位置にあるのかを捉えておく必要がある。３つの資質・能力（知識及び技能の基礎，思考力・判断力・表現力等の基礎，学びに向かう力・人間性等），10の「幼児期の終わりまでに育ってほしい姿」（健康な心と体，自立心，協同性，道徳性・規範意識の芽生え，社会生活との関わり，思考力の芽生え，自然との関わり・生命尊重，数量や図形・標識や文字などへの関心・感覚，言葉による伝え合い，豊かな感性と表現）は幼児を理解する観点ともなりうるものであり，その視点から見た時に現在の幼児がどのような課題をもつのかを明らかにし，ねらいを立案していく。

　これは幼児の育ちを評価することでもある。個々の幼児を評価することは幼児の状態をできるだけ客観的にとらえることでもある。感覚的に変化を捉えて「育った」と評するのではなく，何がどのように育ったのかを見る力量をつけなければならない。保育者自身が観点を明確にしながら幼児を観察し，育ちの姿を多面的に捉え，言語化することが必要である。

　幼児の姿を捉えることは，自らの保育を評価する上でも重要なことである。育ちの状況からその保育方略の有効性が検討可能となるからである。幼児教育は遊びを通して育てるために，遊びにかかわるさまざまな要因が多く，何が作用していたかを厳密に捉えることが大変難しい。しかし，保育者が意図を明確にしておけば，その点においての検証が可能となる。指導計画に示された環境構成や援助の留意点について検討するのである。計画した当初の幼児の実態と，その指導計画の期間を終えた時の幼児の実態を比較し，保育方略を検討するのである。園によっては文字や数についてドリルなどを利用して指導しているところもあるが，本当に身についているのか，生活の中で使用できているのかなどを検証しているのだろうか。個々の幼児の文字への関心や理解の実態などを捉えた上で指導を行っているかという点でも明確にされているのだろうか。保育方法についての検証は，保育実践研究が現場から報告されにくいという現状とも関連している。保育研究にあたる者は現場のもつ経験知を検証する役割ももっている。多様な幼児教育方法が存在する日本にあって，幼児が健やかに育つための方法を吟味し，保育現場と共有していく研究者の取組みは欠かせない。

参 考 文 献

椛島香代（1995）「幼稚園教育における環境要因としての教師の役割について」『竹早教員保母養成所研究紀要』第 6 号。

椛島香代（1998）「幼稚園教育における教師の役割──望ましい指導のあり方とは」『竹早教員保母養成所研究紀要』第 7 号。

椛島香代（2005）「乳幼児の活動意欲を育てる保育環境──身近な『ヒト』『モノ』とのコミュニケーションを通して」『文京学院大学人間学部研究紀要』第 7 巻。

椛島香代・原田育美・椎木奈津美（2012）「保育記録に見られる保育評価の実態」『文京学院大学人間学部研究紀要』第 13 巻。

椛島香代・尾田芽衣花・安達祐亮（2013）「遊びの充実を図る保育環境構成について」『文京学院大学人間学部研究紀要』第 14 巻。

椛島香代・森下葉子・木村学・柄田毅・木村浩則・松村和子・鳩山多可子（2018）「保育・教育職に必要なストレス耐性──専門職養成の在り方を考える」『文京学院大学総合研究所研究紀要』第 19 巻。

厚生労働省（2017）『保育所保育指針解説』フレーベル館。

近藤幹生・松村和子・椛島香代（2017）『就学前教育の計画を学ぶ──教育課程・全体的計画から指導計画へ』ななみ書房。

松村和子・近藤幹生・椛島香代（2012）『教育課程・保育課程を学ぶ──子どもの幸せをめざす保育実践のために』ななみ書房。

文部科学省（2017）『幼稚園教育要領解説』フレーベル館。

内閣府・文部科学省・厚生労働省（2017）『幼保連携型認定こども園教育保育要領解説』フレーベル館。

佐藤公治（2008）『保育の中の発達の姿』萌文書林。

矢野智司（2014）『幼児理解の現象学』萌文書林。

第2章

環境との身体的コミュニケーション
子どもの環境認識をどのように援助できるか

木 村　学

✿私たち人間は，主に言語や身振りなどを使って情報伝達を行っており，他にも人間は身の回りの環境から様々な情報を身体を通して受信しているのである。このような環境からの情報受信を，「環境との身体的コミュニケーション」と定義する。そうしたコミュニケーションを通して，私たち人間は身の回りへの環境認識を深めていくのであり，それらを感受するための身体技法の習得が求められることになる。そこで，子どもの保育・教育に携わる対人援助としての身体技法の伝授とは，活動フィールドを共有する中で子どもたちに身体技法の模倣への動機形成を喚起することである。このような環境との身体的コミュニケーションは，高度経済成長以前の自然が残っていた地域や前近代的な地域共同体において，生活や労働の多くが自然の摂理に沿って営まれ，身体活動を中心とした自然とのかかわりとして生活共同体のなかで展開されていた。しかし，現代社会においてもはやこうしたかかわりは希薄になっている。そこで，社会教育，市井の遊び，幼稚園教育，小学校等の5つの事例検討を基に，環境との身体的コミュニケーションを可能とする場の形成，そして援助者のモデル性を提示する。

Keywords： 子ども，環境認識，身体的コミュニケーション，身体技法，マイナー・サブシステンス

第1節　環境とのコミュニケーション

　コミュニケーションとは，一般的に同種の生物間による情報伝達を指すものであり，主に身振りや音声などによって情報を伝達している。例えば，イルカは知能の高い生物といわれ，仲間同士で音波によって意思伝達を行っているという。私たち人間同士も，主に言語や身振りなどを使って情報伝達を行っているわけであるが，さらに人間の場合はメディアの媒介によっても多様なコミュニケーションが可能となっている。このほかにも，人間は身の回りの環境からも様々な情報を受信しているであろう。例えば，里山全体が紅葉したなかで自然散策をする時，その自然の

美しさを身体全体で感受するのではないだろうか。そうした環境からの情報受信を，ここでは「環境との身体的コミュニケーション」と呼びたい。

そして，こうしたコミュニケーションを通して，私たち人間は，身の回りの環境への認識を深めていくと考えられる。子どもの遊びや体験学習の重要性が指摘されるのは，こうした理由である。そうした環境認識の深化のためには，身体技法の習得が求められることになるのであり，その際，我々大人の役割としては，身体技法をどのように伝授するかという課題が生じることになる。結論を先取りすれば，身体技法の伝授とは，活動フィールドを共有する中で，子どもたちに模倣への動機形成を喚起することである。

本稿では，上記のような身体的コミュニケーションの特徴を明らかにし，子どもの保育・教育に携わる対人援助への課題について，事例を基に追究したい。

第2節　身体的コミュニケーションと現代的課題

まずはじめに，私たち人間が，どのように外界の環境とかかわっているのか整理しておこう。自然の美しさや人間の本性を深く洞察した作家に宮沢賢治がいる。賢治は，「注文の多い料理店」序文の中で物語作成の背景を説明しており，そこから賢治の環境認識を読み取ることができる（宮沢，2000，9-10頁）。

「わたしたちは，氷砂糖をほしいくらいもたないでも，きれいにすきとおった風をたべ，桃いろのうつくしい朝の日光をのむことができます。またわたくしは，はたけや森の中で，ひどいぼろぼろのきものが，いちばんすばらしいびろうどや羅紗や，宝石いりのきものに，かわっているのをたびたび見ました。わたくしは，そういうきれいなたべものやきものをすきです。これらのわたくしのおはなしは，みんな林や野はらや鉄道線路やらで，虹や月あかりからもらってきたのです。ほんとうに，かしわばやしの青い夕方を，ひとりで通りかかったり，十一月の山の風のなかに，ふるえながら立ったりしますと，もうどうしてもこんな気がしてしかたないのです。ほんとうにもう，どうしてもこんなことがあるようでしかたないということを，わたくしはそのとおり書いたまでです（下線1）。ですから，これらのなかには，あなたのためになるところもあるでしょうし，ただそれっきりのところもあるでしょうが，わたくしには，そのみわけがよくつきません。なんのことだか，わけのわからないところもあるでしょうが，そんなところは，わたくしにもまた，わけがわからないのです（下線2）。けれども，わたくしは，これらのちいさなものがたりの幾きれかが，おしまい，あなたのすきとおったほんとうのたべものになることを，どんなにねがうかわかりません。」（下線は筆者）

賢治の作品の多くは，その独創的な世界観に満ちており，それらは一般的にはファンタジー作品として解釈されるかもしれない。しかし，賢治は架空の世界を描いているのではなく，あくまでも自身の身体で感じ取ったことをそのまま書いているのだと主張する（下線1）。そして，外界から賢治の身体で受け取った情報だからこそ，物語としての言語コミュニケーションでは読者にはうまく伝わらないかもしれないと危惧しているのである（下線2）。このように，賢治の作品は

賢治の身体的コミュニケーションを通して描かれた物語なのであり，我われ読者としては，賢治のような身体技法を読者自身がどこまで習得しているかによって，作品の理解度も深まるということになろう。

　それではつぎに，我々の身体と外界の関係について考えてみよう。

　マクルーハン（1987，7-22頁）は，電子メディアをはじめとして様々なメディアをとりあげ「われわれ自身の拡張したもの」というように，メディアを人間身体の拡張と捉えている。例えば衣服や自転車なども身体の拡張したものであり，それらメディアによって人間の世界は一変させられるのだという。

　一方，身体の拡張論と対になる概念として，ギブソンのアフォーダンス理論がある。ギブソン（1985，137-138頁）によれば，環境のアフォーダンスとは，環境が動物に良かれ悪しかれ提供するものであり，知覚され身体に伝わるのだという。これはマクルーハンの身体の拡張論とは正反対であり，環境からの身体への拡張論といえる。しかしこれらの概念は，互いに身体と環境が連続的に繋がっているという点で共通している。

　湖中（2011，321-342頁）は，このような「身体のものへの拡張論」と「ものの身体への拡張論」を組み合わせた相互拡張論を提示し，東アフリカのケニア共和国に居住する牧畜民サンブルの社会を対象として，彼らの環境認識を民族誌的に検討している。サンブルは，ウシ，ヤギ，ヒツジの飼育を主要な生業とする半遊動的牧畜民であり，環境認識の特徴の1つに比喩的なものごとの捉え方があるという。サンブルの人びとは，家畜の身体を人間の身体に類比させたり，この反対に，人間の身体もまた家畜の身体に類比されている。例えば，幼児は，ヤギやヒツジの幼獣に類比され，幼児の抜歯慣行はヤギ・ヒツジの耳切慣行と類比されるし，割礼を受けた青年は去勢されたウシに類比される。このように人間身体と家畜身体が，その成長段階に応じて相照らし合う世界として構成されているという。このように，サンブルの認識体系は，家畜に対する認識が様々な認識の起点となっており，人間の身体も性別や年齢に応じて家畜の身体との隠喩によって認識されている。すなわち，家畜・人間・環境という3者の関係において，家畜は，人間の身体と環境の間をメディアとして媒介しているのだという。

　以上のように，そもそも家畜とは，人間が能動的に野生動物を統制した歴史的産物のはずである。私たち人間は，野生の動植物を家畜化・栽培化（ドメスティケーション）して農耕・牧畜生活の歴史を築いてきたのであり，それによって，狩猟生活から解放され効率よく食料を確保することをなしえてきたわけである。

　では，農耕・牧畜生活を離れた現代人にとって，身体と環境の間をどのように連続的に捉えることができるのだろうか。このことは現在の保育・教育にとっても重要であると考えられる。例えば，筆者が授業改善のサポートを行っていたA小学校は，河川沿いに位置し広大な緑地帯に隣接する自然豊かな小学校である。4年生の総合的学習のテーマは，「身近な自然」であり，学校側から，インターネット頼りの調べ学習にならないように，しっかりと児童たちにフィールドに目を向けさせてほしいと依頼を受けた。しかし，フィールド調査に同行した筆者は，児童たちの観察学習を行う姿に愕然とした。なぜなら，児童たちに探求心や学習主体性がほとんど感じら

れなかったのである。その時は野鳥を調査することが目的であったが，近くの梢に留まっている野鳥の姿に気付くこともなく，鳴き声や羽音に気付くこともなかったのである。つまり，児童たちの周りに身体と環境をつなぐ野鳥という媒体があるにもかかわらず，児童たちの意識の中に野鳥の存在が認知されていないのである。当然のことながら体験活動への自覚化もなされておらず，いわゆる這い回る経験に終始していたのである。したがって，現代社会に生きる私たちには環境とのコミュニケーションを深化させるための身体技法が求められるのである。

第3節　マイナー・サブシステンスに見られる遊びと身体技法

　私たち人間は，ポラニーの「暗黙知」やブルデューの「ハビトス」概念に見られるように，日常生活の中で様々な身体技法を習得しているわけであるが，身体技法の習得によって，身体の存在する環境そのものとの関係が変化すると考えられる。例えば，自転車に乗れるようになった子どもは，これまでの生活範囲がより広くなり，できる活動も増え，その生活世界は一変する。

　そうした身体技法を駆使するのはどのような場面だろうか。前近代的な地域共同体や高度経済成長以前ころまでの自然が残っていた地域においては，大人の生活や労働の多くが自然の摂理に沿って営まれ，大人の労働と子どもの手伝いや遊びとは隣接していた。そこでは，子どもたちのみならず大人たちの生活においても，身体活動を中心とした自然とのかかわりが生活共同体のなかで展開されていた。例えば菅（1998，217-246頁）は，新潟県の伝統的サケ漁が長年存続していることに注目し，実証的な調査研究を行っている。調査の結果，ある集落のサケ漁に携わる男たちには，漁のために小屋の貸し借りを行ったり，オトリ用のサケを互いに贈与するという関係が見られ，さらには一緒に小屋で食事をしたり酒盛りをしながら情報を交換するという。では人々を自然に立ち向かわせ誘引するものとは何なのだろうか。このような生活の糧にほとんどならないサケ漁を人々が続けているのは，それが単なる労働とも遊びとも言うことのできない活動であり，人々がそこに環境とかかわる楽しみを見出しているからだという。

　こうした活動はマイナー・サブシステンスと呼ばれるものであり，それらの行為には，趣味や遊びという性質を見出すことができる（松井，1998，247-268頁）。そこでは，比較的単純な技術水準にありながら，逆に高度な技法が求められる。そのために，技法の習得やその成果に対しては大きな喜びと誇りが与えられる。その行為は身体活動を中心としており，従事する人々の身体に記憶として残っていく。それゆえに人々は，毎年繰り返される自然の周期の中で，その環境の奥深さを熟知していくのである。

　かつては，子どもたちの自然との暮らしや労働の中にも上述のような遊びの要素を認めることができた。1940年代頃から日本全国を歩き，各地の民間伝承を調査した民俗学者・宮本常一の記録をもとに，当時の子どもたちの環境とのかかわりをみてみよう。宮本（1993，3-4頁）は，自身の子ども時代を回想して，土を耕し種子をまき，草をとり草を刈り木を刈り，落葉をかき，稲や麦を刈り，穀物の脱穀をおこない，米を搗き，臼をひき，草履を作り，菰をあみ，牛を追い，また船を漕ぎ，綱を引き，そしてこれらの生活体験は深く身にしみている，と言う。つまり，子

どもたちは手伝いという行為を通して環境とのコミュニケーションを深めていったのである。例えば漁師の子どもであれば，一緒に船に乗り，潮の流れや魚の集まる魚場をおぼえなければならない。田畑の仕事であれば，米一俵が背負えるようになるとか，牛使いができるようになれば一人前とみられたのである。そして，こうした手伝いの合間に，子どもたち同士の遊びも展開されていたのである。例えば，野山に牛を連れて行き野草を食わせ，その野原で子どもたちは走り回って遊んだりしたという。

第4節　子どもの環境認識

　上述のように，前近代の子どもの遊びは，時間的にも空間的にも遊びと非遊びとの区別は明確でなく，子どもの経験全体が遊びと融合していた。国分（1973, 10-11頁）は，「あそびは，自然とともにあった。こどものからだとともにあった。そして，なかまとともにあった」という。さらに「こどもの『かせぎ』は，自然とともにあり，からだとともにあり，みぢかなひとびと，とおくはなれぬところにあった」という。つまり，あえて遊びの場を用意しなくても，子どもたちの生活のなかには身体活動を中心とした自然とかかわる遊びの要素が包含されていたのである。さらに岩田（1986, 106-107頁）は，前近代的な社会においては労働や遊び，祈りなどが，人々の身体運動のなかに未分化のままに混然と組み込まれていたという。

　それでは，子どもの環境認識について，発達段階的に私たち人間の行動パターンを見ながら，考えてみよう。まず乳幼児の探索行動は，母親の視野から外れない程度の範囲をテリトリーとし，そこから母親から離れて興味ある物体に近づいていき，そしてまた戻ってくるという行動パターンをとるといわれる。その探索行動の1つがまずは地面の探索である。例えばトゥアン（1993, 48-54頁）によれば，木の葉，草，石，ごみくずを手でいじりまわすのは，子どもたちの共通の仕草なのだという。やがて5歳，6歳になると，子どもたちは，自分たちの住んでいる地域について上空から俯瞰した風景を想定できるようになるという。このような想定ができる理由の1つとして，幼い時の玩具遊びを挙げることができ，幼い子どもは玩具の世界では巨人なのであり，玩具の家や汽車を上から眺めることでそれらを操作できるからだという。このように私たちの環境認識は，足元から周辺の環境へと広がり，さらには地域の人々とかかわるようになっていくのである。

　コッブ（1988, 69頁）によれば，伝記等の書物の分析から，特に子ども時代の自然との結びつきによって，創造性に富む想像力が子どもたちに育まれていくという。そして，そのプロセスは詩人が言葉を選び取っていく時のように，自然の中に身をおいた遊びの中で，身体全体を手段として，子ども自身の世界が形成されるという。

　1つの事例を見てみよう。例えば，土器づくりの例として，粘土という素材に注目して考えてみると，地域の生態環境によって素材は多様であり，それに伴う身体技法もまた多様なものとなる。ミクロネシアのヤップ島の土器づくりでは，粘土が貧弱であることから様々な試行錯誤が行われ，知恵や技が身体化されているという（印東，2011, 91-110頁）。このことはアフォーダンス

の概念で言えば，ヤップ島の粘土の貧弱さこそが作り手の身体技法を規制し，他の地域にない独特な土器を形成してきたということである。

現在，子どもたちの遊びを見ても，同じ粘土を素材とする「泥だんご」づくりの遊びは，それぞれの幼稚園・保育所等によって，園庭環境とともに，その遊び文化が規定され伝承されていると考えられる。例えば，筆者が観察した幼稚園では，泥だんごづくりを終えた後，流し場で手を洗うと詰まってしまうため，園児たちは泥だらけの湿った自分の手にわざと砂をこすり付け，泥を乾燥させてこすり落とすのである。このように身近な自然環境とのかかわりを通して，私たちは独自の身体技法を身に付けていくのである。つまり，私たちの身体と環境は，連続的に繋がっているのであり，環境から受ける影響も大きいと考えられる。

第5節　援助者の役割

子どもの環境認識の深化とその前提として求められる身体技法の獲得のために，我々大人はどのような援助ができるのだろうか。これまでの理論的な整理を踏まえ，具体的な5つの事例を基に，子どもと援助者がどのように環境とのコミュニケーションを深化させているのか，援助者の役割について検討してみよう。

事例①　2010年9月11日　　離島の遊びについてインタビュー
I　砂浜がなくなって，アサリがもう獲れないって……。
A　そうですか。スカリっていうのを腰につけてですね，それがもう一杯になるぐらいまで。毎日獲ってもいっぱいになるぐらい。で大きなのは，本当にこれぐらい，子どものイメージでこれぐらいは，直径7センチぐらいの，厚さもこれぐらいのアサリを，もうただ足ひれつけて，シュノーケリングで潜って，手でこう砂を（下線1）。
I　じゃあ僕たちが都会でやってるみたいなじゃないんですね。
A　ある程度，潜ってとかですね，それから大潮っていう潮が干潮の時に行くと，もうかなり潮が引いてるので，そこでもう潜らないでも，足ひれだけで立ち泳ぎをして，それで足ひれで，こう，砂を。かなり舞い上がっちゃうんですけど。で砂がちょっと落ち着いたところで見ると，もう10個，20個，アサリが転がったり，砂をかくともう出る感じですね（下線2）。まあそこにあるアワビとかトコブシなんかも，もうちょっと深い港の入口の方には，2メートルか，3メートル潜ればあったんで，そこにも行きましたけど，けっこう，潮の流れも速いんで，で船も，上がってくると，漁船が上を通るとかちょっと危ないのがあったんで，そこはちゃんとメンバー2人ぐらいつけといて，潜り人と上で見張る人で交互にやっていくっていう……。
A　ハハ，まあ売ることもしないし，それを獲ってアサリなんかはその場で食べるとジャリジャリしてるので，家に持って帰って砂出しするんですけど，そのトコブシとかアワビとか獲った場合には，もうその場で焼いて。

I　海辺の所で……。

A　海辺の所で，あのいろんな，家から木なんか持ってこないで，マッチかなんかは持ってきたかもしれないですけど，えと打ち上げられた流木みたいのを，あのもとにして新聞紙は持ってったと思うんですけどね。そこで焼いて食べたりとか，それもOKで，誰も言わないでって感じですね（下線3）。

I　今，話聞いてたら，アサリ獲りっていうのは割と高学年の子たちがやってるんですか？

A　そうですね，やっぱり潜る技術は，なかなかちょっと……。今言ったように，ズリと足ひれと水中メガネとシュノーケル，それでやっているので，まあだいたい4年……素潜りでやってる人も大人でもいましたけども，ハマグリみたいのをもうちょっと深くいくと，獲れて大きめのハマグリ，貝の名前はちょっと分かんないんですけどね。（中略）

A　だから子どもながらに，そのタイヤが昔はこう2つ3つながっていて，今は階段ができましたけど。それをつたって上にあがっていかないと，まず最短距離で飛び込んで，そこに戻れば最短距離で，また楽しめるんですけど，タイヤを登ることができるまでが一つのポイントなんですね。そうじゃないとどうなるかというと，大回りしてその砂浜のほうから上がってってまた行かなきゃいけない。早くタイヤが登れるようになりたいなと。そうすると下から中学生あたりが押してくれて，助けてくれるんですよ。上がろうとして，小学校1，2年生でも。それで，あ〜，ありがとうって言って，タイヤの登り方を覚えて，そしてまたそこで遊ぶようになるみたいな，必ずいつも誰かが助けてくれてたので，自分たちも中学校になった時に，私たちの時代に，別にいろんなところで飛び込んでるんだけど，何かあったらいつも助けに行き……（下線4）。

　このインタビュー記録は，自然豊かな離島に暮らした経験をもつAさんに，当時の1970年代の遊びについて子ども時代を回想して聞き出したものである。Aさんは，地域の子どもたちと毎日のように海で遊び，アサリなどの貝類を捕獲して遊んだという（下線1）。その際，潮の満ち引きに合わせて，貝を掘りだす身体技法を身に付けていったという（下線2）。そして，その場で焼いて食べる際も身近な環境にある素材を利用したという（下線3）。こうした経験は，子どもたちの間で繰り広げられるマイナー・サブシステンスといえる。そしてこうした海の遊びと身体技法の伝承には，年長者の存在とその援助が重要だったのである（下線4）。

　しかし，もはやこうした異年齢集団の市井の遊びは見られない。そこでつぎに社会教育の視点から，自然体験プログラムにおける環境学習に詳しいBさんの子どもとのかかわりを見てみよう。

事例②　2016年10月1日　　自然体験プログラム「かいこの糸紡ぎ」

　子どもたちは，グループ毎にテーブルに座りカイコの糸を巻き取っている。Bも子どもたちと一緒にテーブルの空いているところに座り，糸を紡いでいる。周囲の子どもたちより手際よく段ボール製のフレームにクルクルと糸を巻き取っている。

様子を見に来たS「何メートルいったの？　記録に挑戦はやめたの？　数えてるの？」と男児に問いかける。男児「分かんない，でも千は，いってる」と答える。S「千は，いってるのね，でもきれいだからいいじゃない」と褒める。
　B「絶好調だな」とつぶやきながら，隣の子どもに「見せて見せて」と話しかける（下線1）。男児が持ってきて見せたのは糸が切れてしまっている。B「これやる？　これやる？」と自分の繭を指す。「いいよ，いいよ，これやったら」と言って手を止めて糸を切る（下線2）。丁寧に糸を手に取り，男児が来るのを待つ。B「そっちいってあげようか？　こっちでやる？」と問い掛ける。
　男児がやってきてBから糸を受け取りクルクル回し始める。B「きたきたきた～」と笑顔になって叫ぶ（下線3）。その後，自分の糸を巻き付けた作品を眺めて嬉しそうに見ている。男児に目を戻し「ぜんぜんもう，早く回したって平気だから」とつぶやく。隣で男児の作業をじっと見ている。しかし突然糸が切れる。B「あ，切れた～，これが悪いのかな」と言って，巻き取っている段ボールを指す。（中略）
　Bが，帯状に紡いでいく糸の間にサナギを入れ込み透かして見えるようにしている。集まってきた子どもたちが「おれもやりた～い」と言って，自分の作業に戻っていく。女児が近づいてきて「何それ」と質問する。B「きれいでしょ」と言って，作品を上に掲げて見せる（下線4）。

　これは地域の児童館で行われた自然体験プログラムの場面である。このプログラムに参加しているBさんは，環境に詳しく，小学校などでも授業講師として活躍している人物である。これは，カイコの繭から糸を紡いでいる場面であるが，ここでBさんは，自身の興味関心からか子どもたちと一緒に作業をしている。周囲の子どもたちより非常に手際がよく，「絶好調だな」とつぶやきながら手を動かし続けており，子どもたちへのモデル性が高い（下線1）。一方で，糸が切れてしまった子どもがいた場合には，即座に自分の繭を使うことを提案し，年少者を見守る優しい年長者の振る舞いを演じている（下線2）。そして，さらにBさん自身の作品の技術が非常に高く，活動を楽しんで行っているのが，周囲の子どもたちや筆者のような観察者にも伝わってくるのである（下線3，4）。実際に子どもたちは，Bさんの作品を模倣して作業を行っていたのである。
　この事例のように，子どもたちの異年齢の活動が減少した現在，大人がモデルを示すことで子どもたちの活動への動機形成を喚起することが重要となる。次に保育・教育の場では，いかなるかかわりが可能であるのか検討しよう。

事例③　2014年9月30日　　カレーづくり
　年長組のお母さんたちが，かまどのまわりでカレー作りを行っている。かまどの周辺では子どもたちが遊んでいる。お母さんが，かまどに炭と木，小枝を入れている。Aさん「これぐらいでいい」と言って確認しながら，炭を割ってかまどに入れる。Bさん「それぐらいで大丈夫だよ，全然大丈夫だよ」という。（下線1）

Cさんが「おはようございます～」と言って参加してくる。
　女児が「はい，木，木」と言ってお母さんたちに森で拾ってきた小さな小枝を手渡そうとする。Aさんがかまどの作業をしながら，「そんな小っちゃいの入れてもだめよ」と振り向いただけで，受け取らず作業を続ける。
　お母さんたちは，かまどに木を入れる方法について意見を出し合いながら集中して作業をしている。(下線2) Bさん「炭もうちょっと入れる？」と確認すると，AさんとCさんが「そうだね」と言って入れるように促す。
　遠くから男児が「何やってんの？」と聞いてくる。すると隣の男児が「カレーパーティー」と言って教えてあげる。男児「あ，忘れてた，忘れてたわい！ カレーパーティーなんて～」とおどけながら叫ぶ。
　先ほどの小枝を数本持ってきた女児が片手に泥団子を持ったまま，もう片方の手に小枝の束を持って「木～，木～」と言ってお母さんに差し出す。お母さん「あ～，ありがとうね，ありがとうね，おいしいカレー作るね」と笑顔で小枝を受け取る。(下線3)
　周囲では，次第に他の子どもたちがキャーキャー言って遊びはじめる。お母さんたちは，「園長先生言ってたよね，太い木を……」と園長先生のアドバイス等を確認しながら着火するための作業を続けている。
　かまどの周囲でナタに触ろうとした男児がおり，お母さんが「指落ちたら，行くよ，病院にすぐ！」と厳しく叱る。他のお母さんも「本当に指落ちちゃうから気を付けて」と諭す。(下線4) お母さんたちは，薪を割ろうとするが手こずっており，「やったことないんだから」，「トントンとやれば割れんじゃん」等と言いながら作業している。

　これは幼稚園におけるカレーづくりの場面である。保護者主導でクラスごとに行われる野外調理であり，同じクラスのお母さん方が数十人集まり園庭のかまどで行われる恒例行事の1つである。当日まず，かまどの準備をしているお母さん方のところに，子どもたちがニンジン，ジャガイモなどの具材とカレールーを持って三々五々集まってくる。お母さん方の多くは，薪に火をつけることが得意ではないが，数人の経験者が率先してかまどに火をつける。お母さんたちは，かまどの周りに集まり炎が安定するまで炭や薪の入れ方をみんなで確認している（下線1，下線2）。その後もカレールーを入れるタイミングや水の量などについて議論している。時折，子どもの話や身近な世間話もしており，ゆったりとした時間の中で調理が行われる。お母さんたちの活動と同時に，園庭で遊んでいた子どもたちが園庭の小枝を拾い集め（下線3），お母さん方のところに持ってきて，かまどに入れる。お手伝いを褒められた子どもは嬉しくなって何度もその行為を繰り返し，周囲の子どもたちも真似をし始める。一方で下線4に見られるように，保護者同士で，危険なことをしている子どもには自分の子どもでなくとも叱るという関係ができていると考えられる。

　このような光景は，村落共同体の里山生活に類似した部分がある。里山とは，豊かな自然資源と人々の生活が調和した生活であり，一般的には雑木林や田畑の間に，住居や寄り合い所が設け

られている．園庭にも雑木林の斜面と斜面上の広場があり，その間にかまどが設置されている．この位置にかまどがあることで薪を拾いに行くことが容易になるし，周囲から見渡せる位置にあることで人々が集いやすいと考えられる．そして，大きな鍋で大量のカレーを調理するため，必然的に共同作業が求められる．この共同作業は現代生活のように家電製品を使用した効率の良い調理とはならない．しかし，ゆっくりと薪が燃え，鍋が温まるまでの時間の中で保護者同士の交流が生まれ，園児たちがその交流の中に参入してくる余地が生まれている．つまり園庭の中に，大人の労働と子どもの遊びやお手伝いが隣接する機会が保障されていると考えられる．

今度は小学校の朝の会の事例を見てみよう（木村，2008）．

事例④　2006年5月18日　　小学校の朝の会
　……先生「はい，じゃあ，ちょっとね，ちっちゃいからよく目を凝らしてみてください．Sちゃんの机の上にこんなきれいなお花があります」と言う．先生，花を手に持って，机の間を歩いてみんなに見せる．先生，歩きながら「花びら，閉じてるけどね，夜になったらね，……お昼の遅くから開いてくるね」と言って，板書し始める．子どもたち「ユ…ウ…ゲ…ショウ」と読む．

　先生「ユウは夕方のユウ，化粧知ってるやろ．お母さん，お姉さん，お化粧するやろ」と言う．子どもたち「化粧，化粧」と言う．

　先生「ね，夕方になったらきれいになりますよ．この花はね，え〜とね，みんなが生まれたもうちょっと前かな，和歌山に出てきました．10年くらい前から出てきました．ね，これも外国から来た草で〜す」と言う．子ども「……（ざわついていて不明）」先生「そうよ，きれいになるよ」と言う．子ども「……（不明）」．

　先生「先生ね，昨日，学校から帰るときね，6時くらい，6時前かな，えと，あっちのA君とこの家曲がって，通りにでた中央分離帯のところで，あ，こんな咲いてるわ思って，偶然ですね．えと，これから6月くらいにかけてよく咲く草ですから，またみんなの周りにも咲いてないか，見てください」と言って（下線1）黒板を消す．

事例④では，教師は，地域で見つけた草花を子どもたちに紹介し，草花を見つける喜びを伝えている．子どもたちにも見つけたら教えて欲しいと願いを伝えることで（下線1），地域生活に目を向けさせ，地域の話題を共有化しようと意図している．このような教師の姿と働きかけによって，子どもたちは地域の草花に関心をよせるようになり，日常生活と学校の学習が相互連関したものになっている．ここで注目したいのは，この教師の地域環境への理解の深さである．それら知識は，教師自身がこれまでの経験を通して植物観察という身体技法として習得したものであり，公教育の場においてもわざの伝承が可能となることを示している．

最後にもう1つの小学校の事例を見てみよう（木村，2012）．この記録は，ある日の子どもの環境とのかかわりが日記に報告され，教師がコメントを添えてクラスの学級通信に掲載したものである．

事例⑤　2009年4月9日　　　学級通信紙面によるクラスの情報共有
　（＊N君の日記）　今日学校が終わったときに　おくじょうに行きました　行くときにハチがおちていました　でも早くいくためにほっておきました。そしておくじょうに行きました。そしてみんなで写真をとりました。そしてなぜかぼくとM君だけよばれました。なぜだろうと思ったら大きいたんぽぽを見つけろといわれました。ぼくはいっしょうけんめいさがしました。そしてMZ君が一つみつけました。そして家にかえるためにかいだんのところへ行きました。そしたらまたハチがいました。かわいそうだからたすけてあげました。だからさわりました。でもさされるかもしれないから　ちょっとどきどきしていました。そして教室においてあげました。そしてはなにいれたら　きゅうにとんでどっかにとんでいってしまいました。
　（＊教師の文章）　N君が階段の途中でうずくまって，小さな黒い物体を見つめていました。一見したらゴミにしか見えないその黒い物体とハチでした。死んでいるのか動きません。ぼくが手にとると，羽が動きました。N君が叫びます。「センセー，生きてるんだね。死んでいなかったんだね。」ぼくは，そっと彼の手にのせてあげました。おそるおそる手を出した（下線1）。その後，N君は教室にもってくると，シクラメンの花びらの上にそっとのせてあげるのです。ぼく達大人は，こんな感性をいつのまにかどこかに置き忘れてしまっています。彼が「ここがいいよね。」とつぶやきながら，じっと見つめている姿に，感動してしまいました。しばらくすると，N君の「アッ」という声がしました。ハチが飛んでいったのです。きっと，N君のやさしい気持ちが，ハチに生命力を注いでくれたのかもしれませんね。ああ，ぼくも，N君のような目，心をもちたい。無理かあ。

　下線1のように，担任は動きの弱ったハチを助けてあげようとする子どもの優しさを評価しているのである。子どもにとっては生き物に触れる怖い経験であるが，援助者である教師自らが手に載せてあげたことで1匹の弱ったハチとのコミュニケーションが成立したのである。
　このように授業以外の学校生活の出来事が学級通信に掲載され，授業内でも読み上げられる。これはこの学級において，子どもたちにとって最高の評価なのである。学級通信を机に押し込んで持って帰らないことがあるというN君は，このときはきちんと家に持って帰り親に手渡したという。この実践では，子どもたちの教科書的な知識より何よりも，子どもたちが地域環境から経験的に習得した知識が評価される。したがって，子どもたちの学習の習熟度への評価と同様に，放課後の生活経験の豊かさにも同一の評価が与えられる。つまり，学力の優劣にかかわらず，すべての子どもたちに評価を得られる機会が用意されているのであり，環境との身体的コミュニケーションを生成する学習の場を形成していると言える。
　以上，5つの事例検討を基に，環境との身体的コミュニケーションを可能とする場の形成，そして援助者のモデル性を提示することができた。こうした知見を基に，保育者養成・教員養成における指導も求められるだろう。筆者らは，学生にプロジェクト学習を提示し，「しなやかな身体」を「手先のしなやかさと環境を柔軟に認識し表現できる身体」，「共鳴する身体」を「他者の身体を感受し他者の身体と同調する身体」と定義し，授業実践を試みている（渡辺ほか，2018）。

今後の検討課題としてさらなる追究が求められる。

参 考 文 献

コッブ，イディス（Cobb, Edith）（1988）「子供時代における想像力のエコロジー」黒坂三和子編『自然への共鳴』第1巻，思索社．

Gibson, J. J. (1985) *The Ecological Approach to Visual Rerception*, Boston, Massachusetts：Houghton Mifflin Company.（古崎敬ほか訳『生態学的視覚論』サイエンス社，1986年）．

印東道子（2011）「土器文化の『生態』分析」床呂郁哉・河合香史編『ものの人類学』京都大学学術出版会．

岩田慶治（1986）『人間・遊び・自然――東南アジア世界の背景』NHKブックス，日本放送出版協会．

木村学（2008）「総合的学習と学校生活の相互連関に関する一考察――子どもの興味・関心の芽ばえはいかにして育まれるか」日本生活科・総合的学習教育学会『せいかつか & そうごう』第15号．

木村学（2012）「子どもの生活体験をいかにして授業に繋げるか――既存型環境教育としての学級通信実践を手掛かりに」『環境教育学会関東支部年報』第6号．

国分一太郎（1973）『しなやかさというたからもの』晶文社．

湖中真哉（2011）「身体と環境のインターフェイスとしての家畜」床呂郁哉・河合香史編『ものの人類学』京都大学学術出版会．

McLuhan, H. M. (1964) *Understanding Media: The Extentions of Man*, McGrow-Hill.（栗原裕・河本仲聖訳『メディア論――人間の拡張の諸相』みすず書房，1987年）．

松井建（1998）「マイナー・サブシステンスの世界」篠原徹編『民族の技術』朝倉書店．

宮本常一（1993）『民俗学の旅』講談社学術文庫．

宮沢賢治（1990）『注文の多い料理店』岩波少年文庫．

菅豊（1998）「深い学び――マイナー・サブシステンスの伝承論」篠原徹編『民族の技術』朝倉書店．

Tuan, Yi-Fu (1977) *Space and Place: The Perspective of Experience*, Mineapolis, MN: University of Minnesota Press.（山本浩訳『空間の経験――身体から都市へ』ちくま学芸文庫，1993年）．

渡辺行野・木村学・日名子孝三（2018）「保育者・教育者の為の身体レッスン――しなやかな身体と共鳴する身体を取り戻す実践的研究」『文京学院大学人間学部紀要』第19巻．

第3章

養子縁組家族と出自に関するコミュニケーション

森　和子

✿血縁による親は，産むことと育てることを連続して行うため，「親子である」ことが自明のこととなる。養親の場合，育てることから子どもとの親子関係が発生する。他人同士の出会いから「親子になる」ため，共に生活する中で愛着の絆（Bowlby, 1979）を形成し，親子関係を構築していくプロセスが続く。そして，親子関係が構築され安定した時期に，子どもに対し生みの親ではないが親子であり，大切な子どもであることを伝えるテリングとも言われる真実告知をした上で，「親子である」（芹沢, 2008）ことに向けて親子関係の再構築が始まる。血縁によらない親子にとって養育上の大きな課題の1つが，生みの親と育ての親の2組の親がいることから起因する「真実告知」や実親に対する「ルーツ探し」などの養子の出自に関する課題の対応である。本章では，子どもが自分のアイデンティティに養子であることを統合していけるよう，養子縁組家族は，日々の生活の中で，どのようなコミュニケーションを交わしているのかを考察したい。

Keywords： 養子縁組家族，オープンアダプション，出自を知る権利，真実告知，ルーツ探し

第1節　養子縁組の概要と現状

　虐待などのため親元で暮らせない子どもの受け皿について議論してきた厚生労働省の有識者検討会は，養父母が戸籍上の実の親になる特別養子縁組や里親らによる，家庭的な環境での養育を推進する新たな方針を盛り込んだ報告書をまとめた。養育方針の改定は2011年以来で，就学前の子どもは原則施設への新規入所を停止，「特別養子縁組」を5年間以内に倍増させ年間1,000件以上に，そして実親と暮らせない原則18歳未満で，社会的養護が必要な子どもを対象に，里親養育の受け皿を大幅に増やすことを公表した（朝日新聞2017年9月5日付）。実務家からも「子どもが健全に育つためには，特定の大人との安定した信頼関係が少なくとも20年以上継続することが必要である」（岩崎, 2001）と言われるように，乳幼児期からの継続した愛着形成の重要性

が認識され，国は社会的養護のあり方を大きく家庭養護に転換することとなった。司法統計によると 2005（平成 17）年の特別養子縁組の成立件数は 305 件で，2012（平成 24）年までは 200 件台から 300 件台で推移していたが，これらの動きを受け 2013 年度 474 件，14 年 513 件，15 年度 544 件と増加に転じ始めている。

　里親制度と養子制度は，どちらも子どもを家庭へ迎え入れて養育する家庭養育であるが，里親制度が児童福祉法で規定された制度で，ある一定期間家庭での養育ができない子どもを養育する制度であるのに対し，養子制度は民法により養子縁組をすることにより法律上でも親子となる制度である。養子縁組制度は，1987（昭和 62）年に民法が一部改正され，普通養子と特別養子という 2 種類の制度となった。特別養子縁組は，保護者のない子どもや実親による養育が困難な子どもに温かい家庭を与えるとともに，その子どもの養育に法的安定性を与えることにより，子どもの健全な育成を図るしくみである。

　社会的養護が必要な子どもの受け皿として養子縁組を増やすことは，児童の福祉の視点からは大きな改善点である。それに伴い，血縁によらない子どもたちの養育に伴う特有の「真実告知」や「ルーツ探し」等に対する養子縁組家族への支援システムの整備が不可欠である。そのためには，養子縁組家庭でのコミュニケーションの実態や支援の必要性が解明されることが喫緊の課題となる。

第 2 節　出自を知ることの必要性──「真実告知」「ルーツ探し」

　1900 年代前半では，欧米でも養子であることを秘密にしておくべきであるという考えが常識であった。養子となるに至ったさまざまな経緯と，それらが養子となった子どもに与える影響について，これまで多くの議論がなされ，養子の出自を知る権利を保障することは養子の健全なアイデンティティの形成をするうえで必要であることが検証されてきた。

　養子縁組家族を対象とした臨床的研究から示唆されることは，秘密にすることは養子のアイデンティティ形成の阻害要因となり，養父母が血縁の父母の情報を子どもに提供することが「養子である子どもや青年に対して最も肯定的な成果をもたらす」ということである。養親が養子の出自をオープンにすることは「『年少の養子においては成育史における連続性の感覚を養う』ことと『なぜ自分が養子になったか』についてより深い理解を得ることができ，拒絶されているのではないかという潜在的な感覚を軽減するのに役立つ」（Kroger, 2000, 訳 2005）という。養親から子どもに対し，生みの親ではなく育ての親である事実を告げることで終わるのではなく，子どもは成長するにつれ自分の生い立ちに新たな疑問を抱くようになるため，その子どもの理解の度合いに応じて情報を伝えていくことが必要となると言われている（Lois, 1986, 訳 1992；Keefer & Schooler, 2000；家庭養護促進協会, 2004）。養親子関係は，血の繋がりがないが故に，しっかりとした親子関係を構築することでしか成立しないものであるから，養子に対して血の繋がっている親子のように見せかけることによって親子関係を安定させようと考えることが，最も子どもを欺くことになる（岩崎, 2001）と数多くの養子縁組を仲介してきた実務家は強調する。フープス

は，養子における健全なアイデンティティの獲得に影響する要因として，信頼にみちた家族関係，養子であることに対する親の態度，家族間での養子の出自に関するコミュニケーション能力（Hoopes, 1990）をあげている。これらの要因を満たすことで，非血縁の親子でも健全な成長やアイデンティティの発達が促されうるとこれまでの先行研究でも報告されている。

第3節　家庭における出自に関するコミュニケーション

　カークは，血縁を規範とする家族観を重視する社会でも，血縁によらない親子であることを認識した上で，子どもを育てたい養親と実親に育てられなかった養子とが，それぞれの運命を分かち合い，家庭でも子どもの出自に関する話しをオープンにし，理解するコミュニケーション能力を持つことで，親子関係を築くことができる（Kirk, 1964）と指摘している。

　表3-1は，養子縁組家庭において，子どもの出自に関してどの程度のコミュニケーションや交流がとられているかを，オープンさのレベルごとに4つに大別したカテゴリーである（Grotevant, et al., 1998）。

　Aレベルは，養子縁組後，実親の情報は伝えず秘密にした状態のレベルである。Bレベルは，養子縁組の養子縁組機関から基本的な実親の情報を得るが，その後情報を得ていない状態のレベルである。Cレベルは，養子縁組機関を通して実親の情報を現在も得続けているレベルである。Dレベルは，オープンアダプションとも言われる実親と養子縁組家族との交流が継続している状態のレベルである。

　わが国では，児童相談所から縁組した場合は，委託された時にBレベルの部分的な実親の情報が与えられ，後に養子縁組の際に審判所による詳しい経過などの実親の情報を得るという，Bレベルの場合が多い。民間の養子縁組あっせん機関から縁組した場合は，その機関を通して実親の情報を継続的に得ることができるCレベルのコミュニケーションがとられる場合が多い。一部の養子縁組あっせん機関では，機関を通して実親と手紙やプレゼントを贈ったりするDレベルに近い交流が行われている。実際に会って交流するのは20歳を過ぎてからという一定のラインを引いている機関もある。

　欧米では現在，C，Dレベルでの実親と養子縁組家族とのオープンなコミュニケーションをとる関係が一般的になっている。Dレベル（オープンアダプション）は，縁組に際して実親とのさ

表 3-1　養子縁組家庭における出自に関するオープンさのカテゴリー

	Family Openness Category	出自に関するオープンさの内容
A	Confidential	養子縁組後，実親の情報は伝えない
B	Time-Limited Mediated	養子縁組機関から基本的な実親の情報を得るが，その後情報を得ていない。
C	Ongoing Mediated	養子縁組機関を通して実親の情報を現在も得ている
D	Ongoing Fully Disclosed	実親と養子縁組家族との交流が続いている。

（出典）　Grotevant. et al., (1998) より作成。

まざまな交流を前提として養子縁組を行っている家族である。欧米ではこれまで養子縁組家族の実親との交流のレベルなどに関する研究が数多く行われている。4歳以下で養子縁組になった子どもを対象に行った研究では、交流を行った89%の養子は養子縁組をする際に、実親家族となんらかの交流を持つことが計画されていたという。そのうち5歳から10歳までの子どもの16%は手紙での交流をしており、11歳から15歳の子どもの12%が直接的な交流を行っていた。21歳から25歳では64%が実親と直接的交流をしていた。直接に実親と交流する養子縁組家族は、手紙を通して交流をする家族よりも、家庭内での出自に関するコミュニケーションがより多くとられていたという結果が示されている（Neil, 2009）。実親との交流と養子縁組に関する家族内でのオープンな会話は、満足度と高い相関性が示され（Farr, et al., 2014）、オープン度が高いほど、実親や実親のもとにいるきょうだいへの共感性と、そのきょうだいたちとの将来的なつながりの強い感覚が増すという。また、養親は実親が子どもを取り戻すのではないかとする恐れが小さくなるという（Grotevant, et al., 1994）。養子と実親との交流に関しては、家族間での会話が重要なサポートとなっていること、それらが養子のアイデンティティの発達に結びついていることが示唆されている。

　一方、79%の実母は別れる選択をしたことで罪の意識を感じており、98%の実母は子どもが元気か幸せかずっと気になっていた。生みの親の多くは子どもにコンタクトを取りたいが、子どもの意思を優先したいと考えていたという。交流することで養親と実親が対立することではなく、85%の養子はコンタクトをとることや再会の経験により、なんで養子になったのかなどの疑問の答えが見つかり、アイデンティティ形成の強化につながったという結果であった（Howe & Feast, 2003）。

　以上から、養子の出自に関する疑問や思い、情報提供などのコミュニケーションがオープンにできる家庭であるほど、自らのアイデンティティに養子であることを統合する際の助けになっていることが示唆されている。また、生みの親も、養子に出したことで子どもとの思いが切れてはおらず、手放したことで罪悪感を持ち、養子に出した子どもや養親に遠慮している実親が多いということも明らかになってきた。養子にとって実親と養親はどちらも自分が存在するためには大切な人物であり、養子の中で両者への想いが共存していけることが、より健全なアイデンティティの形成を促進していくことがわかってきた。

第4節　養子縁組家庭での出自に関するコミュニケーションの事例

　本節では、エリクソン（1968）のライフサイクルモデル（心理社会的発達課題）に、養子独自の課題を加えた「養子の心理社会的適応モデル」（Brodzinsky, et al., 1993）に沿って、家族生活の中で行われている出自に関するコミュニケーションのエピソードを紹介する（表3-2）。

　乳幼児期に養親家族に迎えられた養子にとっては、新しい家庭生活への適応とともに、養親との安全な愛着関係の構築が成長発達課題となる。同時に、養親も子どものいる生活への適応が求められる。そして、親子になるための試し行動などさまざまな課題を経て、養子であることを忘

表 3-2 養子の心理社会的発達課題

年齢区分	エリクソンの心理社会的発達課題	養子の心理社会的発達課題
Ⅰ 乳児期	信頼感対不信感	・新しい養親家庭への適応 ・養親との安全な愛着の発達
Ⅱ 幼児期	自律性対恥・疑惑	・最初の真実告知への適応
Ⅲ 児童期	自発性対罪悪感	
Ⅳ 学童期	勤勉性対劣等感	・養子であることの意味の理解 ・養子であることから生じる喪失の理解 ・出自に関する答えを探す等
Ⅴ 青年期	アイデンティティ対アイデンティ拡散	・アイデンティティに養子を統合 ・ルーツ探しをするかかどうか等
Ⅵ 成人期	親密性対孤立	・成育歴を踏まえ親になることを検討
Ⅶ 壮年期	世代性対停滞性	・養子になったことに折り合い等
Ⅷ 老年期	統合性対絶望	・養子であることに最終的に解決等

（出典） Brodzinsky, et al., (1993) より作成。

れてしまうような安定した親子の関係の時期を迎える。

以下では，真実告知から始まる養子の心理社会的発達課題を，① 幼児期〜児童期，② 学童期，③ 青年期〜成人期，④ 壮年期〜老年期の4つに分けて，それぞれの課題に関するエピソードを紹介する。

(1) 幼児期〜児童期の成長発達課題——最初の真実告知への適応

この時期の課題は，最初に得た養子についての情報に適応することである。

エピソード a　1歳2カ月で家庭に迎えられ，4歳1カ月で特別養子縁組が成立した養子と養母との真実告知のやりとりである。真実告知の時期は，子どもの自己肯定感の高い時と養父母は話し合って決めていた。幼稚園での生活も落ち着き，会話の中で「お父さんとお母さんと自分が大好き」という言葉が頻繁に出るようになった4歳3カ月の時に初めての真実告知をする。

「お母さんとお父さんの赤ちゃんを探しているのに見つからなくて探していたんだよ。そしたらね。神様のお使いのおじさん（筆者注：児童相談所の児童福祉司）から電話がきて，赤ちゃんが見つかりました！　赤ちゃんのお家（筆者注：乳児院）で待っていたんです。すぐに迎えに行ってくださいって言われたんだよ。」

初めての真実告知以降の経過について養母は次のように記している。

「しばらくの間，1日に1度は必ず赤ちゃん時代の話をせがむようになりました。せがむときはいつも機嫌のいいときで親子でコチョコチョしあってスキンシップをしているときでした。なかでも乳児院に遊を迎えに行くくだりがお気に入りでした。『お母さんは赤ちゃんを探していたの？　いなくてさびしくなっちゃったの？』と何度もきいてきます。それで，乳児院に行ったらかわいい遊ちゃんに会えたのでうれしかったと何度も答えました。乳児院からもらったアルバムをみせると大喜びして，赤ちゃんの写真をケラケラ笑いながらみていました。（中略）

乳児院に行ってみたいということもありましたが，乳児院の担当職員さんがアルバムに書き添えてくれたお別れのメッセージを遊が理解できるようにアレンジして読んだところ，『さようなら』という言葉に敏感に反応して泣いたことがあるので，しばらくようすをみることにしました。物理的に私のおなかから生まれていないことを説明したのは，はじめてルーツの話をしてから数カ月後でした。」（吉田，2009，164-165頁）

エピソード b　4歳になったら真実告知をしようと考えていた養親は，幼稚園に慣れた頃と考え，夏休みに話すことにした。子どもに恐怖心を抱かせてはいけないと思い，絵本を読んでから告知することにしたという。

「夏休みの旅行の前日，Mの機嫌の良い時に，夕食を済ませて妻が洗い物をしている間，私が『一寸法師』を呼んであげてから妻に代わり，再度絵本を読みながら一寸法師になぞらえて，『お父さんとお母さんは赤ちゃんが出来なくて，色々な神社に行って赤ちゃんが出来るようにとお願いしたんだけれども，出来なかったんだよ。お父さんとお母さんは，Mを大好きになってね，Mでなければ絶対だめだったんだよ』。」（埼玉里親会，2004，5頁）

養子の場合は，母親のお腹の中にいた時から生まれた時のことなど養親のもとにくるまでのことを聞く機会や写真などの資料も少なく，自分史について伝えられる情報は限られている。わが国では，小学校に入ると「生い立ちの授業」（命の授業など名称は様々）が生活科の中で行われることが多い。そこで，子どもとの関係性も落ち着いた頃の就学前に，真実告知をすることが勧められている。エピソードaとbの家族とも，養子である（生みの親ではない）という事実と，養親が親であり大切な子どもであるという真実の思いを，求めに応じて何度も繰り返し告げている。

(2) 学童期の成長発達課題
① 養子であることの意味の理解

学童期の課題は，養子であることの意味などについて理解することである。就学前に真実告知をして，その後は養子の中でどのように理解されていくのかがあらわされている。

エピソード c　以下は，5歳10カ月で家庭に迎えた女児が，小学校就学前の春休みに発した言葉である。母親の本当に嬉しかったという思いと，子どもの見つかってよかったという思いを確認でき，心が通じた喜びを感じたひと時であったという。

「詩織が私の顔をじっと見て，『お母さん，なんで詩織をもっと早く迎えに来てくれへんかったん？』って言ったんです。私が産んだのではないというのは詩織も分かってますし，実母さんの話もちょこっと言ったことがあるので『迎えに来てくれへんかったん？』というのはどういうことかな，とも思ったんですが，その時にとっさに口に出たのが，『詩織が生まれる前に，お父さんとお母さんのところに神さまから電話があってん』と言ったんですね。（中略）『みんなで探してんよ。エリちゃんもチロちゃんも（犬）も，みんなで探してんよ。でも見つからへんからね。山上のお姉ちゃんにお願いしてん。そしたら，詩織は学園（筆者注：児童養護施設）に隠れているよっていうことが分かってん。もう，お母さん，うれしかったわあ！』って言う

てやったんです。そしたら，詩織が『ああ，それでか〜。それで，お母さんはあの時に泣いていたんやなあ』っていうてくれたんです。」（家庭養護促進協会，2004，178-179頁）

エピソード d　　Mは3歳の時に，真実告知をされている。そしてMが5歳の時に次のような会話があった。

M　「お母さんはおなかがこわれていて，ボクを産めなかったんだよね。」
母　「そうよ」
M　「じゃあ。ボクはだれから産まれたの」
母　「女の人から産まれたのよ」
M　「その女の人今どこにいるの」
母　「お母さんも知らない遠い所にいるのよ」
M　「お母さんボク悔しいよ，ボクはお母さんから産まれたかったんだよ」
母　「ごめんねM，お母さんもMを産みたかったんだよ」（絆の会，1997，71頁）

真実告知は1度で終わりではなく，その後も子どもの成長に応じて生みの親などについて，子どもからより詳しい情報を求められコミュニケーションが継続していくことがある。生みの親に関して折に触れ疑問が生じ，突然聞いてくることがある。自分の認識できる範囲で理解するため，事実と異なって考えている場合がある。エピソードcの子どものように生まれてすぐに預けて，迎えに来なかったと理解している子どももよく見受けられる。エピソードdのように，真実告知をした後，お母さんから生まれたかったというような自らの境遇の悲しみを表す子どももいる。その後，お互いに悲しみを分かち合い，共有していくことで親子の絆を作る経験をしている。子どもが不安そうになると，養母はずっと一緒と抱きしめ心と体のコミュニケーションを通して信頼関係を強固にしている。

② 養子であることから生じる喪失の理解

幼児期や児童期では大好きだった養子のお話も，養子縁組は家族づくりだけではなく，生みの親の喪失でもあることがわかってくる。

エピソード e　　真実告知をした後，「だから赤ちゃんの写真がない，みんなは持ってる」と大泣きしてから子どもは「2度と親をやめないでほしい。親が代わるのはもう嫌だ」と言ったという。告知後半年くらいしてから反社会的行動が始まる。

「子どもがある日突然，『もう飽きた，信じる，もうええわ』と言って終止符を打ったんですね。やはり子どもを見捨てない。信じる。子どもの後をついて歩く。そういう姿勢を私たち夫婦は崩さなかった。（中略）子どもが中学1年生のとき，主人の両親が相次いで亡くなりました。それは，子どもにとってトラウマになりました。『ぼくの大事な人がぼくを捨てて，またいなくなった』と言いました。そのことによって，また以前と同じような行動（悪さ）をするようになったんですね。昔ほどではなかったのですが，人の物を盗ったり，そういうような試しの行動が始まりました。」（辻本，2009，69頁）

子どもは成長段階に応じて家族から社会へと活動範囲を拡大させていく。学童期には社会への関心を持ち始め，自分なりの仕方で参加の意欲を示すようにもなる。子ども自身養子であること

についての理解が発達し始め，養子に伴うネガティブな評価を受けるという経験をすることがある。またこの年齢では，意識的にも無意識的にも悲嘆は形を変えてきて怒りや攻撃（口論）が増え，反抗的態度，話さなくなる，落ち込み，自己像の形成の問題が起きてくることがある。自分の認識できる範囲で理解するため，事実と異なって考えている場合がある。生みの親への怒りを養親に対して怒りとして出す場合があるので，養親は子どもの怒りの意味への理解が必要となる。エピソード e の少年は，生みの親との離別が根底にしっかりと残っており，発達してきた喪失の感覚が反社会的行動で表されたが，養親の見捨てない，信じるという態度を貫いたことで行動はおさまっていったという。

③　自分のルーツ出自に関する答えを探す

学童期になると，生みの親から見放された理由や自分のルーツ出自に関する答えを探そうとする段階に入る。

エピソード f　　4 歳の時に児童相談所から委託され，その後養子縁組をして小学校 1 年生の時に真実告知をしている。9 歳になった時に生みの親のことを突然聞いてきた時のエピソードである。

「このあいだも，『僕のおかあさん若い？　歳とってる？』ってたずねるんです。『このおかあさんに比べたら，ずっと若いよ』『おかあさん，会えるようにできる？』『できるよ。力貸してあげるからね』と言うと，『何も，一緒に住む，いうてるのとちがうで。ちょっと見るだけな』『わかってるって。おかあさんがあんたの立場やったら，おかあさんかて見たいと思う。そやから会いに行きよ』。」（家庭養護促進協会，2001，115 頁）

エピソード g　　学童期に血が繋がっていないのではないかということを感じて自ら資料を探しだした中学生の話である。

「小学校 3 年生くらいに，勘みたいな感じでそうだろうと思って，両親がいない時に箪笥を開けたり，資料を読んで自分で写真とか探したり，こっそりやりました。自分のいた乳児院も一人で訪ねに行って。それから親が『もう分かった？』みたいな感じで。」（家庭養護促進協会，1999，15 頁）

10 歳過ぎると，自分の生みの親に関して知りたいというルーツ探しの疑問が養子から発せられる機会が増える。エピソード g のように，真実告知をしなくても，言葉の端々や養親の言動でおかしいことが出てきたり，近隣の人からの言葉などから気づいていたという養子は少なくない。気づいても養親に遠慮して聞けなかったということもある。エピソード f の養子はそれきり，生みの親のことは言わなくなったという。この場合は，養親が受け入れてくれたので，いつでも会いにいけるという安心感ができたためと考えられる。また，「一緒に住む，いうてるのとちがうで。ちょっと見るだけな」と生みの親のことに興味をもつことが後ろめたく，養親に気遣っていることがこの言葉からもわかる。養親の所を飛び出して生みの親の所に会いに行きたいというほどまでの気持ちではないが，2 組の親への思いで揺れ動いている状態であろう。

⑶　青年期～成年期の成長発達課題
① 養子であることを自らのアイデンティティに統合する

「同一化」していた時期を抜けだし，"自分は何者なのか""何をやりたいのか""どう生きていくのか"といった人生論的な問いに目覚めはじめ，確固たる自己の「アイデンティティ」を確立していこうと模索する時期である。養子にとって自我の探求は特別複雑なものになる。

エピソードh　時々夢の中にでてくる風景があって，自分の原点は「淋しく1人でいた私」であり，その後，養母との会話からその夢の中で自分がいた場所が乳児院だったということがわかったという短大生の回想である。

「一番小さい時の記憶っていうのは，乳児院にいる自分，檻の中に入っているような風景があって，それが今も夢の中に出てくるんです。それが謎だったんですが，つい最近やっと母親にそのことを話して，乳児院のベビーベットの中にいた自分を夢の中で見ていたんだということが分かったんです。」「ただの夢なのか，何かを意味しているのか分からなくてずっときました。」（家庭養護促進協会，1999，164頁）

エピソードi　15歳になって，養子縁組の手続きをしている途上の子どもの不安定な心理が親とのぶつかり合いとなって現れる。

「中学校3年間，高校受験を控えた私と両親とのぶつかり合いがありました。今でも忘れられないのはお互いが静まる前に母ががっくり肩を落として口にする『お母さんが本当の親じゃないからか，本当の親じゃないから素直になれないのか』目に薄く涙を浮かべながら淋しそうに言われる言葉でした。言われる私も悔しく辛かったですが，言葉を口にする母は私以上に辛く悲しかったことでしょう。（中略）どんなに私が反発をしても，両親は逃げることはなく，必ず真っ正面から向き合ってくれたのです。」（埼玉県里親会，2002，16頁）

エピソードhの，自分の原点は「淋しく1人でいた私」という記憶の底に沈んでいた乳児院にいる自分が浮上してきて，繋がらなかった記憶が養母とのコミュニケーションの中から明らかになり，自らのアイデンティティに結びつけることができたと推測される。エピソードiの，中学3年で反抗的になった時に，本当の親じゃないからと養親に言われ，そこでもう1組の親がいることが関連して浮上している。青年期を迎えると生みの親と養親に対する怒りや反発の表出と並行して，理解や受容の言葉も聞かれ，養子の心が反発と受容の間で頻繁に揺れ動くことがある。十代の養子には，常に同じように引き離さなければならない幻想の生物学上の親もある。養親への反発が生みの親への幻想を掻き立てることがあり，それを解決することも重要な課題となる。ほとんど知らない，自分の周りに存在していない生みの親との関係に対処するのは，非常に難しい作業なのである。

② 青年期「ルーツ探し」の向き合い方

生みの親を探すかどうかを熟慮する時期に入る。この時期になると，養親との出自に関するコミュニケーションは減少し，養子の内面での葛藤が表れてくる。

エピソードj　生みの親との交流のない3人の里子と暮らし，それぞれの高校入学時に姓の選択をすることになり真実告知をした。それぞれの受け止め方は違ったという母親の言葉である。

後に，下の 2 人の子どもと養子縁組をしている。自分自身のアイデンティティに養子であることを結びつけることが青年期の課題となる。

「受け止め方は 3 人 3 様で，1 人は 1 週間ほど荒れ，ルーツさがしの気持ちをぶつけてきました。もう 1 人は親・兄弟がいたら会いたいといい，残る 1 人はチクショウぶんなぐってやる！ と叫びました。彼らの複雑な気持ちに何処までもつきあっていこうと覚悟を決め，子ども達の話に耳を傾け，夫婦で話し合い，日常も行動の変化に気を付け，難しいといわれる思春期を乗り越えることができたと思っています。」（埼玉県里親会，2003，25 頁）

エピソード k 生みの親の情報がほとんどないからこそ，理屈ではなく自分のルーツを求める気持ちが強くなり，家庭外に出自の情報を求めて行動を起こしている。

「同じ捨て子でも考え方は色々でしょうが，私は，事実はとても知りたいです，実親のことを知るのは無理とあきらめても，せめて捨てられていた時の状況や，所持品，その後の流れなど，ほんのわずかの情報でも知りたいのです。これは理屈ではないのですよ。なかなか勇気がでず，行動に移せなかったのですが，気持ちが抑えきれず調べました。傷つかないといったら嘘になりますが，自分の根っこの部分が分からないよりはいいし，それを受け入れる力はあると思います。」（家庭養護促進協会，2004，72-73 頁）

エピソード l 養親家族は問題が起きた時に養子であることについて語っている。それを受けて 20 代の男性の生みの親に対する気持ちが率直に述べられている。

「実親を探す気は特別ありません。でもきょうだいには会ってみたいな，妹とかお姉さんがいるとかきいているから。ボクには養子であることが分かっていた記憶があるんですよ。なんか悪いことをした時に，祖母と母の会話の中から，出てきたと思う。僕は 2 歳半位で母の処へ来て，その後実父が倒産して，一家離散というような話でした。僕にとっては，実父母は他人なんですよ。向うが会いにきたら会うとは思いますが，無下に断る存在でもないし無理して探すほどのものでもない。」（絆の会，1997，297-298 頁）

エピソード j の養親が兄弟として育てた 3 人の養子のとらえ方の違いからもわかるように，その反応は一様ではない。実務家は，すべての子どもに自分の出自を知る権利はあるが「自分で自分をコントロールできて，相手の立場が思いやれる程度の成熟が必要である」（岩崎，2001，71 頁）と助言している。養子が生みの親のことを知りたい，また会いたいという思いを養親は受け止めながらも，会わせる時期については慎重に考えなければならない。

③ 生育歴を踏まえ親になることを検討

青年期から成年期には，自分は手放されたという生育歴を踏まえ親になることを検討していくことが課題となる。結婚し，家庭を築いて子どもを生み，育てる親として過ごすことになる時期である。子どもを持つことに関して配偶者との思い入れの違いなど，コミュニケーションが必要になってくる時期でもある。

エピソード m 21 歳で結婚し 2 児の父親になり，30 歳代になった人の思いである。

「とにかく子どもが欲しかったという，僕の思いやけど。自分の周りに血のつながった人間がいないという思いが，その時の僕にはすごく強かったから，どんなものかというのもあった

けど，とにかく，小さい時からの自分の寂しかった思いとか，してほしかった思いとかいうのがいっぱいあったんで，早くそれを，自分が全部してやる，誰がなんと言おうと，甘いといわれようが，俺は精一杯子どもに対して，自分の出来る範囲のことをしてやるという。」（家庭養護促進協会，1999，128頁）

エピソードn 　もう一人の女性も，子育ての厳しさを味わいながらも，結婚とともに子どもを持つことを強く望んでいた。

　「子どもと一緒にいてるから親になれるっていう感じで，子どもに教えられることの方が多いし，重たいもの一杯くれるし。すごい責任感じるし，自分の親みたいに子どもは手放したくないと思う。自分も家族っていうものにすごい理想，夢とか持ってたから，早く子どもが欲しかった。だんなより子ども，だからシングルマザーでも絶対生むでっていうくらい，だんながおろうがいまいが，血縁関係が欲しい事の方が大事やったから。」（家庭養護促進協会，1999，32頁）

2人の養子とも，結婚イコール子どもという感覚で子どもを求めている。その根底には自分には血縁の人が周りにはいなかったということがあげられている。エピソードnの女性は，子どもとの関係は特に，親密性が高いため，子育てが苦しくなっても生みの親のようにはならないという思いが，その言葉の背景にあると思われる。そのためには，他者と親密な関係に入り込んでも，けっして自分を見失うことにはならないという安定した自己意識を持っている必要がある。両者とも，血縁の家族を持ちたいという強い願望と，親になったことで養親の大変さに気づいたこととが共通した思いとして後で語られている。

(4) 壮年期〜老年期の成長発達課題

壮年期では，養子であった自分の未知の過去との折り合いをつけ，その後の老年期は人生の終盤に入り，養子であることの意味などについて最終的に解決を見出す時期といえる。

① 壮年期：養子になったことへの折り合い

エピソードo 　戸籍を手にしたことから自分のアイデンティティを見出し，さらに壮年期になって，実母が余命1カ月と知った養母が見舞いに行くように言ってくれたという人の思いである。

　「戸籍なるものを初めて手にとって眺めたのは，子どもが生まれてからのことだった。父母の名前，私の生まれた場所，誰が届けたのか，いつ縁組をしたのか，公の文書に時間を追って順序正しく書かれているのを目にして，心からほっとするものがあった。これこそが真実なのだ，と。まさに「真実はあなたがたに自由を得させるであろう」の心境だった。（中略）親やきょうだいに会ってみると，こういう親，きょうだいがいるのなら，こういう私がいて不思議はないのだ，ということが生理的に納得できた。地に足がついた感覚があった。いろいろな事情や親の思いも少しずつわかってきて，会えて本当に良かったと思っている」（家庭養護促進協会，1999，220-224頁）。

養子として育ったことにより自分の居場所を見つけられず，成年期に戸籍を手にしたことによ

り自身の成り立ちを知って足を落ち着けることのできる場所を得る。さらに養母の配慮により生みの母やきょうだいと邂逅したことで，理屈を超えてやっと自分の未知の過去と現在の自分との折り合いをつけることができたと思われる。

② 老年期：養子になったことへの最終的解決

エピソードp 　実父の病気と貧困と実父母の不仲な状況の中で，2歳の時に養子にだされる。戦後間もない頃には「わらの上からの養子」という慣習があり，養子の出自を秘密にして実子として育てられることになった。高校に入学してから養子であることを知る。そして35歳の時に，自力で実親を探し出す。自らの人生を振り返って生みの親と育ての親についての思いが述べられている。

「実母に対しても『私はその母がいなければこの世に誕生していなかったのだ。そんな生母には，どんなことがあっても息災で生きていてほしかったし，父との感激の再会を果たしたのと同じように，母ともいつか手をとりあって再会をよろこぶ日がきてほしい』（中略）実父が亡くなって『必死に身構え，拳をかため，スキあらばその人をのりこえようと気負いこんでいた目の前の相手が，とつぜん私1人をのこしてさっさと遠くへ立ち去ってしまった。私は父の死後，いかに自分が父と再会していらい，父の存在を生きる励みにしていたか』（中略）養父母に対しても，人間にとって『その大事なものを養父母はちゃんと僕に与えてくれた人だったと思うんですが，あの当時の僕はわからないで，とにかくこの親じゃない，この親じゃない』と思っていた。」（窪島，2005，145頁）

養子であることを秘密にすることが当然とされた時代は最近まで続いていた。養子であったことを口にすることすらできない人も少なくはないのではないかと思われる。養子であることを告げられずに育った人が，多くの困難を経験してきた自らの人生を振り返って，養父母と実父母と自分自身との関係をポジティブに解釈している。これまでの人生における肯定的な出来事も否定的な出来事もともに，「自分自身のかけがえのない人生」のなかに統合的に意味づけていることがわかる。

第5節　養子としてのアイデンティティの形成

養子の健全なアイデンティティの発達を促すためには，家庭内での出自に関するオープンなコミュニケーションが重要であるということが，第3節であげた先行研究からも明らかにされてきた。幼児期から老年期に至るまでの養子の成長発達プロセスにおいて，生みの親と育ての親という2組の親をもつことにより発生する特有の課題があることがわかってきた。以下で，養親や新たに作った家族とのコミュニケーションを通して，自らのアイデンティティに養子となったことをどのように統合していくのかを考察したい。

(1) 幼年期――養親と養子の蜜月

真実告知は，養子との生活が落ち着き愛着の絆もできてきている頃に行われる。生みの親と信

じ切っている子どもに真実告知をすることは，将来の子どものアイデンティティを形成するために必要であるという理解がなくては，告知の真意が伝わらなくなる。初めての真実告知では，養親は生みの親ではないということを強調するのではなく，自分たちにとって，大切な子どもであることを伝えることで，子どもにとっても愛情の確認の機会となるコミュニケーションが交わされているケースが見受けられた。告知することで，子どもに対して生みの親という存在が伝えられるが，養親の愛情を基盤に，新たに親子関係が再構築されていく（森，2017）。真実告知を積極的に勧めている民間の児童福祉機関の調査では，2016年では74.5％の養親は告知をしており，そのうち96.5％が6歳までに実行していた（家庭養護促進協会，2016）。子どもを迎えた時から，子どものアイデンティティの形成のために必要である真実告知のことを念頭に置きながら養育していたといえる。

(2) 学童期——自分の成育歴への疑問と理解

この年齢では，養子であることについての子ども自身の理解が発達し始めることにより，さまざまな疑問が生まれてきて，何気ない時に突然養親に質問してくることがよくある。それに対して，養親は心を落ち着けて誠実に答えていくことが求められる。小学校に入ると生い立ちについての授業で，子どもが母親のお腹にいた頃に始まり，生まれてからのことなどを親に書いてもらったり，聞き取りをしたりして発表する場合や，幼少期の写真や思い出の品を持ってくることが課題となることがある。学童期は社会への関心を持ち始めるときにあたるため，養子・委託児童についてよく知らない人に話すことにより子どもが傷つくことに配慮して，真実告知の話は家族だけの大事な秘密であることを付け加える家族も多い（森，2017）。

また，学童期の養子は，養子縁組は家族づくりだけではなく，生みの親家族の喪失でもあることがわかってくる。そのため反発も生じ，それが養親に向けられることが多くなる。それまでベールに隠されていた生みの親の存在が，親子の間にも見え隠れするようになるが，養親の庇護のもとで，子どもも徐々に想像上の生みの親に近寄っていく。養子である境遇を認めるために，悲しみや不安の経験についてコミュニケーションを持つことがある。それらの話の中でトラウマ記憶を解放して新たなストーリーとして自己の記憶に統合する作業（奥山，2007）がなされ，過去の体験を癒す効果があるという。意識的にも無意識的にも悲嘆は形を変えてくる。ネガティブな体験も，養親の見捨てない，信じるという姿勢が支えとなって，新たなストーリーになり自分自身のアイデンティティの礎になっていると思われる。

(3) 青年期——生みの親へのアプローチ

青年期は，自分自身のアイデンティティに養子であることを結びつけることが課題となる。「全体の半数以上の養子青年は少なくとも月に2，3回ないしは毎日のように頻繁に養子であることを考える」（Kroger，2000，訳2005）という調査報告もある。生みの親の情報がほとんどない人には，自分のアイデンティティを形成するためもあって，ルーツのことが常に頭から離れない時期がある。こうした自問自答の時期に続いて，自分の「養子」という状況についての現実感が，

より完全に自分のアイデンティティ感覚に統合される（Kroger, 2000, 訳 2005）という。自分の養子としてのアイデンティティ問題について苦闘しながらも最終的には解決する（モラトリアムを経て，アイデンティティ達成に移行する）者もいれば，養子という自分の状態に関係した事柄についてまったく深刻に考えない（アイデンティティ拡散にとどまる）者もある。また自分の養子という状態を受け入れながらも，自分の来歴についてまるで深刻に考えない（早期完了にとどまる）者もいる（Brodzinsky, 1987）という。また，生みの親についても実際の行動を起こさない場合でも，心理的に近づいていくようになることがある。その際に養親は，生みの親を知らせるときに養子に関して聞いた情報に対して自分の判断を押し付けないよう気をつけなければいけない（Keefer, 2000, 訳 2005）。養子は生みの親のことを批判されることによって，自分も批判されているように感じ，養親とも生みの親とも折り合えなくなる可能性がでてくる。この時期は，養子は生みの親との間にあった垣根を越えて交流することもあり，養親は子どものアイデンティティに養子であることを結び付けていこうとしている様子を見守らなければならない。

(4) 成人期──血縁の家族の構築

　成年期には，他者との親密な関係を形成しうる「親密性」を身につけることが重要な課題となる。生みの親から育ててもらえなかったことを反面教師として，子育ての大変さを乗り越えて自分の血縁の家族を作っていかなければならない。養親から愛情を込めて養育してもらったことが子どもを育てる時の土台となりまた支えとなっており，改めて養親への感謝の思いを抱く人も少なくない。養父母は，生まれた子どもの祖父母として，コミュニケーションをとり続けていく。また，成人し，社会的責任も自覚してきて，自分のルーツをさがすかどうか更なる熟慮が求められる時期でもある。青年期に真実告知を受けた青年が成人期になって生みの親を探し始めたケースでは，生みの親と交流を持ちながらも養親との長きにわたる親子の絆の確認がなされている人もいた。養親との日常生活でのコミュニケーションの積み重ねにより血縁がなくても親子の絆が作られ，自らのアイデンティティとして根付いていっていることが推察される。

(5) 壮年期──取り除かれる生みの親との垣根

　自分の未知の過去について心の中で長年作り上げたしこりと，折り合いをつける時期である。壮年期には，自分の子どもの養育だけではなく，仕事や文化の継承といった点でも，次の世代を育て，指導していく社会的な責任を背負うことになる。困難や自己犠牲を強いられることもあるが，この課題を背負うことができるような成人としての発達が，「世代性」の獲得である。養子になった人の場合，自分のルーツがわからないことから，自分自身のアイデンティティを成長させるための足場が安定していない所で世代性を発達させていくという非常に困難な作業となる。エピソード o の人は，養子として育ったことにより自分の居場所を見つけられず，成年期に戸籍を手にしたことにより自身の成り立ちを知って足を落ち着けられる場所を得る。さらに養母の配慮により生みの母やきょうだいと邂逅し，コミュニケーションを取れるようになったことで，理屈を超えてやっと自分の未知の過去と現在の自分との折り合いをつけることができたと思われる。

実際には生みの親と交流しない場合でも，生みの親がいて，養親がいて自分がいるというアイデンティティが形作られていると思われる。

(6) 老年期——2組の親がいるかけがえのない自分

人生を振り返って，これまでの養子になった人生で生じた肯定的な出来事も否定的な出来事も，ともに自分自身のかけがえのない人生のなかに統合的に意味づけていく時期である。生みの親と養親，そして妻子と繋がりあって自分が存在していくのである。2組の親をもつことにより，生みの親との親子としての関係性は，現実には隔絶され共に生活をしない場合でも，最終的には心理的に近い関係に修復されている事例もある。養子の心の中に，ただ1組の親と信じてきた養親に途中から生みの親の存在が加わり，苦悩し模索しながら自分自身のアイデンティティを構築してきた過程は，交流を持つ持たないにかかわらず，生みの親を排除することではなく，養親の存在が否定されることでもない，生みの親も養親も大切な親として認識されていくプロセスでもあったことが示唆された。

本章では，養子縁組家族が，日々の生活の中での子どもと養親とのコミュニケーションを通して，いかに子どもが自分のアイデンティティに養子であることを，逡巡しながらも統合し，人生を形作っていったのかを，エピソードを交えて考察してきた。養親は日常生活の中で，不意を衝くように時折浮上してくる子どもからの出自に関する問いかけに向きあい，出自に関するコミュニケーションを少しずつ積み重ねていた。一方，養子は，生みの親がいて自分がこの世に生を受け，その後の養親による受け止めの中で自分のアイデンティティに養子であることを接ぎ木のように統合させていく。そのプロセスを示すことができたのではないかと考える。

さいごに，国の方針にあるように，今後増えるであろう養子縁組家族に対する社会の理解と支援が整っていくことを心より願うものである。

参 考 文 献

Bowlby, J. (1979) *The Making & Breaking of Affectional Bonds*, Tavistock Publications Ltd.（作田勉監訳『ボウルビイ 母子関係入門』星和書店，1984年。）

Brodzinsky, D. M. (1987) "Adjustment to Adoption: A Psychosocial Perspective," *Clinical Psych Review*, 7, 25-47.

Brodzinsky, D. M., M. Schechter, and R. M. Henig, (1993) *Being Adopted: The Lifelong Search for Self.*, New York: Anchor Books.

Erikson, E. H. (1968) *Identity: Youth and Crisis*. W. W. Norton & Co., Inc.（岩瀬庸理訳『アイデンティティ青年と危機』金沢文庫，1973年。）

Farr, H. RH., A. Grant-Marsney, D. S. Musante, H. D. Grotevant, and G. M. Wrobel, (2014) "Adoptees' Contact with Birth Relatives in Emerging Adulthood," *Journal of Adolescent Research*, 29 (1), 45-66.

Grotevant, H. D., V. P. Yvette, and R. V. McRoy, (1998) *Openness in Adoption: Outcomes for Adolescents within Their Adoptive Kinship Networks*, Adoption Factbook IV, National Council For

Adoption.

Grotevant, H. D., R. G. McRoy, C. L. Elde, and D. L. Fravel, (1994) "Adoptive Family System Dynamics: Variations by Lebel of Openness in the Adoption," *Family Process*, 33(2), 125-146.

Hoops, Janet L. (1990) "Adoption and Identity Formation," *The Psychology of Adoption*, Oxford University Press, 144-166.

Howe, D. and J. Feast (2003) *Adoption Search and Reunion: The Longterm. Experience of Adopted Adults*, London: BAAF.

岩崎美枝子（2001）「児童福祉としての養子制度――家庭養護促進協会からみた斡旋問題の実情」養子と里親を考える会編，湯沢雍彦監修『養子と里親――日本・外国の未成年養子制度と斡旋問題』日本加除出版，57-79。

家庭養護促進協会（1999）『大人になった養子たちからのメッセージ』家庭養護促進協会大阪事務所。

家庭養護促進協会（2001）『信じあって親子　語り合って家族』家庭養護促進協会。

家庭養護促進協会（2004）『ルーツを探る』家庭養護促進協会大阪事務所。

Keefer, B. and J. E. Schooler (2000) *Telling the Truth to Your Adopted or Foster Child*, Bergin & Garvery.

Kirk, H. D. (1964) *Shared Fate: A Theory of Adoption and Mental Health*, New York, the free Press of Glencoe.

絆の会編（1997）『家族作り――縁組家族の手記』世織書房。

Lois, R. M. (1986) *Raising Adopted Childen*, Harper & Row Publishers, Inc. (伊坂青司・岩崎暁男訳『子どもを迎える人の本――養親のための手引き』どうぶつ社，1992年。)

Kroger, J. (2000) *Identity Development; Adolescence through Adulthood*, Sage Publication. Inc. (榎本博明編訳『アイデンティティの発達――青年期から成人期』北大路書房，2005年。)

窪島誠一郎（2005）『雁と雁の子――父・水上勉との日々』平凡社。

森和子（2005）「養親子における『真実告知』に関する一考察――養子は自分の境遇をどのように理解していくのか」『文京学院大学人間学部紀要』7(1)，61-88。

森和子（2017）「血縁によらない親子関係の再構築――真実告知後の養子と養母のやりとりの記録から」『家族心理学研究』30(2)，134-148。

Neil, E. (2009) "Post-Adoption Contact and Openness in Adoptive Parents' Minds: Consequences for Children's Development," *Social Welfare & Social Services* 39(1), 5-23.

西野奈穂子（2009）『子どものいない夫婦のための里親ガイド――家庭を必要とする子どもの親になる』明石書店。

奥山眞紀子（2007）「アタッチメント――トラウマ問題」『里親と子ども』Vol.2，33-39。

埼玉里親会（2002）『会報　いとし子』48号。

埼玉里親会（2003）『会報　いとし子』49号。

埼玉里親会（2004）『会報　いとし子』50号。

芹沢俊介（2008）『もういちど親子になりたい』主婦の友社。

辻本眞波（2009）「養親と養育里親の立場から」千葉県里親家庭支援センター『報告書――シンポジウム子どものための養子縁組を考える』65-74。

第2部

障害のある人への支援とコミュニケーション

第4章

知的障害児への支援とコミュニケーション

柄 田　　毅

✿知的障害は，知的発達に関する困難が生活全般に及ぶものである。そのため，知的障害のある子どもの支援では，発達段階に応じた個別の支援とともに地域生活の支援について，継続的に実践することが必要である。知的障害児のコミュニケーション能力は，音声を主とした会話ができる者から実用的な手段がかなり限定している者までと多様である。そのため，知的障害児の支援では，話ことばや身振りなどによるコミュニケーションの指導だけでなく，コミュニケーション機会を提供する活動を通じた指導が必要となる。人間のコミュニケーション発達は，養育者との初期的な社会性の発達や音声と非音声を含めた言語発達，それらを支える身体運動発達などの領域が関わる。また，知的障害児へのコミュニケーション指導は指導者との相互作用による活動でもあるため，われわれのコミュニケーションスキルを向上させる意識をもつことが重要となる。これらから，知的障害児の支援とコミュニケーションについて，知的障害の理解と地域における共生社会の理念について理解することや，コミュニケーションの支援は伝え合うことで育むという基本姿勢を認識しなくてはならない。

Keywords：　知的機能の発達，人間のコミュニケーション能力，指導者のコミュニケーションスキル，地域における共生社会の理念

第1節　知的障害の理解と支援

(1) 障害の理解と支援の基本理念

　人間は，日常生活や社会生活に関して，立つ，歩く，手でつかむなどの身体運動の機能や，見ること，聞くことなどの感覚の機能の他，ことばでやりとりをすることや文字を書くこと，考えることなど，人間のすべての機能を活用している。こうした人間の生活に関わる機能のうち，生活から得られる知識を蓄積することや経験から得たことを活用することなどは知的な機能が関連しており，人間が生きていくことに重要なものであることがわかる。そのため，知的な障害があると，その人の日常生活や社会生活の全般に困難が生じ，周囲からの支援が必要となることがわ

かる。

　障害という語について辞典で調べると，「さまたげること。また，あることをするのに，さまたげとなるものや状況」の他に，「個人的な原因や，社会的な環境により，心や身体上の機能が十分に働かず，活動に制限があること」とある（松村，2012）。つまり，ある個人におきた疾病や病気などの状態とそうした状況にあるその人の考え方や意見などと，その人の周囲の環境にある事物や慣例などによって，知的機能などや目，耳，手足などの身体の機能が，日常生活や社会生活に十分に活用できないことを示している。

　我が国の障害者施策に関する基本的理念を示す障害者基本法第2条にある障害者の定義では，「障害者　身体障害，知的障害，精神障害（発達障害を含む。）その他の心身の機能の障害（以下「障害」と総称する。）がある者であつて，障害及び社会的障壁により継続的に日常生活又は社会生活に相当な制限を受ける状態にあるものをいう」とある。このなかの社会的障壁とは，「障害がある者にとつて日常生活又は社会生活を営む上で障壁となるような社会における事物，制度，慣行，観念その他一切のものをいう」とある。これらのことから，障害のある人の支援には，その人の障害に関する正しい理解と適切な支援とともに周囲の環境を整備して，一人ひとりの日常生活と社会生活における制限や困難に対して，個別の支援を行う必要があることがわかる。

⑵　知的障害とは

　我が国の知的障害に関する定義として，厚生労働省による平成17年度知的障害児（者）基礎調査では，「知的機能の障害が発達期（おおむね18歳まで）にあらわれ，日常生活に支障が生じているため，何らかの特別の援助を必要とする状態にあるもの」とある。ここでいう知的機能の障害については，「標準化された知能検査（ウェクスラーによるもの，ビネーによるものなど）によって測定された結果，知能指数がおおむね70までのもの」とある。また，日常生活の能力として，自立機能，運動機能，意思交換，探索操作，移動，生活文化，職業などがあり，人間の生活全般が含まれている。そのため，知能指数による知的機能の指標と日常生活能力のレベルを総合して，軽度，中度，重度，最重度と知的障害の程度を表している。これらことから，知的障害とは，生まれてからの知的機能の障害があり，日常生活・社会生活に継続的な支援を必要となる状態と考えることができる（厚生労働省，2007）。

　このような知的障害は，人間が生まれてから成長し，継続して生活していくことに多大な影響を与えることが想定できる。そのため，知的障害児の支援は，その後の成長・発達に重要なものであることがわかる。幼児期の発達の捉え方について幼稚園教育要領解説には，「人は生まれながらにして，自然に成長していく力と同様に，周囲の環境に対して自分から能動的に働きかけようとする力をもっている。自然な心身の成長に伴い，人がこのような能動性を発揮して環境とかかわり合うなかで，生活に必要な能力や態度などを獲得していく過程を発達と考えることができよう。」（文部科学省，2018，12頁）とあり，人間が本来持っている能動性が子どもの発達には重要であると言える。そして，子どもが能動性を発揮するために，「特に，そのような幼児の行動や心の動きを受け止め，認めたり，励ましたりする保護者や教師などの大人の存在が大切であ

る。」（文部科学省，2018，13頁）と示している。つまり，子どもの成長・発達には周囲の大人によるコミュニケーションを通じた支援が不可欠であり，特に知的障害児の発達支援に関して，幼稚園などの保育・教育現場における日常生活や社会生活の場面で，周囲の大人や仲間とのコミュニケーションを支援することは重要と考えることができる。

(3) 共生社会の理念に基づく知的障害児への支援

ここまで述べてきたように，知的障害のある子どもの支援は，その子どもの生活の場面におけるコミュニケーションを通じたものが重要である。そのため，知的障害児の生活する地域社会における共生の理念が原則となる。

例えば，2006（平成18）年に国際連合が採択した障害者の権利に関する条約の第24条で，「締約国は，教育についての障害者の権利を認める。締約国は，この権利を差別なしに，かつ，機会の均等を基礎として実現するため，次のことを目的とするあらゆる段階における障害者を包容する教育制度及び生涯学習を確保する。（以下，略）」とある（国際連合，2006）。ここで言う「障害者を包容する教育制度」とはインクルーシブ教育システムであり，この考え方には，障害のある子どもと障害のない子どもと同じ教育システムで教育や指導を受けることや，一緒に学習や活動を行うことなどが含まれる。こうした考え方は，障害者基本法第3条で示されている地域社会での共生や社会参加が確保されることや，可能な限り言語（手話を含む）その他の意思疎通の手段に関する選択機会が確保されるように図るという事項とも共通することである。そのため，知的障害児への支援の基本理念として，知的障害のある子どもには障害のない子どもと同様の基本的人権を尊重し，地域社会での共生と活動の機会を確保するように取り組み，知的障害児とのコミュニケーションに注目した支援を実施することが大切である。

第2節　知的障害児のコミュニケーション障害

(1) 知的障害によるコミュニケーションの困難

知的障害について，アメリカ精神医学会によるDSM-5（Diagnostic and Statistical Manual of Mental Disorders Fifth Edition）では，知的能力障害（Intellectual Disability）と表している（American Psychiatric Association, 2013）。その知的能力障害の診断基準として，全般的な知的能力の障害（基準A），年齢・性別・社会文化的な面が同じ人たちに比べて日常の適応機能に障害がある（基準B），発達期に現れる（基準C）を挙げている（American Psychiatric Association, 2013, p. 33）。これら知的障害の基準は，我が国の知的障害の定義と同様のものと考えることができる。

また，DSM-5では知的能力障害の重症度は軽度，中等度，重度，最重度と4段階であり，知的能力障害の社会的領域について，軽度の重症度では同年代に比べて未熟である段階から，最重度の重症度での会話や身振りにおける記号的コミュニケーションの理解が非常に限られ，単純な指示や身振りをいくつか理解するという段階までが示されている（American Psychiatric Association, 2013, pp. 34-54）。これらから，知的障害児の支援におけるコミュニケーションについて，発

表 4-1　重症心身障害者の認知発達段階とコミュニケーションの特徴

	発達段階	コミュニケーション
Stage Ⅰ-1	〈無シンボル期〉手段と目的の分化ができていない段階	・言葉かけへの反応は乏しく，視線が合わないことが多い ・身体接触への反応がある場合もある ・拒否の表現方法ははっきりせず，行動で示される場合もある
Stage Ⅰ-2	〈無シンボル期〉手段と目的の分化の芽生えの段階	・言葉かけに対して相手を見るなどの応答ができる ・拒否の表現方法がはっきりしている（発声や手で払うなど） ・話しかけられることそのものや，くすぐりなど，人との直接的なかかわりを楽しめたりする
Stage Ⅰ-3〜Ⅱ	〈無シンボル期〉手段と目的の分化の芽生えの段階	・拒否の手段（発声や首ふり）がはっきりしてくる ・Yes-No の表現様式そのもの（頷く，首を振るなど）は獲得するが，自分の意思表示としての Yes-No 表現は難しく，聞き手の誘導に依存しやすい
Stage Ⅲ-1	〈シンボル表象期〉シンボル機能がはっきりと認められる段階	・Yes-No 反応が確実になってくる。しかし，問いかけの内容が日常の文脈を離れたとたんに反応が乏しくなり，Yes-No 反応がいい加減になる ・コミュニケーション手段として具体的な絵カードなどを用いることはできるようになるが，シンボル絵カードの使用は難しい
Stage Ⅲ-2〜Ⅳ	〈シンボル表象期〉概念形成の芽生えの段階	・一般的なコミュニケーション機器の使用が可能になる ・日常会話は理解可能であり，自分の感情や考えなども表現できるようになる（やや一方的であるが） ・コミュニケーション意欲やその内容，対人関係への興味，集団参加の態度など，個人差が大きくなる

（出典）　亀井ほか（1996）123-131 頁より，作成。

話による会話がほぼ成立する者，簡単な文や単語と身振りや動作などを使用する者，そして発話や身振りなどによるコミュニケーション手段がほぼない者と，多様であることがわかる。そこで，支援の対象となる知的障害児一人ひとりの知的な能力やコミュニケーションの能力の実態を把握し，その現状に即した個別の支援を行うことが重要となる。

(2)　認知発達段階によるコミュニケーションの特徴の違い

　知的障害児の支援において，その子どもの知的発達の段階に応じたコミュニケーション支援を行うことが求められる。そこで，知的障害児の認知発達段階に注目し，シンボル表象の能力に関する段階とその段階におけるコミュニケーションの特徴から，対象となる子どものコミュニケーションについて理解する。

　表 4-1 に，太田ステージ評価による Stage Ⅰから Stage Ⅲ までの発達段階ごとのコミュニケーションの特徴について，重度の知的障害と重度の肢体不自由が重複する重症心身障害者に適応したものを示した（亀井ほか，1996，123-131 頁）。太田ステージは，自閉症の子どもの認知発達段階を評価し，その子どもの認知発達段階に応じた療育実践を行うことを目的にしている（太田・永井，1992）。

　この表から，無シンボル期の Stage Ⅰ-1，Stage Ⅰ-2，Stage Ⅰ-3〜Ⅱ のコミュニケーションの特徴として，音声や身振りなどによる自主的な表出が認められない者から自発的な表出はある

がその意図や内容が明確でないことがわかる。そのため，無シンボル期と評価できる知的障害児への支援においては，コミュニケーションの手段や内容などの支援とともに，他者とのコミュニケーション機会の促進やそうした機会とする集団活動を提供することが有効であると考える。つまり，知的障害の程度が重い段階の子どもの支援では，地域での生活を含めた集団での活動において，対象となる知的障害児による主体的な行動や他者との交流を促進する個別の支援を計画，実施し，その活動におけるコミュニケーション機会の設定やその子どもが使用できるコミュニケーション手段（動作，身振り，音声など）に注目することが必要となる。

　さらに，太田ステージによるシンボル表象期のStage Ⅲ-1, Stage Ⅲ-2については，コミュニケーションにおいて音声や発話のほかに身振りなどによって，主体的に伝達内容や伝達意図を表出できる段階である。しかし，この認知発達段階のうちStage Ⅲ-1の段階の者は，そのときに行っている活動やその場面にある文脈に即したことは明確な伝達や反応ができるが，その活動場面を離れた場合や具体性が低い場合は不明確な応答になることや，相手が知っていることとは異なる対応を行う傾向にある。一方，Stage Ⅲ-2の認知発達段階の者では，日常会話の理解やその内容に応じた返答を行うことができ，自分の考えなども表すことができることがわかる。

　これらの認知発達段階の違いによるコミュニケーション・エイド（メモ帳，絵カード，視覚コミュニケーションボードなど）の利用に関して，認知発達段階がStage Ⅲ-2の者では主に話し手（本人）が発信補助に用い，Stage Ⅲ-1の者では主に聞き手（支援者）の情報共有補助に用いる（矢内ほか，1998，127-131頁）。これらから，簡単な発話（単語または2語程度の短文など）や身振りや手指サインなどを用いてコミュニケーションを行うことができる知的障害児の支援では，コミュニケーション手段の補助やコミュニケーションの内容などの補完や修正などとともに，コミュニケーションの内容に関する情報の確認や支援者間の共有なども考慮する必要がある。

第3節　知的障害児への支援とコミュニケーションの実践

(1) 人間のコミュニケーションの概要

　人間のコミュニケーションは伝達行動であり，主に話ことばを使って伝えたいこと（伝達内容）を送り出し，相手はその発話をきこえを通じて，伝えられたことを受け取る。このときに，コミュニケーション手段として話ことば（単語や文など）や発声などの音声手段の他に，身振り，表情，姿勢などの非音声手段も使われる。さらに，言語の能力によって伝えたいことを考えることや，受け取った内容やその意図（伝達意図）を考えていく。そのため，話ことば，きこえ，言語による音声コミュニケーションに関わる身体領域（図4-1参照）は重要であることに加えて，身振りなどの身体動作も関係しており，人間のコミュニケーションは総合的な活動であることがわかる。

　例えば，音声を表出するとき，音声の源となるように呼気を持続的に調整するためには，安静時の呼吸とは異なる発声のための動きとなるように体幹の構造や機能が安定していることが必要となる。こうした話ことばに関する能力や身振りや表情などの身体動作とともに，きこえや言語

図 4-1 音声コミュニケーションに関わる身体領域

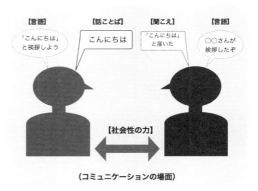
図 4-2 人間のコミュニケーションとその要素

の能力を発信者と受信者が使用し，伝達内容や伝達意図などの伝えたことを，発信者と受信者が交代しながら，継続していくことでコミュニケーションが行われていく。

このようなコミュニケーションで用いる音声および非音声に関わる身体活動とその連続による伝達行動の他に，人間のコミュニケーションには相手を認識することや，伝達行動の目的や内容や文脈などを共有することなど，伝達行動を成功するように共同するという社会性の力も重要である。これら人間のコミュニケーションとその要素について，図4-2に示した。このような人間のコミュニケーションに必要な話ことば，きこえ，言語の能力とともに社会性の能力は，乳幼児期からの継続したコミュニケーションの機会やそこでの大人や仲間などとのコミュニケーション行動を通じて発達していく。そのため，知的障害児のコミュニケーション支援では日常生活・社会生活において周囲にいる子どもや家庭にいる親などのほか，幼稚園や小学校などの教師や病院などの医療機関にいるリハビリテーション・スタッフなどとのコミュニケーションが，実際のコミュニケーション指導の実践であることを認識することが基本となる。さらに，このようなコミュニケーション支援を担う指導者のコミュニケーション能力を高めることも重要な視点であることも認識する必要がある。

(2) 乳幼児期のコミュニケーションの特徴と知的障害児への支援の手がかり

一般的な発達の様相を示す子どもに関して，コミュニケーションに関わる能力は乳幼児期の発達のランドマークの1つとして知られている。例えば，母子健康手帳省令様式（平成24年度新様式）に乳幼児の成長に関する保護者の記録ページが定められており，1カ月児から6歳児の頃までの乳幼児について質問項目が記載されている。こうした保護者の記録ページのうち，3～4カ月の頃から3歳の頃までのコミュニケーション発達に関する質問項目と身体発達に関する質問項目の主なものを，表4-2にまとめた（厚生労働省，2012．18-34頁）。

この表から，コミュニケーション発達に関する事項と身体発達に関する事項は，年齢段階が上がるにつれて，子どもの日常生活と社会生活の広がりに関わることがわかる。コミュニケーション発達については，他者への関心を示すことや音声や身振りなどの発信，他者への伝達を示すこ

表 4-2 母子健康手帳にあるコミュニケーションと身体の発達に関する質問項目

	コミュニケーション発達について	身体発達について
3～4か月の頃	・あやすとよく笑いますか ・見えない方向から声をかけてみると，そちらの方を見ようとしますか	・首がすわったのはいつですか（　月　日頃）
6～7か月の頃	・家族といっしょにいるとき，話しかけるような声を出しますか	・寝返りしたのはいつですか（　月　日頃） ・ひとりすわりをしたのはいつですか（　月　日頃） ・からだのそばにあるおもちゃに手をのばしてつかみますか。
1歳の頃	・バイバイ，コンニチハなどの身振りをしますか ・大人の言う簡単なことば（おいで，ちょうだいなど）がわかりますか ・一緒に遊ぶと喜びますか	・つたい歩きをしたのはいつですか（　月　日頃）
1歳6か月の頃	・ママ，ブーブーなどの意味のあることばをいくつか話しますか	・ひとり歩きをしたのはいつですか（　歳　月頃） ・自分でコップを持って水を飲めますか。
2歳の頃	・テレビや大人の身振りのまねをしますか ・2語文（ワンワンキタ，マンマチョウダイ）などを言いますか	・走ることができますか ・スプーンを使って自分で食べますか
3歳の頃	・自分の名前が言えますか ・ままごと，ヒーローごっこなど，ごっこ遊びができますか ・遊び友だちがいますか	・手を使わずにひとりで階段をのぼれますか ・クレヨンなどで丸（円）を書きますか ・衣服の着脱をひとりでしたがりますか ・よくかんで食べる習慣はありますか

（出典）　厚生労働省（2012）「母子健康手帳省令様式」（平成24年度新様式）18-34頁，より作成。

とがわかる。そして，身体発達については，移動や手指動作に関する機能が年齢段階の上昇とともに複雑なものとなり，日常生活と社会生活における身体活動がコミュニケーション発達を支える基礎が培われていくことが想定できる。

さらに，コミュニケーション発達に関する質問事項を見ると，それぞれの年齢段階の質問項目の内容から，他者への興味関心や社会性の能力を基礎としていることがわかり，発語の出現や単語の量，文の長さ（例えば，2語文など）だけに注目していないと考えることができる。

例えば，表4-2をみると，3～4カ月の頃に「あやすとよく笑いますか」や「見えない方向から声をかけてみると，そちらの方を見ようとしますか」，6～7カ月頃には「家族といっしょにいるとき，話しかけるような声を出しますか」という項目は，周囲の大人などからの声かけに対する反応を確かめるためだけでなく，養育者（例えば，主たる存在としての母親）とのコミュニケーション能力として重要であることがわかる。この時期の母子コミュニケーションに関して，母親が話かけることばの特徴をマザリーズ（母親語）といい，この特徴をもつ母親からの話しかけなどに応じるように乳児は声を出し，こうした乳児の応答に対して，さらに母親が応じることで，相互作用のつながりになる（志村，1989）。こうしたことから，乳幼児期の子どもが音声を表出することは伝え合うことで促進すること，そして，コミュニケーションの相手である養育者のやりとりを行う能力も，音声を表出してコミュニケーションを行うことを育てるために重要であるこ

と，がわかる。つまり，知的障害児のコミュニケーション支援について基本となることは，支援の対象となる子どもと継続したやりとりとなるように取り組むことと，コミュニケーションの相手となる支援者のコミュニケーション能力を高めることであると考えられる。

さらに，母子健康手帳にあるコミュニケーション発達に関する項目について，3歳の頃には「自分の名前が言えますか。」の他，4歳の頃は「自分の経験したことをお母さんやお父さんに話しますか。」，5歳の頃では「はっきりした発音で話ができますか。」とある（厚生労働省，2012，34-38頁）。これらのように，幼児が日常の生活やあそびのなかで経験したことを表現することや，大人などの周囲の人たちから見たり聞いたりしたことを理解するために，他者に伝える語彙や文の形式などの言語力は，明瞭に発音すること同様に重要なことである。加えて，表4-2にある「ままごと，ヒーローごっこなど，ごっこ遊びができますか」「遊び友だちがいますか」（3歳の頃）の項目から，幼児のコミュニケーション能力の発達に重要なことは，友だちなどの仲間との関係であることがわかる。こうした発達段階の知的障害児に対しては，周囲の大人や仲間である友だちと一緒にあそびや活動などで行うコミュニケーションを通じて，活動の流れや背景を知ることや目標を共有すること，そして相手が伝えてきたことを確認したり，相手に分かりやすいように言い換えようとするなど，会話に関する能力を育てる必要がある。

(3) 重度知的障害児へのコミュニケーション機会を促進する支援

知的障害児のうち重度の知的発達の障害がある子どもは，その障害の特性から，会話や身振りなどの使用が非常に限られるため，コミュニケーションが成立しにくいことがある。そのため，様々な活動機会の提供やそのときのコミュニケーション機会を促進することが重要である。こうした重度知的障害児の活動機会の計画に際しては，対象となる子どもの知的能力の段階を考慮した活動のねらいや課題とともに，それらの子どもが行うことのできる身体運動に関する動作スキルや活動上の配慮点について考慮する必要がある。

田中ほか（2008）は，重症心身障害者の制作活動における太田ステージの認知発達段階別のねらい，使用スキル，制作課題，配慮点についてまとめた（表4-3を参照）。この表から，太田ステージの認知発達段階が下位から上位に移行するに応じて，使用スキルや制作課題の種類が増加しており，認知発達段階が上位の者に対して様々な制作活動が提案できることがわかる。一方で，認知発達段階が下位の場合でも素材の工夫や視覚や触覚などの感覚刺激を提供することや，活動の雰囲気を大切にすることなど，実際の活動では多彩なバリエーションが計画できることを示唆している。

また，音声や身振りなどのコミュニケーション手段で自分の意思などを表出することに困難のある障害児・者に対して有効である意思伝達装置やVOCA（Voice Output Communication Aids）などのコミュニケーション・エイドの仕様についても，重度の知的障害がある子どもと大人には，それら補助デバイスなどの活用に関する支援だけでなく，そうしたものを使用したコミュニケーション機会づくりも有効である。高泉（2006）は重症心身障害児・者に対するAAC（Augmentative and Alternative Communication；補助代替コミュニケーション）の意義について，(1) 意思疎通

表 4-3 認知発達段階別の制作課題におけるねらい，使用スキル，制作課題，配慮点

	Stage Ⅰ-1	Stage Ⅰ-2	Stage Ⅰ-3・Ⅱ	Stage Ⅲ-1	Stage Ⅲ-2 以上
ねらい	感覚刺激の提供と反応を促す	把持等の能力を発揮する	道具の操作を促す，新たなスキルの獲得	道具の操作を促す，新たなスキルの獲得，制作活動を楽しむ	新たなスキルの獲得，制作活動を楽しむ，イメージを形にする
使用スキル	全介助でちぎる，塗る，貼る	ちぎる，塗る，貼る，ひっぱる	ちぎる，塗る，貼る，通す，ひっぱる，切る	ちぎる，塗る，貼る，通す，ひっぱる，切る	ちぎる，塗る，貼る，通す，ひっぱる，切る，組む，編む
制作課題	ちぎり絵，貼り絵	ちぎり絵，貼り絵，紐かがり	ちぎり絵，貼り絵，きり絵，ステンシルなど17種類	ちぎり絵，貼り絵，刺繍，革細工など25種類	ちぎり絵，貼り絵，刺繍，マクラメ，籐細工など28種類
配慮点	素材を工夫し，触覚や視覚など感覚刺激を提供する．雰囲気を大切にして行う	部分的な介助で上肢をコントロールする	塗る，貼る場所に印をつける．声かけでスキルの持続を促す．	塗る，貼る場所に印をつける．声かけでスキルの持続を促す．	制作手順をわかりやすく提示して，理解を促す．

（出典）田中ほか（1999）415-420頁，より作成．

を図りやすくする，(2)自己主張を明確にし，生活プランを自発的に計画したり環境を本人自身が変える，(3)利用者の新しい側面を発見したり，その人らしさを認め合う，(4)伝達手段だけでなく生活の一部や楽しみとして利用する，と述べている．また，鈴木（2005）は運動障害と認知・言語障害に対するAACについて，VOCAを導入してもすぐにそれを使ってコミュニケーションできるようなるわけではなく，子ども自身が，自分の自発的な行動が人であれ物であれ，なにかしら環境を変化させるということを学習し，環境の変化を楽しみ，さらに環境への自発的な行動を少しずつ増やしていくところから訓練を始める場合もある，と述べている．これらの意見からも，重度の知的発達の障害のある子どものうち，話ことばや身振りにかなりの制限のある者へのコミュニケーション支援は，その子どもの意思表出など伝達に関する支援となるだけでなく，発達全般の支援であるとともに，重度知的障害児が他者と交流して生活の充実や余暇的活動の機会となる．

(4) 話ことばによる知的障害児のコミュニケーション支援

　知的障害のある幼児のなかには，障害のない子どもと同様に，知的機能や実際の活動などの領域に関して同等である子どもや，話ことばによるコミュニケーションを行うことのできる子どももいる．一方で，そうした知的障害児は，発話の内容や文の形式に関する制限が見られたり，不明瞭な発音であることが影響してコミュニケーションが成立しにくいことがある．そのような知的障害児の話ことばを主としたコミュニケーションに関する支援の要点を以下に示す．

① 子どものコミュニケーション手段や伝達意図はどのようなものか確認する

　人間のコミュニケーション手段には，発話，声，動作，表情，姿勢などがあり，伝達意図には，

注意喚起（例：「こっち向いてよ」，「あそこだ！」など），要求（例：「しろいの（牛乳）が飲みたいよ」，「ちょっと電話を代わってください」など），叙述（例：「あれ，しろくてまるいね！」，「おまんじゅうみたいだね」など）などがある。実際にコミュニケーションの相手である知的障害の子どものコミュニケーションはどのような手段を主に用いて，どのような伝達意図を示すことが多いか，それらはどのような場面であるかなどを確認する。そして，確認できたコミュニケーション手段や伝達意図がその場面で十分伝わる場合は，実用性の高い手段であることを認識することや，明瞭に発話していなくてもその手段や意図に応じることも重要である。

② 子どものコミュニケーションに応じる指導者の応答に留意する

知的障害児の話ことばによるコミュニケーション支援において，周囲にいる仲間の子どもは重要なパートナーであるとともに，指導者である大人もコミュニケーション・パートナーである。そのため，対象の子どもに話しかけたり，子どもからの話しかけに応じるときには，その方法などに留意する必要がある。例えば，子どもの話したいことが不明確でわかりにくいときは，指導者がその不明瞭な発話のように返答してみる。または，子どもが明瞭な発話を独り言のようにしゃべっているとき，指導者が同じように繰り返してみる（例えば，子どもが「ぎゅーぎゅー，トントン……」と何かを押している動作をしているときは，指導者も「ぎゅーぎゅー，トントン……」と言い，同じ押す動作する）。こうすることで指導者は，知的障害児が自分の発話やコミュニケーション行動が相手に届いていることに気づくように試みる。さらに，その子どもの言おうとしていることが文脈や事前の情報で了解できるが，簡単な文のために分かりづらいときは，指導者が情報を付加して言い直すことで，子どもが改めて発話することを促してみる（例えば，昨日に家族で買い物にいったことを子どもが「にいにい……なの」と言った場合，指導者が「おにいちゃんと買いに行ったの」と子どもの後に言うことで，「にいちゃ（ん），買い行ったの」と言い返してくることを期待する）。こうした知的障害児のコミュニケーション支援における指導者の発話の例の他にも，様々なコミュニケーション支援に関する指導者の応答方法に留意すべきである。

③ 発話の特徴を理解する

人間のコミュニケーションにおいて話ことばなどの音声手段は主要なツールであるが，それ以外にも身振り，手指の動作，表情，視線，姿勢などの非音声の手段もまた重要である。さらには，言葉を話すときに併用される，イントネーションや声の高さ（高い声，低い声）なども同様に重要な要素である。知的障害児を指導するとき，人間が，これらをコミュニケーションで複合して使用していることを理解し，知的障害児のコミュニケーション手段として有効なものであれば，話ことば以外の非音声手段もコミュニケーションツールとして積極的に認めることが基本である。

次に，人間は単語や文を発話するとき，単音節の音を1つずつ連ねることで単語や文にするわけではなく，ある単語を話すときには，その語を言おうと考えて，発音する。例えば，「り」と「ん」と「ご」を順につなげると「りんご」になるのではなく，赤くて丸いくだものの「りんご」と言うつもりで発音することで「りんご」となる。これを「ハンマー（とんかち）」と「テント（キャンプでつかうもの）」を例として考えると，この2つの単語には語の中央に「ン」があるが，それぞれを発音するとき口の動きが異なることがわかる（通常は「ハンマー」では口唇が閉じて

「ン」を発音するが,「テント」では口唇は開いたままになる)。このように,知的障害児の発話を指導するとき,語を切って単語を発話するように練習することを避けた方がいい場合がある。例えば,円滑に語の発話ができない知的障害児では,「お・は・よ・う」と一音ごとに区切らず,不明瞭でも「おはよー」と発話するように促すことも検討してみるとよい。

さらには,同じ行動を示すことばや同じ意味となることばが複数あることを指導すること（例えば,朝のあいさつで,子ども1人ひとりと交わす言葉には「おはようございます」「おはよー」「オハヨッ！」など,たくさんの言い方がある）や,一定の文で発話する能力がある場合は,一般的な発話も取り入れること（例えば,あいさつことばに関して,短文をほぼ明瞭に発話できるようなときは,丁寧な言い方を指導してみる）を検討してみる。また,知的障害児の文による発話を指導するときには,子どもが何を言おうか伝達内容を考えることや,その語の知識（例えば,「みかん」であれば,黄色で丸いくだもので,あまずっぱい味など),そして相手に対して伝達したいこと（伝達意図）を考えるように促すなど,言語能力の指導も併せて考慮することが重要である。

(5) 知的障害児への支援を担う指導者の基本的姿勢
① 知的障害の理解と地域における共生社会の理念を理解する
人間の障害は我が国の法律で,身体障害,知的障害,精神障害（発達障害を含む),その他の心身の機能の障害であり,社会的障壁と併せて日常生活や社会生活に相当の制限を受ける状態とされている。そのため,知的障害のある子どもは,知的機能の障害によって生活や学習などに困難があり,継続した支援の必要な子どもと考えることができる。そのため,知的障害児の支援では,その子ども1人ひとりの発達段階や長所などを理解して,個別の支援を行うことが基本となる。しかしながら,知的障害に注目すると,障害のない子どもとの違い,特に同年齢の子どもと比べてできないことに目が向きやすいかもしれない。そのため,知的障害を含めた障害のある子どもの支援については,知的障害などのある子どもは他の子どもと同様の存在であり,同等の権利があり,地域で共に学び,生活することを通じて育ち合う存在であることを強く意識しなくてはならない。

② コミュニケーションの支援は伝え合うことで育む
知的障害児のコミュニケーションは,周囲の仲間や大人とのコミュニケーションにおいて,知的発達の障害による苦手な面（例えば,話ことばがなく身振りのみであることや,話ことばで用いる語の種類が少ないこと,文の長さが短いなど）に注目が集まりやすい。そのため,知的障害児のコミュニケーション機会が限られたり,周囲からの関わり方が短く,具体的で,指示的なことばとその応答（例えば,指導者の「座ってて」に対して,相手の子どもが「うん」と応答する）だけとなりやすかったりするかもしれない。しかし,人間のコミュニケーションの発達は,乳幼児期からの伝え合いによって育つものであるので,知的障害児の支援は,関わる者がコミュニケーションを楽しむように心がけ,伝え合いを通じてコミュニケーション能力を育むように配慮すべきである。

参 考 文 献

American Psychiatric Association（2013）"Diagnostic and Statistical Manual of Mental Disorders Fifth Edition," American Psychiatric Association.（高橋三郎・大野裕監訳『DSM-5 精神疾患の分類と診断の手引き』医学書院，2014 年。）

亀井真由美・宮武薫・服部律子・柄田毅・田中豊明・中村眞美・松長佳美（1996）「重症心身障害児（者）における太田 Stage 評価の活用と指導法の検討」太田昌孝研究代表者『思春期・青年期の社会適応を妨げる要因の解明と治療法に関する研究』三菱財団助成研究報告書，123-131。

国際連合（2006）「障害者の権利に関する条約」（原文：United Nations "Convention on the Rights of Persons with Disabilities"）https://www.mofa.go.jp/mofaj/gaiko/jinken/index_shogaisha.html（外務省 HP，2018 年 5 月 1 日参照）。

厚生労働省（2007）「平成 17 年度知的障害児（者）基礎調査結果の概要」http://www.mhlw.go.jp/toukei/saikin/hw/titeki/index.html（2018 年 5 月 1 日参照）。

松村明監修（2012）『大辞泉』第 2 版，小学館。

文部科学省（2018）「幼稚園教育要領解説」http://www.mext.go.jp/component/a_menu/education/micro_detail/__icsFiles/afieldfile/2018/04/25/1384661_3_3.pdf（2018 年 5 月 1 日参照）。

太田昌孝・永井洋子（1992）『自閉症治療の到達点』日本文化科学社。

志村洋子（1989）『赤ちゃん語がわかりますか——マザーリーズ育児のすすめ』丸善メイツ。

鈴木啓（2005）「臨床の実際——小児」久保健彦編『AAC』建帛社，93-120。

高泉喜昭（2006）「重症心身障害児施設における AAC の活用事例と支援の仕方について」『発達障害研究』第 28 巻第 4 号，266-275。

田中豊明・亀井真由美・宮武薫・曽根翠・柄田毅（1999）「重症心身障害児（者）の制作活動における課題選択と配慮点」『日本重症心身障害学会誌』34(3)，415-420。

矢内裕子・荻原千恵・亀井真由美・曽根翠・柄田毅（1998）「重症心身障害児（者）のコミュニケーションの特徴——太田 Stage Ⅲ-1 とⅢ-2 の認知発達段階にある者の比較」『日本重症心身障害学会誌』33(1)，127-131。

第5章

発達障害児への
コミュニケーション支援

伊藤　英夫

✿いわゆる発達障害児と呼ばれる，自閉症スペクトラム障害，学習障害，注意欠陥多動性障害などの子どもたちは，聴覚情報の処理が困難な子どもが多く，他者の話した内容を理解することが困難な場合が多い。逆に，視覚情報の処理は比較的よい場合が多く，絵，写真，図形シンボルなどの理解に優れている場合も多い。このような特性は，前頭前野のワーキングメモリーの機能異常など脳の機能を反映していることが分かってきている。これらの特性を補い，本来持っている能力を最大限に生かして他者とのコミュニケーションを成立させるためには，AAC（補助・代替コミュニケーション）という支援領域がある。欧米で発展してきたAACは，日本でも広く知られるようになってきたが，まだ，課題や指示を伝えるための，支援者からの一方的な伝達手段に留まっている場合が少なくない。発達障害児のQOLを高め，自己決定の力を育てるためにも，子どもからの要求や，意思表示としてのコミュニケーション手段として確立する必要性が重要である。

Keywords：　発達障害，視覚優位，脳機能，AAC，自己決定

第1節　発達障害とは

　2013年に改定されたDSM-5（精神疾患の診断・統計マニュアル第5版，アメリカ精神医学会）やICD-11（国際疾病分類第11版ドラフト，世界保健機関）では，「神経発達障害」（neurodevelopmental disorder）という用語が使われている。乳幼児期からおおむね18歳までの発達期に発症する中枢神経系に起因する障害の総称である。ここで分類されている障害には，自閉症スペクトラム障害（ASD），注意欠陥多動性障害（ADHD），学習障害（SLD）以外にも，知的障害，コミュニケーション障害，運動障害なども含まれている。たとえば，コミュニケーション障害には吃音も含まれ，運動障害にはチックや発達性協調運動障害なども含まれており，概念の広さがうかがわれる。

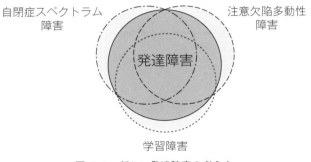

図 5-1 新しい発達障害の考え方

一方我が国では，2004年に発達障害者支援法を制定し，発達障害を「自閉症，アスペルガー症候群その他の広汎性発達障害，学習障害，注意欠陥多動性障害その他これに類する脳機能の障害」と定義し，知的障害などを含めていないため，狭義の概念となっている。この法律の制定が2004年であったため，アスペルガー症候群や広汎性発達障害など，DSM-5 以降では使われなくなった診断名が用いられているため，今後何らかの修正が必要であろう。

近年，我が国で発達障害と言うと，この発達障害者支援法の影響で，おもに自閉症スペクトラム障害，学習障害，注意欠陥多動性障害を指すことが多い（図5-1参照）。次節では，我が国の現状に従って，おもにこの3つの発達障害について述べることにする。

第2節　新しい発達障害の考え方

最近の発達障害の診断では，自閉症スペクトラム障害と注意欠陥多動性障害，注意欠陥多動性障害と学習障害など2種類以上の発達障害を併発する場合も多く，発達障害の考え方も変わりつつある。自閉症にだけスペクトラムという概念（序章参照）が取り入れられたが，注意欠陥多動性障害や学習障害にも同様のスペクトラムが存在すると考えた方が自然である。また，自閉症スペクトラム障害と注意欠陥多動性障害，学習障害のおもな3つの発達障害には認知・情報処理過程に関連する中枢神経系に共通した基盤もあり，障害特性の出方によって，自閉症スペクトラム障害を主症状とするもの，注意欠陥多動性障害を主症状とするもの，学習障害を主症状とするものに大別され，その組合せの割合によって，さまざまな障害特性を持ち合わせたタイプがスペクトラム状に存在すると考える方が，臨床の現場においては現実的であろう。

自閉症の中核障害に関する最近の知見では，対人関係の障害として，「心の理論」や「ジョイント・アテンション（共同注意）」の障害が，またコミュニケーションの障害として，音声言語等の継時処理の困難性，視覚情報処理等の同時処理の優位性が注目されている。その他にも，様々な情報を統合する「中枢性統合」，今向けている注意から別のことへ注意を向ける「注意の柔軟性（set shifting）」，継時処理の際や一時的に記憶を貯蔵し統合化する際に再び引き出すワーキングメモリー，物事を継時的に計画するプランニングなどに代表される「実行機能」の障害も指摘されている（Gioia et al., 2002）。この実行機能は，注意，知覚，記憶，言語など様々な機能が相互に連関しあって高次の脳機能を司っているといわれている。自閉症の模倣機能の障害は，すでに知られているところだが（Rogers et al., 2003），最近のミラーニューロンの研究（Ferrari, et al., 2003）では，言語表出を司るブローカー野が模倣能力に関連していることが明らかになり

つつある。そして，実行機能や，心の理論，言語表出，模倣機能，ジョイント・アテンションなどの機能を司るニューロンが，前頭前野に集中していることも明らかになってきた。

ところが，この自閉症スペクトラム障害の障害特性のうち，衝動性や抑制機能の障害などADHDに共通のものもあれば，注意の柔軟性の障害のように，ADHDに見られる注意集中困難とは正反対の特性もある。また，ワーキングメモリーについては，発達障害全体に関わっていると言われているが，その機能不全の状態は，それぞれの障害で異なっている。

第3節　発達障害の認知特性と情報処理特性

(1) ミラーニューロン

脳科学，認知心理学，自閉症研究において，ミラーニューロンの発見は近年の最も重要な発見の1つと言えるだろう。パルマ大学のリッツォラッティら（Rizzolatti et al., 1996）によって発見されたブタオザルのF5領域にある，他者の運動を認識するニューロンは，ミラーニューロンと呼ばれた。ミラーニューロンは，手で物を操作する時に活性化するが，その行動を観察しているだけでも活性化するとされ，あたかも鏡を見ているかのような現象からリッツォラッティらによって命名された。サルのF5領域は，人間のブローカー野に相当するといわれ，その後のヒトにおける研究により，模倣，言語，意図理解，共感性に深く関与しているといわれている。自閉症児の模倣能力に障害があるという報告はこれまでも多数あったが，自閉症児の動作模倣の成績は，その後の言語表出と関連があるという指摘（Stone et al., 1997）や，軽度の自閉症幼児から（Charman et al., 1997），青年期高機能自閉症者に至るまで（Rogers et al., 1996），模倣能力の障害が報告されている。最近の脳機能研究では，言語表出を司るブローカー野付近にあるミラーニューロンが，模倣能力に関連していることが明らかになりつつある。このように，現在の自閉症研究で最も注目されている領域の1つが，模倣機能，心の理論，ジョイント・アテンション，言語などを司る前頭前野という大脳皮質の領域であるといえる。ダプレットほか（Dapretto et al., 2006）は，自閉症スペクトラム障害のミラーニューロンの異常を検証するため，高機能自閉症と統制群において，情動表現を模倣，観察している間のfMRIを実施した。両群とも課題の遂行は良好であったが，自閉症児は，下前頭回（弁蓋部）でのミラーニューロンが活性化していなかった。特に，この領域の不活性化は対人関係の重症度と関連しており，ミラーニューロン・システムの機能異常は自閉症スペクトラム障害にみられる対人障害の基礎となっている可能性を示唆している。ただし，ディンスタインほか（Dinstein et al., 2010）のように，同様のfMRIによる研究では，自閉症スペクトラム障害においても，ミラーニューロンの異常は認められないという研究もある。測定方法，測定課題等によっても結果が異なる可能性があるため，今後のさらなる検討が期待される。

(2) 継時処理と同時処理

コミュニケーションの方略として「視覚優位型」と「聴覚優位型」があることは，最近では広

く知られている。周囲の環境から情報を受け取る場合，見て理解したり記憶したりすることは得意であるが，聞いて理解することが苦手なタイプが視覚優位型で，逆に，見て理解するより聞いて理解することの方が得意なタイプが聴覚優位型である。自閉症スペクトラム障害では，視覚優位型が多いといわれている。また，注意欠陥多動性障害や学習障害においても，視覚優位型が多いとされている。前頭前野では時系列に沿って認識を行う「継時処理」を行っているが，その継時処理がうまくいかないと，聞いて理解することが困難になるといわれている（Allen et al., 1991; Planche, 2002）。聴覚刺激は，時系列とともに次々に現れては消えていく。継時処理では，次々に現れる音声刺激をワーキングメモリーに一時的に蓄え，それを統合して1つの事柄として理解する必要がある。一方，同時処理は，時系列に関係なく，いくつかの情報を同時にとらえることができる情報を処理するタイプのもので，写真や絵を見て理解したり，目の前にある物や状況を見て理解する場合などがそれにあたる。もちろん，刻々と変化するものは視覚的なものでも継時的処理にあたるので，長いスパンのものは理解しにくくなるといわれている。いずれにしても，視覚優位の子どもたちの場合は，静止画の理解や認知は優れている場合が多いが，聞いて理解することは困難な場合が多い。自閉症スペクトラム障害児が，ロゴマークや図鑑を好む傾向は，このような認知特性に由来していると考えられている。また，それらの記憶は，文章であっても写真的記憶（映像記憶，直感像記憶）として貯蔵され，再生されることも知られている。

(3) 実行機能とワーキングメモリー

　実行機能は遂行機能とも言われ，目標や課題を達成するためのプランを立て，それを実行に移すために，より効率的に行うための機能のことである。実行機能には，注意の柔軟性（切り替え），抑制機能，プランニング，ワーキングメモリーなどの機能が含まれている。たとえば，料理を作ろうとするとき，まずメニューを考え，材料を揃え，調理の段取りを考える。この際，慣れない料理であればレシピを読み，必要に応じてメモを取ったりもする。これがプランニングである。しかし別の材料に注意が向くと，それを使ってもう一品作ろうと考える。これが注意の柔軟性である。ところが，注意がどんどんそれてしまうと，最初に考えていた料理を作ることを忘れ，別の料理ばかりを作ることになるので，最初の計画に注意を戻す必要がある。これが抑制機能である。この際，内言語で「今日は〇〇の料理を作る」と心の中でつぶやき続けることで，当初の計画を維持することができる。これらの機能のほとんどに影響を与えているのが，ワーキングメモリーである。自閉症スペクトラム障害のある人たちは，継時的に計画を立て，先の見通しを立てることが苦手であるし，注意の柔軟性にも障害があるため，別の料理を作ろうとか，途中で別のメニューに変更しようということができず，計画に変更ができず「こだわり」として表れる。ADHDのある人は，抑制機能に問題があるため，注意がそれやすく，どんどん違う方向に向かってしまうため，料理を作ることさえ忘れて，台所の掃除の方向へ向かってしまうかもしれない。学習障害のある人は，レシピを読んだり，メモを取ったりすることに困難があり，内言語で計画を維持しようとする音韻ループによるワーキングメモリーが難しい場合も多い（図5-2参照）。

近年，発達障害の領域で注目されている実行機能の中心的役割が，ワーキングメモリーである。ワーキングメモリーという用語は，ミラーら（Miller et al., 1960）によって初めて使われたと言われており，その後 60 年近く研究が続けられ，近年特に発展がめざましい。我が国では，作業記憶と訳されることも多い。ワーキングメモリーとは，脳の中に入ってきたさまざまな情報を一時的に保持するためのシステムと考えられている。継時的な情報である音声刺激を一時的に保持していることで，その人が話したことを理解できるし，数字を思い描いて暗算する場合もワーキングメモリーが働くことで可能となる。さまざまな判断や推論を行う際にも重要な働きをしている。

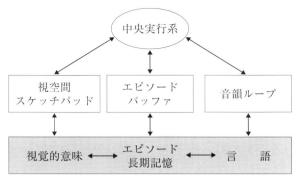

図 5-2　バデリーのワーキングメモリー・モデル
（出典）　Baddeley, (2000) より作成。

第4節　補助・代替コミュニケーション（AAC）

(1)　補助・代替コミュニケーション（AAC）とは？

AAC とは，Augmentative and Alternative Communication の略で，日本では，補助・代替コミュニケーションと訳されている。アメリカ言語聴覚士協会（ASHA, 1989）によると，AAC とは，「重度の言語表出に障害を持つ人々の様々な障害を補償する臨床活動の領域」と定義されてきたが，最新の定義では，「日々のコミュニケーション上の問題を解決するために用いる，ツールと方略のセット」（ISAAC 2018）と表現され，言語表出だけでなく，言語理解も含めたコミュニケーションのための支援に焦点を当てるようになってきている。言い換えれば，「話し言葉でうまくコミュニケーションができない人々が，図形シンボルやサインなどの話し言葉以外の手段を用いて，周囲の人々と相互にコミュニケーションを行うシステムやそのための援助」ということになる。

(2)　AAC の 2 つの側面

AAC には，「補助」的側面と「代替」的側面とがある。

補助的側面　　知的障害などのためにまだ話し言葉を獲得できていないが，今後獲得できる可能性のある子ども，あるいはすでに話し言葉を獲得しているがことばの数が限られているような場合に，図形シンボルやサインを補助的に用いて言語機能の向上をめざすやり方である。話し言葉を獲得し始めれば，なるべく話し言葉で表現できるように指導する。

代替的側面　　マヒや声帯切除などのように話し言葉による音声表出が機能的に障害されたり，知的障害に伴って話し言葉の獲得が将来を通して困難であると予想される場合などでは，話し言葉の機能の代わりを担うという場合である。

この2側面で，AACの具体的な方法が異なるわけではなく，最初は補助的側面でアプローチしていたが，青年成人期になっても結果として言葉が出なかったとき，代替的側面に切り替えて考えるという場合もある。

(3) AACの手段による分類
AACは手段により，次のように大きく2つに分類することができる。
非エイド系　　手話，サインなど体の部分は用いるが，道具や器具は用いないもの。イギリスで開発されたマカトンは，日本でも最近よく用いられている。
　長所：道具類の持ち運びや操作がないので，わずらわしさもなく，時間と場所を選ばない。入浴中やプールでも使用可能である。幼児期や重度障害児・者で，ある程度生活範囲が限定され，接触する人が家族や教師，指導員など限られている場合は有効である。
　短所：手話や指文字，独特なサインなどは，一般の人々に理解してもらうことが困難である。したがって，地域社会でさまざまな人とコミュニケーションをとる場合には向かない。運動模倣能力，手話などに必要な運動機能が障害されている場合も同様に向かない。
エイド系　　図形シンボル，文字などを用い，コミュニケーションボード，VOCA（音声表出コミュニケーション機器），アイゲイズボードなどとして使用する。
　長所：絵，写真，文字，音声などを使用しているので，周囲の人にも理解しやすい点があげられる。指さしやキー押し，特殊なキー入力，赤外線入力など，その人の残存能力をフルに利用することができる。
　短所：器具や機器の携帯，操作，電源の管理などのわずらわしさがあげられる。水に濡れやすい場面や遊んでいる最中などでは使用しにくいこともある。

(4) サイン・手話
サインや手話を，自閉症児を中心とする発達障害児に適用する試みが，30年ほど前，日本でも盛んに行われたが，結局よい結果が得られなかった。
模倣能力　　重度の発達障害児や自閉症児は，模倣能力に困難を示す場合が多く，うまく表現できなかったり，やっているうちに原形をとどめなくなったりしてうまくいかない場合が多かった。模倣能力に困難を示す場合は，サインや手話による表出は難しいと考えた方が妥当である。
表出と理解を分けて考える　　表出が難しくても，理解は可能な場合が多いが，当時も現在も，発達障害児にAACを導入しようというとき，どうしても表出の方に焦点が置かれ，理解の手段として活用する視点が欠けてしまう。まずは，理解力の確立という視点の重要性を考える。うまく表出できないからといって，あきらめるのではなく，理解に重点を置いて，大人からの伝達手段として使うとよい。結果として，表出できる子どもはサインや手話を使い始めればよい。
狭い範囲での使用と割り切る　　サインや手話は，社会にでたとき一般の人に伝わりにくい，というデメリットがある。したがって，学校，家庭などの限られた状況だけで使えればよい，と割り切る。「今」のコミュニケーション能力の開発，コミュニケーションからもたらされる充実

感，満足感，情緒の安定の方が重要で，先決だからである。

重度発達障害児のためのサイン　自閉症児や重度発達障害児にとってサインが難しい点の1つに，既存のサインは，同じようなサインがあって，紛らわしく，混乱してしまう点にある。同じような動作（動作の方向，位置など）のサインを使わず，精選することが重要である。

生涯にわたるサイン・手話のステップ　マカトンサインを全校で実践しているある特別支援学校では，次のようなステップを構想して，コミュニケーション指導を実施している。

　　マカトンサイン（幼稚部・小学部）→マカトンシンボルの導入（中学部）→文字へ移行（中学部以降）

このように，高学年になって，社会生活が重要になるにつれて，最終的にはVOCAや文字へ移行できる視点を持っていれば，たとえば小学部では，サインだけしかできなくてもよい，と考えることができる。

(5)　図形シンボル

図形シンボルとは，簡略化した絵や図形などを用いて言葉や簡単な文章を表したもののことである。身近な例としては，トイレのマークや非常口のサインなどがあげられる（図5-3）。通常はコミュニケーションボードと呼ばれるボード状のものや，コミュニケーションブックと呼ばれるクリアファイルのようなものに，その図形シンボルを配列して使用する。

図5-3　図形シンボルの例

後で触れるVOCAと呼ばれる音声表出機器のキーの部分にも，図形シンボルを配列して使用することができる。図形シンボルと一概に言っても，このようなシステムの全体を示す総称であり，最も初歩的な段階では具体的な写真を用いることもあるし，霊長類が用いているレキシグラムのように，抽象度の高いものまでさまざまである。実際には市販されている図形シンボルを用いることが多いが，絵心のある人なら対象児にあわせて自作する方がわかりやすく，使いやすい場合もある。市販・公表されているシンボルのなかで，比較的よく用いられている代表的なものに，次のようなものがある。

PCS　カリフォルニアの言語療法士メイヤー・ジョンソンが作った，Picture Communication Symbols（PCS）は，がんらい肢体不自由者のために作られたものなので，語彙も約4,800語と豊富で，用いられているシンボルも具象性が高く，見ただけで分かりやすいものになっている。当初はコピーして用いたが，現在ではタブレットにダウンロードして使えるようになっている。アメリカ・カナダでは最もよく見かけるシンボルといえる（図5-4参照）。

ブリスシンボリックス　もともとはブリスという人が，漢字の偏とつくりの構造に着目して作り出したシンボルで，カナダの教育者マクナートンが肢体不自由児に用いて成果を上げ，重複障害児・者へも適用範囲を広げ，その後，知的障害児・者へも用いられるようになった。漢字のように基本的な要素のシンボルを複数組み合わせることで別の単語を構成しているが，やや抽象度が高く，シンボルに補足的な絵を書き足して用いる例などもみられる。ヨーロッパやカナダではかなり普及しているが，我が国ではあまり使用されていない。知的障害児・者に抽象度の高い

メール

図 5-5 ブリスシンボリックスの使用例

図 5-4 PCS の使用例

犬　　　バス　　ソフトクリーム　　コート

図 5-6 PIC の使用例

シンボルを用いるのは，シンボルの理解や記憶を維持する上で不利だと敬遠されがちだが，さまざまな角度からその有効性を示すデータや実証例も報告されている（図 5-5 参照）。

PIC　Pictogram Ideogram Communication（PIC）は，比較的具象性の高い図案化されたシンボルを用いている。黒地に白抜きで表示されているのが特徴で，注目しやすくなっている。語彙数は国によってまちまちだが，ほぼ 400～600 語程度である。カナダで開発されたものだが，ヨーロッパではかなり普及しており，日本版も開発されている（図 5-6 参照）。

(6) 図形シンボルのステップ

誰もが，最初から抽象化された図形シンボルを使いこなせるわけではない。一般的には，具体物→シンボルとしての具体物→写真→絵シンボル→図形シンボル，というステップが考えられる（図 5-7 参照）。

最初，重度の子どもは，具体物から始めることが多い。具体物，写真などは，文字どおり具体的で分かりやすいというメリットがあるが，反面，非常に限定的で，「その具体的な物」しか表せないという限界もある。逆に，図形シンボルは抽象的な属性のために，わかりにくいというデメリットがあるが，汎用性が高まるため応用が利きやすく，概念などを表すこともできるという利点がある。これら

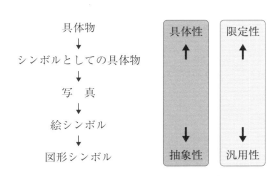

図 5-7 図形シンボルのステップ

72　第 5 章　発達障害児へのコミュニケーション支援

の段階は，当然子どもの認知レベルの発達に合わせて，段階的に使い分ける必要がある。

(7) シンボルとしての具体物——ある特別支援学校での実践

よく重度の子どもの場合，具体物から2次元平面の写真，シンボルへの移行でつまずくことが多いという指摘がある。それは具体物が「その物」しか表しておらず，「それらの意味すること」を表しきれない限界があるからである。

ある特別支援学校での実践で，次のような事例があった。幼児期，通園施設でコミュニケーションボードの指導を受けていたが，就学の時点で，ようやく実物大の写真なら，聞かれたとき何とか指して答えることができるまでになってきた児童の例である。

この特別支援学校では，校内表示の統一化を行っており，「体育館」は国土交通省が定めている「陸上競技場」のシンボルを使用している（図5-8参照）。しかしこの児童にとっては，まだシンボル化されたものを理解することは難しいため，体育館で使用する「コーン」の実物を提示し，「次は体育館へ行くよ」ということを示し，体育館までそのコーンを運ばせることにすると，分かるようになった。次のステップとして，コーンの小さいもので提示すると，それでも分かるように

図5-8 「体育館」として使用された「陸上競技場」のシンボル

なり，さらに体育館の図形シンボルが理解できるようになったということである。つまり，具体物ではあるものの，大きさや素材，色などが違うものを用いることでシンボル化され，コーンのミニチュアが意味するもの＝体育館，というシンボル化の法則が理解できるようになったということである。具体物レベルから平面のシンボルへの移行に対して，非常に示唆に富む実践といえる。

(9) AACのためのアセスメント

理解のためのアセスメント　AACを用いたコミュニケーション手段で，理解面に関するアセスメントをする場合，まず，視覚優位か聴覚優位かを判断する。聴覚優位なら音声言語理解となるし，視覚優位ならAACの適用となる（図5-9参照）。

表出のためのアセスメント　聴覚優位でも，音声言語が獲得できない場合は，表出はAACという場合もある。AACの場合，動作模倣が可能であれば，サイン・手話が使える。動作模倣が困難な場合は，マッチング能力をアセスメントする。さらにマッチングのレベルが，具体物，写真，シンボルかによって，使用する素材を決定する。

(9) VOCA

VOCAとは，Voice Output Communication Aids（音声表出コミュニケーション機器）の略称で

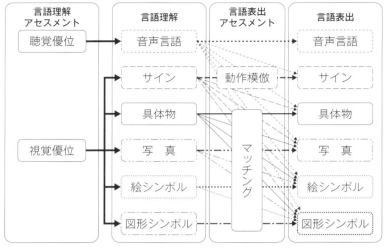

図 5-9　AAC のためのアセスメント

ある。図形シンボルとコンピュータとを組み合わせることで，相手に伝えたい内容を音声で表出させることができる電子機器の総称である。合成音声を用いるものと，デジタル録音による肉声を録音したものを用いるものとの2通りがある。ハードウエアの点では，ノートパソコンを用いるものや専用機で使用するものなどがある。またソフトウエアの内容はビッグマックのように1語または1文章しか入らないものから，市販の図形シンボルを丸ごと入れてあるものまで多岐にわたっている。対象となる人の言語能力や使用頻度等にあわせて使用する機器を決定することができる（図 5-10 参照）。

図 5-10　VOCA の商品例

第5節　療育・保育・教育の現場における AAC の活用

(1) VOCA を使った指導例

当時，自閉症者 R 君は特別支援学校の高等部に在籍していた。人のいうことは日常のことならある程度理解できるが，発語はほとんどなかった。小学校高学年から図形シンボルによるコミュニケーション指導を受けてきた結果，コミュニケーションブックを絶えず持ち歩き，それで他者に自分の意志や考えを伝えようとすることができるようになった。その後，大学での指導でVOCA を導入し始めた。

コミュニケーションブックをお店で使ってみる

実際に地域社会に出て，知らない人と1人でコミュニケーションをとろうとすると，特別な配慮をしてくれる聞き手ばかりとは限らない。特に図形シンボルの場合，隣まで来てコミュニケー

ションブックを一緒に見てもらうということが必要になってくる。そこでまず，近くの個人商店での買い物や大学生協のカフェテリアでの食事の場面で，実際に試してみた。注文するとき，相手への意識が重要となる

　カフェテリアでの従業員とのやりとりでうまくいかないことが出てきた。問題は注文のタイミングとコミュニケーションブックの示し方にあった。つまり，カフェテリアの店員はいくつもの注文をこなしながら働いている。店員がR君に注目していないときにいくらシンボルを指しても伝わらない。せっかく相手が見ているときにコミュニケーションブックのシンボルを指し示すことができても，逆向きで相手に見えるように示すことができないとこれも伝わりにくい。いずれにしても，「相手の立場になって考える」「相手の状態を考慮して自分の行動を実行する」などの点がネックになっていると考えられた。そこで，「店員さんには見えないよ」「見えるようにボードをもっと前に出して」などの声かけの援助をしながら指導を繰り返したが，なかなか効果が上がらなかった。心の理論などでも示されているように，自閉症児が成長しても，相手の心に注目して，なるべく伝わりやすいようなタイミング，方法で自分の意志を伝えるということは難しいのである。

自閉症者が苦手なことは別の手段・方法でカバーするという発想

　ここで問題になっているのは，音声コミュニケーション手段と視覚コミュニケーション手段との違いからくるギャップができることである。ある発達障害児は，お母さんが風邪で寝込んでいたとき，居間に置いてあるコミュニケーションボードで，「ぼくは，おやつが，たべたい」と一人で指さしをしていた。また，このR君も，大学の建物に鍵がかかって開かないとき，インターホンを押してコミュニケーションボードの「鍵」をさかんに押したりしていることがある。いずれの場合も音声で発することができれば，なんの問題も起こらない場面といえよう。音声コミュニケーションには，それ自体で相手の注意を喚起するはたらきがある。そして距離をおいたコミュニケーションが可能である。しかし視覚コミュニケーション手段では，相手に隣で見てもらうことが必要である。彼らは相手からのメッセージは音声言語で受け取り，自分からのメッセージは視覚性言語で伝えることになり，入力と出力の性質が違うため，このような混乱が起きると考えられる。そこで，「相手に見えるような」タイミングと方法で図形シンボルを示す練習をするより，音声で表出できるように工夫したほうがよいと思われた。これを実現できる電子機器がVOCAと呼ばれるものである。R君は，Words＋社のメッセージメイトというVOCAを使用した。40語の肉声が登録でき，キーの上に図形シンボルを配置したシートをおいて，シンボルを指で押すと登録されている音声がスピーカーを通して表出されるという仕組みである。機械本体は小型のそろばんぐらいの大きさで，携帯性もよい。

VOCAで初めてのラーメン屋さんでも注文ができる

　VOCAを用いてカフェテラスで注文してみた。店員が近くにいなければ，R君の「音声」を聞きつけて出てきてくれる。ただキーを押すだけでよく，相手に見えるように気を使う必要もない。なによりも，R君自身に音声が聞こえて自分自身へのフィードバックがあることが快いようであった。これで自信をつけたR君は，前から行きたかったラーメン屋さんに挑戦することに

なった。はやる気持ちから，お店に入ったとたんに「ラーメンください」とキーを押してしまったが，カウンターの席についてちゃんと注文することができた。

(2) 支援に選択肢を作るということ

ここで，実際の教育現場での適用例について検討してみよう。対象児は11歳の女児A。これまでの言語指導で手話とマカトンが混在し，いくつかの語彙を表現できる程度であった。これまで，朝の会等で，絵カードで表示された1日のスケジュールを見て理解することは可能であった。

図形シンボルでやりたい課題を選択する

カリキュラムが決まっている授業形態では，生徒が自分の要求などを意志表示できる機会はほとんどない。これまでは授業という枠のなかでは一方的に課題を与えるだけで，生徒に自由に意志表示をさせるということは，ほとんどなかった。そこで，ある特別支援学校の担任は，課題を2択とし，対象児の好きな「買い物」と「命令ゲーム」から選ぶように設定した。

さらに課題のやり方も選択する。そこで，やりたい課題を選ばせた後，さらに選択した課題のやり方についても選択肢を提供し，シンボルで選択できる課題の構造にした。

・買い物：①買うお菓子を何にするか→アイス，チョコ，あめ
　　　　　②どの店に行きたいか→コンビニ，スーパー1，スーパー2
　　　　　③外出に必要な服装など→帽子，紅白帽
　　　　　　　　　　　　　　　　　→ジャージ，スモック，エプロン
　　　　　　　　　　　　　　　　　→外靴，スリッパ
・命令ゲーム：①誰にやらせるか→教師，同級生B
　　　　　　　②何のまねをするか→パンダ，ゴリラ，キリン，象，犬，ライオン

コミュニケーションの力を実感し楽しむ

シンボルを用いて会話をしながら課題を進めることが楽しくなり，シンボルによる応答以外にも，手話や身振りで意志表示をする場面がでてきた。課題の選択では，お菓子が食べられる「買い物」を選択する方が圧倒的に多いことが予想されたが，後半はむしろ「命令ゲーム」ばかりを選択していた。単なる食欲を満たす課題より，シンボルや身振りなどのコミュニケーション手段を用いて，相手とのやりとりを行うことに楽しさを発見したようであった。

このように，コミュニケーション手段を保証することで，授業が生き生きとし，A児にとって楽しいものになったわけである。もちろんすべての授業でこのような選択肢が適用できるわけではないが，ちょっとした工夫で，生徒の意見や好みを取り入れた授業が実践できる。このような環境を提供することで，生徒自身がコミュニケーションの有効性を実感し，コミュニケーションを積極的に行おうという気持ちが育ってくることが何より重要なことであると考える。

コミュニケーションは楽しいもの，できないことの指導の手段ではない

ある特別支援学校での事例1：　幼児期からコミュニケーションボードを導入されている児童に，さっそく継続して使ってみたが，すぐに使いたがらなくなった。やはりこの時期に使うのは無理があるのではないか，という指摘を受けたことがある。担任は，苦手なこと，いやなことを

指導するためにコミュニケーションボードを使っていた。せっかく幼児期から使い始めていたのに，使い方を誤った例である。ここには「双方向のコミュニケーション」という発想や，「コミュニケーションの楽しさを実感させる」という視点がなかったからである。一方的に，いやなこと，きらいなことを押しつけるためにAACを使おうとすると，こういう事態を招くことになる。

　ある特別支援学校での事例2：　作業が終わるとビッグマックで「終わりました」と報告するようにしていた。最初は調子がよかったが，しだいにビッグマックを使わなくなった。どうしてだろうと，細かく観察をしていると，あることに気がついた。せっかく「できた」と思って報告しても，すぐに次の作業がやってくるからいやになってしまったのである。つまり「できた」という報告の後には，何らかの楽しみ，励まし，共感などがないと，「できました」の報告は，単に「作業が増える合図」にしかならないからである。コミュニケーション手段としてVOCAを使用しても，教師の側が「教える」「指導する」意識が強すぎるあまり，「コミュニケーションマインド」が不足するとうまくいかなくなるということを教えられた事例である。

(4)　ライフサイクルという視点の重要性

　最近，成人の自閉症者に携わっている人たちと話をする機会が増えてきて，なるほどそうかと思わされることがある。当時，障害者の施設の施設長をしている先生の話では，昔自分が養護学校の教諭だった頃の教え子が施設に入所してくるようになり，そのころの自分たちの教育で間違いなかったと思える部分と，何年もがんばって取り組んだのにほとんど身についていなくて，あのときの時間と努力はなんだったのかと思う部分とがある，という。こういうことは，自閉症児・者を小さい時から成人するまで，長期間にわたって見渡して初めて分かる結果なのである。自分の持ち場の責任さえ果たしていればよいという考えでは，障害を持った人たちが本当の意味で，将来社会参加ができるかという問題には答えられない。その人たちの成人期の姿を見据えてこそ，今の教育や援助の本当の姿が見えてくるはずである。特に自閉症児・者の場合，自発性は成長するにしたがって尻つぼみになる傾向が強いので，そのことを考慮しながら取り組む必要がある。

(5)　既成概念をうち砕いて，意識を変えること

　コミュニケーションは生活の重要なツールである。知的障害がある子どもたちは，それぞれの障害特性や障害の程度があるように，子ども一人ひとり，コミュニケーション能力や発達レベルに差があって当然で，みんな同じ方法でコミュニケーションができるはずがない。その中でも自閉症児は，視覚的な手がかりによるコミュニケーションの方がやりやすい子どもが多く，「コミュニケーションは言葉で」という公式が成り立たない場合が多い。図形シンボルやサインを用いたコミュニケーションを行うことで，自閉症児者の考えていることや彼らのニーズをよりよく理解することができ，また，彼らに支援者の考えをより正確に伝えることが可能となる。サインやシンボルでコミュニケーションすることで，生活の中に選択肢を多く提供することができ，QOLを高めることができるとともに，よりよい支援を提供することができる。

参 考 文 献

Allen, M. H., A. J. Lincoln, and A. S. Kaufman (1991) "Sequential and simultaneous processing abilities of high-functioning autistic and language-impaired children," *Journal of Autism and Developmental Disorders*, 21, 483-502.

American Psychiatric Association (2013) *DSM-5 (Diagnostic and Statistical Manual of Mental Disorders Fifth Edition)*.（アメリカ精神医学会〔APA〕『精神疾患の診断・統計マニュアル』第5版，医学書院，2014年。）

American Speech-Language-Hearing Association (ASHA) (1989) "Competencies for speech-language-pathologists providing services in augmentative communication," *Journal of Speech, Language, and Hearing Research*, 31(3), 107-110.

Charman, T., J. Swettenham, S. Baron-Cohen, A. Cox, G. Baird, and A. Drew (1997) "Infants with autism: an investigation of empathy, pretend play, joint attention, and imitation," *Developmental Psychology*, 33, 781-789.

Dapretto, M., M. S. Davies, J. H. Pfeifer, A. A. Scott, M. Sigman, S. Y. Bookheimer, and M. Iacoboni (2006) "Understanding emotions in others: mirror neuron dysfunction in children with autism spectrum disorders," *Nature Neuroscience*, 9, 28-30.

Dinstein, I., C. Thomas, K. Humphreys, N. Minshew, M. Behrmann, and D. J. Heeger, (2010) "Normal movement selectivity in autism," *Neuron* 66, 461-469.

Ferrari, P. F., V. Gallese, G. Rizzolatti, and L. Fogassi (2003) "Mirror neurons responding to the observation of ingestive and communicative mouth actions in the monkey ventral premotor cortex," *Europian Journal of Neuroscience*, 17, 1703-1714.

Gioia, G. A., P. K. Isquith, L. Kenworthy, and R. M. Barton (2002) "Profiles of everyday executive function in acquired and developmental disorders," *Child Neuropsychology*, 8(2), 121-137.

Miller, G. A., E. Galanter, and K. H. Pribram (1960) *Plans and the Structure of Behavior*, New York: Holt Rinehart and Winston, Inc.

Planche, P. (2002) "Information processing in autistic children: more sequential or more simultaneous?" *International Journal of Circumpolar Health*, 61, Suppl. 2, 4-14.

Rizzolatti, G., L. Fadiga, V. Gallese, and L. Fogassi (1996) "Premotor cortex and the recognition of motor actions," *Cognitive Brain Research*, 3, 131-141.

Rogers, S. J., L. Bennetto, R McEvoy, and B. F. Pennington (1996) "Imitation and pantomime in high-functioning adolescents with autism spectrum disorders," *Child Development*, 67, 2060-2073.

Rogers, S. J., S. L. Hepburn, T. Stackhouse and E. Wehner (2003) "Imitation performance in toddlers with autism and those with other developmental disorders," *Journal of Child Psychology and Psychiatry*, 44, 763-781.

Stone, W. L., O. Y. Ousley, and C. D. Littleford (1997) "Motor imitation in young children with autism: what's the object?" *Journal of Abnormal Child Psychology*, 25, 475-485.

International Society for Augmentative and Alternative Communication (ISAAC), *What is AAC?* https://www.isaac-online.org/english/what-is-aac/

World Health Organization, *The 11th Revision of the International Classification of Diseases (ICD-11)*.（世界保健機関『国際疾病分類第11版ドラフト』）. https://icd.who.int/dev11/l-m/en

第6章

SSTを中心とした精神障害者支援とコミュニケーション

柴田 貴美子

　✿病や障害をもつと，日常活動に参加し，自立を維持することや，仕事や社会生活における目標を達成することが困難となる。この病と障害によって失った機能，自尊心，生活，人生を回復することがリカバリーである。自分が望む生活の目標を追求しつつ社会に参加していくには，対人技能と社会生活技能が必要である。社会生活技能は，家族や仲間との関係を作り，維持していくことを可能にするコミュニケーションと，日常生活の中で自分を保つために必要な物を手に入れる手段として使われるコミュニケーションとに分けることができる（Liberman, 2008）。前者のコミュニケーションは，リカバリーや意義ある人生に大きな関係があり，後者は精神症状を管理，安定，維持してくために必要である。このようなコミュニケーションの改善に焦点を当てた心理社会的療法の1つに，社会生活技能訓練（SST）がある。

　本章では，わが国における精神障害の定義や患者数などの現状とともに，最も患者数の多い統合失調症に焦点をあて，その症状や特徴を概説する。さらに，SSTの概要とSSTの目標設定をする際，支援者としてどのようにコミュニケーションをはかっているのかを，事例を用いて紹介する。最後に，精神障害にたずさわる支援者として対象者とコミュニケーションする際の，伝え方，聴き方，心構えについて，私見を含めて概説する。

　Keywords： 精神障害，統合失調症，社会生活技能訓練（SST）

第1節　精神障害の現状

(1) 精神障害とは

　わが国の「精神疾患」や「精神障害」については，法律や診断基準によってさまざまな定義があり，精神障害に関する統一した見解はない。たとえば，「精神保健及び精神障害者福祉に関する法律（精神保健福祉法）」では，精神障害を「統合失調症，精神作用物質による急性中毒又はその依存症，知的障害，精神病質その他の精神疾患を有するもの」（第5条）と定義している。「障

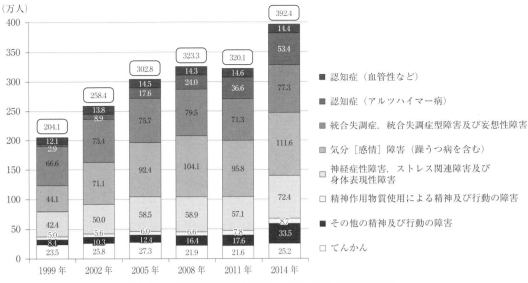

図 6-1 精神疾患を有する総患者数の推移（疾患別内訳）
（出典）　厚生労働省障害保健福祉部が作成。厚生労働省 HP より引用。

害者基本法」では，障害者を「身体障害，知的障害，精神障害（発達障害を含む）その他の心身の機能の障害（以下「障害」と総称する）がある者であって，障害及び社会的障壁により継続的に日常生活又は社会生活に相当な制限を受ける状態にあるものをいう」（第2条）と定義している。また，厚生労働省が発表している精神疾患を有する患者調査では，精神障害の中に認知症も含めている。

　厚生労働省の患者調査（図6-1）によると，2014（平成26）年のわが国の精神疾患を有する患者の総数は392.4万人であり，1999年の204.1万人と比較すると，およそ2倍近くに増加している。2011年に厚生労働省が，地域医療の基本方針となる医療計画に盛り込むべき疾病として指定してきた「がん，脳卒中，急性心筋梗塞，糖尿病」の4大疾病に，新たに精神疾患を加えて「5大疾病」とする方針を決めたことは記憶に新しい。2014年の精神疾患を有する総患者数のうち，外来患者数は361.1万人，入院患者数は31.3万人となっている。また，2014年の精神病床における入院患者数（図6-2）をみると，統合失調症が16.4万人と半数以上を占め，血管性，アルツハイマー病を含めた認知症が5.3万人，気分障害が2.6万人と続いている。統合失調症の入院患者数は，1999年と比較すると5万人近く減少しているが，それでもなお入院患者数の半数以上を占めている。さらに，1年以上精神病床に入院している精神疾患患者（図6-3）をみると，75歳以上は認知症者の数が上回っているが，74歳以下はどの年齢層でも，統合失調症が7割以上となっている。入院患者の半数を占め，また，1年以上入院している割合も圧倒的に多い統合失調症とは，どのような特徴があるのかを次に述べる。

(2) 統合失調症とは

　統合失調症の疫学を見よう。前述した厚生労働省の調査対象は，日本国内の医療機関を受診し

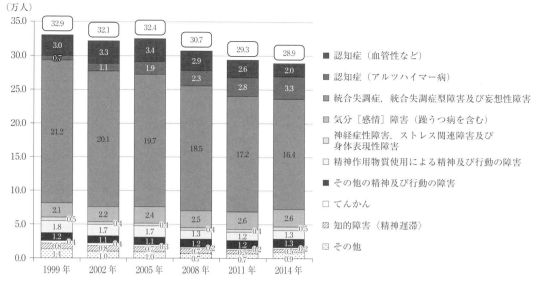

図 6-2　精神病床における入院患者数の推移（疾患別内訳）

（注）　2011年の調査では，宮城県の一部と福島県を除いている。
（出典）　厚生労働省障害保健福祉部が作成。厚生労働省HPより引用。

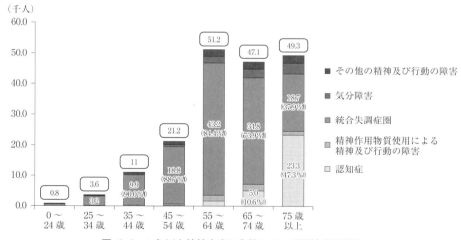

図 6-3　1年以上精神病床に入院している精神疾患患者

（出典）　厚生労働省障害保健福祉部が作成。厚生労働省HPより引用。

た統合失調症者数であり，未受診を含めた国内の統合失調症者数については十分な調査がない。世界各国の調査をまとめると，統合失調症の発病危険率は約1％，有病率は1,000人に対して0.11ないし0.24人で，性差はないといわれている（精神医学講座担当者会議，2008）。発病年齢は思春期が多く，大多数が30歳以前に発病する。

　統合失調症の成因は，現在のところ不明であるが，発病過程を説明するモデルとして普及しているのが「脆弱性－ストレス－対処モデル」である。これはAnthonyほか（1986）が提唱した説であり，生物学的要因，心理行動学的要因，社会環境的要因の複雑な相互作用によって発病に

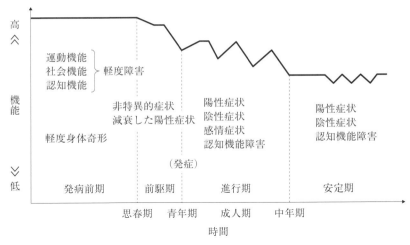

図 6-4　統合失調症の経過に関する模式図
（出典）　精神医学講座担当者会議監修（2008）34 頁，より引用。

至るとしている。つまり，統合失調症は心理・生物学的脆弱性を持ち合わせており，社会環境的ストレッサーに対して，社会的支持と対処能力からなる防御因子が破綻することによって，症状が引き起こされるということである。そこからの回復は，社会的支持と対処能力が向上するだけではなく，抗精神病薬によるストレス緩衝作用と，移行プログラムによる環境調整が必要となる。統合失調症の成因についての研究には，双生児研究，ドーパミン仮説などの他に，現在ではMRI，PET，SPECT，ERPなどの画像診断学的・生理学的研究が進められており，今後の発展が期待されるところである。

　統合失調症は，クレペリン（E. Kraepelin）が早発生痴呆と提唱し，思春期に発病して次第に進行し，末期には人格崩壊に至るといわれていた。その後，ブロイラー（E. Bleuler）やシュナイダー（K. Schneider）などにより基本症状が挙げられてきた。現在では，ICD-10やDSM-5による診断基準を用いて診断されており，主症状としては陽性症状，陰性症状，認知機能障害の3つが挙げられる。経過の中で，どの症状が現れるかについては，図6-4を参照していただきたい。陽性症状としては，妄想（統合失調症の場合は，被害妄想，注察妄想，関係妄想が多い），幻覚・幻聴（統合失調症の場合は，幻聴が多い）が主な症状として挙げられる。陰性症状としては，思考の貧困，感情の平板化，意欲の障害が挙げられる。認知機能障害は，神経認知と社会認知が大きく影響していると考えられている。神経認知とは，注意，記憶，ワーキングメモリ，流暢性，遂行機能など，さまざまな課題処理に用いられる基本的な神経心理学的機能の総称である。統合失調症では，注意の範囲が狭くなる，集中力の低下，覚醒の低さ，選択的注意や保持が苦手，あいまいな状況や突発的な出来事に対処しにくい，同時に複数の課題を処理することが難しい，といった特徴がある。社会認知とは，社会的行動に関連する認知機能を意味し，「他者の意図や性質を理解する能力を含む，対人関係の基礎となる精神活動」と定義されている。統合失調症では，表情の読み取りにくさからコミュニケーションの不安，文脈や相手の意図の理解しにくさから他者

への不安の増加，変化や刺激に対しての柔軟な対応のしにくさなどが，特徴として挙げられ，コミュニケーションに困難を抱えている。

このように精神障害は疾病という1つの要素だけではなく，病と障害が共存しているため，複数の要因に対して同時に支援することが有効である（野中，2003）。統合失調症に対する治療とリハビリテーションの4条件として，西園（2000）は，① 精神症状に対する適切な薬物療法，② 社会生活技能の障害に対する生活技能訓練（作業療法，社会生活技能訓練，心理教育等），③ 自己喪失の挫折感から救出するための精神療法，④ 家族機能・社会的支持の回復による社会的不利益の改善，を挙げている。この4条件に含まれ，精神障害のコミュニケーションの改善に焦点を当てた社会生活技能訓練について，次節に述べる。

第2節 社会生活技能訓練（SST）

(1) SSTの概要

SSTはSocial Skills Trainingの略であり，わが国では社会生活技能訓練と呼ばれている。これは米国における精神障害者の脱施設化の中で，疾病自己管理を含む包括的な地域生活支援プログラムとして，1970年代にUCLAのリバーマン（R. P. Liberman）を中心として開発された。わが国では1988年，リバーマンの来日を契機にその名が広がり，1994年には「入院生活技能訓練療法」として診療報酬に組み入れられた。当初，SSTの対象は統合失調症が主流であったが，現在ではうつ病などの気分障害，アルコール依存など統合失調症以外の精神疾患や発達障害をもつ人なども対象とし，医療だけでなく，教育・司法の分野でも実践されている。

SSTにおける社会生活技能（social skills）とは，生活の中で必要とされる効果的な対人的・社会的行動をさし，主としてコミュニケーションの行動である。SSTは学習理論に基づき，対人的・社会的行動を「技能（スキル）」としてとらえ，適応的な行動の獲得を目的とする，構造化された治療・援助技法である。生活のしづらさを抱えた精神障害者が対処技能を高めることで，対人関係を良好にし，ストレスに適切に対処することができるようになることを目指している。社会生活技能は，環境刺激を認知し（受信技能），主体的な行動の方針を立て（処理技能），環境に働きかけていく（送信技能），という3つの情報処理過程に分けることができる。ある対人状況で相手から受け取る情報を手がかりに，相手の感情や自分が期待されていることを正確に受け取り（受信技能），どのように何を話すのかを決定し（処理技能），適切な声の大きさや表情など非言語的・準言語的コミュニケーションや言語的コミュニケーションを用いて表出する（送信技能）。SSTでは，この3つの技能のどこに偏りがあるかをアセスメントする。さらに，受信技能を高めるためには「注意焦点付け訓練」，処理技能を高めるためには「問題解決技能訓練」，送信技能を高めるためには「基本訓練モデル」といった，各技能に対応した訓練方法が用意されている。

(2) 統合失調症に対するSSTの効果

　SSTは，主に行動レベルでの適応的なスキルを学習する目的があり，統合失調症を対象としたメタ分析の結果（Pfammatter et al., 2006; Kurtz et al., 2008）からも，スキルの獲得については効果が得られることがわかっている。統合失調症の転帰の改善や精神症状の改善についても，ある程度のエビデンスがあるといわれている。最新の知見では，SSTは陰性症状に対する効果の大きさも示されている（David et al., 2018）。認知機能障害に対するエビデンスは見当たらないが，SSTで焦点を当てている受信技能，処理技能，送信技能と統合失調症の認知機能障害との関連については，Ikebuchi et al.（2007）が報告している。この報告では，統合失調症者の社会的問題解決に至る過程において，他者の表情や言動，身体的な動作から意図や感情を推測する対人認知に関わる社会的認知と注意機能が受信技能に，言語的流暢性と解体症状が処理技能に，遂行機能と陰性症状が送信技能に影響を与えるとしている。

　エビデンスに基づくガイドラインである「アメリカ精神医学会治療ガイドライン」や「エキスパートコンセンサスガイドライン」では，安定期における統合失調症の心理社会的介入の中でSSTが推奨されている。また，統合失調症者の転帰研究のチームの報告では（Dixon et al., 2010），エビデンスに基づく治療ガイドライン20項目のうち，6項目が心理社会的治療であり，その中にSSTも含まれている。わが国の統合失調症治療ガイドライン（精神医学講座担当者会議，2008）の中でも，急性期，安定期，維持期の治療の中にSSTが含まれており，SSTは統合失調症の治療の中で欠かせないものとなっていることがわかる。

　一方で，SSTを含む認知行動療法では，効果の般化が課題となることがある。さまざまなスキルを学習した後，自分でスキルを使い，自分のものにしていく過程が必須である。そのためには，対象者の希望や志向を踏まえ，支援者と対象者が一緒に目標を作り，ともにモニターするといった協働作業が重要となる。

(3) 基本訓練モデル

　ここでは，SSTでよく用いられている基本訓練モデル（図6-5）を紹介する。基本訓練モデルでは訓練に参加する対象者（以下，メンバー）の送信技能の強化・改善を目的に，「～を練習したい」とメンバーが提案する個別課題を練習する。

　参加者はメンバーの他に，スタッフとしてリーダー，コリーダーの2名が参加し，可能ならばセッション全体を記録するスタッフが1名いることが望ましい。標準的にはメンバー8～10名が輪になって1時間で運営される。対象となるメンバーは，メンバー自身が「SSTでコミュニケーションがうまくなりたい」と希望するものばかりではない。支援者が「この対象者には生活技能を高める必要がある」との思いで，参加を促すこともある。その際に必要となるのが，情報収集とアセスメントである。日常場面を観察するだけではなく，目標設定の面接を通して，言語的・非言語的・準言語的コミュニケーションの状況を評価する。そして，SSTの長期目標（3カ月位でできるようになりたいこと），短期目標（長期目標を達成させるために1カ月位でできるようになりたいこと）を，対象者とともに設定する。短期目標から，この1週間でありそうな具体的な

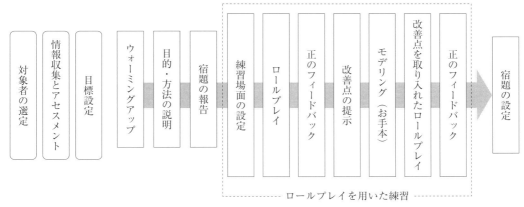

図 6-5 基本訓練モデルの流れ

生活上の場面を練習課題として設定することが大切である。

　長期目標，短期目標，課題の設定した後，ロールプレイを用いたセッションを始める。まず，ウォーミングアップとして，ミニゲームや小さな幸せをひとこと話すなどを行う。これは，リラックスしたグループ作りをし，練習課題への動機づけを高める目的で行い，メンバーの緊張がほぐれてから実際のセッションに入る。SSTの目的や方法を確認し，前回の宿題報告から始める。リーダーの判断やメンバーの希望により，ロールプレイを行う場面を決める。場面は，できるだけ具体的に設定することが大事である。ロールプレイした後は，良い点をほめ，正のフィードバックを与える。次に改善点を出し合い，そのお手本（モデリング）を示す。再びメンバーに改善したやり方でロールプレイしてもらい，改善点を明確にして学習を促す。最後に，今行ったロールプレイを元に今回の宿題を設定し，生活の中での般化を促す。

第3節　SST を活用したコミュニケーション支援

⑴　SST の目標設定を通して

　ここでは，SST 普及協会が初級研修で実施している目標設定を紹介する。SST の目標設定を行う過程では，支援者と対象者が十分にコミュニケーションを取り，協業することが重要である。以下に，目標設定の流れを第1～3段階に分けて示し，対象者とどのようにコミュニケーションをとっているのか述べる。

第1段階　漠然とした将来の夢を尋ねる

　SSTの目標を決めるために，支援者は「あなたの将来の夢や希望は何ですか？」と尋ね，まず対象者がなりたい自分を引き出すことが重要である。対象者が手の届きそうにない夢や希望を伝えることや，抽象的なものを話すかもしれないが，決して否定しないことが大切である。また，支援者が，こうなってほしいと思っていることとは区別する。「それは叶わない夢かもしれないね」ではなく，「素敵な夢を持っているのですね」といったように，支援者がポジティブに返答することで，対象者が，その夢に関する詳細な内容を話してくれるかもしれない。

第2段階　具体的な期限を決めた長期目標を設定する

次に,「将来の夢や希望を叶えるために,半年から1年後どんなことができるようになっていると良いですか？」と尋ね,これがSSTの長期目標となる。対象者は,「安心して生活したい」といった抽象的で曖昧な目標を答えることもある。ここで支援者は,「何ができていると安心して生活できますか？」「あなたの言う安心して生活するとはどういうことですか？」などと,具体的な行動レベルに置き換える作業が必要となる。

そして,「1年後それ（長期目標）ができるようになるために,乗り越えるべきハードルはありますか？」と尋ね,対象者が感じている欲求と現実のズレを確認する。対象者は「一人で仕事を抱え込むことが多い」「上司が仕事を教えてくれない」といった,自分の対人的な行動に直接関係する内容が出てこないことも多い。そこで,支援者は,「同僚に仕事を頼むことはありますか？」「上司にどこまで仕事を終えたのか,報告することはありますか？」など,ここでも対人的な行動に置き換えていく作業が必要となる。また,乗り越えるべきハードルはないと対象者が答えた場合は,「なぜ今できているのでしょうか？」「もし,長期目標が達成できないような,危うくなった場合はどうしますか？」など,対象者の思いを聞いていくことが重要である。このハードルが次の短期目標につながっていく。

第3段階　具体的な期限を決めた短期目標,課題を設定する

乗り越えるべきハードルが決定されると,「では,ハードルを越えるために,何ができると良いでしょうか？」「長期目標を達成するために,1〜3カ月で何ができると良いでしょうか？」と尋ね,SSTの短期目標を決める。先ほどのハードルが具体的であれば,「忙しそうな同僚に声をかける」「仕事が終わったことを報告する」のように,短期目標はすぐに決定できることも多い。ここで支援者は本人の意向を尊重するだけではなく,支援者からも目標を提案していくことが重要である。さらに,「一人で仕事を抱えこまない」といった「〜しない」から,「仕事を同僚に頼む」といった具体的で,前向きな行動に置き換えるよう援助する。最後に,短期目標を達成するための具体的なSSTの練習課題を決め,次回からいよいよロールプレイを用いた練習に入る。

(2)　統合失調症の事例——伸一さん（仮名），25歳，男性，統合失調症

ここでは,事例を用いて,具体的なSST目標設定の進め方を紹介する。

伸一さんは大学2年生の時に統合失調症と診断され,大学は4年間で卒業したが,就職後3カ月で退職し,以後,他者との関わりを避け,自宅で何をするともない生活を送っていた。24歳の時に主治医のすすめで,デイケアに通所するようになった。3カ月後,デイケアで行われているSSTに参加することとなった。そこで,受け持ちスタッフと共に,SSTの目標を決めるための面接を行った。

第1段階　漠然とした将来の夢を尋ねる

伸一さんの夢は「英検1級を取得し,これを活かした就職先に就職する」ということであった。スタッフは,とても前向きな目標を持っていることを評価し,英検1級を活かした就職先について具体的に尋ねた。伸一さんは「やっぱり外資系ですかね。外資系といってもいろいろあります

が……」と滔々と話し，スタッフは話を遮ることなく，聴くことに徹していた。

第2段階　具体的な期限を決めた長期目標を設定する

次に，半年から1年後にどんなことができるようになっていると良いかを質問すると，「それはもちろん，英検1級を取ることですよ」と答えた。スタッフが，現在，英検を取得するために費やしている時間を尋ねたところ，「今は全くやっていない」と話した。その理由は「勉強しようと思っても，頭が働かないし，集中できない」とのことであった。そこでスタッフは，学生時代，就職していた時期，現在，の1日のスケジュールを質問し，伸一さんに確認しながらスケジュールを記録した。このやり取りの中で，伸一さんは，学生時代に英検1級に何度もチャレンジしていたが，就職後は帰宅時間が遅く，英検の勉強からは遠ざかったこと，英検1級が取得できていれば仕事もうまくいっていたはずだと話していた。すかさずスタッフは，仕事がうまくいっていたと思った理由と，仕事がうまくいくとはどういうことをさすのかを尋ねた。すると，同期の社員の中に英検1級を取得している人がおり，その人は上司や同僚と気兼ねなく会話をしており，責任ある仕事をよく任されていることや，自分はわからないことがあっても上司に質問できず，解決しようと一人で頑張るものの時間がかかることを話した。スタッフは，自分で解決しようと努力する姿勢を評価しつつ，長期目標を「わからないことがあったとき質問する」と提案すると，伸一さんもそれを受け入れた。

第3段階　具体的な期限を決めた短期目標，課題を設定する

次に，スタッフは長期目標ができるようになるために，乗り越えるべきハードルがあるかを尋ねると，忙しそうにしている人に声をかけるのは申し訳ないと思っていること，上司や同僚とは挨拶程度の会話のみであることを話した。そこで，スタッフは短期目標を「上司や同僚と挨拶し，軽い話題で話す」「忙しそうにしている人に声をかける」の2つを提案した。伸一さんは「上司や同僚と挨拶し，軽い話題で話すことができたら，わからないことも質問しやすいかもしれない」と答えたため，前者を短期目標とした。

短期目標を達成するための課題を決める際，伸一さんは「自分から挨拶はできるのですが，軽い話題というのが難しい」と話していた。スタッフは，普段，デイケアのスタッフやメンバーに挨拶していたことを評価しつつ，「初めてのSSTなので，まずできていることから始めてみましょう」と伝え，課題を「自分から挨拶して，一言話す」とした。

この事例を通して，目標設定の際に必要となる支援者としてのコミュニケーションのポイントを以下に述べる。

第1のポイントは，事例が「英検1級取得」という高い将来像を抱いていたとしても，それを否定することなく，前向きな目標を持っていると評価した点である。否定せず評価することで，事例は，何でも話して大丈夫なのだと安心し，なぜ英検1級を取得することが必要なのか，そのために現在していることや1日のスケジュールといった具体的な質問にも答えることができる。

また，そのやり取りの中には，事例の志向や価値観が含まれていることがある。事例が「英検1級が取得できていれば，仕事がうまくいったはず」と答えた後，支援者はすかさず「なぜそう

思ったのか」「仕事がうまくいくとはどういうことか」と質問している。こうして質問を投げかけることで，事例が自分の言葉で自身の思い，志向，価値観を表現するようになる。これは，ソクラテス式問答法と呼ばれる。事例に気づきを与えることができるため，高い将来像とはだいぶ離れた現実的な目標を設定となっても，事例には腑に落ちた感覚が残る。これが第2のポイントである。

　第3のポイントは，事例の意向を踏まえつつ，支援者が前向きで建設的な行動の獲得を目標とするよう，明確に提示することである。その際，事例にできるようになって欲しいことや，望ましくない行動の頻度を下げることよりも，実生活で成功する可能性がある目標や課題を設定する。

　SSTの目標設定で必要となるコミュニケーションのポイントを述べたが，日々の支援の中で必要となるコミュニケーションとはどのようなものであろうか。次節では，精神障害にたずさわる支援者として，どのようにコミュニケーションをはかるのかについて，「伝える」，「聴く」ことを中心に述べる。

第4節　支援者としてのコミュニケーション

(1) 支援者として「伝える」

　山根（2008）はコミュニケーションを「自分の気持ちを伝え，自分が知りたいことを聞き，相手の気持ちを知る，双方向のやり取りにより共通の理解と関係をつくること」と述べている。コミュニケーションは双方向のやり取りであるため，メッセージを「伝える」者と，それを受けるつまり「聴く」者がいる。精神障害を対象とした場合，支援者は「伝える」者として，どのようなことに気をつけたら良いのだろうか。

　コミュニケーションの種類には，話し言葉といった「言語的コミュニケーション」の他に，声の大小・高低，話の速度，間の取り方，沈黙など言語に付随する音声上の性質や特徴といった「準言語的コミュニケーション」，身体的特徴，身体動作（姿勢，ジェスチャー），表情，アイコンタクト，時間（行動），香り（臭い），味，身体接触（触れる，なでる，叩く，抱く等の接触行動），空間行動（対人距離，パーソナルスペース）などの「非言語的コミュニケーション」がある（福島，2003）。2者間のコミュニケーションでは，言語的コミュニケーションで伝えられるメッセージは全体の35％で，残りの65％は話し方や表情などの準言語的・非言語的コミュニケーションで伝えられると言われている（Marjorie, 1987）。支援者が対象者に伝える際，「言葉」だけではなく，話し方や表情，態度など「準言語的・非言語的コミュニケーション」を用いて，どのように伝えるのかについても配慮が必要である。

　筆者が所属する作業療法学科の学生が精神科病院へ実習に行った際，「対象者とコミュニケーションがとれませんでした」と話すことがある。学生に詳細を尋ねると，「普段から言葉数の少ない対象者に，どのように声をかけて良いのかわからなかった」「会話が続かず，沈黙が続いて気まずい思いをした」といった，「言語的コミュニケーション」に主眼が置かれていることが多い。確かに，支援者の思いや考えが正確に相手に伝わらないと，対象者は困惑し，特に精神障害

の場合は調子を崩し再燃に至ることもあるため，言葉としてどう伝えるかの工夫は必要である。以下に，伝え方の工夫として，生活臨床における働きかけの5原則，声かけ変換表を紹介する。

① 生活臨床における働きかけの5原則

生活臨床は，群馬大学神経精神医学教室の「統合失調症の再発予防5カ年」（1958年）に始まり，江熊要一医師，湯浅週一医師らによってその礎が築かれた（伊勢田ら，2012）。生活臨床では，対象者の発症や再発は，対象者本人の生活の仕方に独特な傾向があり，これを生活類型，生活特徴として患者の生活特性を捉えている。詳細は成書に譲るが，ここでは生活臨床の働きかけの5原則を紹介する。この働きかけの5原則は，統合失調症の中で依存型タイプにのみ当てはまると言われている（宮内，1996）。しかし，筆者の経験から，導入初期など対象者のタイプがわからない場合は，この5原則に従って働きかけている。働きかけた後の対象者の行動が，良い方向に影響を与えた場合は，そのまま5原則を用いている。

1) 具体的に

対象者の主体性を尊重するあまり，あいまいな情報を与え，対象者をいたずらに迷わせると病状の悪化を招く。支援者による生活に密着した具体的な指示が，生活に具体的な行動となってみられることとなる（例：「朝は早く起きましょう」ではなく，「7時に起きましょう」と伝える）。

2) 断定的に

「どちらでもよい」「良いと思う方法で構わない」といったあいまいな態度では，対象者は迷い，混乱することがある。支援者が「こうしよう」と断定的に伝えることで，対象者の迷いがなくなり，行動できるようになる。

3) タイムリーに

時期を逃さず働きかけることは，指示をする際だけではなく，ほめたりポジティブなフィードバックを与える際にも重要である。

4) 繰り返し

同じ過ちを何度も繰り返すことも多いため，その都度，同じ働きかけを行うことで，過ちを繰り返すことが少なくなる。

5) 余計なことを言わない

いろいろな話題を話すと，肝心な働きかけの焦点がぼやけてしまう。支援者がなぐさめのつもりで話した言葉が，伝えたいことよりも対象者の印象に残ってしまうこともある。

② 声かけ変換表

「声かけ変換表」は，国土交通省が発行している「発達障害，知的障害，精神障害のある方とのコミュニケーションハンドブック」の参考資料として掲載されているものである。「～してはいけない」といった否定的な言葉やあいまいな言葉ではなく，効果的な行動を具体的に説明することの大切さを述べている。

前述した生活臨床における働きかけの5原則の中にも，「具体的に」という項目があるとおり，伝え方によって，相手に何をして欲しいのかがわかりやすい。ここで大切なのは，行動を具体的に説明することである。例えば，支援者が「もう少し優しく話してほしい」と対象者に伝えたと

表 6-1 声かけ変換表の例

早くしてください	あと何分かかりますか？
静かにしてください	声を「これくらいの大きさ」にしてもらえますか？
走ってはいけません	歩きましょうか
危ない	止まりましょう，ケガをしそうなので心配です
人の迷惑になりますよ	大きな声は，頭が痛くなってしまう人がいるので，「このくらい」の声にしましょう
いつでもいいですよ	5分後ならいいですよ，○○の時間帯ならいいですよ

（出典）「発達障害，知的障害，精神障害のある方とのコミュニケーションハンドブック」（国土交通省ホームページ）より抜粋．

しても，支援者と対象者では「優しく話す」意味合いが異なることがある。支援者は「もう少し小さい声で話してほしい」，あるいは「声のトーンを下げて話してほしい」といった，対象者にしてほしい行動を，具体的に伝えることが必要である。具体的な行動を伝えることにより，互いに共通理解が生まれ，対象者との協働作業がしやすくなる。

(2) 支援者として「聴く」

対象者の話を聴く場合は，「相手の話を共感的に受け止めて聞きましょう」と教授され，「傾聴」の重要性については異論がないだろう。山根（2008）は，支援者にとって最低限必要な基本となる聴き方を，① 自分の気持ちを整えて相手の話に耳を傾け，② 話されたことに価値判断をせず，気持ちを受け止め，③ 批判や忠告，指導助言は控え，④ 話を遮らないように，⑤ 何を伝えたいのか読み取るように聴く，の5つにまとめている。神田橋（1984）は，聴いて得た情報と，視覚から得られる情報を整理整頓する枠組みを持つことの必要性を述べている。ここでは，山根の言う，何を伝えたいのかを読み取ることと，神田橋の視覚から得られる情報に焦点を当てる。

前述したように，「伝える」者にとって「準言語的・非言語的コミュニケーション」を用いることは重要である。同様に，対象者が伝える者になった場合も「準言語的・非言語的コミュニケーション」を用いている。したがって，支援者は「聴く」者として，この「準言語的・非言語的コミュニケーション」を読み取る力が必要となる。「会話が続かず，沈黙が続いて気まずい思いをした」という学生の話を例にとると，「言語的コミュニケーション」は表出されていなかったとしても，会話中の対象者の表情や態度はどうであったか，他の行動はしていなかったのかといった「準言語的・非言語的コミュニケーション」は表出していたはずである。しかし，こちらの報告をすることはほとんどない。気まずい思いをしたのは学生であるが，対象者は一体どのような思いであったのか問うと，「たぶん同じ思いだったと思います。その理由は，沈黙が多かったから」と，こちらもまた「言語的コミュニケーション」のみを根拠として挙げる。もし，学生が「沈黙が多かっただけではなく，対象者の表情は虚ろで，視線を合わせることなく伏し目がちであり，自分が話し出すと膝をさすり始めるといった行動をしていた。そのため，対象者も気まずい思いをしていたと思う」と報告した場合は，対象者も気まずい思いをしたかもしれないと納得できるのはないだろうか。支援者は，視覚から得られる対象者の「非言語的コミュニケーショ

ン」の情報を正しくキャッチしながら「聴く」ことが重要である。

また，準言語的コミュニケーションである声の大小・高低，話の速度などには，伝える者の感情や本音が現れる。意識して準言語的コミュニケーションを付け加えることもあるが，無意識のうちに用いられる場合や，精神内界の投影である場合もある（山根，2008）。そのため，対象者がどのように話しているのかにも注意を払い，何を伝えたいのか，準言語的コミュニケーションからも読み取る必要がある。

(3) 支援者としての心構え

支援者と対象者との関係で，もっとも重要な問題は転移，逆転移の影響である。転移，逆転移の治療的な扱い方については，成書を参照にしていただきたい。ここでは，日々の支援の中で沸き起こる可能性がある支援者自身のネガティブな感情を，どのように取り扱うのかについて述べる。

対象者のエンパワーメントを促進するあまり，対象者に自己決定を委ねすぎになると，「どうしたら良いか，わかりません」「頭が混乱してきました」と話す対象者もいるだろう。その際，「対象者自身が，自分で考えようとしていないのではないか」「わざと，自分を困らせるようなことを言っているのではないか」といった，支援者自身にネガティブな感情が沸き起こることもあるかもしれない。この時，ネガティブな感情から目を背けずに，まず支援者自身がこの感情を自覚することが必要である。そして，なぜネガティブな感情が沸き起こったのかを考えることで，これからの道筋がみつかる。支援者が自分自身の行動を振り返り，さらに対象者にどう影響を及ぼすのかを考えることが大切である。

コミュニケーションは，双方向のやり取りにより共通の理解と関係をつくることである（山根，2008）。支援者は伝えるべきことを正確に伝え，対象者の話を五感を通して聴き，そこから対象者がどのような気持ちでいるのか，どのような価値観を持っているのか理解することが求められる。互いの理解に相違があれば，「伝える」，「聴く」ことを繰り返す。そうすることで対象者との関係性が構築され，より良い協働作業が成り立つ。対象者と協働的な関係を持ち，対象者の希望やストレングス（強み）を活かし，自己決定や自己実現を促進するといった，リカバリーを支援するために，より良いコミュニケーションをしていきたい。

注
1) 宮内（1996）は，生活臨床の原則である具体的で断定的な指示的働きかけが奏功する者を「他者依存型統合失調症患者群（依存型）」，禁忌とする者を「自己啓発型統合失調症患者群（啓発型）」とに分けた。

参考文献
安西信雄（2016）「社会生活技能訓練（SST）が適応となる患者」『臨床精神医学』45，49-53
Anthony, W., Liberman, R.P. (1986) "The Practice of Psychiatric Rehabilitation: Historical, Con-

ceptual and Research Base," *Schizophrenia Bulletin*, 12, 542-559

David T. T., E. McGlanaghy, P. Cuijpers, M. Gaag, E. Karyotaki1, and A. MacBeth (2018) "Meta-Analysis of Social Skills Training and Related Interventions for Psychosis," *Schizophrenia Bulletin*, 44(3), 475-491

福島統（2003）「医学生に求められるコミュニケーション能力」福島統編集：『医療面接技法とコミュニケーションのとり方』メジカルビュー社，12-19。

Ikebuchi, E., T. Sasaki, R. Numaguchi and DYCSS3 group (2007) "Social Skills and Social and Non-social Cognitive Functioning in Schizophrenia," *J Mental Health*, 16, 581-594。

伊勢田堯・小川一夫・長谷川憲一編著（2012）『生活臨床の基本』日本評論社。

神田橋條治（1994）『追補精神科診断面接のコツ』岩崎学術出版。

香山明美・小林正義・鶴見隆彦（2014）『生活を支援する精神障害作業療法――急性期から地域実践まで』医歯薬出版（株）。

Kurtz, M. M., and K. T. Mueser (2008) "A Meta-analyses of Controlled Research on Social Skills Training for Schizophrenia," *J Consult Clin Psychol*, 76, 491-504。

Dixon, L. B., F. Dickerson, A. S. Bellack, M. Bennett, D. Dickinson, R. W. Goldberg, L. Anthony, et al. (2010) "The 2009 Schizophrenia PORT Psychosocial Treatment Recommendations and Summary Statements," *Schizophrenia Bulletin*, 36(1), 48-70。

Liberman, R. P. (2008) *Recovery from Disability: Manual of Psychiatric Rehabilitation*, Amer Psychiatric Pub.（西園昌久総監修『精神障害と回復――リバーマンのリハビリテーション・マニュアル』星和書店，2011年。）

Marjorie, F. V. (1987) *Louder than Words: An Introduction to Nonverbal Communication*, Iowa: Iowa State University Press.（石丸正訳『非言語（ノンバーバル）コミュニケーション』新潮社，1987年。）

宮内勝（1996）『分裂病と個人面接』金剛出版。

西園昌久（2000）「精神障害リハビリテーションにおける包括的視点」蜂矢英彦・岡上和雄監修『精神障害リハビリテーション学』金剛出版，64-69。

野中猛（2003）『図説精神障害リハビリテーション』中央法規。

Pfammatter, M., U. M. Junghan, and H. D. Brenner (2006) "Efficacy of Psychological Therapy in Schizophrenia-conclusion from Meta-analyses," *Schizophrenia*, 32(S1), S64-S80。

精神医学講座担当者会議監修（2008）『統合失調症治療ガイドライン 第2版』医学書院。

柴田貴美子（2005）「社会生活技能訓練」江藤文夫編『よくわかるリハビリテーション』ミネルヴァ書房，140-141。

SST普及協会（2016）『初級研修テキスト』。

山根寛（2008）『治療・援助における二つのコミュニケーション――作業を用いる療法の治療機序と治療関係の構築』三輪書店。

厚生労働省HP「長期入院精神障害者をめぐる現状」http://www.mhlw.go.jp/file/05-Shingikai-12201000-Shakaiengokyokushougaihokenfukushibu-Kikakuka/0000046398.pdf（2018年4月1日参照）

厚生労働省HP「精神保健福祉法（正式名称：「精神保健及び精神障害者福祉に関する法律」）について」http://www.mhlw.go.jp/kokoro/nation/law.html（2018年4月1日参照）

厚生労働省HP「参考資料」http://www.mhlw.go.jp/file/05-Shingikai-12201000-Shakaiengokyokushougaihokenfukushibu-Kikakuka/0000108755_12.pdf（2018年4月1日参照）

国土交通省HP「発達障害，知的障害，精神障害のある方とのコミュニケーションハンドブック」

http://www.mlit.go.jp/common/001130223.pdf（2018 年 4 月 1 日参照）
内閣府 HP「障害者基本法」http://www8.cao.go.jp/shougai/suishin/kihonhou/s45-84.html（2018 年 4 月 1 日参照）

第3部

医療現場での支援とコミュニケーション

第7章

医療ソーシャルワーカーのコミュニケーションスキル

笹 岡 眞 弓

✿医療の世界ほど，専門用語の嵐が吹き荒れる場所はない。「DM でアンプタ」，この意味が分かる人は医療界に属する人である。DM はダイレクトメール，ダイレクトメッセージではなく，デカメートルでもなく，DM はラテン語の diabetes mellitus（糖尿病）の略語であり，アンプタは Amptation（切断手術）を意味する，つまり糖尿病が悪化してついに切断手術が行われた患者の状況を示しているのである。通常の世界とは異質なコミュニケーションで成立している場に，傷病を得て悄然と存在する人々，それが患者・家族である。無論，患者の前でこのような略語を発する医療者はいないとしても，病名は耳で聞いても一度には理解できないほどの難しい漢字で表記され，見慣れない医療機器，処置はカタカナ表記が多く，異質な世界であることは紛れもない事実である。

「コミュニケーション」というからには，共通した言語・概念の下に双方向であることが必要だとするならば，「医療の場におけるコミュニケーション」は成立しにくい環境にあると言ってよい。その環境の設定の方法も含めて，本章では，主に患者・家族の意思決定を支える医療ソーシャルワーカー（以下 MSW）の技法としてのコミュニケーションについて論じる。なお，本章で使用するコミュニケーションという用語は，「伝えられることを通して何かが共有されること，またはその過程」という意味で使用している。

多領域にわたる，学際的研究領域であるコミュニケーションに関する先行研究の吟味は不足している。本論は MSW のコミュニケーションの実態の1つの側面を論じたものであることを付記したい。

Keywords： MSW，ナラティブアプローチ，医療ソーシャルワーカー業務指針，コミュニケーションスキル

第1節　医療現場における「コミュニケーション」の実際

患者・家族は極めて個別的な事象である自分の病気あるいは怪我について，総論的に説明を受け，おまけに正確にその状況を理解することが求められる。今どのような気持ちでいるのか，そ

こを聞かれることはめったにない。医療者からの話しは概ね一方的である。傷病に関する圧倒的な知識の差があることを前提に，治療をする者にはパワーがあり，患者はその時点でパワーレスである。例え細やかな思いやりをもって，医師をはじめとする医療者によって丁寧な説明がなされても，コミュニケーションが成立する条件そのものが希薄であり，ともすれば無いと言ってもよい状況である。もちろん，体の変調については丁寧に聞かれるが，治療に当面寄与しないと思われる事柄には，関心を示されない。実はそこに問題が隠されているかもしれない事情の理解に費やす時間は，取れないのが実情である。

インフォームドコンセント（「説明と同意」と訳される）の一連の過程でも，コミュニケーションが成立していないことが，しばしば，端的に示される。例えば，深刻な病気の状況についての数十分の医師の説明が終わり，「何か質問がありますか？」の問いに答えた患者の発言は，「今何時ですか？」だったということがある。頭に入らない，もしくは理解したくない内容を一方的に聞かされた場合，そしてその状況へのクレームもつけられない状況下では，容易に起こる現象である。

よく知られているT.パーソンズの患者役割では，患者の役割には以下の4つ側面があるとされる。

① 通常の社会的役割の責務を免除されている。
② 自らの意思や決断によって病気を回復されることを期待されていない。
③ 病気をよくない状態としてとらえ，回復しようと望まなければならない。
④ 病人には，医師が提供する技術的に有益な治療を求める義務がある。

疾病構造の変化あるいは医療界の変化に伴いこのパーソンズの患者像への批判はなされるようになりはしたものの，患者のみならず家族もこれに準じた4つの役割を期待されることが珍しくない。つまり，①患者が正常な社会的役割の責務を免除されることについて，家族の社会的な役割も一緒に免除されることもある。②患者が自らの意思や判断によって病気を回復されることを期待されない点については，家族も同様に期待されてはいない。③患者と同様に，家族も病気をよくない状態ととらえ，回復を望まなければならない。④家族も，医学的援助や助言を専門家に求め，回復の過程で専門家に協力しなければならない，ということである。

この役割期待に応え，素直に医療者の指示に従い，患者の回復のために家族も協力を惜しまず，熱心に病院に足を運び，時には医療者に代わって患者を説得する家族が望ましいとする文化は根強い。病気はあらゆる手段を講じて，治さなければならないことが前提で，しかも医療技術の躍進は素晴らしい速度で進展している。例えその技術が患者の人生にとって有意義な結果をもたらす可能性が少ないとしても，可能性がある限り，優先順位は1位であってしかるべきだとされるし，患者もまたその方向に導かれる。家族もまた然りで，家族の方が「治すべき」という意思が強いことも珍しくない。

すべての価値がこの一点に集中する場所が病院であり，患者が無力感を徐々に身にまとわざるをえない環境の中で，患者・家族とのコミュニケーションをとること，これを主な仕事にしている専門職がMSWである。

何のために？　それは患者・家族の個別の状況に応じた治療体制の構築を，彼らが自己決定するための環境を整えるためである。彼らの基本的人権を尊重し，ソーシャルワーカーの使命である社会正義を守るために。そして医師らの治療に貢献することで，患者の生活が疾病によって侵害される被害を最小限度に抑えるために，MSW は機能している。

第2節　ソーシャルワークにおけるコミュニケーションスキル

　日本のソーシャルワーク研究におけるコミュニケーションの位置づけは脆弱で，北本（2008，1頁），が述べるように，コミュニケーションという概念や視点からの研究と呼べるものはほとんどないのが現状であった。ソーシャルワーカー（以下 SW）の関心は，面接のあり方であり，カウンセリングを中心としたその技法の獲得に集中していた。

　塩村（2006，4頁）は，今までの SW が利用者に向きあう援助的コミュニケーションの重要性については，繰り返し論じられてきたのに対して，他の場面におけるコミュニケーションについては，あまり吟味されてこなかったとし，「特に今後の多職種連携における，利用者の思いを最優先させる SW の視点を，チームアプローチに活かすためには，チームのリーダーシップをとれるようなコミュニケーションスキルを身に着ける必要がある。」と述べている。さらに社会構成主義がソーシャルワークに与えた影響について，「今までの言語・非言語コミュニケーションというような単純な分析ではもう通用しない」とも書いている。チームのリーダーシップをとらねばならない，という方向性には疑問があるが，どうすれば SW の価値に立脚したコミュニケーションスキルが獲得できるのか，そしてチームの中で発言権を確保できるのか，については喫緊の課題として取り組む必要がある。

　窪田（2013，66頁）は，「この社会で長年蓄積された共感，慰め，励まし，と言った情緒を表す言葉も，その時の音声や溜息などの表現方法も，いずれも私たちの仕事のために特に開発されたわけではない事を，私たちは知っています」，だからこそ，これらのスキルを意識的に技術や特殊なスキルとして訓練すべきでない，と書いている。まさに言葉も，声も（語調や，声の高低や）窪田の言う「援助者の心と感情の波の中から空間に向かって走ってゆく相手への働きかけを豊かにふくんだもの，言い換えるならば脳から直接発している手にもたとえられるようなもの」であり，スキルの教育としていわゆる語調であったり，視線の合わせ方であったり，そうした部分だけ取り出して訓練に載せることは，効果がないばかりか徹底したパートナーシップ確立の阻害要因になるかもしれない。MSW が専門家として在るためには，いたずらに話し方や聞き方の技術獲得を志向するべきではないことを，窪田は指摘している。医療の場に福祉職として存在するためには，白衣という権威をまとって，患者・家族を圧倒するような振る舞いや物言いをしてはならないのである。

　ソーシャルワークの領域では，ポストモダニズム，論理の体系化とその検証方法の厳密性を科学的だとするモダンな方法論の論理構成の土台の弱さを突き，新たな方法論の構築を志向する社会構成主義から生じたナラティブアプローチが注目を得ている。クライエント（医療の現場では

患者・家族）が信じている「自分はこれこれこういう人である」という支配的なストーリー，いわゆる抑圧されたドミナントストーリーから解放されることを目的とする。そしてドミナントストーリーを新たなストーリー（オルタナティブストーリー）に変える，そのアプローチこそがクライエントの人権に最も配慮できるアプローチではないかと評価されているのである。

そのアプローチに必要なSWの姿勢について，SWとクライエントとの間に，① 役割認識，② パワーや地位に関する価値や信念，③ ワーカーとクライエントが相互の強さを認め，評価する能力，④ ワーカーとクライエントが多様性を受容し，尊重する能力，⑤ お互いのうちに見出される弱さに関して非審判的な態度をとる能力，が必要だとすると，クライエントにもそれなりの力が必要となり，この状況そのものの設定は難しいのではないか，という塩村（2006: 11頁）の指摘は的を射ている。

先述した医療現場のコミュニケーションの難しさは，そのままMSWにも当てはまることが想定される。つまり，MSW側にはパワーと知識があり，クライエントにはそれがない状況であることの危険性に気付いているか，相手を支配せず・支配されないという状況を作り出すことができているか。その点にこそMSWの抱える葛藤の深さがあることに，少なくともMSWは敏感でなければならない。

このナラティブアプローチでは，「無知のアプローチ」という方法が使用される。無知のアプローチは，「クライエントはクライエントの人生の専門家である」と考え，もっとよく知りたいのでクライエントに教えてもらう，という姿勢で聴くこと，Not Knowingが重要だと説く。それは，徹底したコミュニケーションすなわち対話による介入を意味している。しかし，自分のことを語らないクライエント，そして危機的な状況にあるクライエントには，この方法は適さない。それゆえ救急医療現場には適さないのだが，クライエントを「困難な状況をつぶさに体験しているクライエントの人生の専門家」と位置付けるSWの姿勢は，すべての面接の根底にある。

2014年のソーシャルワーカーの世界会議で採択された定義は，

　「ソーシャルワークは，社会変革と社会開発，社会的結束，および人々のエンパワメントと解放を促進する，実践に基づいた専門職であり学問である。社会正義，人権，集団的責任，および多様性尊重の諸原理は，ソーシャルワークの中核をなす。ソーシャルワークの理論，社会科学，人文学，および地域・民族固有の知を基盤として，ソーシャルワークは，生活課題に取り組みウェルビーイングを高めるよう，人々やさまざまな構造に働きかける」

とある。この社会正義という観点こそが，「SWは社会（ソーシャル）のために働く（ワークする）人である」とするSWの存在意義に他ならず，医療の場で患者・家族とフラットな関係を築くためには，この定義に徹底的に従う姿勢が肝要だといえる。

第3節　MSWとはだれか？

(1) 90年の歴史——発展途上の職業

日本における初めてのMSWは，現在の聖路加国際病院の医療社会事業部に1929年に着任し

た小栗将江（浅賀ふさ）である。この事業部は，米国のキャボット博士が志した医療社会事業の理念に基づいて開始された。キャボット博士は，1905年にマサチューセッツ総合病院にMSWを置き，医師として初めて患者に心理社会的援助が必要であることを周囲にも説いた人だった。彼の講演を米国で聞き，感銘を受けたのが浅賀ふさだった。彼女は，日本女子大学の英文科を1917（大正6）年に卒業後，1926年に米国シモンズ女子大学院社会事業部を修了した。米国滞在中に日本で聖ルカ国際病院が開院することを聞き，トイスラー院長にMSWとして自分を採用するように手紙で依頼し，ニューヨークで博士に面会し聞き届けられたのである。しかし，戦前のMSWは聖ルカ国際病院にこそ8名のMSWが存在したとは言え，数カ所の病院に数名程度の相談員がいるだけでは，日本のMSWはほとんど無きに等しい存在だったと言わざるをえない。

　わが国における医療社会事業の展開は，GHQ（連合国軍最高司令部総合指令部）占領下の政策によって配置された保健所の医療社会事業係の存在をなくしてはあり得なかった。MSWはGHQの指示により改正された保健所法が根拠となっている。連合国最高司令官指令で，ともかくも保健所を中心に配置されたMSWは，「GHQに蒔かれた一粒の麦」と言われたように，日本で位置づくためには，麦のように踏まれる時期を乗り越える必要があった。患者の人権というような認識が一般的になるまでには，かなりの時間を要した。先述したインフォームドコンセントが医師の努力義務になったのは1997年（今から20年ほど前）だが，患者の自己決定権への抵抗はいまだに根強いと言ってよい。

(2)　MSWは医療職か福祉職か？　もめた20年──MSWはSocial Worker in Medical Field

　MSWはソーシャルワーカーなのだから，福祉職だと考える多くのMSWは，1987年に成立した「社会福祉士及び介護福祉士法」で，MSWは社会福祉士に含まれないとされたことに大きな衝撃を受けた。医師の指示下で全ての業務を行う医療職である医療福祉士（仮称）法の制定をめぐって，MSWは全国的に二分され論争は対立を生んだ。紆余曲折を経て，社会福祉士≒MSWという合意がMSWの職能団体と厚生労働省社会・援護局との間ででき，診療報酬に社会福祉士と明記されたのは2006年のことであり，医療機関が社会福祉士の実習施設として認められたのも2006年である。以下に述べるMSWの業務指針ではMSWは明確に福祉職であり，病院には医療職と事務職と福祉職が存在することが公的にも認められた。MSWは社会福祉学を基盤として業務を行う。ソーシャルワークの価値と倫理は，徹底した患者・家族とのパートナーシップをMSWに求める。この定義を遵守すると，自ずから患者・家族とのコミュニケーションの位置と距離が決まる。位置は，同等の位置，へりくだることなく，もちろん上からの目線ではなく，適切な距離，つまり近すぎる距離を避け，患者・家族が心を開くことが可能な距離を保つことが極めて重要であることが確認されている。

(3)　医療ソーシャルワーカー業務指針

　「医療ソーシャルワーカー業務指針」（2002年改訂）にはMSWの業務を6つの大項目で規定している。①療養中の心理的・社会的問題の解決，調整援助，②退院援助，③社会復帰援助，④

受診・受療援助，⑤経済的問題の解決，調整援助，⑥地域活動，である。膨大な範囲が規定されているが，業務の方法には，「面接を重視するとともに，患者・家族との信頼関係を基盤としつつ（中略），初期の面接では患者・家族の感情を率直に受け止め……社会資源に関する情報提供と活用の調整等の方法」とある。

当たり前だが，このように MSW の業務は患者・家族とのコミュニケーションによって成立している。

なお，資格問題のさなかで起案された業務指針の制定過程では，以下のような問答があったようである。日本の医療の法律体系では医師はオールマイティであり，一方医師以外は単独では医療行為ができない，つまり医師の指示下で医療行為を行うことが決められている。つまり，医療ソーシャルワーカーは医療行為を行えない中で受診受療援助をどのように行うかが，争点の1つであったのである。業務指針では，この受診受療援助に限って医師の指示を受けることとされた。「こんな勝手なことをする医療ソーシャルワーカーがいる」という事例を挙げて業務全体を医師の指示下に置くべきだとする意見もあったとのことである。「こんなとんでもない指示をする医師もいるから医師の指示を受けては仕事ができない」という意見もあったという。その検討会を，どんな職種にも問題のある者がいることを前提に，「普通の医師」「普通の医療ソーシャルワーカー」を想定して整理したと，当時の取りまとめ役の役人であった椋野（2014）は述べている。普通の医師・MSW 関係では，患者・家族のために，より良い患者の人生のために，医療の論理だけで判断するのではなく，患者の生活の視点を医療に組み込むことが必要なのだという合意が，この指針で達成されたのである。言い換えれば，受診受療援助以外は，医師との連携（社会福祉士規定による）で整理されたことは，従来の医療界のすべてを制覇する医師の支配から，ソーシャルワークの自律性を守ったという意味で画期的だったのである。この自律性への頑固なこだわりが，日本の MSW の資格制度の本質だった。

21世紀になり，医療は大きな転換期を迎えた。医療モデルだけでは対処しきれない「医療・ケア」の時代である。

第4節　生活モデルの普及——コミュニケーションがより重要なキーワードに

(1)　日常的な繋がりを構築する——地域包括ケア時代を迎えて

高齢社会を迎え，「高齢者の尊厳の保持と自立生活支援の目的の下，可能な限り住み慣れた地域で，自分らしい暮らしを人生の最後まで続けることができるよう，地域で構築する包括的な支援・サービス提供体制」のことを地域包括ケアと言う。

猪飼（2016，16頁）は「今や地域包括ケアは歴史的必然」だと言う。そして「広い意味におけるケアについて，生活モデルに基づくケアを『良いケア』と感じる方向に向かって，人々の感じ方が，歴史的時間の中で変化しつつある」と述べている。この変化は1970年代に福祉領域でみられるようになり，1980年代には福祉システムの主流になり，1990年代以降は医療システムに浸透してきたこと，さらには医療システムが，生活モデルによって，患者の医学的治癒を目的と

するものから患者のQOLを支えるシステムへと変貌するように,「社会的圧力」を受けている状況だと続けている。

　医療と福祉・介護の多職種連携の壁はまだまだ厚い。医療と介護の統合（integration）レベルに関して,筒井（2012：53-57頁）は①linkage,②coordination,③full integrationの3つのレベルを論じ,また筒井（2014：26-27頁）は,integrate careとは,国際的な文脈においては,広義には医療と介護の連携をすることとされていると言い,連携の多様な状態を上述の3つのレベルで説明している。そして,「地域包括ケアシステムにおけるケアの連携は,単に複数の提供主体が繋がれば良いということではなく,①linkage（つながり）,②coordination（調整）,③full integration（統合）というレベル（強度）の異なる連携を,効果的,効率的に組み合わせることが必要」だとしている。そして,今後の地域包括ケアシステムの構成員の役割としてまず患者自身がこのシステムに積極的に関わり参加していくことが望ましいと論じている。この患者自身の参加の促進及び,①,②段階の連携にMSWは大きく貢献しなければならない。

　医療と福祉の壁の厚さを日々実感しているMSWは,まさに業務として,こうした動きに連動して機能する必要がある。患者自身の発言の場を確保するために,様々な場所で,そして様々な段階で患者の意志を代弁（アドボケイト）する。この機能はMSWの基本的なものである。そもそも先に述べたように,患者・家族に分かりにくい病院の文化,用語について通訳機能を果たすのも,伝統的なMSWの役割であった。地域につなぐ役割を果たすMSWは,地域の様々な機関,ボランティア,町内会,社会福祉協議会,患者の住所の近隣の事情などに明るい必要がある。意図的に地域の人々とのコミュニケーションを図る必要が,MSWの業務の範囲内にある。

(2)　説得しない――患者のQOLのために

　患者のQOLは,論じられ方が大きく変化してきている。Quality of LifeのLifeを生命,生活,人生の3層から考えると,今は,生活の質をどのように評価するのか,がんや認知症の患者の生活の質を上げるもしくは保つにはどのような方法があるのか,に多くの関心が寄せられている。多くの管で繋がれて生命を伸ばすようなスパゲッティ症候群と呼ばれたような生命の状況は望ましくないとして,主に看護の世界で取り組みが始まり,リハビリテーション学会においても,1979年,リハビリテーションの目的をADLからQOLに転換する宣言がなされて以来,福祉・介護領域でもQOLは大きな意味を持って存在している。

　コミュニケーションという側面から考えると,極めて個別性の高い「生活の質」を担保するためには,ライフレビューも含めた傾聴のスキルが必要である。

　終末期は「人生の最終段階における医療・ケア」という言葉に置き換えられた。もはや医療モデルで死を捉えることが不当であり,まさに医療とケアは同格でとらえなければならないことが明確に示されたのである。ACP（アドバンスケアプランニング）という言葉もキーワードとして登場した。人生の最終段階の医療・ケアについて,本人が家族等や医療・ケアチームと事前に繰り返し話し合うプロセスのことであるが,ここで重要なのは「繰り返す」という考え方である。本人の意思が変化しうるものであることは自明である,とされたこのガイドラインが示唆すること

は多い。

　さらに，家に帰りたいし帰りたくない，このアンビバレンスに寄り添うことを業務とするMSWのコミュニケーションには「説得」という用語はない。

　「人生の最終段階」では多くの専門職と，医療チームだけでない第三者も加えて，話し合うことが重要とされる。多職種コミュニケーションの重要性は今までになく高まってきている。患者がどうしたいのか，患者自身の意志が日々変化することを踏まえると，個別の死の前で多くの専門職ができることは話し合いである。「人生の最終段階における医療・ケアの決定プロセスに関するガイドライン」では，この話し合い，すなわち関係各職種が第三者も入れて話し合うことの重要性が謳われている。痛みの緩和は，医療的な処置でだけでは対処できない社会的・精神的な問題が深く関与する。医療・ケアチームには社会的な側面に配慮するソーシャルワーカー（SW）が参加することが望まれるとする文言がこのガイドラインに明記されているのは，MSWに患者の生活・人生の最期に当たって患者の意志が反映されるような環境の設定に力を尽くすことが求められているのだと，読み解くことができる。

(3) Face to face――情報共有の基本

　多くの研究者や実践家が強調するように，地域包括ケアを成功させるには，その基盤となる情報ネットワークの充実が必要不可欠である。しかしながら，情報技術の成果の進展とは相反して，現実的な情報共有は図られていない。基本ルールがなく，従来の電子カルテでみられた情報の囲い込みは，まだ多くの地域で改善されておらず，公正・公平なルールがない中での情報共有への道は遠い。医療における患者の囲い込みは，福祉業界にも同様の指摘があり，医療と福祉との連携の阻害要因として大きな問題であろう。地域トータルケアの提供と，それを支える福祉コミュニティづくりの実践が求められる時代に，ではMSWにはどのような役割期待があり，どのような業務が求められているのか，また必要なのであろうか。電子カルテのみで情報をやりとりしていると，肝心の治療方針の決定さえも共有されない事態を引き起こすこともある。例えば，電子カルテ上で「＊＊＊導入」と書かれていて，看護師もMSWもそのための準備をしていると，導入はまだ検討しているという意味であって今回は見送って退院で良い，と医師が退院日を早期に決めるといったエピソードは珍しくないという。これは，電子カルテに頼り切るのでなく，日々コミュニケーションをとることの重要性を示唆している。

(4) パブリックスピーチ――MSW業務の延長線上にある

　小野沢（2015, 125頁）は「在宅医療は非常に見目麗しく語られるが，現在の日本の制度では，家族への負担があまりに多すぎる」ことを指摘している。猪飼（2014, 22頁）もまた，「ソーシャルワークの意義を考えれば明らかなように，地域ケアシステムは決して極端な『在宅主義』を指向しないことも指摘しておく必要がある」と論じる。施設介護が医療へのアクセスを制限されていることなどを考えると，MSWが医療と福祉を真につなぐ役割を業務とするなら，既に病院組織だけにとどまっている時期は過ぎている。かつての「社会的入院」への過度な非難は，医療

的管理の必要な人々の行き場を失わせることにもつながったことをMSWは忘れてはならない。医療依存度の高い高齢者は医療で看る必要があったにもかかわらず、「社会的入院」という医療費の無駄遣いの枠内に封じ込め、適切な療養場所を結果的に奪ったことは、施設は生活の場、在宅死が望ましいとする言い訳では償えない。さらに、生活保護費の削減、障害者手当の一部切り捨てなど、SWとして、MSWとしての社会的な発言が重要だということ、社会とのコミュニケーションがMSWの役割の一つであるとの自覚が定着しなければならない。社会的弱者の救済に向けた制度の充実は、多くの人が見据える必要のあることで、中でもSWは社会的使命というよりSWの本質的な役割として、現場からの発信を続けることが重要である。

第5節 「医療の場」でコミュニケーションを構築する
── MSWのコミュニケーションスキル

MSWが対応する、主だった特徴的な場面のコミュニケーションについて解説する。

(1) 退院援助──待つ力

患者の意志と家族の意志が相違することは多くある。MSWがその成り立ちからして、医療の場で患者・家族の側に立って発言することを業務とする以上、患者の退院に関して「追い出し屋」とのそしりを受けるような立場に甘んじてはならないのだが、残念ながら説得をしてしまうMSWが存在することも事実なのだろう。患者の退院にあたって、平均在院日数の削減が至上命令になるにつれ、病院は患者・家族に「早く決めること」を要求する。さらに一度決めたことを撤回するには、患者及び家族は相当の圧力を覚悟しなくてはならない。人生の最終段階では患者の意志が変化することは自明とされているのに、日常業務ではMSWにとっての価値と現実的対処との間に葛藤を生じることが少なくない。この時、MSWの「待つ力」が試される。意思の疎通、適切な情報提供をはかり、患者・家族の意志と気持ちを傾聴したあと、いかに待つことができるか。これは患者の自己決定権をいかに護るかということと同義である。葛藤をどのくらい持ち続けられるか、MSWの力量が示される時に、交渉力も含めてこの「待つ力」を担保するコミュニケーション力が不可欠である。

(2) 薬物等、アディクションの患者への支援──患者の側に立つこと

薬物依存症を十分理解している精神科医は少ないという。松本（2017, 77頁）は「患者の覚せい剤使用の告白に眉をひそめ、不機嫌になり、患者を叱責し、時には警察に通報したり、自首することを勧めたりする精神科医がいる」と述べている。しかし、この時こそが助けの手が届く数少ない機会であることを、MSWは認識しておく必要がある。ここで大切なことは通報して本人の治療のチャンスを逃すかそれとも否かを決めることである。切迫した自傷他害の危険が迫っている場合を除いて、特に医療者でないMSWが患者の治療を優先すべきであることは言を俟たない。徹底して患者の側に立つことは、ぎりぎりのところで福祉の立場に立つことであり、そうで

きる姿勢がMSWには不可欠であろう。アルコールに関しては「否認の病」という認識の下，「見ようとしなければ見えない疾患」に罹患している患者を，見捨てず振り回されることを恐れない姿勢が必要である。

(3) 自殺企図——積極的な介入が不可欠

自殺を図った人が精神科未受診の場合は，MSW介入のチャンスだと考えることができるかが成否を分ける。精神科受診中の患者の場合は，主治医と救急搬送先の病院との調整が重要である。自殺企図が起きた場合，特に家族の混乱は計り知れない。家族を支え，刻々と変化する状況を予測し，医師とともに次のTALKの原則を守ることが肝要である。

　　T (Tell)：誠実な態度で話しかける。　A (Ask)：自殺についてはっきりと尋ねる。
　　L (Listen)：相手の訴えを傾聴する。　K (Keep safe)：安全を確保する。

岩間（2017：143頁）は「自殺は予防できる。予防のための治療に同意することが必要という立場を崩さず，コミュニケーションは比較的MSWの明確な意志を伝達することを中心に展開する」と言う。傾聴から開始しない，緊急時のコミュニケーションスキルを持つことも必要である。

(4) 虐待——その事実に対峙する

児童虐待，高齢者虐待，DV（パートナーによる暴力），いずれも被害者の命と尊厳を守るために，医療チームの一員として，ソーシャルワークの立場から活動することが大切である。MSWがチームに最も貢献できることは，地域とのネットワークをつくることである。虐待のような深刻で繰り返される事態への対処は，まさに第4節の冒頭で地域包括ケアに関連して述べたように，日ごろからのネットワークの形成に向けた地道な努力が欠かせない。MSWは，児童虐待の場合の加害者である親の立場をも理解できる。養育支援という視点が，医療機関は加害者を裁く場所ではないことを示してくれるだろう。DVの被害者が，加害者であるパートナーのもとに帰るという決断をしたときも，次回の面接へとつなげる姿勢を保って様々な情報を提供できるコミュニケーションスキルが必要である。「当事者との協働」という姿勢を大切に虐待という事実に対峙することは，決して対象者に「虐待」というラベリングをすることではない。当事者の人生の可能性を尊重することは何よりも必要なことである。

(5) チーム医療（多職種連携）に——適切な自己主張

米国の元MSWであった研究者のCarel B. Germainの論について田中（2016，15頁）は，医療のチーム形成の段階について，ジャーメインは以下のような見解を示したと述べている。最初は，① 無視と線引き，つまりよく知らないメンバーには任せられない，警戒の段階である。次に，② 過剰な期待と的はずれの落胆の段階がある。人が増えると，期待しすぎて落胆に終わることは必ずと言ってよいほど起こる。そして，③ 分業を組み合わせたモザイク的連携の段階を経て，④ 調整された分業と協業への踏み込みがやっとでき，⑤ 統合された分業と統合に至る。この段階は順調に歩むことは少なく，行きつ戻りつするため，⑤に至るケースはまれであるかもしれな

い。

　医師のパターナリズム（父権温情主義）は否定されてはいるものの，治療に対する患者の無理解や，指示に従わない生活態度に悩む医師は多い。そして，家族が患者の健康回復のために強い指導力を医師に求める傾向も否定できない。

　繰り返し述べるように，少子高齢時代を乗り切るために，高齢者の介護は保健・医療・福祉の連携が不可欠であると言われる時代を迎えた。社会的背景が大きく違うそれぞれの専門職にとって，平等な立場でチーム医療に取り組むことには課題がきわめて多い。養成過程で，つまり教育の段階でintreprofessional Education（IPE）が重要だとされているのは，この連携の困難さを象徴している。多職種がチームの中で連携することに成功すれば，患者の利益になることは間違いがない。しかし，藤井（2018，21頁）が指摘するように，「関与する人が増えるほど，すなわち連携・協働が複雑化するほど，問題が起こる可能性はさらに増えると考えられる」こともまた事実である。

　協働できるチームをたやすく形成することは不可能であり，そうしたチームを維持するためには不断の努力が必要だということは強調されてしかるべきである。それでも，今後ともより良きチームを作り上げるために，話し合うこと，コミュニケーション力が重要なのは言うまでもない。特に，日本人に特徴的で良いことと評価される自己抑制型のスタイルでは，MSWは患者をアドボケイト（代弁）できない。冷静に対決できるスキルを身に着けることも，チームへの貢献という側面からも強調したい。

　古くからソーシャルワークはバイスティック（1965）の7原則という教えを大切にしてきた。それを患者の側からの言い方に変えると「① 自分を一人のかけがえのない個人としてみてほしい，② 受け容れてほしい，③ 自分のことは自分で決めたい，④ 情緒的な関わりも持ってほしい，⑤ 時には感情も表出したい，⑥ 非難しないでほしい，⑦ ここで話したことは秘密にしてほしい」と表現できる。MSWのコミュニケーションは，この7原則から外れないところで，展開されている。

参 考 文 献

Biestek, F. P.（1957）*The Casework Relationship*, Loyla University Press.（田代不二男・村越芳男訳『ケースワークの原則――よりよき援助を与えるために』誠信書房，1965年。）

藤井博之（2018）「多職種連携の望ましくない帰結」『IP／保健・医療・福祉専門職の連携教育・実践』第1巻，協同医書出版社，20-25。

猪飼周平（2016）「地域包括ケアの歴史的必然性」『地域包括ケアの課題と未来』ロハスメディア，16-20。

岩間紀子（2017）「救急医療におけるコミュニケーションスキル」救急認定ソーシャルワーカー認定機構『救急患者支援――地域につなぐソーシャルワーク』へるす出版。

北本佳子（2008）『ソーシャルワークのコミュニケーションに関する研究――生活施設におけるソーシャルワークに焦点をあてて』大正大学提出博士論文。

窪田暁子（2013）『福祉援助の臨床――共感する他者として』誠信書房．
松本健一（2017）「救急医療における精神医療」救急認定ソーシャルワーカー認定機構『救急患者支援――地域につなぐソーシャルワーク』へるす出版．
椋野美智子（2013）「医療ソーシャルワーカーの歴史を振り返り，未来を展望する――政策の視点から」『医療社会福祉研究』21，1-29．
小野沢滋・阿部弘子（2002）「急性期病院における医療ソーシャルワーカーの積極的介入による要支援者の把握の効果」『日本在宅ケア学会誌』6(1)，70-78．
塩村公子（2006）「ソーシャルワークにおけるコミュニケーション技法の課題」『ソーシャルワーク研究』32(3)，4-12．
田中千枝子（2016）「保健医療領域における『連携』の基本的概念と課題」『ソーシャルワーク研究』42(3)，15-16．
筒井孝子（2012）「地域包括ケアシステムの実現に向けた諸課題（6）――2006年に実施された診療・介護報酬同時改定から今日までの改革の道程」『地域ケアリング』14(11)，55-57．
筒井孝子（2014）『地域包括ケアシステム構築のためのマネジメント戦略――integrated care の理論とその応用』中央法規出版．
筒井孝子（2015）「地域包括ケアシステムにおける医療・介護ネットワークの基盤整備と保険者の役割」『社会保険旬報』2590号，24-31．

第8章

チーム医療とコミュニケーション

草野 千秋

✿傷病構造が変化している近年,高度で良質な医療を提供する「チーム医療」[1]が欠かせない。チーム医療は,多職種の医療専門職(以下,医療者)がお互いの知識・技術を結びつけ,最善の医療を提供する協働活動であると同時に,治療と心理面で患者に寄り添う対人援助サービスである。チーム医療が効果的に機能すれば,患者に対する質の高いサービスの提供,医療者にとっては職務の相互支援による学習効果が期待できる。しかしながら,コミュニケーションが原因でチーム医療が医療事故,医療者間のコンフリクトをもたらすことも少なくない。その一方で,コミュニケーションがミスやエラーを防ぐ働きをしていることが示されている(水本ほか,2011)。

チーム医療に関しては,医療者による現場の状況をリアルに反映した有益な調査や研究が膨大に蓄積されている。本章では,これらの研究をふまえて,組織行動の領域である「チーム」と「コミュニケーション」のマネジメントに依拠しつつ,効果的なチーム医療を支援するコミュニケーションについて検討する。

Keywords: チーム医療,チームワーク,チームマネジメント,コミュニケーションマネジメント,リーダーシップ

第1節 チームとは

集団は,人々が集まってお互いに協力し,支援や補完しながら結びついて成り立っている。私たちはときに集団(グループ)をチームと呼ぶ。チームといえばスポーツをイメージしがちだが,企業や行政などあらゆる組織でチームが多用されている。本節では,なぜ,チームを用いるのか,グループとは何が違うのか,さらにチームワークとの違いやチームの特性をまとめ,チームマネジメントについて考える。

(1) 集団（グループ）とチーム

　私たちは日常においてチームとグループを意識して使い分けたりしないだろう。チームは，ある目的を達成するために集まる人々であるという点で集団の一形態とされる。それゆえ，2つを厳密に区別せずに同じ意味で用いることが多いからである。だが，人々が集まって活動し貢献する力が集団や組織さらには社会を左右するので，集団を表す2つの名称の違いを理解することは重要である。特に，勝敗や経済活動に関わる組織では，あえてグループではなく，チームを選好し活用しているからでもある。

　チームの定義で最も影響力があるのは，「価値ある共通の目標・目的・任務のために，ダイナミックかつ相互依存的で，適応的な相互作用を交わす2人以上の人々からなる識別可能な集合である。また，各メンバーは，課題遂行のための役割や機能を割り当てられ，メンバーとして所属する集団には一定の期限がある」という Salas et al. (1992) の見解である。定義に関してはチームの特性や形と同じく無数にあるため，この定義がすべてに当てはまるわけではない。ここでは，集団との違いを明らかにしながらチームを概念で捉えてみたい。

　チームは，グループよりも限定的かつ明確な達成すべきミッションのために，組織によって意図的に形成されるもので，グループとの顕著な違いは相乗効果が期待されることにある（Robbins, 2005）。組織の公式集団としてのグループはあるミッションを与えられ，メンバーは分担した役割を達成することが何より重視される。集団内では各自の役割を遂行するために，情報収集の手段としてコミュニケーションが行われるが，相互に役割や能力を合わせる機会は少なく，リーダーが各メンバーの情報と成果を集約する。そのため，グループに求められる成果は各メンバーの貢献の総和になればいい。一方，チームは，従業員の才能を効果的に活用し競争力を高めて生産性を向上させるものである（Manz and Sims, 1995; Robbins, 2005）。その成果は，集団のように貢献の総和にとどまらず，メンバー相互の積極的かつ主体的な協調や協働によってお互いの貢献を結び付けて，新たな成果を生むプラスの相乗効果が求められる。また，チームへの貢献が個人の成果や評価に加えられる。

(2) 組織におけるチームの必要性

　上述のように，チームは既存の資源量で相乗効果が期待される。ただし，チームを導入しても人々が効果的に働くとはかぎらないし（Baker, et al., 2005），チームが高いパフォーマンスを発揮するともかぎらない（Hackman, 2002）。このようなリスクがあっても，組織がチームを活用するのは，高業績への期待以外にも理由があるからだと考えられる。チームは，明確なミッションのためにすばやく結集・行動し，その使命を終えたら解散する（Robbins, 2005）。固定的な部署やグループより競争環境の変化に柔軟かつ迅速に対応できるのである。また，タスクが複雑で多様なスキルや経験，情報が必要なときには，個人よりチームが高業績を出すことがわかっている（Salas, et al., 2001）。エラーやミスが重大な結果をもたらすとき，時間的制約の中でいくつもの意思決定をしなければならないときにも，チームワークが有効であるという。何より組織がチームを活用する最大の理由は，従業員を意思決定に参加させることで，モチベーションを高める効果

的な手段だからである（Robbins, 2005）。

　チームが効果的に機能すれば，組織にとっては人材の効率的・効果的な活用，従業員にとってはキャリア開発に有効な活動になるだろう。しかしながら，名ばかりのチーム，チームのつもりが結束のないグループ，高業績を達成するチームとそうでないチームなど，チームに関しては問題や課題は多い（Katzenbach and Smith, 1993）。チームは万能ではなく，有効に機能させるには，組織がチームを意図的に設計し適切に導入したうえで，チームワークに介入して機能させるチームマネジメントが必要になるのである（Hackman, 2002）。

(3)　チームワークに働きかけるチームマネジメント

　チームの効果はチームワークで決まる。チームワークは，「成果を達成するために相互に作用したり，協働する活動状態（Baker, et. al. 2005）」，「情報共有や活動の相互調整のための対人行動（Dickinson, 1997）」など，チームプロセスのことであるとされる。チームプロセスは，タスクワーク[2]を組織化する相互依存活動，メンバー間で生じるコミュニケーションと対立の相互作用，また山口（2008）は協働作業におけるメンバー間の対人的相互作用であると指摘している。チームワークとチームプロセスを比べると，2者以上の間で互いに何らかの影響を及ぼし合う活動であり，概ね双方は同じであると考えられる。本章においては，チームワークを，「目標達成のために，① メンバーが保有する知識・スキル，情報を共有し，各自の役割を完遂して相互に結びつけるための活動であり，② さらにコミュニケーションによる相互作用や調整を用いて，意思決定や問題解決を導く活動」と定義する。

　チームワークは相互依存活動であり，メンバーの活動を理解・認知することが何よりも重要となる。その要となるのがコミュニケーションである。ただし，コミュニケーションは必ずしも正確に伝わるわけではないし，理解されるわけでもない。誤解や対立から不測の事態，特にヒューマンエラーを起こしかねない。実際に，医療現場では，コミュニケーションのミスによって医療事故が疑われる事例が報告されている。このような事例では，チームが高質な成果を生み出すための管理や仕組みをつくるチームマネジメントの必要性が指摘されている。チームマネジメントとは，目標達成に向けてチームを統率し，メンバーの自律的な相互作用を促進して，効率的かつ効果的なチームワークを育成してチームを育てる取組みである（山口，2008；古川，2004）。先行研究を整理すると，その取組みには大きく3つのプロセスがある。

　第一に，チームの設計である。チームの目標とその達成に向けた工程やルールを明確にし，人材確保と適材適所の配置によって，チームワークの基盤を綿密に設計する。第二に，チームプロセスへの働きかけである。いつ，誰が，誰に，何を，どのように伝達するのか，コミュニケーション構造とプロセスに意図的に介入して，チームワークを効果的に機能させる。第三に，アウトプットのフィードバックを行うことである。チームおよびチームワークの改善と個人のチームワークスキルの改善を伝達し，チームと個人の成長につなげ，個人のモチベーションを高めて，チームを活性化させる。このような取組みを担うのはチームリーダーである。チームリーダーについては後述するが，マネジメントとリーダーシップの2つの行動で，チームを有効に機能させる

役割を期待される存在である。

第2節　集団のコミュニケーション

(1) 社会的スキルとしてのコミュニケーション

　私たちは社会の中で他者と関わり，人との交流によって他者そして自己を理解し，互いに支えながら社会の一員として生きている。このような私たちにとって，コミュニケーションは円滑な対人関係を築く社会的スキルの1つである（大坊，2006）。組織は共通の目標達成のために協力関係で社会よりも密接につながる人の集団であり，チームは集団よりもさらに特定的な達成すべき目標を共有する緊密な人の集まりである。このような意味で，チームではコミュニケーションがより一層重要になる。

　コミュニケーションとは何か，という問いに明確に答えるのは難しい。私たちはコミュニケーションと聞くと，まず言語を想定するが，2者間の対話では，言葉で伝えられるメッセージよりもジェスチャーや表情など非言語コミュニケーションの影響が大きい（Mehrabian and Ferris, 1967）。さらに，お互いの関係性や文脈，伝達手段の組合せにも依存する。大坊（2006）は，コミュニケーションを，送り手が伝えたいメッセージを相手に応じて正確に表現し，受け手はメッセージを正確に読み取って行動に生かす循環プロセス，と捉えている。辻・是永・関谷（2014）は，① 人と人との関係で，② 意図をもってなされる，③ 情報伝達の営み・過程，という3つでコミュニケーションを緩やかに定義している。本節では，コミュニケーションを組織およびチームに限定して，その機能や役割，課題について検討する。

(2) 組織コミュニケーションの重要性とその役割

　コミュニケーションは共通目的，協働意欲とともに組織成立の3要件（Barnard, 1963）とされる。そもそも，目的も意欲も相手に伝えなければ共有できないから，コミュニケーションは組織成立の前提といえる。このコミュニケーションの構造が，組織の構造や広さ，範囲を規定し，情報共有に影響を及ぼし，生産性を左右する。組織のみならず，従業員にとってもコミュニケーションが自身の職業キャリアに影響する。職業キャリアは仕事や役割の経験と成果を積み重ねることである。そのためには，組織の目標や指示を共有し協力して働く気持ちを高めて，円滑な活動で成果を出さなければならない。つまり，従業員間での交流や情報交換・共有，協働においてコミュニケーションが有効に機能しているかということにほかならない。

　組織コミュニケーションの最大の目的は指示―報告，情報の交換・共有である。これらがどのように伝達されるのかを示すのが，コミュニケーションプロセスのモデルである（図8-1）。組織では，送り手が伝えたいメッセージを言語，表情などの記号にし，指揮命令系統という伝達経路を用いて伝達する。受け手は記号を理解できる形に翻訳して送り手の発したメッセージを元の形に解読する。双方がメッセージをもとに行動し目標を達成できたら，情報が正確に理解されたと考えてよいだろう。ただし，必ずしもコミュニケーションが正常に機能するわけではない。ノ

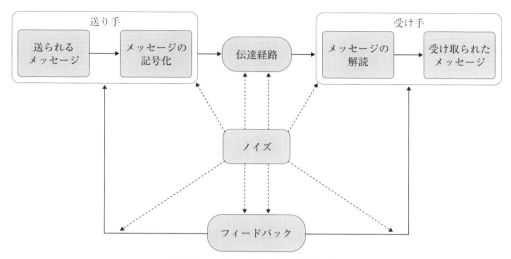

図 8-1　コミュニケーションプロセス
(出典)　Robbins（2005）訳228頁より筆者作成。

イズに加え，送り手，受け手，伝達経路のそれぞれにコミュニケーションを阻む障壁が潜在していて，受け手が元の形に解読できない時に，コミュニケーションに問題が生じてしまう。

　組織コミュニケーションの障壁にはどのようなものがあるのだろうか。まず，メッセージを記号化するさい，コードという決まりがあり，送り手はコードに照らして記号にし，受け手はコードに照らして解読する。このコードが一致しない，つまり意味の共有ができていないと，正しく伝達されない（Shanonn and Weaver, 1949；辻・是永・関谷，2014；Robbins, 2005）。意味が共有できていても，状況がわかっていないとうまく伝達されない。コミュニケーションの成立には，意味の共有と意図が重要な要素になるのである（辻・是永・関谷，2014）。また，口頭においてメッセージの一部が聞こえなかったり，電子メディでは誤字脱字および情報量の増大によって「ノイズ」が発生し，メッセージが正常に伝達できないことがある。さらには，送り手がメッセージを元の形に解読できたかをフィードバックしないため，誤解が生じることもある。私たちのコミュニケーションは，自分の経験，知識，イメージ，記憶をもとにメッセージを理解・解釈するため，大小および多少なり個人差が生じる（大谷，2016）。通常，私たちはメッセージの全体をざっくりと理解することで部分の個人差を補っている（辻ほか，2014）。そのため，コミュニケーションに大きな問題が生じることはそれほど多くない。それは，職場という空間と時間の共有を通して関係性が構築され，状況や相互の行動などから文脈を読み取ことができるようになっているからである。一方で，ほんの少しの障壁や個人差が集団内で認識のズレやコンフリクト，誤った情報の流布や重大なミスにつながることもある。

(3)　チームコミュニケーション

　組織内のコミュニケーションネットワークは，①個人間，個人と組織の間，部門間，②送り手・受け手の単数・複数間の量的関係，③地位関係とコミュニケーション方向など多様にある

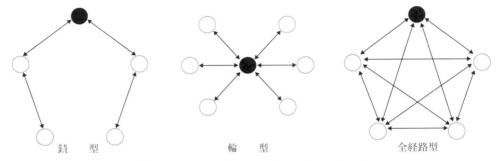

図 8-2 3つのコミュニケーションネットワーク
(出典) Robbins (2005) 訳236頁，池田 (2009) をもとに，筆者加筆修正．

(碓井，1983)。図8-2は，ネットワークを単純化した3つのモデルである[3]。鎖型は組織コミュニケーションの基本型で，大量の情報を多くの人に伝達することができる合理的なモデルである。

少人数の相互依存関係を効果的にするには，質の高いコミュニケーショが求められる。それに適したコミュニケーションネットワークが，輪型または全経路型である。2つの違いはリーダーの役割である。リーダーがコミュニケーションの中心になってチームを先導するのが輪型である。このモデルは迅速で正確な情報の伝達に有効で，リーダーの存在がきわめて大きい（Robbins, 2005；池田，2009）。例えば，チーム形成時はメンバー間の理解が深まっていないため，メンバーは自分の知識，経験による言動や行動をもとに活動することになる。メンバー間の関係性が希薄であり，言葉に関する意味の共有や意図の理解が一致しているわけではない。そこでお互いの経験やタスク，役割などを知ろうとするために，情報収集としてコミュニケーションを交わすようになる。このような段階では，メンバーは他のメンバーの言動や行動を観察しており，自ら主体的には動かず，リーダーの指示を待っている。チームの初期は，強力で指示的なリーダーを中心にチームを牽引していくことが望ましいため，輪型が適していると考えられる。また，チームが機能不全に陥っている場合にも，リーダの介入による改善が必要になるので，輪型のネットワークを活用することが多い。

全経路型は，メンバー全員が相互に積極的にコミュニケーションをとるため，リーダーの存在が小さくなる。チーム活動で時間と空間を共有すると，共通の経験や知識が蓄積され相互理解が深まる。意味や意図，メンバーのしぐさ，表情を読み取りコミュニケーションを円滑に効果的に活用できるようになっていく。したがって，チームワークが成熟していくにつれ，メンバー間の自律的な相互関係が高まり，全経路型コミュニケーションを志向するようになる。このときに輪型のままだと，メンバーがチームへの満足度を低下させてしまうことが指摘されている。そもそも，チームは水平的関係をイメージして参加するメンバーが多い。そのため，チームの成長や成熟，チームに適したコミュニケーションプロセスか否かは別にして，全経路型はメンバーの満足度が高くなる。

全経路型はコミュニケーションを積極的にとることができる（Robbins, 2005；Northouse and Northouse, 1998；池田，2009）が，チームコミュニケーションの頻度に関しては，チームの有効

性にプラスとマイナスの場合がある（田原ほか，2013）。一般的には，コミュニケーションの頻度が高いと，情報の交換・共有が促進され，対人関係が深まるといわれている。チーム形成時には，お互いの理解を深めるためにも頻繁なコミュニケーションが有効である。一方，コミュニケーションは時間と労力を必要とするため，量的に多くなると仕事の効率性に影響を及ぼすことがある。必ずしもコミュニケーションを多くとればよいというわけではない。チームワークは時間の経過とともにコミュニケーションが減少することや，パフォーマンスが高いチームは，言語・非言語のコミュニケーションがなくてもタイミングを計ったように協調行動をとることが指摘されている（田原ほか，2013）。だからといって，コミュニケーションの効率性を重視しすぎると，情報量が減少したり，誤解や勘違いなどからミスや事故が起こる可能性が高くなる。効果的なチームワークと効果的なチームコミュニケーションは表裏一体であるといえるだろう。

第3節　チーム医療のコミュニケーション構造

　チーム医療の事例は，大学病院や指定病院のような研究・教育設備をもつ大規模機関が多い。これらの機関は疾病構造，医療技術，患者のニーズなどの変化に対応して，高度な医療を提供するために規模を拡大し，多種多様な医療者を結集し構成してきた。これによって，医師―患者の2者間関係で完結する医療行為から医療者の分業と協業による医療の組織化を進展させてきたからである。さらに，このような医療者のチーム（チーム医療）が，社会の医療に対する期待にこたえてきた（田口，2001）からでもある。しかしながら，効率的で高度な医療を可能にした反面，大規模化した組織構造とチーム活動との間に逆機能が生じ，医療事故が発生する事例も多い。本節では，大規模医療機関を前提に，医療特殊的な組織構造と医療者やチーム医療との関係，そしてチーム医療とコミュニケーションの現状について明らかにする。

(1)　医療組織の構造と専門職

　医療組織（以下，病院）には，一般組織とは異なるいくつかの特徴がある。病院は医療者が中心的役割を果たし，専門職の比率が50%以上で構成される専門職組織（草野，2015）として，20種類前後（明石，2005），あるいは30種類をこえる（田口，2001）医療者や関連職が従事している。また，ヒューマンサービス組織として社会一般の人のために医療を行う場であり，エビデンスに基づいた適正な医療を効率的に提供することが期待され（田口，2001），入院患者を受け入れている病院は昼夜を問わず活動している。一般に，大規模な組織を効率よく統制し，常に安定した平等なサービスを提供するには，手続きやルールに従って効率的かつ合理的に機能する階層性構造をもつピラミッド型の官僚制の組織構造が有効である。行政や病院はその典型である。特に，病院は，専門的な知識・技術で分業と調整が標準化され，業務の統制力を専門職が有していることから専門職業的組織（Mintzberg, 1989）であるといわれている。

　医療者は法で資格ごとに業務範囲が決められていて（久米ほか，2010），保有する資格によって診療部や看護部，リハビリテーション部などに所属する。診療部には専門別に細分化された各診

図 8-3　マトリックス組織とチーム医療
（出典）　川渕（1993）57 頁をもとに，筆者加筆修正。

療科があり，そこに所属する医師たちと各部から配属された医療者が協働している。それを表にしたのが，図 8-3 のマトリックス組織である。マトリックス組織は，安全で効率的な医療を提供するという社会の期待に応えながら，内部の効率性を達成できる組織形態である。それにくわえて，各診療科の中で医師―医療者がチームで活動する。このような構造の中にチームを妨げる様々な要因がある。代表的なのが医療者間の階層性である。医師以外の医療者はチーム医療に水平的関係を期待する傾向がある。実際には依然として垂直的関係が存在し，ときに強められることさえあり，期待と現実のギャップから，医療者の多くがチーム医療に不満をもつようになる。そのうえ，医療機関は恒常的な人材不足で，過重労働が問題となっている。このような中で，医師以外の医療者は所属部門，診療科という二重の指揮命令系統，さらにチームが加わることで（図 8-3），三重の指揮命令系統で職務に従事することになる。医療者は，期待とのギャップと負担の中でチーム医療に取り組んでいると推測される。

　一方，自律性や自由裁量という職務特性をもつ医師らは協働というチームの特性と相容れにくく，チームでの活動が難しい人材であると考えられている（草野，2018）。医師―医療者間だけでなく医師間の「セクショナリズム」と「ヒエラルキー」文化も，チーム医療の障壁になりやすい。このような様々な問題点ゆえに，チーム医療では医師間，医師―医療者間にある壁を壊して，フラットな環境をいかに作りだすのかが課題になっている。

⑵　チーム医療におけるコンフリクトとコミュニケーション

　私たちが体調を崩して病院に行くと，診察と検査，必要に応じて注射などの治療，今後の注意および薬と服用の説明を受け，一連の受診プロセスが終了する。一人の患者に対して医学，看護学，薬学などの知識や技術をもつ医療者が役割分担（分業）して治療にあたる。この分業が効率的かつ効果的に機能しているのが，チーム医療である。職務構造において分業と調整は一体関係にある。分業が高度に構築されて完成度が高くなるほど，調整も高度でなければチームを効果的に機能させることは難しい。チーム医療の場合，この調整が課題になっていると考えられる。

　調整はコミュニケーションではじまり，コミュニケーションで決まるといっても過言ではない。チーム医療で度々指摘されるのは，コミュニケーションに起因する潜在的なコンフリクトである。このコンフリクトは医師以外の医療者が抱く感情で，表面化せず潜在化していることが多い。多様性という点では，コンフリクトは適度であるとチームに活性化をもたらす。ただし，チーム医療のように表面化しなければ，他のメンバーはコンフリクトを認識しない，すなわち，コンフリクトは存在しないことになる。したがって，コンフリクトは解決・解消されず，感情を抱いた当事者はより深く潜在化させる。これまでの筆者を含めた様々な調査では，医師と看護師の間にはパワーの格差によって，コミュニケーションや協力関係，意思決定のあり方でメンバー間の認識にズレが生じていることが明らかにされている。また，看護師はチーム医療の中で医師との関係にストレスが高く（一瀬ほか，2007），さらに医療者間の調整役となる看護師は連携・協働の困難さに不満をもっている（吾妻ほか，2013）ことも示されている（草野，2009；2018）。それが表面化していないのは，看護師が医師に敬意を持って行動し，医師の利益を優先する適応行動などコンフリクトマネジメント行動をとっているからである（水野，2007）。そのため，医師は看護師が抱いているコンフリクトに気づいていないことが少なからずある。

　このような状況が，医療過誤などの重大なミスを招いたと思われる事例もある。そこで，コミュニケーションネットワーク（図8-2）に当てはめて，潜在的なコンフリクトについて検討してみる。看護師など多くの医療者は，チーム医療に全経路型のコミュニケーションやチームワークを期待している。指示ー報告以外に情報共有や意見交換によるチームワークに期待する中で，実際には指示ー報告の関係である鎖型や，リーダーの存在が大きい輪型であることが少なくない。チームの状況や環境によって，鎖型や輪型が適していることが多い。このように，メンバー間でネットワークに認識のズレがあっては，良質なチームワークは難しく，期待できない。例えば，鎖型や輪型は医療者間の階層性が強く，全経路型とはコミュニケーションの量と質が共に異なる。全経路型を期待するメンバーは，情報共有や意見交換に参加できず，報告に対するフィードバックも乏しく，医師に違和感を感じ，チームへの不満からコンフリクトが助長されやすい。そうであっても，医療者はその高度な専門性で調整の不備を補完して一人ひとりの仕事を完遂できるため，大きな問題はほとんど発生しない。医療専門職の階層性によるコンフリクト行動が，不満を表面化させていないのである。それが調整の機会を減少させてしまい，コミュニケーション不足を招き相互理解が進まず，ミスにつながったり，チームワークの発達を妨げることになってしまう。

(3) チーム医療のコミュニケーション構造

　医療サービスの質の高さは，医療者の協働におけるコミュニケーションで決まる（Northouse, and Northouse, 1998）。チーム医療は，1人の患者に対して1人か複数の医師と看護師，ときに他の医療者が加わってチームを組み，医師がリーダーとなって診療活動を行う。このような患者1人に対して形成された複数のチームが集まったものが，診療科のチームである（図8-3）。コミュニケーションは，診療活動とカンファレンスの2つの場において1対1や複数間で行われる。診療活動は，患者に対して治療やケア，リハビリなどのタスクを医療者が分業体制で行い，主に1人で活動するタスクワークである。つまり，カンファレンスやミーティングがチームワークの象徴となる公式的なコミュニケーションの場になる。

　近年，コミュニケーションの場として注目されているカンファレンスは，第一義的にはチームメンバーが患者の病態を正確に把握し，治療方針を共有する場である。メンバーおよび自分が患者にどのようなことを行っているのか，相互に知ることができる。メンバーは，各自が専門性の範囲内で患者に向き合うため，保有する情報が質量ともに個々で異なる。カンファレンスでは，それらの情報の提供と共有，議論をとおした意見の提示や交換が求められ，チームの状況や治療方針の合意形成が行われる。そのプロセスにおいて，メンバーは活動や言動の相互作用によって意思疎通と問題解決に取り組む。このカンファレンスがチームワークとコミュニケーショを構築する場といえる。カンファレンスは，リーダーの医師と医療者間で指示─報告のように形骸化していることが少なくない。実際に，看護師が情報の内容をしっかり理解していなくても確認しないことや，専門職間のパワー格差によって疑問を呈することができなかったり（鬼塚，2004），自由な発言を躊躇することがある（水本他，2011）。それゆえ，最終的な意思決定がチーム内の力関係で決まることは多い。

　これまでの議論をふまえ，チーム医療においてコミュニケーション構造がどのように影響しているのかを，筆者が実施した事例調査（草野，2009：2016）を例にして考えてみたい。チーム医療には様々な形態があるが，ここでは医療専門職の階層性に着目して，医師間，医師─看護師，医師─医療者の3つのチームを取り上げる。この3つは各々用いているコミュニケーションネットワークが異なる。

　医師間のチームは全経路型ネットワーク（図8-2）で活動している。このチームは，連携や協力が十分に取れメンバー間で自律的に調整が行われて，チームワークも良好でメンバーの満足度が高い。カンファレンスではメンバーが交替でリーダーシップを発揮するため，リーダーの役割はほとんど必要なく，メンバーの一人として参加し，症例によってはネットワーク外で観察者になっている。このチームはメンバーが自律的に取り組む「自律管理型チーム」に相当し，公式的なリーダーが不要になる理想的なチームとされる（池田，2009）。このチームの事例から，全経路型でリーダーシップを共有できているのは，メンバーが相互に保有する高度な知識・スキルを認め，信頼し合っているからだと推察された。

　医師─看護師チームには2つのネットワークが存在する。カンファレンスにおいて，医師間は全経路型，医師─看護師では鎖型のコミュニケーションをとっている。全経路型を期待している

看護師がチームに不満をもっていることは予測できたが，医師らも不満をもっていた。送り手（看護師）のメッセージが，受け手（医師）にとって情報として機能していないことにその原因があると考えられた。専門職は，騒音などで一部文章の欠落，聞き違いといったノイズはあっても，専門用語などのコードの一致で意味の共有に問題が生じることはあまりない。重要なのは，情報の質つまり内容にあると考えられる。メッセージが受け手にとって必要とされないときには，受け手が送り手の発したメッセージを元の形に解読できても，単なるメッセージであって情報にはならない。解読したメッセージは，受け手が直接・間接を問わず，何らかの活用ができるときに，すなわち価値があるときに初めて情報となる。看護師にとって唯一のコミュニケーション手段である報告が，医師に情報と認識されず，報告が時間と労力のムダと捉えられ，彼らの不満になっている可能性がある。情報という意味の共有，どのような状況でどのようなことが言えるのか，また言うべきか，何を言わないことが期待されているのか，コミュニケーショでは送り手が受け手の意図を事前に読み取る能力が必要とされる。受け手のフィードバックは，送り手の発したメッセージを元の形に解読できたか否かの確認のためだけではなく，意図の確認を合わせて行わなければならないだろう。

医師―医療者チームはタスクワークで輪型，カンファレンスでは全経路型で活動し，メンバーの満足度が高いのが特徴である。実は，このチームはチーム設計において，チーム訓練を受けチームワークスキルを保有するメンバーを集めている。チームおよびチームコミュニケーションに関する知識・技術・スキルを習得しており，その結果，相互に役割理解ができていた。いつどのようなネットワークが必要なのか熟知しており，輪型であっても鎖型であっても理解して活動するため，不満がなく，ネットワークを通してチーム医療を学習機会として有効に活用し，満足度が高くなっていると考えられた。

コミュニケーションネットワークはチームやチームワークの効果に影響するが，チームに必要なネットワークはどの型なのか，それはなぜなのかをメンバーが共通の認識を持っているかが重要になる。

第4節　チーム医療のコミュニケーションマネジメント

第3節の事例を参考にして，チームコミュニケーションにおけるリーダーの役割について議論したあと，チーム訓練について触れる。

(1) リーダーの役割――チームリーダーシップとチームマネジメント

人が集まれば，集団の目的や規模，特性に関わらず，人々をまとめる役割を担う人が出現する。組織の場合，公式に任命された管理者（マネジャー）やリーダーが，集団内の職務や人間関係を調整し，目的を達成する責任を担う。両者は集団に対して責任を担う点で共通しているが，管理者は目的達成が何より優先される。リーダーは積極的にチャレンジする行動，さらにはメンバーを鼓舞するような言動でモチベーションを高めて（Robbins, 2005），所期の成果だけでなく創造

的に集団を先導することが期待される．ただし，公式のリーダー，例えばプロジェクトリーダーなどは，管理者とリーダーの2つの役割，マネジメントとリーダーシップの2つの行動が求められる．

　チーム医療は，医師がリーダーとなってチームをまとめている．近年，そのスタイルは変えざるをえない状況になっている．慢性疾患や複雑で高度な傷病の増加によって診療が長期化し，チーム医療のプロセスは医療行為，療養上の世話，機能回復へとその重点が変化する．良質な医療とは，患者の病態に最も必要とされる治療を提供することである．このような現状から，リーダーは医師に限定せず，状況に応じて交替した方がよいといった議論が起こっている．そこで，いま一度，チーム医療におけるリーダーの役割と行動は何かを考えてみたい．

　専門職チームでは，当該専門領域の能力が深く高いメンバーがもっとも影響力を持つ．強力な1人のリーダーはそれほど必要とされず，リーダーを含め，その時々に最適なメンバーが適宜リーダーシップを発揮することがメンバーの理解や納得を得られ，チームが機能しやすくなる．例えば，プロ野球チームを想像するとわかりやすい．メンバーを調整したり，作戦を立てるのはリーダーである監督である．実際の試合を動かし，選手を先導するのはチームの中で最も活躍しているメンバーであり，これが勝敗を決定づける．先導する選手はリーダーではないかもしれないが，リーダーシップを発揮してチームの成果に貢献しているといえる．

　医療行為は人の生命にかかわる活動であり，医療者は傷病を治すことはもちろん，元の健康な状態に回復するまで患者を診療すること，何より医療行為に責任をもつことが期待される．このような期待から，医療者，患者の双方にとって，チーム医療のリーダーは医師が適していると考えられる．なぜなら，他の医療者は法によって「医師の指示」のもとで「診療の補助」を担っており，医療行為の全責任を負うことができないからである．医療構造の変化を考えると，チームプロセスの時々において，患者の治療で中心になる医療者が，情報の交換・共有を通して治療方針の決定で中心的役割を担って進めていくことが必要不可欠である．リーダーシップは，目標達成に向けて自らの行動や言動でメンバーの行動に影響を与える力であり，必ずしもリーダーが発揮する，あるいは発揮しなければならないものではない．リーダーはそれを発揮しやすいポジションではあるが，状況において最も影響力を持つメンバーがリーダーシップをとるものである（Robbins, 2005）．医療という特性を考えると，チーム医療では医師をリーダーとして，リーダーシップを医療者間で交代する「共有リーダーシップ」（池田，2009）がチームにとっても患者にとっても望ましいと考えられる．

　チームリーダーの役割は，メンバーが相互依存関係を高めて，自律的に協力・調整ができるチームを育成することである．そのために，チームの初期には，リーダーが率先して行動や言動でメンバーのモチベーションを鼓舞するリーダーシップを発揮する必要がある．しかし，チームが成熟して，共有リーダーシップが発揮されるようになると，リーダーの役割は小さくなる．最終的には，リーダーは，メンバーが仕事をしやすいように調整やバランスに配慮する管理者の役割に集中できることが理想である．リーダーである医師は，その行動を，率先したリーダーシップから共有リーダーシップ，そして管理者としてのマネジメントへ役割を変えていく，それがリー

ダーに期待される効果的なチームのマネジメントではないだろうか。

(2) チーム訓練の可能性[4]

　チームの効果はチームワークで決まることを指摘してきた。チームワークはメンバーがもつチームワークの知識，スキル，態度（KSAs）に影響される。例えば，チームワークの知識はメンバーが役割や責任を認識してコミュニケーションを高めるため，チーム設計において可能な限りKSAsをもつメンバーを集めると，チーム形成を円滑にできるという。AHRQ[5]（Agency for Healthcare Research and Quality）(2013) は，医療のチーム－ワークで生じる問題はチーム訓練で改善することができ，一定の効果があるとして推奨している。また，欧米では産業界でもチームワークを高めるために，チーム訓練が組織の教育訓練に取り入れられている（Kozlowski and Ilgen, 2006）。なぜなら，チーム訓練は，チームプロセスに影響を与えてチームの有効性を高める手段であり，第三者がチームに介入してチームを変革するインターベンションとして有効であることが示されているからである。KSAs の訓練はチームに対して有効とされ，特にチームワークの知識は比較的短期間で習得し，改善できる。ただし，訓練に過度な期待はできない（Salas et al., 2007）。チーム訓練はその対象がメンバー個人なのかチームなのか，タスクの相互依存関係がどの程度なのか，適切なプログラムを提供することでその効果が左右されるからである（Kozlowski and Ilgen, 2006）。

　欧米やアジアでは，政府主導で医療分野のチーム訓練に力を入れている。日本でも 2010 年前後から，教育および医療機関でシミュレーション教育・訓練が導入されつつある。政府，医療・教育機関，医療者はチーム訓練の必要性を認識しているものの，諸外国のような積極的な取組みには至っていない。教育の遅れや効果の是非，さらにインストラクターの育成（尾原，2011），設備費用，訓練時間の確保（水木，2014），カリキュラム開発や訓練シナリオ（寺田ほか，2009）など，導入前に解決すべき問題が多くあるからだ。日本におけるチーム医療の本質的な問題が何かということが明確でなければ，どのような訓練が有効なのか，その判断は難しい。チーム訓練を効果的にするには，その必要性を分析し（why），誰に（who），いつ（when），何を（what），どのように（how）訓練するのかという検討が早期に必要であろう（草野，2018）。

(3) チーム医療の最近の動向

　本章では，チーム医療のチームワークとコミュニケーションの関係について検討してきた。日本では 1990 年代に医療事故が社会問題化し，大きく取り上げられはじめた。これを契機に，チーム医療に注目が集まり研究が急増したのは 2000 年くらいである。その多くは看護領域で，チーム医療の議論を牽引してきたが，従来の医師―医療者の関係からなかなか脱却できないまま現在に至っている。ようやく，政府が医師不足，過重労働，救急体制の危機に対応すべく医療制度改革に着手し，その中でチーム医療にも本格的に取り組みはじめている。2009 年の「チーム医療の推進に関する検討会」の発足を機に，特に最近の 5 年間で様々な施策が打ち出されている。医師の負担を軽減することを目的としている側面はあるが，医療行為の一部として医療者に許さ

れていた「診療の補助」の役割が拡大しつつある。看護分野においては高等教育機関の充実，薬学は教育期間を4年から6年にするなど役割の拡大を担える能力に備えて準備を行ってきたことも功を奏しているのだろう。

　最近では，専門分野の異なる医師，医療者の役割と関与の重要度が高く，多職種連携の必要性が増している。本章で，チーム医療に関して，リーダーやコンフリクトの問題など医療者間の様々な課題とその議論を示してきた。重要なのは，誰のため，何のためのチーム医療なのかという問いである。もちろん，それは患者に対して効率的かつ効果的な医療を提供するためである。チーム医療は，患者を中心とした「新かつ真（最新の知識・技術と真摯な姿勢・態度）」の対人援助サービスである，という原点にもどってチームマネジメントに取り組んでいくことが求められている。

注
1) チーム医療の定義は多様にあるが，その意図するところは同じであると考えられる。本論文では，チーム医療を「医療に従事する多種多様な医療スタッフが，各々の高い専門性を前提に，目的と情報を共有し，業務を分担しつつも互いに連携・補完し合い，患者の状況に的確に対応した医療を提供すること」（厚生労働省，2010）とする。
2) タスクワークは，チームの中で1人で遂行しなければならない，個人で完結する行動である（Mathieu, Maynard, Rapp et al., 2008）。
3) このモデルは，Leavitt（1951）がコミュニケーションネットワークの型と課業や従業員との関係がどのように異なるのかを実験したさいに，用いた型を参考にしている。類似したモデルとして池田（2009, 77頁），Northouse and Northouse（1998, 訳211頁）がある。
4) この項は，草野（2018）を参照されたい。
5) 米国保健福祉省の中の1機関として，医療の質に関わる研究を促進し，医療の質，安全性と有効性を改善する取組みを行っている。

参考文献
明石純（2005）「医療組織における理念主導型経営」『組織科学』Vol. 38, No. 4, 22-31。
吾妻知美・神谷美紀子・岡崎美晴・遠藤桂子（2013）「チーム医療を実践している看護師が感じる連携・協働の困難」『甲南女子大学紀要 看護学・リハビリテーション学編』第7号，23-33。
Baker, D. P., S. Gustafson, J. Beaubien, E. Salas, and R. Barach (2005) *Medical Teamwork and Patient Safety: The Evidence-Based Relation*. Literature Review, AHRQ Publication, No. 05-0053, April.
Barnard, C. I. (1938) *The Functions of Executive*, Cambridge, Mass: Harvard University Press.（山本安次郎・田杉競・飯野春樹訳『新訳経営者の役割』ダイヤモンド社，1968年。）
Dickinson, T. L., and R. M. McIntyre (1997) "A Conceptual Framework for Teamwork Measurement," In M. T. Brannick, E. Salas, and C. W. Prince (eds.), *Team Performance Assessment and Measurement: Theory, Methods, and Applications*. Mahwah, NJ: Lawrence Erlbaum Associates, 19-43.
古川久敬（2004）『チームマネジメント』日本経済新聞社。

Hackman, J. R. (2002) *Leading Teams*, Harvard Business Scholl Publishing Corporation.（田中滋訳『ハーバードで学ぶ「できるチーム」5つの条件』生産性出版，2005年。）

一瀬久美子・堀江玲子・牟田典子ほか（2007）「看護士が抱える職場ストレスとその対応」『保健学研究』20（1），67-74。

池田弘（2009）「チームワークとリーダーシップ」山口祐幸編『コンピテンシーとチーム・マネジメントの心理学』朝倉書店，69-85。

Katzenbach, J. R., and D. K. Smith (1993) *The Discipline of Team*, Harvard Business Review, March-May.

川渕孝一（1993）『これからの病院マネジメント』医学書院。

Kozlowski, S. W. J., and D. R. Ilgen (2006) "Enhancing the Effectiveness of Work Groups and Teams," *Psychological Science in the Public Interest*, Vol. 7, No. 3, 77-124.

久米龍子・久米和興・村川由加里（2010）「病院看護部の組織構造の特徴と業務特性に関する一考察」『豊橋創造大学紀要』（14），79-93。

草野千秋（2009）「組織内プロフェッショナルのチーム・マネジメントに関する研究――医療組織を事例に」『京都大学学位論文』。

草野千秋（2015）「専門職マネジメントの変遷における今日的課題への視座」『経営論集』25（1），69-82。

草野千秋（2015）「プロフェッショナルのチームワークに関する考察――チーム医療のインプットからプロセスに向けたチーム・マネジメント」『経営論集』26（1），65-83。

草野千秋（2018）「プロフェッショナル・チームに対するチーム訓練の可能性――デンマークのチーム医療訓練を事例にして」『日本マネジメント学会誌』Vol. 20, No. 1, 57-68。

Leavitt, H. J. (1951) "Some Effects of Certain Communication Patterns on Group Performance," *Journal of Abnormal and Social Psychology*, 46, 38-50.

Manz, C. C., and H. P. Sims, Jr. (1995) *Business without Bosses*, John Wiley & Sons.（守島基博監訳『自律チーム型組織』生産性出版，1997年。）

Mathieu, J. E., M. T. Maynard, T. Rapp, and L. Gilson (2008) "Team Effectiveness 1997-2007: A Review of Recent Advancements and a Glimpse into the Future," *Journal of Management*, 34(3), pp. 410-476.

Mehrabian, A. and S. R. Ferris (1967) "Inference of Attitudes from Nonverbal Communication in Two Channels", *Journal of Consulting Psychology*, Vol. 31, No. 3, 248-252.

Mintzberg, H. (1989) *Mintzberg On Management: Inside Our Strange World of Organizations*, The Free Press.（北野利信訳『人間感覚のマネジメント』ダイヤモンド社，1991年。）

水木一弘（2014）「DAMの教育とインストラクター制度」『日臨麻会誌』34（4），732-735。

水本清久・岡本牧人・石井邦雄・土本寛二編（2011）『実践チーム医療』医歯薬出版株式会社。

水野基樹（2007）「組織におけるコンフリクト・マネジメントに関する予備的研究――看護師を対象とした実証的調査からのインプリケーション」『千葉経済大学短期大学部研究紀要』3，115-120。

Northouse, L. L., and P. G. Northouse (1998) *Health Communication: Strategies for Health Professionals*, 3rd edition, Pearson Education.（萩原明人訳『ヘルスコミュニケーション――これからの医療者の必須技術』改訂版，九州大学出版会，2010年。）

大坊郁夫（2006）「コミュニケーション・スキルの重要性」『日本労働研究雑誌』No. 546/January, 13-22。

大谷裕（2016）『コミュニケーション研究（第4版）――社会の中のメディア』慶応義塾大学出版会。

鬼塚佳奈子（2004）「医療現場のコミュニケーションエラー――医療事故防止に向けて社会心理学的

アプローチの試み」『社会学・心理学研究』60, 79-98。

尾原秀史（2011）「シミュレーション教育の現状と問題点」『日臨麻会誌』31(5), 762-770。

Robbins, S. P. (2005) *Essentials of Organization Behavior*, 8th edition, Prentice Hall.（高木晴夫監訳『【新版】組織行動のマネジメント』ダイヤモンド社, 2009年。）

Salas, E., C. A. Bowers, and E. Edens (eds.) (2001) *Improving Teamwork in Organizations: Applications of Resource Management Training*, Lawrence Erlbaum.（田尾雅夫監訳『危機のマネジメント――事故と安全：チームワークによる克服』ミネルヴァ書房, 2007年。）

Salas, E., T. L. Dickinson, S. A. Converse, and S. L. Tannenbaum (1992) "Toward an Understanding of Team Performance and Training," In R. W. Swezey and E. Salas (eds.), *Teams: Their training and Performance*, Norwood, NJ: Ablex Publishing Corporation, pp. 3-29。

Salas, E., D. R. Nichols, and J. E. Driskell (2007) "Testing Three Team Training Strategies in Intact Teams," *Small Group Research*, 30(3), pp. 309-330.

Shanonn, C. E., and W. Weaver (1949) *The Mathematical Theory of Communication*, University of Illinois Press.（植松友彦訳『通信の数学的理論』筑摩書房, 2009年。）

田口宏昭（2001）『病気と医療の社会学』世界思想社。

田原直美・三沢 良・山口祐幸（2013）「チーム・コミュニケーションとチームワークとの関連に関する研究」『実験社会心理学研究』53(1), 38-51。

寺田尚史・和田則仁・黒田知宏（2009）「シミュレーション医学教育の現状――日米欧医療訓練センター比較調査報告」『VR医学』7(1), 6-17。

辻大介・是永論・関谷直也（2014）『コミュニケーション論をつかむ』有斐閣。

碓井崧（1983）「組織コミュニケーションの過程分析――組織の意思決定構造（その9）」『金城学院大学論集．』3-20。

山口祐幸（2008）『チームワークの心理学――よりよい集団づくりをめざして』サイエンス社。

AHRQ (2013) "Agency for Healthcare Research and Quality: Making Health Care Safer Ⅱ, An Updated Critical Analysis of the Evidence for Patient Safety Practices." http://www.ahrq.gov/research/findings/evidence-based-reports/ptsafetyuptp.html.

第9章

緩和ケアにおける
コミュニケーション

奥 原 秀 盛

✿緩和ケアは，生命を脅かすような疾患に直面している患者とその家族の苦痛や苦悩を軽減し，彼らのQOL向上を目指そうとするアプローチである。緩和ケアの歴史的経緯および概念を概観し，患者が最期までその人らしく生きられるような支援をおこなう上での援助的コミュニケーションについて検討する。特に患者の希望を支える援助の重要性を強調したい。また，現代医療の進歩に伴い，治療法の選択やある治療の開始・不開始・中止の判断，療養場所の選択など，意思決定することは非常に困難となっている。したがって，近年注目されている，患者や家族が医療チームと相談を繰り返しながら治療や療養の方針を決めていく，アドバンスケアプランニング（ACP）についても検討する。さらに，生命を脅かすような疾患に直面している患者の家族は「第二の患者」とも呼ばれ，非常にストレスフルな状況に置かれる。緩和ケアにおいては，患者と家族を「ひとつのケア単位」と捉えて支援することが求められており，緩和ケアにおける家族とのコミュニケーションについても検討する。

Keywords：ホスピスケア，緩和ケア，アドバンスケアプランニング，意思決定支援，家族支援

第1節　緩和ケアとは

(1) 緩和ケアが広がった背景
① 忘れられない患者

　1985年，私は大学病院の外科病棟で2年目の看護師として働いていた。2名の先輩看護師と深夜勤をしているときに，個室からナースコールが鳴った。そこは，胃がん末期のAさん（30代，男性）の部屋であった。Aさんは胃がんと診断され，手術して退院したものの，半年後に肝臓へ転移し腹水が貯留して入院となった。当時，がんを告知することはタブーであり，彼には「胃潰瘍で手術した」，「薬剤性の肝機能障害による腹水治療のために入院する」と説明されていた。病状は徐々に悪化し，数日前から1人で移動することも困難となったため，4人部屋から個室へ移

ったばかりであった。

　部屋を訪ねると，全身をバタバタさせながら，「イライラして眠れない！　どうにかして欲しい！」と哀願するように言った。「全身がだるい」との訴えもあったため，5分ほど下肢のマッサージをおこなうとウトウトとし始めた。マッサージをしている間も，他の患者からのコールが鳴っていたため，Aさんの部屋を離れると，間髪入れずに彼からコールが鳴った。当時，夜勤は3名の看護師でおこない，そのうち1名はリカバリールームと称する手術直後で状態が不安定な患者を担当し，先輩看護師と私で残り40数名を担当していた。したがって，Aさんの部屋にいられる時間には限界があった。一度は医師から処方されていた睡眠薬を使用したものの効果がなく，鳴り止まないコールにその場しのぎの対応をおこないながら，どうにか朝を迎えたのだった。

　日勤の看護師に引継ぎをした後，Aさんの様子を見にいくと，「車椅子で散歩に行きたい」との希望が聞かれた。私の勤務時間は過ぎていたが，昨夜何もできなかった申し訳なさもあり，病棟師長の許可を得て散歩に出かけた。しばらく院内の庭を散歩し，車椅子を止めたときであった。突然，Aさんがよろよろと立ち上がり，「俺は死にたくない！　バカヤロー，バカヤロー，バカヤロー！」と身体を振るわせ泣きながら叫んだのである。突然の出来事に，何と声をかけてよいか分からず，ただただ背中側から肩をさするだけであった。その後，Aさんの希望で院内の喫茶店に行き，彼の好物のアイスコーヒーを飲んだ。美味しそうに飲みながら，にっこり微笑んだその表情が，30数年経った今でも忘れられない。

　その後，Aさんからその話題に触れることはなく，私もどう切り出してよいか分からず，それきりとなってしまった。またAさんから医師や看護師に病名や生命予後に関する質問もないまま，病状が徐々に悪化し1週間後に亡くなってしまった。Aさんの妻から，遺品を片付けた際に，「自分の病気はがんで余命は長くないだろう」と記した手帳が見つかったと知らされたのは，彼の四十九日が過ぎてからのことであった。

　彼は，病名や病状について真実を伝えられていなかったが，自分の死が近いことを感じていたのであろう。あの時の彼の心理状態はどうだったのか，何を求めていたのか，どのようなケアをすべきだったか，後悔の念とともに今でも私のこころに重くのしかかっている。

② 当時の病院で死ぬということ

1970〜80年代の日本の終末期医療の状況について，山崎（1990）は次のように描写している。

　「患者は衰弱し，その皮膚は黄疸のために土気色となり，手足はやせ細って枯れ枝のようになっていた。患者は当然のことのように，ほんとうの病名を全く知らされることもなく，偽りの病名のまま闘病していた。医療側は徹底して偽りの説明を押し通したので，あるいは患者は最後まで治ると思っていたかもしれない。（中略）

　いよいよ呼吸が停止し，心臓が停止しそうになったとき，ずっとそのときを待っていた医師たちは，"さあ，出番だぞ"といった緊張した面持ちで，手早く1人は人工呼吸を開始し，1人は看護婦に口早に強心剤の注射を用意するように指示し，胸壁から直接心臓内に強心剤を注入するや，即座にベッド上に飛び上がり，患者にまたがるとその全身の力を込めて心臓マッサ

ージを開始した。その表情は真剣で，髪を振り乱しながら心臓マッサージを行っている姿は近寄りがたく，鬼気迫るものさえ感じた。途中交代しながら約1時間近く行われた蘇生術は，しかし当然のことながら，力を発揮することはできなかった。

　そのあと，部屋の外で待機していた家族を病室に呼び入れ，苦渋に満ちた表情で彼らに臨終を告げる主治医の姿に，医療の限界とその限界に挑む医者の苦悩をみるようで辛かった」(118-119頁)。

また山崎は，次のようにも記述している。

「主役は死んでいく患者で，それを見守るのは家族や親しい者たちであるべきだったのに，医療者は，患者とその家族にとって最も厳粛で最も人間的である最後の別れの場に，ようやく出番が回ってきて張り切っている三文役者のようにわが物顔で登場し，最も大切であるべき時間の大半を，しかもある意味では残虐な行為でしかない蘇生術を行うことで奪っていたのだ。」(122頁)

当時の日本においては，患者に真実を伝えることはタブーであり，たとえ死が確実に見えていたとしても，患者の命を1分1秒でも延ばす努力を続けることが医療者の使命と考えられていた。したがって，余命が数日〜1週間と考えられる終末期の患者であっても，心臓マッサージによる蘇生術を行うことは当然であった。私自身，何度かこのような心臓マッサージをおこない，その時は蘇生したものの数日後に亡くなるという経験をしてきた。「本当にこれでよいのだろうか。何のための蘇生なのだろう」と疑問に思いつつも，これが医療従事者の役割なのだと思い込もうとしていた。

　このような，人間の尊厳が保たれているとは言いがたい病院における死の状況に対する疑問や反省を背景に，その後日本においても，終末期医療，ホスピス・緩和ケア運動に大きな関心が寄せられたのである。

(2)　ホスピス・緩和ケアの歴史と発展

　ホスピス (hospice) という言葉は，ラテン語のホスピティウム (hospitium) に由来しており，中世ヨーロッパにおいて，当時の修道僧が聖地巡礼者や十字軍遠征によって傷ついた兵士たちに食物を与え，休息あるいは宿泊場所として修道院を開放したことがその始まりとされている (鈴木，2011，8頁)。近代ホスピス運動は，1967年イギリスにソンダース (C. Sounders) 医師が設立したセント・クリストファー・ホスピスに始まり，それまでのホスピスの中心的な理念である宗教的な配慮を残しながら，科学的基盤に立った新しい発想のホスピスをめざしたといわれている。また「緩和ケア」という言葉が初めて使用されたのは，1975年，マウント (B. Mount) 医師によりカナダのロイヤル・ビクトリア病院に緩和ケア病棟 (Palliative Care Unit：PCU) が開設された時である。「ホスピス」と命名すると，慈善救貧院と混同されるためこの名称とつけたとされる (鈴木，2011，11頁)。

　いっぽう日本においては，1981年，浜松市の聖隷三方原病院にわが国最初のホスピスが，次いで1984年に大阪の淀川キリスト教病院に2番目のホスピスが開設された。加えて，1990年に

緩和ケアが医療保険の診療項目として制度化され,「緩和ケア病棟入院料」という診療報酬が新設された。このことにより,行政の認可による経済的基盤が得られたことから全国にホスピス・緩和ケア病棟をもつ医療機関が増えるきっかけとなった。また1992年,国立がんセンター東病院（現在の国立がん研究センター東病院）に25床の緩和ケア病棟が設置された。これは国の緩和ケア対策事業における先駆的な試みであり,国内における緩和ケアを大きく推進する力となった。さらに2007年「がん対策基本法」が施行され,それに基づく「がん対策推進基本計画」では,放射線療法,化学療法,手術療法の更なる充実,これらを専門的に行う医療従事者の育成とともに,がんと診断された時からの緩和ケアの推進等が重点課題として挙げられた。

ところで,近代ホスピス・緩和ケアは,これまでがん患者やエイズ患者を中心として発展してきたが,近年は,認知症などの老年病,呼吸器疾患や心不全などの臓器疾患,神経難病など,広く非がん患者にも適用されることが強調されている。つまり,緩和ケアは,がんの苦痛を取り除く医療やケアの一領域ではなく,疾患や年齢,場を問わず,それを必要とするすべての人に届ける基本的なケアであり,また苦悩から解き放たれることは人としての基本的権利であるという普遍的価値が構築されてきたのである（平原,2017）。

(3) 緩和ケアの定義とその変遷

1990年,世界保健機関（World Health Organization：WHO）は,緩和ケアについて次のように定義している。

「緩和ケアとは,治癒を目指した治療が有効でなくなった患者に対する積極的な全人的ケアである。痛みやその他の症状のコントロール,精神的,社会的,そしてスピリチュアルな問題（spiritual problems）の解決が最も重要な課題となる。緩和ケアの目標は,患者とその家族にとってできる限り可能な最高のクオリティ・オブ・ライフ（quality of life：QOL）を実現することである。末期だけでなく,もっと早い病期の患者に対しても,治療と同時に適用すべき点がある。」（日本ホスピス緩和ケア協会ホームページ,2018）

また,がん医療における緩和ケアについて,「これまで『屑籠代わり』のような扱いを受け,無視されてきた現状を改め,緩和ケアをがん患者の医療管理に不可欠なもの」（石谷,1991）とみなすよう提案した。さらに「治療を目的としたがん治療と緩和ケアとは互いに対立するものではなく,がん診断時から全経過を通じて緩和ケアが必要度に応じて実施されることにより,患者のQOLは大幅に改善する」（WHO,1993）と,診断時からの緩和ケアを提唱した（図9-1）。

この提案は,治療一辺倒で延命のみを優先し,治療の効果がなくなった終末期患者には関心を示さない傾向にあった当時の医療界に大きな衝撃を与えた。患者の生命の量だけでなく,いかに「最期のときをその人らしく生きるか」という生命の質が問われるようになったのである。

ところで,この定義において,「末期だけでなく,もっと早い病期の患者に対しても治療と同時に適用すべき点がある」としながらも,「治癒を目的とした治療に反応しなくなった疾患をもつ患者」としたことから,終末期の患者のみが対象となるような印象を与えた。そこで,2002年,WHOは以下に示すように,「生命を脅かす病に関連する問題に直面している患者」と定義

を変更し、終末期の患者だけでなく、診断時から治療と並行しながら行われる全人的ケアであるとした。

「緩和ケアとは、生命を脅かす病に関連する問題に直面している患者とその家族のQOLを、痛みやその他の身体的・心理社会的・スピリチュアルな問題を早期に見出し的確に評価を行い対応することで、苦痛を予防し和らげることを通して向上させるアプローチである。」(日本ホスピス緩和ケア協会ホームページ、2018)

図9-1 がん治療と痛み治療――緩和的医療のあり方
(出典) 世界保健機関編(武田文和訳)(1993) 11頁。

またWHOでは、緩和ケアで提供されるサービスについて次のように説明している。
① 痛みやその他の苦痛な症状を和らげる。
② 生命を尊重し、死を自然な過程と認める。
③ 死を早めたり、引き伸ばしたりしない。
④ 患者ケアの心理的側面とスピリチュアルな側面を統合する。
⑤ 死を迎えるまで患者が人生を積極的に生きてゆけるように支える。
⑥ 家族が患者の闘病経過や自分自身の死別悲嘆に対処できるように支える。
⑦ チームアプローチを用いて患者と家族のニーズに取り組む。必要に応じて死別後のカウンセリングの提供も含まれる。
⑧ QOLを高め、病気の経過に対して良い影響を与える。
⑨ 疾患の早期から適用することが可能であり、化学療法や放射線治療など延命を目指す他の治療と並行して行われる。また、不快な合併症をよりよく理解しマネジメントするために必要な検査も含まれる。

また上述したように、厚生労働省はがん対策推進基本計画の中で、「がんと診断された時からの緩和ケアの推進」を重点的に取り組むべき課題として位置づけている。緩和ケアの目標は、患者と家族のQOL向上にあり、心身の症状コントロールを土台とした全人的ケアは、診断された時から継続的に行なわれることで効果を発揮すると考えられている。

2010年に、早期からの緩和ケアの実践が患者のQOL向上だけでなく、生存期間の延長にも寄与するという研究が発表され世界的な話題となった(Temel, 2010)。その際の緩和ケアの具体的介入内容は、関係性の構築(その人自身の理解)、病状の理解を促進する、がん治療に関する意思決定支援と生活支援、家族へのケア、症状マネジメント(非薬物療法を含む)などであった(Yoong, 2013)。Temelらは、QOLの低下とうつ症状が、進行非小細胞肺がん患者の生存期間と関係していると報告しており、今回の生存期間延長の理由はそれらが改善していたこと、緩和ケアを治療と並行して提供した群で意思決定がおこなわれ死亡直前の抗がん剤投与が少なかったこと、早期のホスピスプログラムに参加することで症状の緩和、疾患への理解が得られたこと、ホ

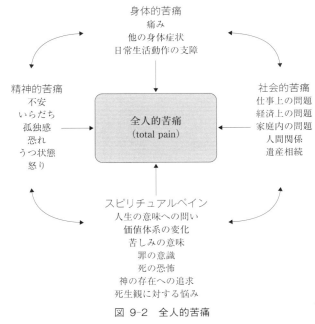

図 9-2 全人的苦痛
（出典）淀川キリスト教病院ホスピス編（2007）39 頁。

スピスの入所期間が長かったことが考えられると述べている。つまり，患者・医療者間の関係構築による肺がん患者のQOL向上，うつ症状の改善，患者の疾患や治療に関する理解度を高めること，およびがん治療に関する意思決定を支援することの重要性が明らかになったのである。

(4) 緩和ケアにおける重要な「全人的ケア」という概念

現代ホスピスの創始者であるソンダース医師は，全人的苦痛（total pain）という概念を唱え，これは緩和ケアの基本的理念となっている（図9-2）。生命を脅かすような疾患に直面している患者は，痛みや全身倦怠感，呼吸困難などの身体的苦痛だけでなく，不安やいらだちなどの精神的苦痛，仕事や家庭での役割が果たせないことや経済的問題などの社会的苦痛，そして自己の人生への意味や自己の存在価値が見出せないなどのスピリチュアルペイン（spiritual pain）をもち，それらの苦痛が互いに影響しあい，複雑に絡みあって全人的苦痛としてあらわれると考えた。

この中で最も理解しにくいのは，スピリチュアルペインであろう。村田（2011）は，スピリチュアルペインを「自己の存在と意味の消滅から生じる苦痛」と定義し，それを人間存在の時間性，関係性，自律性の3次元から分析している。そして終末期がん患者のスピリチュアルペインを，将来の喪失（時間性），他者の喪失（関係性），自律性の喪失（自律性）から生じる苦痛であるとし，ケア指針として，死をも超えた将来の回復，他者の回復，自律の回復を挙げている。さらに，ケア方法として〈傾聴と共感〉〈ともにあること〉が最も重要であると述べ，加えて，スピリチュアルペインの緩和が患者の身体的苦痛の軽減に影響を与えることが示唆されたと述べている。

第2節　緩和ケアにおける援助的コミュニケーション

(1) がん患者の体験
① がん患者の一般的治療経過と心理的ストレス

　一般的に，がん患者は何らかの自覚症状や検診等により医療機関を受診し，検査を受けて診断される。その後の経過は，早期がんか進行期がんかの病状によって異なる。早期の場合，治癒を目指した治療（手術療法や化学療法など）を受け，必要に応じて後遺症への対応や社会復帰のためのリハビリテーションを行う。いっぽう，進行期がんの場合は，がんの進行を遅らせるための治療（化学療法や放射線療法など）を受ける。しかし，身体状態によって化学療法が行えなかったり，推奨できる治療法がなかったりするなどの状況により，がんの進行を遅らせる治療から症状緩和を目的とした治療法へと移行することになる。

　その経過の中で，診断や治療に対する不安，手術や化学療法に伴う副作用の苦痛，再発・転移の不安や恐怖，孤立感や疎外感を経験する。内冨（2010）は，ある患者の経験を「驚天動地のがん告知，ためらう間もなく受けた手術，入院中に受けるある種過剰な医療スタッフや同病者からの支援，やや躁的な入院生活，退院後一人になって襲ってくる死の恐怖，再発不安，不確実性を伴った闘病生活，社会復帰で痛感するがんの烙印，疎外感，告知から多くの人は見かけ上つらい状況から抜け出せているとはいえ，心のなかの余震が続く。自分のペースがつかめるようになるには，最低でも再発の可能性が減じる3年が必要である」と紹介している。

② がん患者の告知後の心理過程

　ソンダース医師がイギリスでセント・クリストファー・ホスピスを設立した丁度その頃，アメリカではキューブラー・ロスが，がん告知後の心理過程，いわゆる死の受容過程を著した（Kübler-Ross, 1969）。彼女は，200人以上の終末期患者にインタビューを行い，告知直後の危機的状況における衝撃の後，①否認，②怒り，③取り引き，④抑うつ，⑤受容の5段階を経ると述べた。これらの段階は，継続する期間もさまざまであり，同時に現れる場合もあるとした。加えて，唯一，各段階を通してずっと存在し続けるもの，それは希望である。どんなに現実を認め，受け入れることができる人でも，新しい治療法や新薬の発見，患者の言葉を借りれば「ぎりぎり間に合う研究プロジェクトの成功」などの可能性に期待をかけ，こうした一筋の希望が患者を支え，とりわけ辛い時期のこころの糧となっていると述べている。

③ がん診断に対する通常反応

　秋月（2010）は，がん告知後の患者の通常反応について，「最初の数日は不安，恐怖，無力感，絶望感など感情の混乱に加え，不眠，食欲不振など身体症状や集中力の低下などにより，仕事が手につかないなど日常生活に支障をきたすことも珍しくない。しかし1～2週程度でこの状態は軽減し，情報を整理し現実問題に直面したり，楽観的な見方ができるようになる。このような心理反応は通常のことであると伝えることは，患者にとっての保証となることが多い」と述べている。

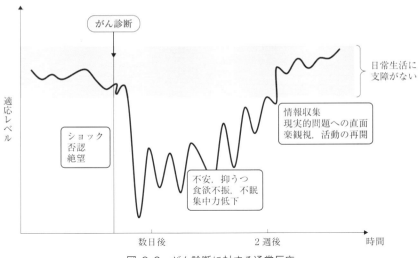

図9-3　がん診断に対する通常反応

（出典）　大西秀樹編（2010）42頁。

　不安や恐怖，絶望感の真っただ中にいる患者は，自分がおかしくなってしまったのではないか，この状態がいつまで続くのか，以前のような日常生活を取り戻すことはできないのではないかと，更なる不安や焦燥感を募らせることがある。したがって，患者の訴えに耳を傾けながら，多くの人がこのような心理過程を経ること，衝撃的なことがらに直面した際の人間の反応として当然であること，1～2週間程度で落ち着き日常生活を取り戻せるという見通しを伝えることが重要である。そのような支援をとおして，多くの患者は徐々に落ち着きを取り戻し，その人本来の対処能力を発揮できるようになる。

(2)　緩和ケアにおけるコミュニケーションスキル
①　悪い知らせを伝えるコミュニケーションスキル
1)　悪い知らせとは

　緩和ケアを受ける患者は，基本的に悪い知らせ（bad News）を体験することが多い。緩和医療における悪い知らせとは，「患者の将来への見通しを根底から否定的に変えてしまう情報」（Backman, 1992）と定義され，その衝撃の大きさは，患者が期待している願望や計画と医学的現状の隔たりの大きさに比例すると考えられている。いわゆる「がん告知」がその代表だが，再発，検査データの悪化，抗がん剤の治療中止，回復しない深刻な後遺症の説明など，治療の時期にかかわらずがん患者はさまざまな悪い知らせの体験をする。そして，悪い知らせの後は高率に抑うつや不安などの精神科的診断がつくことが指摘されており（Akechi, 2001），悪い知らせを知らせる医師のコミュニケーションスタイルは，その後の患者の心理的適応に影響すると言われている。

2)　患者が医師に望むコミュニケーション──SHARE

　Fujimori et al.（2005）は，わが国のがん患者が悪い知らせを伝えられる際に，医師に対して望むコミュニケーションを検討し，「S：Supportive environment（支持的な環境設定）」「H：How

表 9-1　患者が望むコミュニケーション：SHARE

supportive environment（支持的な場の設定） ・十分な時間を設定する ・プライバシーが保たれた，落ち着いた環境を設定する ・面談が中断しないように配慮する ・家族の同席を勧める
how to deliver the bad news（悪い知らせの伝え方） ・正直に，わかりやすく，丁寧に伝える ・患者の納得が得られるように説明をする ・はっきりと伝えるが「がん」という言葉を繰り返し用いない ・言葉は注意深く選択し，適切に婉曲的な表現を用いる ・質問を促し，その質問に答える
additional information（付加的な情報） ・今後の治療方針を話し合う ・患者個人の日常生活への病気の影響について話し合う ・患者が相談や気がかりを話すよう促す ・患者の希望があれば，代替療法やセカンド・オピニオン，余命などの話題を取り上げる
reassurance and emotional support（安心感と情緒的サポート） ・優しさと思いやりを示す ・患者に感情表出を促し，患者が感情を表出したら受け止める（例：沈黙，「どのようなお気持ちですか？」，うなずく） ・家族に対しても患者同様配慮する ・患者の希望を維持する ・「一緒に取り組みましょうね」と言葉をかける

（出典）　大西秀樹編（2010）141 頁。

to deliver the bad news（悪い知らせの伝え方）」「A：Additional information（付加的な情報）」「R：Reassurance and emotional support（安心感と情緒的サポート）の頭文字から SHARE とまとめて提唱した（表9-1）。

　SHARE は，がん医療において，医師が患者に悪い知らせを伝える際の効果的なコミュニケーションを実践するための態度や行動を示した指針である。特に，安心感と情緒的サポート，すなわち患者や家族への共感は悪い知らせを話し合う際に重要であるにもかかわらず，医師にとって最も難しいコミュニケーションであることから，医師がコミュニケーションを学習する際には強調される要素である（藤森，2007）。

②　患者のかたわらに座り，誠実な関心示す（無知の姿勢）

　キューブラー・ロスは，死について語ることを避けているのは医療スタッフのほうであり，「時間を割き，時を見計らって患者のかたわらに座り，話しを聞いてあげたり，気持ちを分かちあったりすることのほうが，患者にとってずっと助けになる」（Kübler-Rose, 1969, 210 頁）と述べている。

　内布敦子は，当事者である患者よりも相対峙する看護者の構えによってコミュニケーションが豊かに行われるかどうか決まると述べ，コミュニケーションをより円滑に行うための看護者の準備性に関連した項目をステップとして示している。①自分自身の気持ちや感情を確認する，②場に入り信頼関係をつくる，③自分自身をオープンにする，④時期を見極める，⑤きっかけを

つくる，⑥率直で誠実な関心を示す，⑦具体的な表現方法を提供する，⑧患者の表現方法を尊重する，⑨患者が話し始めたら場を整え話すことをサポートする，⑩話してくれたことに感謝し，聞き続けることを保証する，⑪自分自身をサポートする周囲の体制を整える，の11ステップである。加えて，人と人とのコミュニケーションを充実したものにする方法に，「誠実であること」以外にあまり普遍的なことはないように思われる。重要なことは，自分自身の準備性や構えをよく認識して，誠実な関心を相手に示すことであると述べている（内布，2011，285-289頁）。

患者のかたわらに座り，誠実な関心をもって患者の語りを傾聴する際，最も重要な姿勢は，「無知の姿勢」であろう。野口裕二は，無知の姿勢について，「セラピストの旺盛で純粋な好奇心がそのふるまいから伝わってくるような態度ないしスタンスのことであり，話されたことについてもっと知りたいという欲求をあらわすもので，常にクライエントに教えてもらう立場のことである」（野口，2002，96頁）と述べている。こちらの，「あなたのことをぜひ教えてほしい，知りたい」という積極的な関心を相手に伝え，傾聴することこそ重要なのである。

③　希望を支える

ハーバード大学の医師であるグループマンは，30年の医師経験から，患者が希望をもつこと，そして医療者がそれを支える重要性について述べている。彼は，「希望と楽天主義は異なる」としたうえで，「希望は，心の眼で，より良い未来へとつづく道をみるときに経験する高揚感である。希望は，その道の途中で待ち構える大きな障害や深い落とし穴を知っている。本物の希望には，妄想が入り込む余地はないのだ」（8頁）と述べ，加えて，「偽の希望は，本物の希望が認識するリスクや危険を認識しない。つまり偽の希望は度を越した選択や間違った意思決定を行う可能性がある。一方，本物の希望は現実に存在する脅威を考慮し，それを避ける最良の道を探す」（Groopman, 2004, 232頁）と述べている。患者が自己の置かれた状況をきちんと正確に理解した上で，今後に希望をもち，それを信じることが重要だと述べている。

筆者の外来化学療法を受けている肺がん患者を対象とする研究（奥原，2017）において，彼らの闘病の核となっていたのは，「迫りくる死への脅威を感じながらも新治療に期待し生き抜く決意」であった。

50代後半のA氏は，1年前に左肺がん（腺がん）と診断され，脳転移も認められた。彼は，「ステージⅣだから一般的には，根治，完治は難しい。どの本を読んでも，絶対無理とは書いてないが，書いてあることは延命という話だけ。でも，頑張るだけです」と語った。それまで行っていた抗がん剤の効果が10カ月でなくなったことについて，「その薬の平均的な効果期間である1年位は続けられると思っていた。延命のためには，ある薬を少しでも長く使用できれば良いなと思う。3年は無理でも1年か1年半使用できれば良いかなと思ったが，10カ月で効果がなくなった。何か1つ武器をなくしたみたいな，1つの手段を失ってしまったような気がしてショックを受けた。でも，主治医から『この薬の効果がなくなった場合には，また別の治療法がありますから』と教えてもらって，そのお陰で希望がもててショックを引きずることはなかった」と語った。

近年の肺がん，特に非扁平上皮がんの化学療法の進歩は目覚しく，従来のプラチナ製剤と第三

世代の抗がん剤に加え，遺伝子検査を踏まえた分子標的薬による治療，その分子標的薬の効果がなくなった患者のうちT790M遺伝子変異のある患者に対する薬剤，さらに免疫チェックポイント阻害薬の開発など，肺がん患者は治療へ大きな期待を寄せている。そしてこれらの情報を自ら得たり，主治医から説明されたりして希望をつないでいた。

まさに，キューブラー・ロスが述べていた，新しい治療法や新薬の発見，「ぎりぎり間に合う研究プロジェクトの成功」などへの希望である。加えて，グループマンが指摘しているように，患者と医療者が正確な情報を共有し，単なる楽的主義による偽の希望ではなく，本物の希望がもてるように支えることが重要であろう。

第3節　意思決定支援とコミュニケーション

生命を脅かすような疾患に直面している患者と家族は，どの治療法を選択するか，抗がん剤治療は継続するのか中止するのか，療養場所はどこにするのかなど，さまざまな意思決定を必要とする。近年，インフォームドコンセントという概念に加え，患者や家族が医療チームと相談を繰り返しながら治療や療養の方針を決めていく「患者中心の医療」を推進するうえで注目されているのが，アドバンスケアプランニング（ACP）である。

(1)　インフォームドコンセント
① 　インフォームドコンセントの歴史

インフォームドコンセントという言葉が，医療の領域で初めて使用されたのは1964年の世界医師会でのヘルシンキ宣言で，医学研究への参加に関する説明と同意の問題から発生した。その後の医療裁判や患者の権利意識の変化を介して，病名告知，治療の選択など臨床面でのインフォームドコンセントの定義が確立したのは，1973年アメリカ病院協会から発表された「患者の権利章典」においてであり，日本においては，1990年に，日本医師会第Ⅱ次生命倫理懇談会で，「説明と同意」についての報告が行われた（水川，2006）。

② 　インフォームドコンセントの概念とその課題

インフォームドコンセントとは，医療を受ける者あるいはその家族が，医療を受ける者の疾患およびその疾患にかかわる検査・投薬・手術などの医療行為について，医療従事者から正しい情報に基づいた納得のいく「説明」を受けて，なおかつ十分「理解」したうえで（informed），自らの自由意思に基づいて，受ける医療の内容について医療従事者と「合意」する（consent）ことである（須藤，2016）。

1990年以降，インフォームドコンセント概念はわが国においても拡がり，時間をかけて丁寧に説明し，患者・家族が納得したうえで意思決定できるよう支援している医療従事者は増えている。いっぽうで，勝俣（2017）は，わが国でインフォームドコンセントのことを「ICします」と使用しているが，「ICします」は医療者が主体であり，インフォームドコンセントの主語はあくまでも患者であって，明らかに間違った用法だと指摘する。また，阿部（2012）は，インフォー

ムドコンセントは個人の自由，自己決定を大切にするアメリカ自由主義，自己決定（自律尊重）を重視する流れから生まれた概念であるとしたうえで，「自分で決めるのが一番」「自分で決めるべきである」という社会の雰囲気に疑問を呈している。そして，意思決定においてその人が尊重されるとは，必ずしもその人が最終決定することとイコールではなく，その人の価値観が尊重されることこそ重要であり，その結論を出すまでにどんな価値観の人がどう考えたのか，周囲（家族・医療者）の人とどう話し合ってきたのか，そのプロセスが重要であるとしている。

(2) アドバンスケアプランニング
① アドバンスケアプランニングとは

アドバンスケアプランニング（advance care planning：ACP）とは，「患者が将来重篤な状態になったときに，どこでどのように過ごしたいかに関する意向や希望を，家族や医療・ケア提供者とあらかじめ話し合うプロセス」のことで，内容としては，①患者自身の気がかりや希望，②大事に思うことやケアのゴール，③自身が理解している病気の予後，④将来受けるケアや治療の種類に関する意向などが含まれる（山口，2016）。

② アドバンスケアプランニングに関連する用語の整理

木澤（2015）は，これまでわが国の臨床現場で注意が向けられてきたのは，DNAR（Do not Attempt Resuscitate，急変時または末期状態で心停止・呼吸停止の場合に，蘇生処置をしないという取り決め）やアドバンスディレクティブ（advance directive：AD，患者あるいは健常人が，将来，判断能力を失った際に自らに行われる医療行為に対する意向を示すこと）であった。ADは，①医療行為に関して患者が医療者側に指示する，②患者が自ら判断できなくなった際の代理決定者を表明するという2つを含み，①を文章で表したものが一般にリビングウィルと呼ばれ，「将来意思決定能力がなくなったときに，生命維持治療をして欲しいか，してほしくないかについて主治医や家族に知らせる指示書」であり，ACPはこれらADとリビングウイルの双方を包括する概念であると述べている。

③ アドバンスケアプランニングの実践

木澤（2015）は，ACPを実践する際のコツとして，以下の7点を挙げている。

① 患者・家族の生活と価値観を知り，患者にとっての最善の選択をともに探索する。
② ACPを円滑に行うために，最善を期待し最悪に備える（Hope for the best, prepare for the worst）コミュニケーションを心がける。
③ あなたのことを心配している，支援したいと考えていることを直接伝える。
④ 代理意思決定者とともに行う。
⑤ もしものときについて話し合いを始める（経験を尋ね探索する）。
⑥ 「大切にしていること」「してほしいこと」「してほしくないこと」，そしてその理由を尋ねる。
⑦ 医師だけで抱え込まず，他のメディカルスタッフや緩和ケアチームと相談する。

緩和ケアの目標は，生命を脅かすような疾患による問題に直面している患者とその家族が，そ

の人らしく生きることを支援することを通して，彼らの QOL 向上を目指すことにある。したがって，患者一人ひとりの生活や，病や人生に対する価値観を大切に，そして患者・家族と医療者が率直なコミュニケーションを取りながら話し合いを重ねる ACP の理念は，今後の緩和ケアにおいて欠かせない概念となると思われる。

第4節　家族とのコミュニケーション

(1)　緩和ケアにおける家族の位置づけ
① 　家族の定義
1980 年代以降，家族に対する考え方や価値観の変化にともない，家族の定義が，血縁や婚姻などの伝統的な結びつきを超えて変化してきている。Hanson（2001）は，「お互いに情緒的，物理的，そして／あるいは経済的サポートを依存しあっている 2 人かそれ以上の人々のことである。家族メンバーとは，その人たち自身が家族であると認識している人々のことである」と定義している。

② 　"第二の患者"としての家族
WHO の緩和ケアの定義でみたように，緩和ケアの対象は患者とその家族であり，患者と家族を「1 つのケア単位」として捉えることが重要である。

家族による情緒的サポートが多い患者ほど自分の人生に対して明るい見通しがもてる（Bloom and Spiegel, 1984）との報告もあるが，家族の支援にも限界がある。がん患者の家族は自責の念，死の恐怖，患者への過剰な配慮など，"第二の患者"と称されるように，患者と同等あるいはそれ以上に大きなストレスを受けるといわれている（Rait and Lederberg, 1990）。またがん患者の家族が抱えるストレス要因として，① ケアの提供（情緒的援助，見守る状況が継続する，時間の融通がきかない，患者の責任を負う），② 意思決定への参加（治療方針決定，DNR や鎮静への選択・了承），③ 社会財政面での問題（入院費，治療費の問題や失業），④ 社会からの孤立，⑤ 家族バランスの変化，⑥ 家族自身の健康問題などが指摘されている（大西，2012）。

奥原（2017）においては，患者側も「妻が自分の予想だにしない罪悪感を持っていることを知り，家族の前では泣けないと思った」（50 代男性），「自分のことよりも家族の人生を狂わせるんじゃないかと怖くて，それが一番嫌だった」（50 代女性），「家では迷惑かけられないので，最悪になったら緩和ケア病棟に入ろうと考えている」（60 代女性）と語っており，互いに思いやるからこそ辛い状況に置かれていることが示唆された。したがって，家族内の意思疎通の構造に細心の注意を払い，家族メンバー間で率直なコミュニケーションが取れるよう支援する必要がある。

(2)　家族のニーズに対する支援
① 　家族のニーズを充足する支援
Hampe（1975）は，終末期がん患者の配偶者のニーズとして，① 患者の状態を知りたい，② 患者のそばにいたい，③ 患者の役に立ちたい，④ 感情を表出したい，⑤ 医療従事者から受容と

支持と慰めを得たい，⑥患者の安楽を保証してほしい，⑦家族メンバーより慰めと支持を得たい，⑧死期が近づいたことを知りたいという8つのニーズを明らかにした。鈴木（1988）は，日本人を対象に同様の研究をおこない，上記8つに加え，⑨夫婦間で対話の時間をもちたい，⑩自分自身を保ちたいというニーズを明らかにしている。

そして，これらの家族のニーズを充足する支援が必要であると述べ，①患者の状況を理解できるように情報を提供する，②患者ケアに参加できるように配慮する，③心理的苦痛を表出できるように支援する，④充実した時間がもてるように配慮する，⑤家族メンバーの力を合わせるようにすすめる，⑥死に対する準備をすすめる，の6つの支援を挙げている。

② 家族とのコミュニケーション

上記の支援において，情報を提供する際には，患者の状態について，分かりやすく，詳しく何回でも家族が納得するまで説明することが重要である。不安が高じている場合や患者の看病で疲労困憊しているときは，一度聞いただけでは理解できないことも多く，家族の理解に合わせた情報提供が必要である。

また患者の側にいながら何もできない自分を責めている家族もいる。したがって，身体を清潔にすることやマッサージ等，家族の負担にならないよう配慮しながら，医療者の方から声をかけ共に患者のケアができるよう配慮することも重要である。加えて，家族が側にいることそのものが，患者の孤独感を和らげ，やすらぎを与えているということを説明することも大切である。さらに，医療者が自分達家族のことまで気にかけてくれるとは思っていない家族も少なくない。また多忙な医療者に迷惑をかけてよう気を遣っている家族も多い。したがって，医療者の方から積極的にコミュニケーションをとり，悲しみや辛さ，時には怒りや後悔などの感情が表出できるよう支援することも必要である。

参考文献

Akechi T., H. Okamura, Y. Nishiwaki et al. (2001) "Psychiatric disorders and associated and predictive factors in patients with unresectable nonsmall cell lung carcinoma: a longitudinal study," *Cancer*, 92(10), 2609-3-2622.

秋月伸哉（2010）「がんの経過における性状反応と精神症状」大西秀樹編『専門医のための精神科臨床リュミエール 24 サイコオンコロジー』中山書店，40-48。

Backman, R. (1992) *How to Break Bad News: A Guide for Health Care Professionals*.（恒藤暁監訳『真実を伝える――コミュニケーション技術と精神的援助の指針』診断と治療社，2000年。）

Bloom, J. R. and D. Spiegel (1984) "The relationship of two dimensions of social support to the psychological well-being and social functioning of women with adovanced brest cancer," *Social Science and Medicine*. 19: 831-837.

Fujimori, M., T. Akechi, N. Akizuki et al. (2005) "Good communication with patients receiving bad news about cancer in Japan," *Psychooncology*, 14, 1043-1051.

藤森麻衣子・内富庸介（2010）「がん医療におけるコミュニケーションスキル」大西秀樹編『専門医のための精神科臨床リュミエール 24 サイコオンコロジー』中山書店 139-148。

Groopman, J. (2004) *The Anatomy of Hope.: How People Prevail in the Face of Illness*.（菅靖彦・

田中淳一訳『病を癒す希望の力――医療現場で見えてきた「希望」の驚くべき治癒力』草思社，2012年。）

Hampe, S. O. (1975) "Needs of the Grieving Spouse in a Hospital Setting," *Nursing Research*, 24(2), 113-120.

Hanson, S. M. H. and S. T. Boyd (1996) *Family Health Care Nursing.: Theory, Practice, and Research*.（村田恵子・荒川靖子・津田紀子監訳『家族看護学――理論・実践・研究』医学書院，2001年。）

平原佐斗司（2017）「非がん疾患の緩和ケアとは」『COMMUNITY CARE』19(6)，10-14。

石谷邦彦（1991）「どう変わるかこれからのがん医療――特にターミナルケアについて」『ターミナルケア』1(3)，162-165。

勝俣範之（2017）「がん治療および緩和ケア選択における意思決定支援――腫瘍内科医の立場から」『死の臨床』40(1)，70-71。

木澤義之・濱野淳（2015）「これからのことを話し合う――アドバンスド・ケア・プランニング」『治療』97(10)，1406-1410。

Kübler-Ross, E. (1969) *On Death and Dying*.（鈴木晶訳『死ぬ瞬間――死とその過程について』読売新聞社，1998年。）

水川真二郎（2006）「病名告知とインフォームド・コンセントの現状と課題」『Geriat Med』44(11)，1557-1560。

村田久行（2011）「終末期がん患者のスピリチュアルペインとそのケア」『日本ペインクリニック学会誌』18(1)，1-8。

野口裕二（2002）『物語としてのケア――ナラティヴ・アプローチの世界へ』医学書院。

大西秀樹編（2010）『臨床医のための精神科臨床リュミエール 24 サイコオンコロジー』中山書店。

大西秀樹・石田真弓・川田聡（2012）「精神症状を有するがん患者の家族ケア」『癌の臨床』58(3)，23-28。

奥原秀盛（2017）『外来化学療法中の壮年期にある非小細胞肺がん患者の心理社会的支援を求める諸相』2016年度東邦大学大学院看護学研究科看護学専攻博士論文。

Rait, D. and M. Lederberg (1990) "Cancer Patient's Family," J. C. Holland and J. H. Rowland ed., *Handbook of Psychooncology*, Vol. 3.（河野博臣・濃沼信夫・神代尚芳監訳『サイコオンコロジー第3巻，がん患者のための総合医療』メディサイエンス社，1993年。）

世界保健機関編（武田文和訳）（1993）『がんの痛みからの解放とパリアティブ・ケア――がん患者の生命へのよき支援のために』金原出版。

須藤啓広（2016）「インフォームド・コンセント」『関節外科』35，210-212．

鈴木志津枝（1988）「終末期の夫をもつ妻への看護――死亡前・死亡後の妻の心理過程を通して援助を考える」『看護研究』21(3)，399-410。

Temel, J. S., J. A. Greer, A. Muzikansky et al. (2010) "Early Palliative Care for Patients with Metastatic Non-small-cell Lung Cancer," *N Engl J Med*, 363, 733-742.

内布敦子（2011）「ターミナルケア・緩和ケアの考え方」鈴木志津枝・内布敦子編『緩和・ターミナルケア看護論 第2版』ヌーヴェルヒロカワ，4-15。

内富庸介（2010）「精神腫瘍学概論」大西秀樹編『専門医のための精神科臨床リュミエール 24 サイコオンコロジー』中山書店，2-12。

山口崇（2016）「アドバンスケアプランニング」『医学のあゆみ』259(9)，931-935。

山崎章郎（1990）『病院で死ぬということ』主婦の友社。

淀川キリスト教病院ホスピス編（2007）『緩和ケアマニュアル第5版』最新医学社。

Yoong, J, E. R. Park, J. A. Greer et al. (2013) "Early palliative care in advanced lung cancer. a qualitative study," *JAMA Intern Med*, 173(4), 283-290.

阿部泰之（2012）「コミュニケーションと意思決定」『あさひかわ緩和ケア講座2012』http://www.asahikawa-med.ac.jp/hospital/pal_care/seminars/pdf/kouza_101_2.pdf（2018年5月16日参照）。

日本ホスピス緩和ケア協会HP「WHO（世界保健機関）の緩和ケアの定義」https://hpcj.org/what/definition.html（2018年5月16日参照）。

第4部

高齢者支援のためのコミュニケーション

第10章

超高齢社会における
コミュニケーションによる高齢者支援

大 橋 幸 子

✿高齢期では，加齢と慢性疾患による心身機能の低下により要介護状態となったり，また高齢期の4つの喪失体験といわれている「心身の健康の喪失」「家族や社会とのつながりの喪失」「経済的自立の喪失」「生きる目的の喪失」により，抑うつ傾向や認知症リスクが高まるといわれている。世界に類を見ないスピードで高齢化率が上昇を続けている我が国では，社会基盤の整備とともに，個々の課題としても要介護状態，認知症，老後の孤独といった高齢期クライシスにいかに対応するか，という議論が盛んに行われている。このような状況の中，高齢者のQOLおよび心理的well-beingにはどのような影響がもたらされるのかを，マズローの欲求5段階説に基づいて検討を試みた。またコミュニケーションがもたらす5段階欲求の充足との関係性から，コミュニケーションによる高齢者支援（コミュニケーショナル・サポート）について私見を述べた。合わせて要介護高齢者支援としての，コミュニケーショナル・サポートの可能性と具体的手法について解説し，高齢の方とのコミュニケーションや，高齢者のコミュニケーションを支援するときの視点や留意したいことについて述べた。また，これから高齢期を迎える人々が備えておくべきコミュニケーション環境について言及した。

Keywords： 超高齢社会，高齢者，要介護高齢者，マズローの欲求5段階説，心理的well-being，コミュニケーショナル・サポート

第1節 超高齢社会，日本——我が国の高齢化率の行方

(1) 高齢化の進展

我が国では，法律的に65歳以上の方を高齢者と定義している。世界保健機構（WHO）においても65歳以上を高齢者とし，その内65歳以上75歳未満を前期高齢者（young-old），75歳以上を後期高齢者（old-old），85歳または90歳以上を超高齢者（extremely-old）としている。

65歳以上人口を高齢者人口とし，総人口に占める高齢者人口の割合を高齢化率とした場合，

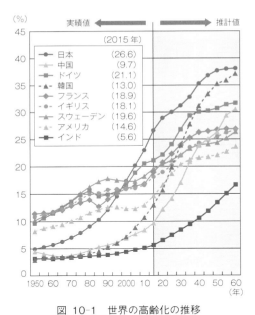

図 10-1 世界の高齢化の推移
(出典) 内閣府HP「平成29年版高齢社会白書（全体版）」11頁より作成。

高齢化率7%以上14%未満以上を高齢化社会，高齢化率14%以上21%未満を高齢社会，高齢化率21%以上を超高齢社会と分類するが，内閣府の2017（平成29）年版「高齢社会白書」によれば，我が国は1970（昭和45）年に高齢化率が7%を超えて高齢化社会を迎え，1995（平成7）年には高齢化率14%を超えて高齢社会となり，2007年には高齢化率21%を超えて超高齢社会となった。高齢化率はその後も上昇を続け，2016年には27.3%に達している。

また，生産年齢人口（15～64歳）は，1995（平成7）年に8,716万人でピークを迎え，その後減少に転じ，2013年には7,901万人と1981（昭和56）年以来32年ぶりに8,000万人を下回った。

同じく内閣府の2017（平成29）年版「高齢社会白書」によれば，世界諸外国の高齢化率の中で比較すると，我が国は1980年代までは下位，90年代にはほぼ中位であったが，2005年には最も高い水準となっており，また世界のどの国もこれまで経験したことのない高齢社会を迎えている。

高齢化の速度については，高齢化率が7%を超えてからその倍の14%に達するまでの所要年数（倍化年数）によって比較すると，フランスが115年，スウェーデンが85年，比較的短いドイツが40年，イギリスが47年であるのに対し，我が国は，1970（昭和45）年に7%を超えると，その24年後の1994（平成6）年には14%に達している。このように，我が国の高齢化は，世界に例をみない速度で進行している（図10-1）。

(2) 高齢化率の行方

高齢者人口は，「団塊の世代」が65歳以上となった2015（平成27）年に3,387万人となり，「団塊の世代」が75歳以上となる2025年には3,677万人に達すると見込まれている。その後も高齢者人口は増加傾向が続き，2042年に3,935万人でピークを迎え，その後は減少に転じると推計されている。

総人口が減少する中で高齢者が増加することにより高齢化率は上昇を続け，2036年には33.3%で3人に1人が高齢者となる。2042年以降は高齢者人口が減少に転じても高齢化率は上昇傾向にあり，2065年には38.4%に達して，国民の約2.6人に1人が高齢者となる社会が到来すると推計されている。総人口に占める75歳以上人口の割合は，2065年には25.5%となり，約4人に1人が75歳以上の高齢者となると推計されている。

高齢者人口のうち，65～74歳人口は「団塊の世代」が高齢期に入った後に2016（平成28）年の1,768万人でピークを迎える。その後，2028年まで減少傾向となるが，再び増加に転じ，2041

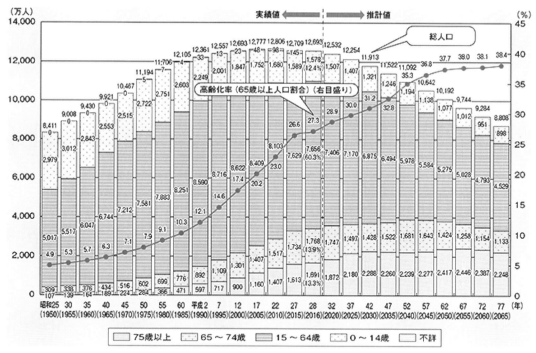

図 10-2　高齢化の推移と将来設計

（出典）　内閣府 HP「平成 29 年版高齢白書（全体版）」5 頁より作成。

年の 1,715 万人に至った後，減少に転じると推計されている。一方，75 歳以上人口は増加を続け，2018（平成 30）年には 65〜74 歳人口を上回り，その後も 2054 年まで増加傾向が続くものと見込まれている（図 10-2）。

(3)　高齢化率の上昇と社会問題

　高齢化率の上昇が社会問題として取り上げられる理由は，国の財政問題と密接に関わっている。
　老化とは，加齢に伴って各臓器の機能あるいはそれらを統合する機能が低下し，最後には「死」に至る過程である。加齢や慢性疾患などにより心身機能の低下が避けれられない中，高齢化率が上昇すれば，支援を必要とする人，介護を必要とする人も増加する。我が国では，要支援・要介護高齢者に対し，2000（平成 12）年に施行された介護保険制度により，様々な物的・人的支援が提供されているが，徴収された介護保険料だけでは賄えず，介護保険制度への補填や，その他，高齢者関係給付費に投入される社会保障給付費は高齢者人口の増加と共に上昇を続けている（内閣府 HP「平成 29 年版　高齢白書（全体版）」）。

　同時に我が国の出生数は減少を続け，2065 年には，56 万人になると推計されている。出生数の減少は生産年齢人口にまで影響を及ぼし，2029 年に 6,951 万人と 7,000 万人を割り，2065 年には 4529 万人となると推計されている。

　65 歳以上の高齢者人口と現役世代（15〜64 歳）人口の比率をみてみると，1950（昭和 25）年に

第 1 節　超高齢社会，日本　　*145*

は1人の高齢者に対して12.1人の現役世代がいたのに対して，2015（平成27）年には高齢者1人に対して現役世代2.3人になっている。今後，高齢化率は上昇し，現役世代の割合は低下し，2065年には，1人の高齢者に対して1.3人の現役世代という比率になることから，このままでは現役世代の負担，国家財政の負担は限界を迎えるという危機が予測されているのである。

(4) 将来の平均寿命は男性84.95年，女性91.35年

内閣府によれば，我が国の平均寿命は，2015（平成27）年現在，男性80.75年，女性86.99年であり，今後，男女とも平均寿命は延びて，2065年には，男性84.95年，女性91.35年になると見込まれており，65歳を高齢期の入口と考えると，高齢期人生は平均23.15年という長さとなろうとしている。

超高齢社会となった我が国において，高齢化率の増加と社会問題の関わりについての経済的な側面は前項で述べたとおりであり，当事者である高齢期を生きる人々にとって，ある程度の経済的基盤を維持することは大きな課題と考えられる。経済と健康と人生の終末，高齢期を生きる人々にとって，これら3つのファクターは重要な意味をもち，心身機能の低下が避けられない高齢期において，良好なQOL（Quality of Life）の実現，心理的well-beingへの関心と希望はより高まると考えられる。本章では，これら3つのファクターのうち，健康と人生の終末への支援，その可能性をコミュニケーションの視点から検討したいと思う。

第2節　高齢者におけるコミュニケーションの機能

(1) コミュニケーション

コミュニケーションという言葉を日本語で表現するとき，1つの単語にすることはとても困難である。『広辞苑』によれば，コミュニケーションとは，「社会生活を営む人間の間に行われる知覚・感情・思考の伝達であり，言語・文字，その他の視覚・聴覚に訴える各種のものを媒介とする」とある。私たちは「言語・文字，その他の視覚・聴覚に訴える各種のもの」を使って「知覚・感情・思考の伝達」を日々行っている。しかしコミュニケーションという言葉自体が持つ意味の感じられ方，用法は，社会，民族，時代，あるいは個人の感覚，状況，性差，職業などの背景に応じて，多様な意味と広がりをもっている。また，コミュニケーションは社会学的な解釈，心理学的な解釈，情報学的な解釈，生理学的な解釈，医学的な解釈等，多様な側面を持った言葉でもある。

そこで，ここではコミュニケーションを，「知覚・感情・思考の伝達」であり，「他者との共生における1つの手段としての意味，機能をもつもの」として扱うこととする。

(2) コミュニケーションとマズローの欲求5段階説

有名なマズローの欲求5段階説は，「人間は自己実現に向かって絶えず成長する生きものである」という仮説に基いた自己実現理論によって，人間の欲求構造を次の5段階で示した。① 生

理的欲求（生活維持の欲求），②安全欲求（安定と安全の欲求），③社会的欲求（集団的欲求，所属欲求，親和欲求），④承認欲求（自我の欲求，人格的欲求，自主性の欲求，尊敬の欲求），⑤自己実現の欲求（図10-3参照）。そして，①～④の欲求については，下位の欲求が充足されると次の欲求が高まるが，最高位の⑤の自己実現の欲求は完

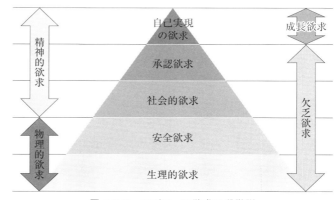

図 10-3 マズローの欲求5段階説
（出典） 齊藤勇（1996）65頁，より作成。

全に充足されることがなく，引続いて希求され，行動の動機づけとなるとしている（Maslow, 1954）。

　生理的欲求はすべての欲求の土台であり，人間は成長・発達するにしたがって，より上位の欲求が重要性を増すと考えられている。欲求の重要度は，その発達段階において相対的なものであり，より下位の欲求が安定的に満たされることによって，次の段階の欲求へと移行するとみなされる。また，マズローは，自己実現の欲求を成長欲求と呼び，それ以外の欠乏欲求と区別している。欠乏欲求は満たされないことによって生じる欲求であるが，成長欲求は自らが求めるものとしている。

　自己実現の欲求・承認欲求・社会的欲求は精神的欲求であり，安全欲求・生理的欲求は物質的欲求であると表すこともある（図10-3）。

　ひとは，生まれてからすぐに，絶え間ないコミュニケーションとともに成長し，人生を送る。ここでは，マズローのいう「自己実現の欲求」を実現するツールとしての「コミュニケーション」，マズローの欲求5段階説とコミュニケーションを関連づけ，理解を試みたいと思う。

　ひとは新生児のまだ他者との意思疎通を意識的に行おうという自発的意識の無い時期から，母親や父親，周りの色々な世代の人々に触れられ，話しかけられ，コミュニケーションを享受し，コミュニケーションの基礎を体得していく。目もはっきり見えない時期に，母親の体に触れたり母親の腕をつかんだりすることなどから得られる感触，ミルクの味やにおい，頬ずりをされた時に伝わる香りなど，味覚や嗅覚の刺激とともに母親の声，母親の心拍音は聴覚を通じて乳児に安心を与え，後の良好なコミュニケーション能力を育むための重要な要素となる。

　乳児期は，自身を取り囲む外界の変化に対応し，発達と成長を遂げながら，無意識のうちに，将来のコミュニケーションの基盤が養われている時期といえる。そして，「あーあー，うーうー」といった喃語の前段階から，自己の欲求を表現し，自己の存在を主張し，徐々にコミュニケーション能力の基礎を獲得していく。この時期のコミュニケーションは，「①生理的欲求」，「②安定欲求」を満たす目的の自己主張と，家族によってあたえられるコミュニケーションが大半をなしている。

その後，幼児前期を迎え，片言の言葉を話すようになり，幼児後期に入って歩行ができるようになると，生活圏は徐々に拡大し，自然，周囲の物，家以外の環境，集団などを体験する。そこでの経験を通じて，身近な人間をより明確に認識できるようになり，愛されるということの心地よさと，安心を自ら求めるコミュニケーションを行うようになる。自者と他者の認識をもち始め，他者との情緒的な深まりの経験は，情緒の安定，信頼感の育成につながる。この時期には，「①生理的欲求」，「②安全欲求」に加え，「③社会的欲求」が芽生える。

　続く学童期には，友達という家族以外の同年代の他者を得ることで，自己の認識と他者の容認という，コミュニケーションにおいて重要な要素を獲得する。また，友達との係わりの中で，他者が自身を容認するという経験を通して，自己肯定感を得ることも経験する。

　「④承認欲求」の段階では，家族以外の他者との人間関係を築くことに多くのコミュニケーションが営まれ，青年期の課題である自我の形成に関わって，「人間関係」におけるコミュニケーションは大きな意味をもち，人間関係とコミュニケーションは同一のものであるとさえ認識されるのではないかと考えられる。

　その後の，成人期・壮年期におけるコミュニケーションは，「④承認欲求」に加え，「⑤自己実現の欲求」を強く反映したものとなり，成熟の段階を迎え，高齢期へと引き継がれる。

　マズローは晩年に，自己実現の上位概念として「自己超越欲求」を追加した。自己超越欲求とは，「自己の超越，真，善，美の融合，他人への献身，叡智，正直，自然，利己的個人的動機の超克など」とされているが，マズローは自己超越の領域に達することができるのは，全人類の２％程度であると述べている。

(3) マズローの欲求５段階説と高齢期の問題

　成人期・壮年期において成熟した自己実現への希求を反映したコミュニケーションは，壮年期・高齢期において，それぞれの自己実現の頂点に達した後は，どのようになるのであろうか。この問いが，高齢者を支援するコミュニケーションのヒントになるのではないか，と筆者は考える。

　マズローの５段階欲求の充足に対する年齢とコミュニケーションの機能との関係を図10-4に模式化した。

　高齢期には，４種類の喪失体験があるとされている。①体力や心身機能の低下などによる「心身の健康の喪失」，②子どもの自立や定年，退職，引退，配偶者や友人との死別などによる「家族や社会とのつながりの喪失」，③定年，退職，引退などによる「経済的自立の喪失」，④社会的地位や役割などを終えたり失うことによる「生きる目的の喪失」である。

　成人期・壮年期に得たものを手放したり，失ったりすることの多い高齢期では，希求される欲求の内容もまた変化すると考えられる。特に心身の健康の喪失により，支援や介護が必要となった，いわゆる要介護高齢者においては，自己実現の欲求や承認欲求をかなえる場が失われ，家族や社会とのつながりを喪失してゆく者は，社会的欲求や安全欲求を，ひいては生理的欲求をも自身でかなえることが困難になり，他者の助けによって生命をつなぐこととなるであろう。最も基

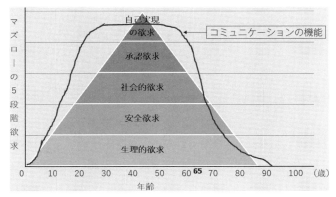

図 10-4　マズローの5段階欲求の充足に対する年齢とコミュニケーション機能の関係

礎的な欲求である生理的欲求には，家族や専門職のケアが提供されこととなるが，そのような高齢者においても，障害の客観的な側面ばかりでなく，主観的側面への視点が重要になると考えられ，心理的 well-being に対する支援は大きな意味をもちうると思われる。

そこでコミュニケーションを活用した支援の可能性について考え，「コミュニケーショナル・サポート」を提言したい。

(4) コミュニケーショナル・サポート——コミュニケーションによる高齢者支援

高齢者の QOL (Quality of Life)，心理的 well-being の向上を支援するコミュニケーションにおいては，マズローの欲求5段階説に示される精神的欲求である「社会的欲求」「承認欲求」「自己の実現欲求」に焦点をあてる。

社会的欲求，承認欲求の達成感は，青年期・壮年期において，他者や集団内でのコミュニケーションの実態そのもので示される場合が多いと考えられる。具体的には，「社会的欲求」の満足は，同年代の友人や会社の同僚との良好なコミュニケーションの中で実感され，また承認欲求の満足は，インセンティブや社会的地位と共に，他者や集団内でのコミュニケーションにおいて，存在価値を認められたことの実感が誇らしさを後押しする。

高齢期における様々な喪失は，社会的欲求や承認欲求を手放さざるを得ない状況が作られやすく，そこでは，自己実現の欲求に対する意欲も失われがちになることは容易に想像できる。そのため，高齢者支援においては，日々の生活において受動性が高まった状態にあっても，コミュニケーションによって社会的欲求や承認欲求を満たす支援を提供し，さらに，自己実現の価値にもう一度気づき，意欲をもてるようなはたらきかけを，コミュニケーションによってもたらしたいと考えるのである。

第3節　高齢者のコミュニケーションと心理
―― コミュニケーショナル・サポート

(1) 精神的欲求を実現する機能的コミュニケーション社会

　ひとは1つの集合体にのみ属しているわけではない。コミュニケーションという観点から見たとき，その広がりは，個と個のコミュニケーション，個と集団のコミュニケーションというように，個人に関係づけられたネットワークとしての広がりをもち，また地域や年代，時代という個人の持つさまざまな条件に影響をうけながら，まとまりをもっている。例えば親・兄弟・親戚など身近な人物，地域環境，時代背景，学校や職場といった年代ごとの所属社会，子育てや介護など家庭内役割に関連したネットワーク，個人の価値観やパーソナリティによる選択などによって，一個人が複数のコミュニケーション社会をもっている。

　個と個のコミュニケーションと，それに連なる多様な集合体が派生し，複数のコミュニケーション社会が個人を取り巻いているともいえる。

　その中でも，精神的欲求である社会的欲求や承認欲求の実現が展開されるコミュニケーション社会は，個人にとって大きな意味を持つことになる。社会的欲求の中心におかれる意味深いコミュニケーション社会の1つに，同年代の友人や同世代の人々，職場の同僚といったまとまりがある。時間を共にし，所属や時代や目的などを共有する者が集まったコミュニケーション社会において，ひとは社会的欲求の実現が満たされる。高齢者が人生の歴史を振り返り，その記憶をたどるとき，満足感，充足感が心によみがえるのではないだろうか。

　また，承認欲求の実現には，社会的役割や責任を果たしていることの評価が他者によってもたらされるような，コミュニケーション社会の存在が重要である。ここでは，所属や時代の共有感より，価値観や信念を共有する他者とのコミュニケーション社会でもたらされることの方が重要である。

　社会的欲求の充足は自己肯定感の基盤となり，承認欲求の充足は自己肯定（自信）と有能感・誇らしさをもたらし，自己実現の欲求へとつながる。コミュニケーションはあらゆる意味で自己主張の手段であり，その人らしさのメッセージを伴っている。

　高齢期では，「家族や社会とのつながりの喪失」から社会的欲求の充足が危うくなる。「心身の健康の喪失」や「経済的自立の喪失」から承認欲求を満たしにくくなる。承認欲求に対する無力感は自己肯定感や自尊心を低下させ，自己実現の欲求への諦念，「生きる目的の喪失」につながると考えられる。しかし，これを支援のヒントとして捉えるならば，高齢者支援ネットワークを，これらの欲求実現を支援するコミュニケーション社会として機能させることで，加齢によって心身の脆弱化を感じている人，自信を失い，希望を見いだせない状況にある人へのQOLや心理的well-being向上につながる支援への可能性があるのではないだろうか。

⑵　社会的欲求へのコミュニケーショナル・サポート

　共通項の存在や，世代の共有感を生じさせる同年代の人々とのコミュニケーションは，社会的欲求の中心的存在であり，一体感，安心感，喜びをもたらし，情緒の安定を支える。

　同年代であるということは，一生懸命生きてきた青年〜成人〜壮年期の時代感覚を共有しているという連帯感が生まれる。出身地や出身校が同じであったり，同じ趣味であったり，お互いの孫が同じ部活動をしているといったことですら，お互いの存在を他より近しく感じ合い，帰属感を分かち合えるのである。

　認知症高齢者に対しては，このようなコミュニケーショナル・サポートの手法の一つとして，グループ回想法が活用できる。回想法とは，1960年代にアメリカの精神科医ロバート・バトラーが提唱した心理療法である。高齢者が自らの人生の歴史を回想し，その記憶をたどることで，過去の自分や，その時の感情を肯定的に受け止め，自分の人生を意味のあるものだったと再確認し，残りの人生を豊かに過ごすことを目的としている。

　具体的には，昔の懐かしい写真や音楽，洗濯板や鰹節削り器といった昔懐かしい家庭用品や農機具などを見たり，それらに触れたりしながら，昔の経験や思い出を語り合うというものである。支援者には，語られた内容の守秘義務を守り，また安易な肯定・否定をしないこと，傾聴を心がけ対象者のペースを尊重するなど，高齢者の回想を満足感や充足感といった良い感情に転化させていく配慮とスキルが必要である。認知症の人々は，短期記憶・近時記憶の低下により，最近のことを記憶することは難しくなっていても，長期記憶や体で覚えたりんごの皮むきのような「手が覚えている」といった，いわゆる手続き記憶は保たれていることが多く，昔の出来事や昔の道具の使い方などの記憶は保たれていることが多い。認知症の人は色々なことができなくなっていく体験が続くなか，「昔の記憶の存在」「できること」「わかること」の体験によって，自己の中に「秩序だった能力」を発見できたことによる自己効力感や安心感を得ることにつながると考えられる。

　回想法は仲間と話題を共有し，楽しい時間を過ごすことによって不安や孤独感が和らぎ，また自分の話を聞いてもらえているという満足感も得られ，抑うつ症状の改善や不安の軽減，満足感や自尊心の向上に効果があることがコクランレビューに示されている。

　認知症の人は，色々なことが次々とできなくなっていくことが続くなかで「昔の記憶の存在」「できること」「わかること」を体験することによって，「自己の秩序だった能力」を発揮できたことにより，自己効力感や安心感を得ると考えられる。

⑶　承認欲求・自己実現欲求へのコミュニケーショナル・サポート

　高齢期には，定年，退職，引退などによる「経済的自立の喪失」や，社会的地位や役割などを終えたり失うことによって，他者から認められたいと欲する承認欲求を充足する機会が減少する。特に要介護高齢者では，承認欲求を得る機会はさらに減少すると考えられる。そこで，承認欲求の充足に繋がるコミュケーショナル・サポートの提供が必要となるのである。

　しかし，支援者と要介護高齢者の関係性の中で，承認欲求の充足を促すようなコミュニケーシ

ョンが成り立つだろうかという疑問がわく。支援者は要介護高齢者に支援を提供し，高齢者は支援を受けるという立場関係では，高齢者が「他者から認められる存在」で在ることは難しいと考えられやすい。また，支援者が若い場合には，世代間の相違，いわゆるジェネレーションギャップによって，興味や価値観における共通性や接点を見つけることが難しく，隔たりを感じることはよくあるであろう。しかも，ほとんどの支援者は高齢者より年下であり，高齢者は数多くの経験を積み重ね，また，色々な立場，役割を果たしてきた人たちである。そのことを前提に，世代間の相違をプラスに転じて上手に使うこと，そしてマイナス面を払拭することが大切な要素となる。対象者と同年代・同世代ではないからこそできる，コミュニケーショナル・サポートが考えられるのである。

　最も自然なものは，率直に「すごい」「なるほど」と思わされる要介護高齢者の「できること」に出会える機会を持つことである。平易なことばで表現すれば「昔取った杵柄」を発見することであり，支援者の知らない，高齢者の培ってきた経験知の発見である。そして，発見した時には，「すばらしいですね」「すごいですね」と強い言葉で賞賛し，しっかりと本人に伝えることである。

　高齢者の経験知と出会い，その素晴らしさや価値を支援者がしっかりと伝えることは，高齢者にとって「他者による承認」を強く感じられる体験である。このような体験は，自己肯定感の醸成につながり，自身の存在価値，自尊感情の基礎となり，承認欲求を支えるコミュニケーションが生まれたことを示すと思われるのである。

　心身機能が衰え，できることがごく限られる状況の高齢者に対しても，「笑顔を見せてくれてうれしいです」「場を和ませてくれてありがとうございます」「笑ってくれると，こちらもやる気が出ます」と，本人の存在を評価する言葉を伝えることはできる。すなわち，支援者もまた，高齢者を支援することで喜びや自己肯定感や承認欲求が満たされていることがある。そういった自分の感情に気づき，相手の存在への感謝を伝えることができれば，そこに支援者としての成熟があるといえる。また，対象者との関係性が許せば，相談にのってもらう，愚痴を聞いてもらう，小さなお願いごとをするなど，対象者を尊重して頼ることも1つの方法である。

　コミュニケーショナル・サポートは，ある意味で作為的である。それを自覚したうえで，相手の心に響くコミュニケーションを模索することは支援者に与えられた課題である。

(4) 繰り返し継続する，チームで実践する

　前項では，高齢者の社会的欲求と承認欲求を満たすコミュニケーショナル・サポートについて述べたが，最終目標は，様々な喪失体験によって低下しやすいQOLや心理的well-beingを下支えすることである。そのためには，1度や2度の支援では不十分であり，日々，または数回繰り返されることが望ましい。しかし，1人の支援者が日々，または数回，それを繰り返すのは困難であるし，わざとらしい。そこで，その高齢者に1つの賞賛すべき事柄があれば，それを何人かで共有し，複数の他者から伝える方法をとることができる。チームでのコミュニケーショナル・サポートである。誰でも，1人の人に褒められるより，たくさんの人から褒められる方が嬉しいものである。また毎日顔をあわせるような，例えば介護施設での利用者と支援者であれば，利用

者と支援者ではなく，一人の個人と一人の支援者という対等な関係を実感できるであろうし，施設を介して一体感を感じることに繋がるであろう。

　高齢者から話を引き出すことが上手な支援者もいれば，苦手な支援者もいる。しかし，上手な支援者が引きだしてくれた事柄を皆で共有すればよいし，その話題や題材から，新たな事柄が導き出されるかもしれない。また対象者の事柄の共有は，その方の人生や考え方を支援者が知り，その人らしさを重視したコミュニケーションの促進や，日々のケアに活かすこともできる。

　他者からの評価，尊敬が自己肯定感や自尊感情を芽生えさせ，自己実現の欲求へと広がりを見せてくれば，コミュニケーショナル・サポートは成果を上げたことになるのではないだろうか。

　自己実現の欲求を，「自分に潜在する可能性を自発的に発揮する欲求」と考えたとき，それは高齢者のQOL，心理的well-beingの支援そのものと言えるのではないだろうか。

第4節　要介護高齢者コミュニケーショナル・サポートのヒント

(1)　要介護高齢者にむけたコミュニケーションナル・サポート

　要介護高齢者へのコミュニケーショナル・サポートについて，さらに具体的な方法を提案したいと思う。

　人は生まれた時から，他者とのコミュニケーションが始まる。乳児の段階では，受け身のことが多いと思われるが，コミュニケーションは，欲求の表現であったり，自己の確認であったり，自己主張の1つの形と考えれば，乳児の時から実に多くのことを他者に伝えようとしている。周囲の者は，「言葉」をもたない乳児の自己主張や欲求を一生懸命くみ取ろうとし，乳児から言葉が返ってこないことにはお構いなしで，たくさんの言葉を投げかけ，話しかける。そのうちに，乳児は欲求の伝え方を学習し，感情を表現し，言葉を介したコミュニケーションを少しずつ修得していく。新生児は，ゼロの状態から，乳児期，幼児期，学童期と非常に多くのコミュニケーション・スキルを身につけていき，成人期を迎える。

　高齢者になるということには，この道のりを逆にたどるという側面がある。言葉を操り，感情や表情や気づかいや営業トークと言われるような高度なコミュニケーションまで，自己実現欲求充足のストラテジーを培って，自身の生き様に応じたコミュニケーション社会をいくつも築き上げ，能動的な日々を送ったのちに，高齢期を迎える。高齢期に入ると，それぞれのコミュニケーション社会は，少しずつ狭小化し，その人自身の参加する社会も人とのつながりも小さく小さくなってゆく。まさに，自己実現欲求のステージでの生き生きとしたコミュニケーション社会から，承認欲求のステージ，社会的欲求のステージへと少しずつ低い欲求のステージへと下降していくイメージである。同じ社会的欲求でも，学童期・青年期のような発展の途上では，コミュニケーションは，栄養を吸収して成長を遂げていくが，高齢期，特に要介護高齢者にあっては，承認欲求はもとよりそもそも社会的欲求の充足すら危うくなるほど，コミュニケーションの中身がとぼしくなっていく。

　そこで，このようなコミュニケーション・クライシスの兆しを見逃すことなく，コミュニケー

ショナル・サポートを提供したいのである。要介護高齢者のコミュニケーション・クライシスは，乳幼児期の状態とは違う。そこには，人生の体験，経験知の蓄積，英知の蓄積がある。そのため，その人の得てきた体験，経験知，英知を紐解きながら，コミュニケーションによってそれらをもう一度活性化させることが大事であり，それが支援者の役目なのである。

(2) 表情をよみとること，小さな変化に気づくこと

対象者とのコミュニケーションから伝わってくるものを，「自己主張」「メッセージ」として受け取ること。要介護高齢者のコミュニケーションの欲求，すなわち承認欲求，社会的欲求の充足の必要性をアセスメントすることから始まる。自己主張には，話さない，引きこもる，避ける，など消極的主張もメッセージとしてとらえられる。そこで表情の変化を見逃さない，些細な変化を見逃さないことが大切である。

こちらから伝えるべきことは，まず，その存在を認め，一体感，仲間感，帰属感を共有するためのコミュニケーショナル・サポートである。伝える手段としては，感覚刺激を用いたものから，言葉を介したものまである。目をつぶれば視覚情報は入らないが，においと音は遮断することができないので，そのような感覚を重視する。すなわち，

・さわること，声をかけること
・話しかけること
・質問すること
・よい香りを提供し，イメージを伝えること

などが考えられる。心身の状態がかなり悪く，開眼していない，ほとんどコミュニケーションをとれない場合でも，聴覚や嗅覚や触覚は情報を受け取っている。音は聞こえている，においを感じている，優しく触れられる感触は伝わっているのである。

会話や雑談が可能な場合は，

・共通の興味あることについて話すこと
・些細な変化に対して敏感に反応してあげること
・対象者が変化したことに対して喜ぶこと
・自然に存在意義を認識できるように，快く誘導すること

などがあげられる。返事が返ってこなくてもよい，こちらの言葉が届いていれば，イメージが生まれ，横になって寝ていてもコミュニケーションはできるのである。イメージするだけで人間の体は活性化し，心も活性化する。私たちが気づけないこともあるが，変化は確実に起きていると確信することが大切である。リアクションがないと，一方通行であるかのように思えてしまう。しかし，外から見た変化は微細かもしれないが，その人の内的世界で必ずプラスに転じていると確信することである。

そして帰属する集団があること，その帰属集団に愛着や特別な価値を感じることができれば，その集団の他者から伝えられる言葉は，その人にとって価値ある言葉，心にプラスになる言葉となる。そして，多くの支援者がチームとして，コミュニケーションを提供することが大切である。

ある対象者に，「担当の＊＊さんが○○さんに会うのが楽しみといっていましたよ，話を聞くのが楽しみだと言っていましたよ」と多くの人から話かけられることで，対象者は担当の＊＊さんに会うのが楽しみになり，＊＊さんと会って話した時＊＊さんの言葉の価値は，より大きくなるのである。このようにチームでコミュニケーションを提供することは，一体感を強めることに繋がり，社会的欲求を満たすことにつながると考えられる。

(3) 承認を支援するコミュニケーション

具体的な日々の取組としては，対象者に毎日ていねいな「声かけ」をすることが大切である。毎日声をかけることは，常に意識をしないとなかなかできないことだが，対象者の様子，表情，声の感じなどに留意しながら，あいさつや話をすることは「自分は気にかけられている」という安心感につながる。また時間を使って対象者の話を傾聴すること，様々な場面での対象者の自己表現を受容する姿勢を示して，対象者に「必要な存在であること」「唯一無二の存在であること」を伝えるコミュニケーショナル・サポートである。お互いの関係性が許せば，小さなお願いごとをする，相談をする，役割を果たしてもらう，など対象者を頼り，そのことについて感謝を伝えることも，その方の存在価値を伝える方法となる。伝える手段として，以下のものがある。

・ほめること
・ものを頼むこと
・対象者にとって心地いい依存をすること
・支援者のために少し無理をしてもらうこと
・頼ること
・相談をすること
・役割をもってもらうこと

これらの，コミュニケーションから伝わるのは，自分は頼られている，一廉(ひとかど)の人間として相対している，ということであり，このような他者からの承認は自自己肯定感や自尊感情の醸成につながるのである。題材として，女性はホスピタリティを発揮していただくことや，ハウスキーピングにまつわること，男性にはアドバイスをいただくことや，集団全体に貢献していただく内容で，生活史や経験知と相性が良いものを見つけるのがよいと思われる。

このような自己肯定感や自尊感情の醸成は，さらに自己実現欲求にむけての自発性や意欲が生まれる土壌となるであろう。

(4) 高齢期はだれにも訪れる——人生の四季・過渡期を意識して備える

人はみな，やがて高齢期を迎える。世界に類を見ないスピードで高齢化率が上昇を続けている我が国では，社会基盤の整備とともに，個々の課題としても，要介護状態になるといった高齢期クライシスにいかに対応するかという議論が盛んに行われている。

そこで最後に，老いに備える，高齢者になるまでにコミュニケーションについて備えたいことについて述べたいと思う。

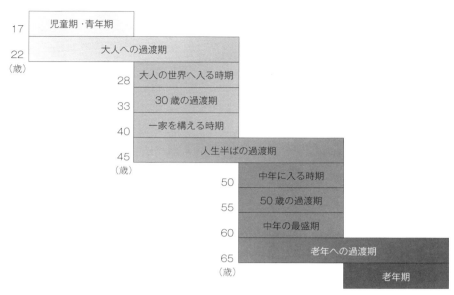

図 10-5　レビンソンの描いた人生の四季
（出典）　太田信夫監修（2017）159 頁より，作成。

　レビンソンは，成人男性数十名が半生をつづった自分史をまとめて，ライフサイクル理論（過渡期）というライフサイクル論を展開し，図 10-5 のように人生は約 25 年つづく発達期が繰り返され，各発達期は互いに重なる約 5 年の過渡期でつながっているとして，「人生の四季」を示し説明した（Levinson, 1978）。春は生まれてから青年期まで，夏は成人前期，秋は成人後期，冬は高齢期である。それぞれの季節における生活の基本的なパターンに着目し，それぞれの季節の変わり目には，2 つの季節を橋渡しする重要な「過渡期」の存在を明らかにし，それまでの季節で用いてきた生活構造の作り変えが行われるとしている。過渡期の年代として，「成人への過渡期（20～25 歳）」，「人生半ばの過渡期（40～45 歳）」，「老年への過渡期（60～65 歳）」を示している。
　重要なことは，過渡期とは人生の危機的な時期でもあり，この時期をうまく乗り越えることが次の安定した生活パターンを形成すると考えられていることである。レビンソンの時代より，さらに寿命は延び，100 年人生時代という言葉が広がりつつある我が国では，老年への過渡期はより高い年齢にシフトするであろうが，この過渡期に，心身の衰えと向き合いながら，人生の冬の季節をいかに温かく満足して過ごせるか，不幸より喜びを感じる日々を送れるかということに備える意識をもつことが大切ではないだろうか。
　日本老年医学会では，加齢と慢性疾患などにより心身機能が衰え，要介護状態の一歩手前の脆弱な状況を表す「フレイル」という言葉を提唱し，心身機能の衰えを早期に自覚し，または専門家が発見し，早期に介入しレジスタンストレーニングなどを実施することが介護予防につながると提言している。高齢期における QOL の維持，心理的 well-being においても，まさしく同様な考え方ができるであろう。4 つの喪失といわれる喪失体験に直面する「老年への過渡期」は誰にも訪れるのである。喪失体験は，社会的帰属感や自己肯定感，自尊感情を低下させるリスクと結

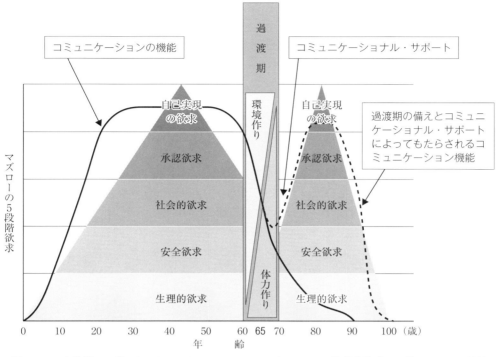

図 10-6　高齢期への備えとコミュニケーショナル・サポートによる精神的欲求への働きかけの可能性

びつきやすく，それは，抑うつや引きこもりの引き金にもなりうる。ひいては，認知症や要介護状態まで引き起こす可能性があることを知っておくことは重要である。

　足腰に力をつけ，頼りになるかかりつけ医がそばにいれば，転んだとしても回復の度合いは大きく違ってくる。心身の健康を支える「体力作り」，そして自分の心を支えるものは，身近な人々とのコミュニケーションであるということを意識して，自分の身近な生活圏にいくつかのコミュニケーション社会をもち，お互いの存在を確かめ合い，認め合える人間関係をできるだけ多くもつ「環境作り」をしておくことが，高齢期への過渡期に準備しておくべき重要な課題であろう。

　身体の衰えは止められないが，コミュニケーションによって心が満たされれば，誰かと時間を共にしたいという気持ちが湧いてくる。その気持ちで体は動き，やがては身体の衰えに「待った」をかけてくれるであろう。要介護高齢者においては，そのような心と体を動かすコミュニケーションを提供することが「コミュニケーショナル・サポート」であると提言したい。コミュニケーションは，人と人とのつながりそのものであり，高齢者の心と身体を支える最大の希望と思われるのである（図10-6）。

参 考 文 献

Goble, Frank G.（1970）*The Third Force: The Psychology of Abraham Maslow*, New York: Grossman Pub.ishers.（小口忠彦監訳『マズローの心理学』産業能率大学出版部，1972 年。）

Levinson, D. J.（1978）*The Seasons of a Man's Life*, New York: Alfred A. Knopf.（南博文訳『ライフサイクルの心理学』講談社，1992 年。）

Maslow, Abraham H.（1954）*Motivation and Personality*, 2nd ed., New York: Harper & Row.（小口忠彦監訳『人間性の心理学』産業能率大学出版部，1971 年。）

太田信夫監修，二宮克美・渡辺弥生編（2017）『シリーズ 心理学と仕事 5 発達心理学』北大路出版。

齊藤勇（1996）『イラストレート心理学入門 第 2 版』誠信書房。

柴田博・長田久雄編（2003）『老いのこころを知る』ぎょうせい。

内閣府 HP「平成 29 年版高齢白書（全体版）」http://www8.cao.go.jp/kourei/whitepaper/w-2017/zenbun/29pdf_index.html/2-5（2018 年 5 月 5 日参照）

第11章

在宅高齢者の QOL を高める支援
―― これからの在宅生活を支えるために必要なこと

奈 良　　環

✿時代の変化とともに高齢者を取り巻く環境も変化し，価値観も変わってきている。そうした変化や多様性にも着目し，地域で暮らし続けるための必要な支援，在宅高齢者の QOL を向上させるために必要な支援について述べる。

いま，高齢者が最期を迎えたい場所として「自宅」が半数を超えている。そうした要望，そして，今後の介護人材等の問題などからも，地域の包括的な支援・サービス提供体制（地域包括ケアシステム）の構築が推進されている（平成29年版「高齢社会白書」）。

老いの孤立と孤独に対しては，「『ひとり』の生活形態を重んじ，これを支える医療と福祉を充実させ，それに地域住民が参加して地域で老いを支えることが，寝たきり，認知症を含めた高齢者対策の出発点だと思えてならない」と言われる（阿部，2008，66頁）。地域で生活する高齢者の支援には，高齢者自身を含む地域住民の力が必須である。そして，老年期を生きること，「ひとり」であるということをマイナス要素のみで考えず，一人ひとりの望みや状況に応じて対応できる，支援のバリエーションの多さが今後の支援の鍵となる。

第二の人生と呼ばれる定年後は長い。その第二の人生で介護状態にならないよう予防すること，そして，老年期に至る前の段階から第二の人生を予測できるよう，介護福祉士等対人援助職がさまざまな世代と関わり，活動の域を拡げていくことが必要である。

Keywords：　多様性，高齢者と仕事，社会参加

第1節　多様化する高齢者の生活

日本は急速な少子高齢社会化が進み，高齢者世帯やお一人様と言われる単身世帯が増加し続けている。現在の老年期世代が，かつて高齢者を支える世代であった頃に比べて，高齢者のおかれている立場，生活，そして高齢者像自体も変わってきている。

在宅で生活を続ける高齢者の QOL の向上を考える上で，それらの変化をふまえた支援，とり

表 11-1 高齢者のための住宅

	基本的性格		定義・特徴	対象者
有料老人ホーム	① 入浴，排せつ又は食事の介護，② 食事の提供，③ 洗濯，掃除等の家事，④ 健康管理 のいずれかをする事業を行う施設	介護付き	・介護等のサービスが付いた高齢者向けの居住施設 ・介護等が必要となっても，ホームが提供する介護サービスである「特定施設入居者生活介護」を利用しながら，ホームでの生活を継続することが可能	原則60歳以上 介護保険利用者65歳以上 特定疾病40歳以上
		住宅型有料型	・生活支援等のサービスが付いた高齢者向けの居住施設 ・介護が必要となった場合，入居者自身の選択により，地域の訪問介護等の介護サービスを利用しながら，ホームでの生活を継続することが可能	60歳以上（65歳以上の場合も有り） 要支援，要介護認定を受けている者 自立した者も可
		健康型	・食事等のサービスが付いた高齢者向けの居住施設 ・介護が必要となった場合には，契約を解除し退去しなければならない	60歳以上 自立した生活ができる者
サービス付高齢者向け住宅	状況把握サービス，生活相談サービス等の福祉サービスを提供する住宅			60歳以上 要支援・介護の認定を受けている60歳未満の者

（出典）「第102回社会保障審議会介護給付費分科会資料——高齢者向け住まいの概要」より一部抜粋．

わけ，これから高齢者になっていく者も含めての支援を考えていくことが課題といえる．

現在，子どもが親の面倒を看るのは当たり前とされ，他方では「老いては子に従え」と言われてきた世代が老年期を迎え，自立を促されている．自身が親の老後を支えていた頃とは勝手の違う老後に戸惑う高齢者も多いと思われる．自らの加齢による変化だけではなく，時代の変化をも受け入れつつ，現代の高齢者は，自身の老後を生きている．一昔前と違い，支える側に比べて支えられる側が多い昨今，高齢者であっても，支える力がある場合には，支える側に回らなければ，今後の生活は成り立って行かないであろう．

これらの環境の変化，多様化する生活のなかでの高齢者像を知ることが，これからの支援の一歩となる．

(1) 変わりゆく終の棲家

近年，高齢者が最期の時を過ごす「終の棲家」は長年暮らしてきた家とは限らない．高齢者用賃貸住宅や有料老人ホーム等，さまざまな「在宅」の形がある．（表11-1）高齢者向けの住まいが整備され，サービス付高齢者住宅等さまざまな物件を選ぶこともできる．「長年住んできた家か入所施設か」だけではなく，選択肢が広がりつつある．

これまで生活を続けてきた家が終の棲家になることもあれば，長年，生活を続けてきた地域の中で自身の実情に合った終の棲家に住み替える高齢者もいる．家族の有無や経済的な理由，また

は親の介護をしてきた者が，自身の子に同じ思いをさせたくない等の理由から，介護が必要となる前に暮らす場所を変えることもある。

長年住み慣れた家で生活を続ける高齢者には，心身の状況に応じて自立した生活を送りやすい環境整備や福祉用具の活用などを考えていくことのほか，それまでの他者との関係の継続，場合によっては，新しいコミュニケーションの場を開拓し，社会性を失わないようにすることも生活の質の保持には欠かせない。

そして，さまざまなタイプの有料老人ホームでは，その環境に応じて，且つ個人の社交性によっても，人間関係の構築がなされる。支援が必要であるかどうかを対人援助職として十分に吟味し，必要に応じてコミュニケーションを促進する場所や機会を提供するなどの工夫が必要である。介護福祉士等の対人援助職には，関わって支援をするだけでなく，何もしないといった関わり方も重要となる。それぞれの場所の特性，個々の価値観やこれまでの生活状況から，何が必要であるかを考えていかなければならない。特にコミュニケーションについては，社会的環境，物的環境に応じて対象者が想像しうる更に先の状態まで見通しをもって，専門職が対象者と共に考えて行くこと必要とされる。

(2) 高齢者像の変化

現在75歳以上の高齢者は，テレビや洗濯機，冷蔵庫など生活に便利なものが徐々に増え，さまざまなことがめまぐるしく進化する中で働き，子育てをしてきた世代である。介護保険が施行された頃に親の介護をし，親を子が看るのが当たり前という考えがまだまだ多かった時代に，介護サービスを利用しはじめ，介護の外部化を進めてきた世代であるとも言える。

そして，今後は戦後の高度経済成長，消費社会，バブル景気などを経験した団塊の世代が老年期を迎える。パーソナルコンピューターなどにも馴染みがあり，暮らし方などについてもそれぞれの価値観を強く持った世代が高齢者となる。

この団塊の世代が75歳以上の後期高齢者となる2025年頃には，現在の高齢者とはまた違った価値観，更に多様化した価値観を持つ高齢者への支援が必要となるであろう。核家族化，人口の減少，情報化社会の中で多様な価値観やライフスタイルを自ら選び作り上げてきた世代が望むものは多種多様であると想像される。平成30年に後期高齢者となる世代のこれまで（表11-2）を見ても，40代になった頃には当たり前にコンピューターを使い始めた世代であることがわかる。他者との関係も，インターネットを使用してのコミュニケーションも当然のことと考えられるであろう。生きてきた時代背景，個々の価値観を考慮したコミュニケーションの場，バリエーション豊かな支援が求められる。

(3) 仕事と社会参加

定年後は悠悠自適な生活を送りたいという願望の一方で，高齢者の就業意識は年々高まっている。「高齢者の日常生活に関する意識調査」（2014年）では，収入を伴う仕事を何歳までしたいかという問いに対して，「働けるうちはいつまでも働きたい」と答えた者が42％と一番高く，つい

表 11-2　1943 年生れの高齢者の暮らし，流行などに見る時代の変化

年	年齢	出来事や流行
1943（昭和18）年	0歳	学徒動員（出陣），「無法松の一生」
1948（昭和23）年	5歳	成人の日等祝日に関する法律の公布，「憧れのハワイ航路」
1953（昭和28）年	10歳	NHK が放送開始，「雪の降る街を」
1958（昭和33）年	15歳	東京タワー完成，1万円札の発行，フラフープ
1963（昭和38）年	20歳	ケネディ米大統領暗殺，「鉄腕アトム」
1968（昭和43）年	25歳	3億円事件，「三百六十五歩のマーチ」
1973（昭和48）年	30歳	第一次オイルショック，ノストラダムスの大予言
1978（昭和53）年	35歳	新東京国際航空開講，24時間テレビ開始
1983（昭和58）年	40歳	インターネット誕生，東京ディズニーランド開園，校内暴力
1988（昭和63）年	45歳	リクルート事件，カラオケボックス，「となりのトトロ」
1993（平成5）年	50歳	バブル崩壊，Jリーグ開幕，ポケベル，コギャルブーム
1998（平成10）年	55歳	和歌山カレー毒物事件，長野オリンピック，「夜空ノムコウ」
2003（平成15）年	60歳	振り込め詐欺，地上デジタル放送，「世界に一つだけの花」
2008（平成20）年	65歳	秋葉原無差別殺傷事件，リーマンショック，iPhone
2013（平成25）年	70歳	富士山が世界遺産登録，ふなっしー
2018（平成30）年	75歳	平昌オリンピック

（出典）　筆者作成。

で「70 歳くらいまで」が 21.9%，「65 歳くらいまで」が 13.5% であった。定年退職の年齢は引き上げられたものの，健康寿命が延びれば延びるほど，経済的に，そして自身の居場所や役割をもつために，仕事をしたいと考える高齢者は今後も増加するであろう。実際に，2016 年までの高齢者就業数は 13 年連続で増加しており，就業者総数に占める高齢者の割合も過去最高となっている。我が国の高齢者の就業数はアメリカやカナダその他主要国と比べて，一番大きくなっている。

　高齢者の雇用形態としては，非正規の職員・従業員として働く高齢者が多い。非正規の職員・従業員として働いている理由として，「自分の都合の良い時間に働きたい」が約 29% と最も高く，「家計の補助・学費等を得たいから」という理由も多い。経済的な理由の一方で，短時間での労働や拘束時間も短く自身の都合がある程度優先できる働き方が望まれている。たくさん稼ぐ必要があった時代を過ぎ，仕事をする上で稼ぐということがさほど優先されない働き方がなされている。

　では，仕事以外の高齢者の活動，趣味や社会貢献はどのくらいなされているのであろうか。
　平成 29 年度の「高齢社会白書」によると，図 11-1 にあるように，ボランティアや社会奉仕などは 11% 程度であり，自治会や町内会などの活動が 18% である。約 7 割が特に活動はしていないと回答している。在宅で暮らす独居高齢者を支える友愛活動等をする老人クラブへの参加率もピークに比べ減ってきており，地域での活動を増やすには，まずは元気な高齢者への地域活動への誘導が必要となる。

(4)　老年期を迎える準備と仕事

　高齢者とひとくちに言っても，見た目や体力などに個人差があり，また，本人の歳をとったと

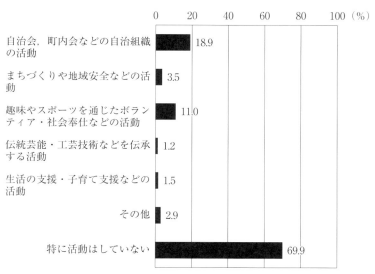

図 11-1　社会的な貢献活動への参加の状況
（注）　調査対象は全国の 60 歳以上の男女。複数回答。
（出典）　内閣府「高齢者の経済・生活環境に関する調査」2016 年。（平成 29 年度「高齢社会白書」より引用）。

いう自覚もさまざまである。誰もが健康で若々しくいたいとは思っており，健康や美容に関する商品はあふれている。しかし，確実に人は歳をとる。個々が自身の老年期について想像することも必要であり，健康寿命を延ばす，アンチエイジングといった少しでも健康で若くいようとすることが，老いを受け入れないということにつながらないよう，老いを受け入れることへの支援についても考えて行かなければならない。

　では，いつから老年期について考えていくべきであろうか。老性自覚が生まれるのは，一般的に白髪が生えてくる，近くが見えにくくなる（老眼），体力の低下等を感じた時である。仕事を定年退職し引退すること，収入が減少するといったことでも，喪失感を感じ，自らの老いを感じる場合もある。老いは人それぞれに感じ方や受け止め方が違う。今後，そうした老性自覚がある前から，老年期の生き方について個々が意識するための働きかけは不可欠である。老後の住まいを確保し，収入を安定させ，コミュニケーションできる居場所を作ることなどを，老年期に入る前に準備することで，老後は変わってくる。40 代，50 代から仕事以外のコミュニケーションの場を作って行けるような働き方ができるよう，これからの少子高齢化社会においては，企業や国も取り組む必要がある。

　働き方ということでは，経営学者のドラッガーが著書『明日を支配するもの——21 世紀のマネジメント革命』の中で提唱した，パラレルキャリアという働き方を認める企業も増えつつある。パラレルキャリアとは，報酬を得ることが目的ではなく，本業を持ちながら第二の活動を持つことである。報酬が目的の主となる副業やダブルワークとは少し違った働き方を認めるというものである。このパラレルキャリア，副業を持つ，まったく違った世界を持つ，というようなことも，

これからの老後を経済的に，そして精神的にも支える可能性がある。違った世界にいくつかのコミュニケーションの場を持つことは，老年期に起りやすい孤立や孤独を遠ざける。

また，これらの多様な働き方は，介護を含めたさまざまな業界の人材不足を補う可能性があるだけではなく，これから老年期を迎える者にとって，本業で定年退職を迎えた後にも加齢の変化や生活スタイル，生き方に合わせた働き方の維持につながるとも考えられる。報酬を得ることを主目的とした働き方だけではない緩い働き方を続けることで，人とのつながり，役割りの維持，居場所つくり等ができる。

これからの専門職は，要介護状態にならないための介護予防に取り組むだけではなく，更にその前の，老年期を迎える前の世代へ働きかけることも考えていかなければならない。

現在わが国では，日常生活に支障なく生活できる健康寿命の平均は70歳代前半である。定年から健康寿命までの期間，そして，その後，何らかの支援を受けながらの生活をするための費用はいくらかかるのか，老後の資金について多くの人が興味を持ち，そうした本や保険なども多く出ている。こうした経済面だけでなく，加齢による身体面での変化，精神面での変化，予測される人的環境の変化などについても，予め伝えて準備していくことが，高齢者が生活をする上でのQOLの向上にもつながると考えられる。

第2節　要支援・要介護者の在宅生活を支える

今後，要介護状態になったとしても，在宅での生活を選ぶ者，選ばざるをえない者も増えてくるだろう。在宅を支える仕組みと多様化する通所サービスから，今後の在宅生活支援について述べる。

(1) フレイル予防

近年，フレイル（frail）予防として，身体的側面，精神心理的側面，社会的側面へのさまざまな予防のための支援がされている。牧迫（2018，2頁）は，フレイルについて「フレイルとは高齢期に生理的予備機能が低下することでストレスに対する脆弱性が亢進し，不健康を引き起こしやすい状態とされ，近い将来に日常生活の障害や要介護を招く危険を増大させる」としている。このフレイルを見過ごさないことが，要支援・要介護状態にしないためには必要である。

藤原（2018，86頁）は，フレイル予防，改善について「フレイル改善・予防介入は，運動，栄養，社会参加を組み合わせた手法が有効であるが，地域特性を考慮する必要がある」と述べている。

近年，自治会や老人クラブといったものへの参加率は年々少なくなってきており，家族の在り方も変わり，ある意味で自由ともいえる半面，地域でのつながりは希薄になってきている。子どもがいる場合は，学校などの行事や子ども向けの地域の行事などでの地域との関わりがあるが，子どもが独立した後に，それらの関係も解消されてしまうことも多々ある。そして，独身で独居，または定年退職まで仕事優先で生活してきた者にとっては，地域に入り込むハードルは高い。

老化を防止する，介護予防のための運動や栄養については情報も多く，多くの者が気にかけ，必要に応じて改善しようと考えるであろう。しかし，社会参加については，それぞれの人の価値観，生き方などの個別の考え方があることから，運動や栄養のようにはいかない。前述したように，同じく在宅といっても，これまで過ごしてきた持ち家なのか，有料老人ホームのような場所であるのかによって，他者との関係，社会関係は違い，更に地域性によっても違いは生じる。他者と関わりを持つこと，外出すること，社交性を維持することについて，個々人の特性に加えて地域性にも配慮して，予防や改善のための取り組みを構成していくことが望ましい。

　また，高齢者の独居というと，「大変であろう」「寂しいであろう」と思ってしまいがちであるが，一人での生活は孤立や孤独の不安はあるが，反面，自由でもある。何を食べようが，いつ寝ようが人から何も言われないといった自由も，在宅での生活を望む一因であり，自由に好きなように生きる醍醐味もある。

　そうした自由もある老年期での在宅生活において，阿部（2008, 66 頁）は高齢者の一人暮らしの「緊張」と「自由」のバランスが大事であると述べている。地域で支えられている安心感とほどよい緊張感，この両方があってこそ，在宅高齢者の QOL は向上する。在宅で生活する高齢者と程良い距離を保ち，そうした一人暮らしを楽しむこととフレイルを見過ごさないための地域におけるバリエーション豊かな支援，そして，それを支える支援者の教育は肝要である。

(2) 生活支援・介護予防サービスの充実

　住み慣れた地域で，要介護状態にならずに自立した生活を営むことができるように，地域の実情に合わせた介護予防・日常生活支援総合事業が始まっている。買い物や調理，掃除，薬の受け取り，ゴミ出しといった日々のちょっとした支援，安否確認や地域のふれあいサロン等，地域住民参加の NPO やシルバー人材センター，民間企業，地域のボランティアなど，さまざまな担い手によるサービスの提供が今後ますます期待されている。

　高齢者の在宅生活を支えるしくみでは，高齢者自身が地域を支える重要な人材として考えられている。定年退職後にこうした地域での支援活動に参加し，生活支援の担い手として活動することで地域を支え，更にそのような活動をすることには自身の介護予防にもつながると考えられている。

　2018（平成 30）年度介護報酬改定では，多様な人材確保と生産性の向上を目的として，生活支援の拡大が挙げられている。身体介護は介護福祉士等の専門職が主として担い，生活支援等については，人材確保の裾野を広くし，新しい研修のしくみの創設によって質の確保をしていくというものである。2018 年 3 月には厚生労働省より「訪問介護におけるサービス行為ごとの区分等について」の一部改正の通知が出されている。

　一部改訂となった内容のうち，身体介護は，「②利用者の日常生活動作能力（ADL）や意欲の向上のために利用者と共に行う自立支援のためのサービス」とされていたものが，「②利用者の ADL・IADL・QOL や意欲の向上のために利用者と共に行う，自立支援，重度化防止のためのサービス」と改訂され，訪問介護については，自立支援，予防といった面や身体介護に重点がお

表 11-3　自立生活を支援する見守り援助

1-6　自立生活支援・重度化防止のための見守り的援助（自立支援，ADL・IADL・QOL 向上の観点から安全を確保しつつ常時介助できる状態で行う見守り等）

- ベッド上からポータブルトイレ等（いす）へ利用者が移乗する際に，転倒等の防止のため付き添い，必要に応じて介助を行う。
- 認知症等の高齢者がリハビリパンツやパット交換を見守り・声かけを行うことにより，一人で出来るだけ交換し後始末が出来るように支援する。
- 認知症等の高齢者に対して，ヘルパーが声かけと誘導で食事・水分摂取を支援する。
- 入浴，更衣等の見守り（必要に応じて行う介助，転倒予防のための声かけ，気分の確認などを含む）。
- 移動時，転倒しないように側について歩く（介護は必要時だけで，事故がないように常に見守る）。
- ベッドの出入り時など自立を促すための声かけ（声かけや見守り中心で必要な時だけ介助）。
- 本人が自ら適切な服薬ができるよう，服薬時において，直接介助は行わずに，側で見守り，服薬を促す。
- 利用者と一緒に手助けや声かけ及び見守りしながら行う掃除，整理整頓（安全確認の声かけ，疲労の確認を含む）。
- ゴミの分別が分からない利用者と一緒に分別をしてゴミ出しのルールを理解してもらう又は思い出してもらうよう援助。
- 認知症の高齢者の方と一緒に冷蔵庫のなかの整理等を行うことにより，生活歴の喚起を促す。
- 洗濯物を一緒に干したりたたんだりすることにより自立支援を促すとともに，転倒予防等のための見守り・声かけを行う。
- 利用者と一緒に手助けや声かけ及び見守りしながら行うベッドでのシーツ交換，布団カバーの交換等。
- 利用者と一緒に手助けや声かけ及び見守りしながら行う衣類の整理・被服の補修。
- 利用者と一緒に手助けや声かけ及び見守りしながら行う調理，配膳，片付け（安全確認の声かけ，疲労の確認を含む）。
- 車イス等での移動介助を行って店に行き，本人が自ら品物を選べるよう援助。
- 上記のほか，安全を確保しつつ常時介助できる状態で行うもの等であって，利用者と訪問介護員等がともに日常生活に関する動作を行うことが，ADL・IADL・QOL 向上の観点から，利用者の自立支援・重度化防止に資するものとしてケアプランに位置付けられたもの。

（出典）　2018 年 3 月の厚生労働省老健局「訪問介護におけるサービス行為ごとの区分等について」より抜粋。

かれた。

　また，身体介護における「自立支援のための見守り的援助」が明確化されている。機能回復のために利用者と一緒に家事等をするということ，自立を促すための指示，見守りについてはボランティア等ではなく，介護保険サービスとして行われるということである。

　これまでのように介護福祉士等の資格を持った訪問介護員が行う介護保険サービスによる在宅生活のための支援と，ボランティア等が行う生活支援とが組み合わされ，今後の在宅での生活の継続が可能になる。多くの人材が関わることは高齢者が在宅で生活を続けることや安心した生活にもつながる反面，どうのように連携していくかが大きな課題と言える。

（3）地域住民による活動

　地域住民による有償・無償のボランティアによる支援内容は，掃除，ゴミ捨て，買い物，庭の草むしりや年賀状の作成，ペットの世話，話し相手に電球の交換など高齢者の日常的で多様な困り事である。これらの生活支援にたずさわる者は，一定の研修を受けてから支援を行うことになる。しかし，他者の生活に関わっていくというためには，適切な距離の取り方や，生活のこだわ

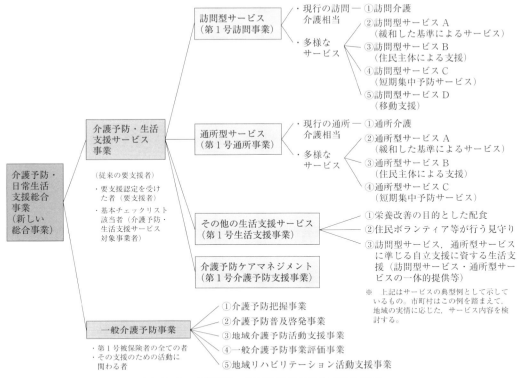

図 11-2　介護予防・日常生活支援総合事業の構成
（出典）　厚生労働省老健局振興課「介護予防・日常生活支援総合事業ガイドライン（概要）」。

りの理解なども必要となる。防犯上の問題もあれば，家族とのやりとりなども難しい。

　ゴミ捨てひとつとっても，その地域のルール，その家庭や個人のルールがあることを理解し尊重してしなければならない。生活をする上での些細な事ほど，個人のこだわりがある場合がある。たとえば，掃除をする時に雑巾は使うのか，雑巾を使うとしたら雑巾をゆすいだ水はどこに捨てるのかなどは，細かいことではあるが，毎日のことであり，これまでしてきたことだけに気になることであろう。支援者の生活の中での方法，価値観をそこに持ち込まない支援が必要になる。

　生活を支援するということは，できなくなった本人に代わってやればいいという単純なものではない。本人がこれまで大切にしてきた生活のスタイルへのこだわりを尊重しつつ支援ができてこその生活支援である。毎日のこと，長年してきたことであるだけに，身体介護の何倍もの配慮や気遣いが必要となる。住民主体であるということは，地域を知っているという強みがある。また，地域住民だからこその地域でのなじみの関係をつくることは安心にもつながる。その反面，近しい他者に知られたくない事も知られてしまうというリスクもある。個人情報を十分に守りながら，そうしたメリットを上手く活かすことがこれからの在宅高齢者の生活の質の向上へとつながる。

(4) 通所型サービスの多様化

　要支援・要介護状態の在宅高齢者が支援を受ける場所として，さまざまな通所型サービスが増えている。リハビリテーションを目的とした通所サービスでは，生活機能の向上，運動機能，口腔機能の向上，栄養改善などが日帰りで行われ，一人ひとりの状態に応じ，専門的な器具等を使用しながらのリハビリテーション等を受けることができる。作業療法士によるリハビリテーションや，さまざまなレクリエーションや調理などの生活機能の改善と楽しみにも配慮した内容が工夫されている。ショッピングセンターに行き，運動し，ショッピングをしながら歩き，リハビリをする，小さな旅に出るといったリハビリテーションまで出現してきている。

　通所介護（以下，デイサービス）では，古民家風の建物でのデイサービスや，カジノをイメージしゲーム形式でレクリエーションをすることで機能回復を目指すもの，木工や陶芸といったかなり本格的な作業に取り組むものもある。更に，自費での内容も含めた，かなり多くのサービスを選ぶことができるという大型施設なども作られている。

　また，2011（平成23）年には，若年性認知症者のための認知症対応型通所介護等のデイサービスプログラムで，ボランティア活動や掃除，食事づくり等を行い，その報酬，謝礼を受け取ることが，一定条件を設けながらも可能となっている。

　これまで，デイサービスに通うということは，支援を受けに行くというイメージが強く，特に男性の高齢者が行きたいと思える内容については，試行錯誤が重ねられてきた。仕事や家事等，これまでの生活の中で当たり前にしてきたことをテーマにした取り組み，少しの支援を受けながら社会参加をすることで，機能の維持回復を目指すことが個々に合わせて選択できるようになってきている。今後は高齢者向けのデイサービスにおいても，こういった「働くこと」なども認められていくのではないだろうか。

　今や支援をする職員のユニホームも，支援をする側とされる側といったことを連想するようなものを避けたり，介護を連想させない送迎車が使われたりと，従来の介護のイメージを覆すさまざまなアイデアが出され，試されている。

　それらの新しい取り組みが，地域の特性に合わせて考えられ，仕組みが構築されることがこれからの在宅高齢者の生活を豊かにすると考えられる。

第3節　在宅高齢者のQOLの向上に関わるリーダーの育成

　今後，施設や病院で最期を迎えるのではなく，望むにしろ，望まないにしろ在宅で最期まで生活する高齢者は増加する。

　家族と暮らしていても，独居だとしても，在宅という環境の中で，「緊張」と「自由」のバランスを保ちながら助けてもらう，という自律ができるよう，支援を受ける側と支援をする側の両者が考え行動していくことが，在宅での生活の継続には必要となる。

　第2節で述べたように，生活に関わる支援は個別性が高く，難しい面がある。他者の生活の中に入る支援は，身体介護より個別性の高い対応が求められる。生活の支援の内容は，支援者自身

がこれまでの生活の中で毎日してきたことかもしれない。しかし，経験があるから他人に対してもできると安易に考えてはならない。日々してきたことであるからこそ，生活支援を行う者への新しい研修の内容については，十分に検討されるべきである。

また，生活を支援する高齢者を含めた地域住民をまとめていく人材の養成や，連携し支えるためのリーダーの教育も重要である。

2018（平成30）年度には介護福祉士養成のカリキュラム改訂案が示された。これまでのカリキュラムの内容に加え，リーダーシップやフォロワーシップといった内容が含まれている。介護保険サービスを担う介護職に加え，住民主体のサービスに参加するボランティア等の在宅高齢者を支えるケアチームをまとめるための力をつける内容である。そうしたリーダーシップをとる人材が，これからの在宅高齢者の生活の質を保ち，向上させる役割を担うと考える。

そして，在宅で介護を受ける生活を考える時，介護サービスでは賄えない部分を担う家族介護者についても配慮できるケアチームのリーダーでなければならない。在宅高齢者のQOLを高める支援ためには，家族までも含めた支援が必要となる。

ほんの数日で終わる介護生活もあれば，20年以上続く介護生活もある。在宅介護の見通しをたて，適切な支援を組み立てていくことは，家族の生活の維持にもつながる。介護が終わっても，家族にはそこからまたそれぞれの人生が始まる。全てを介護に費やすことなく，家族介護者が自らの老後についても考えられるような支援が考えられること，高齢者だけでなく，家族介護者の生活の質についても考えケアチームをまとめる力がこれからの在宅支援の場では求められる。

参 考 文 献

阿部志郎（2008）『福祉の哲学 改訂版』誠信書房。
荒井秀典編（2018）『フレイルのみかた』中外医学社。
Drucker, Peter F. (1999) *Management Challenges for the 21st Century*, New York: Harper Business.（上田惇生訳『明日を支配するもの――21世紀のマネジメント革命』ダイヤモンド社，1999年。）
藤原佳典（2018）「社会参加によるフレイル予防」荒井秀典編『フレイルのみかた』中外医学社。
講談社編（2011）『暮らしの年表 流行語100年』講談社。
黒澤貞夫（2018）『介護福祉の「専門性」を問い直す』中央法規。
牧迫飛雄馬（2018）「フレイルとは？」荒井秀典編『フレイルのみかた』中外医学社。
デイサービスラスベガスHP，http://las-vegas.jp/（2018年5月6日参照）
厚生労働省HP「2025年に向けた介護人材にかかる需給推計（確定値）について」http://www.mhlw.go.jp/stf/houdou/0000088998.html（2018年5月5日参照）
厚生労働省老健局振興課「介護予防・日常生活支援総合事業ガイドライン（概要）」https://www.mhlw.go.jp/file/06-Seisakujouhou-12300000-Roukenkyoku/0000088276.pdf
内閣府『平成29年版高齢社会白書（全体版）（PDF版）』「5. 高齢者の社会参加状況」http://www8.cao.go.jp/kourei/whitepaper/w-2017/zenbun/pdf/1s2s_05.pdf（2018年5月5日参照）
ショッピングリハビリ光プロジェクト株式会社HP，https://hikari-project.co.jp/（2018年5月6日参照）
総務省HP「総務省統計局労働力調査（基本集計）平成30年（2018年）4月分（速報）」http://

www.stat.go.jp/data/roudou/sokuhou/tsuki/pdf/201804.pdf（2018 年 5 月 5 日参照）
総務省 HP「統計からみた我が国の高齢者（65 歳以上）－「敬老の日」にちなんで－」（統計トピックス No. 103）http://www.stat.go.jp/data/topics/topi1030.html（2018 年 5 月 5 日参照）

第12章

閉じこもり高齢者への支援
家族等によるコミュニケーションのあり方

山﨑　幸子

✿本章は，高齢者の閉じこもり状態の改善に向け，これまでの研究成果から，家族を主とした周囲の人々のコミュニケーションのあり方から，支援方法について概観するものである。はじめに，閉じこもりとはどのような状態を指すかを明確にした上で，閉じこもりをもたらす要因について整理する。閉じこもり状態には，移動能力の低下など身体的要因のみならず，心理的要因や社会・環境要因の影響が複数あることが分かっているが，本章では，これまでの知見の中でもより強く関連しているものを取り上げた。先行研究ではこれら明らかになった関連要因を基に，閉じこもり状態改善のための支援方法が検討されてきている。閉じこもりの心理的要因に着目した支援プログラムでは，閉じこもり高齢者本人への専門職によるライフレビューを用いたプログラムと，自己効力感を高めるための体操をツールとした言語的支援プログラムについて，これらの成果を解説する。次に，閉じこもりの社会・環境要因に着目した支援プログラムでは，最も身近な同居家族の関わり方が閉じこもりになるリスクを高めるという新しい知見について触れ，家族がどのように関われば良いか，その支援のあり方について提案する。

keywords：　閉じこもり，介護予防，高齢者支援，自己効力感，同居家族

第1節　高齢者の閉じこもりとは

(1) 閉じこもりの定義

　高齢者の閉じこもりは「寝たきりなどではないにも関わらず，家からほとんど外出せずに過ごしている状態」（安村，2006）とされ，買い物や通院などを含む外出が週1回未満を基準とした老化の一側面と考えられている。若者の引きこもりと混同されることが多いが，その差異は年代の特質にある。引きこもりの場合は，教育を受ける，あるいは，就業することが求められる年代であるのに対して，閉じこもりの多くは定年を過ぎた高齢期であり自由にライフスタイルを選択す

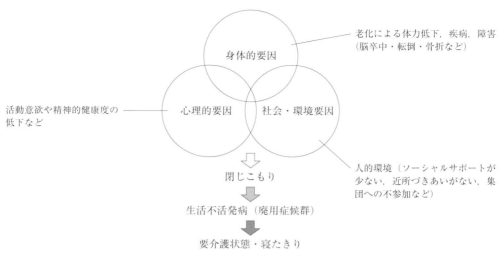

図 12-1 身体，心理，社会・環境要因と閉じこもりから寝たきりまでの概念図
（出典） 竹内孝仁（2001, 129頁）を一部改変。

ることができる年代である。つまり，若年層の引きこもりと高齢期の閉じこもりの差異は，社会から求められるものが異なり，年代によって明確に区別されるといえる。なお，閉じこもりは，身体疾患等のために出かけることができない「閉じ込められ」とも異なり，身体機能の低下はあるものの，外出する能力があるにも関わらず家から外にでない状態をさす。

閉じこもり状態は図12-1のように，疾病や障害などの身体的要因に限らず，心理的要因，社会・環境要因の3つが相互に関連してもたらされると考えられている。あまり外に出かけないという閉じこもり状態が長引くことによって，活動性が低下し生活不活発病（廃用症候群）に至る。さらに，生活不活発病の状態が長く続くことによって，心身の活動力を失っていく結果，要介護状態・寝たきりにつながる。実際に閉じこもり状態を追跡した調査によれば，要介護状態に至るリスクが高いことも明らかにされている（藺牟田ほか，1998；Kawamura et al., 2005）。以上から，高齢者の閉じこもりは，国の介護予防事業においてもその改善が喫緊の課題とされ，各市区町村の自治体において閉じこもりの予防や改善のための取り組みがなされている。

(2) 諸外国におけるホームバウンドと閉じこもりの差異

諸外国においても閉じこもりは存在するのだろうか。類似する状態像としてホームバウンド（homebound）が挙げられる。ホームバウンドは緊急時を除いてほとんど家から外に出ない状態を指し（Girbert et al., 1992），外出頻度が週1回未満を基準とする点で日本の閉じこもりと大きくは変わらない。しかしながら，ホームバウンドには日本でいう寝たきりも含まれており，訪問看護や配食サービスなどの社会的サービスや在宅ケアを受けている（Lee and Kaufman, 2006）状態にある。つまり在宅療養者とほぼ同義語であり，外に出かけたくても出かけられない寝たきり状態である「閉じ込められ」に近いため，介護予防の視点に立ち，要支援や要介護状態にない日本の閉じこもり状態とは明確に区別する必要がある。つまり，日本の閉じこもりと諸外国におけ

るホームバウンドの違いについて身体機能の障害の程度を軸に整理すると，一般的な高齢者の健康状態から進んで，軽度の機能障害が認められるようになった状態が日本の閉じこもりである。さらにその機能障害がより進み，寝たきりに近い状態がホームバウンドである，と考えられる。

第2節　閉じこもりをもたらす要因とは

(1) 閉じこもりの関連要因

　どのような要因が閉じこもりをもたらすのかといった視点から，図12-1のモデルに従った数多くの研究が行われてきた。これまでに明らかにされている閉じこもりの関連要因には，次のようなものが挙げられる。

　身体的要因では，歩行能力の低下（藤田ほか，2004）や体力の低下など（新開ほか，2005），移動能力に関するものが確認されている。実際の体力測定などによる指標に限らず，「ものにつかまらないで，つま先立ちができるか」「走ることができるか」等の質問項目に対して，高齢者本人による自己記入式回答を求める生活体力指標（Kinugasa and Nagasaki, 1992）を用いた場合においても，その主観的な体力の低下が閉じこもりと強く関連することも分かっている（山崎・橋本・藺牟田ほか，2008）。

　心理的要因では，転倒不安があること（渡辺ほか，2003）や健康度自己評価の低さ（新開ほか，2005）との関連が確認されている。つまり，外出先で転ぶことに対する不安を抱いている場合には外出しづらくなり，自分の健康がどれほどだと思うか，という主観的な自身の健康感について低く見積もっているほど，将来的には閉じこもりになりやすい。さらには，うつ傾向にあることも閉じこもり状態と関連する。山崎・藺牟田・安村ほか（2010）によれば，閉じこもり高齢者の約半数にうつ傾向が認められている。うつ傾向にあるために閉じこもりになるのか，閉じこもっているからうつ傾向になるのか，といった因果関係までは検証されていないが，精神的健康度が閉じこもり状態に少なからず影響することが示唆される。このような不安やうつ傾向に加え，「おっくうなときでも，外出できる」「目的なしの外出ができる（ふらっと散歩するなど）」といった，「さまざまな外出場面でうまく対応する自信」について「できない」と認識しているほど，閉じこもり状態と関連する（ibid.）ことも明らかにされている。概して閉じこもりに関連する心理的要因では，うつ傾向や健康感の低下に加え，外出そのものに対する不安や自信のなさが強く影響すると考えられる。

　社会・環境要因における社会的側面では，近所づきあいや社会参加をしていない（藤田ほか，2004），親しい友人がいない（新開ほか，2005）といった対人交流の狭小化が認められている。またその対人交流は，他者のみならず，家族との関係にもおよび，一緒に住んでいる家族との日頃の会話が少なく，家庭内で担う役割が少ないことと閉じこもり状態の関連が見出されている（山崎・安村・後藤ほか，2010）。閉じこもり高齢者は家にいる時間が長いため，その状態像から近隣や友人との交流が少ないことが容易に想定できるが，共に過ごす時間が長い同居家族においても会話がないなどの希薄な関係がその背景にあると言える。その他，一般に誤解されがちである点

として，閉じこもり高齢者は社会と断絶された社会的孤立状態にあり，一人暮らしでいる人が多いと考えられやすい。しかし実際には，閉じこもり高齢者に一人暮らしは少なく（原田ほか，2005)，家族と一緒に住んでいる場合が多い。これは，閉じこもったまま一人暮らしの生活を維持することは難しいためであると推察される。環境面では，閉じこもり高齢者は日頃過ごす場所として，畳の部屋を選択していること（山﨑・橋本・藺牟田ほか，2008）も分かっている。これは，畳に座ること，すなわち，床に直接座る体勢が椅子に座った時よりも立ち上がりに時間がかかること，足腰のためには正座が好ましくはないことなどを示しており，畳での座位中心の生活は閉じこもりに至るリスクファクターと考えられる。

基本属性では，年齢で見ると高齢であるほど閉じこもりが多い（新開ほか，2005)。性別における閉じこもり出現率は，70歳以上の高齢者2,000人規模を対象にした調査にて，男性が13.0%であるのに対して女性は21.5%であり（安村，2003)，閉じこもりは女性の方が多いと報告されている。一方，山﨑・橋本・藺牟田ほか（2008）は，都市部1万人の65歳以上の地域高齢者を対象にした調査から，女性が6.8%であるのに対し男性は9.6%の閉じこもり出現率であることを明らかにしている。山﨑・橋本・藺牟田ほか（2008）の対象者は60代の若い世代が多かったことから，高齢期の中でもより若い世代においては，男性の方が閉じこもりの出現が多く，リスクが高いと推察される。ここには，買い物など日常生活に必須である外出が，男性は女性よりも少ないことに起因している可能性が高い。

(2) 閉じこもり状態改善のための支援プログラム

閉じこもり状態の改善については，閉じこもりに関連することが明らかになった個々の要因に対する介入が有用であると考えられている。例えば，身体的要因への介入は運動機能の向上などを目的とした身体活動による支援である。この支援方法を基に，奥野ほか（2004）は，運動教室参加による介入を試みている。本プログラムによると，身体活動の内容は，各対象者に個別の活動が提供され，教室内では筋力トレーニング，有酸素運動，ストレッチを週2回，自宅でのホームワークとして筋力トレーニングとストレッチングを週3回実施し，さらに毎日の運動としてウォーキングを行うことを3カ月間継続するものであった。プログラムの結果，閉じこもり高齢者の約7割において外出頻度および歩行数や体力の向上が認められており，閉じこもりの改善が認められたとして報告されている（奥野ほか，2004)。しかしながら，本プログラムの参加者には，週2回の運動教室への参加が定められており，このような教室参加への誘いに応じ，プログラム中の3カ月間，継続して参加し続けることができた閉じこもり高齢者のみが対象となっている。つまり，プログラムの呼びかけに応じた時点から，対象者は家に閉じこもることなく，外出頻度は高く維持されたままの状態でいられるような者であったと言える。各自治体が取り組んでいる閉じこもり予防・支援においても，その多くがこのような通所型によるプログラムであり，体操などを行うことによって身体機能の向上を図っている。しかしながら，安村（2006）によれば，「閉じこもり予防教室」などの呼びかけに容易に応じない高齢者こそが「閉じこもり」と考えられており，通所型のプログラムに参加できるような対象者は，厳密には閉じこもりというよりも，

閉じこもり傾向，もしくは，閉じこもり予備群にあった対象者と考えられる。実際の閉じこもり高齢者が継続して外出し続けることは容易ではなく，通所型の体操などを用いるプログラムは，閉じこもり予防としては有用であるが，閉じこもり状態そのものの改善の支援としては不十分である。これまでに，閉じこもり改善のための効果が確立されたプログラムがないことは，このような家から外に出ない閉じこもりの状態像そのものに強く起因している。

閉じこもり状態の改善のためには，通所型のプログラムよりも，閉じこもり高齢者宅を訪問し，コミュニケーションを取りながら支援していくことが求められる。次節では，閉じこもりに関連する要因として確認されている，心理的要因および社会・環境要因からの閉じこもり高齢者への支援方法について論じたい。心理的要因には個人の認知や思考，感情などが該当し，社会・環境要因には個人を取り巻く人間関係や住環境などが該当する。すなわち，心理的要因からのアプローチでは，閉じこもり高齢者本人への直接的支援，社会・環境要因からのアプローチでは，閉じこもり高齢者の周囲・環境への支援となる。

第3節　閉じこもりの改善に向けた専門家による心理的要因へのアプローチ

心理的な側面については，本人への直接的な支援が有用と考えられるが，思考やパーソナリティ，情動などを扱うことから専門家による支援が求められる。上述の通り，閉じこもりに関連する心理的要因の1つとしてうつ傾向や自信のなさがあげられる。

(1) 心理療法の一種であるライフレビューを用いた支援

藺牟田ほか（2004）は，閉じこもり高齢者の自己効力感や自尊心の低さに着目し，高齢者への心理療法の1つであるライフレビュー（回想法）を取り入れた訪問型のプログラムを考案している。このプログラムでは，閉じこもり高齢者46人を，性別や年齢をマッチングさせたプログラム実施群23人とプログラムを行わない群23人に分け，プログラム実施群には心理療法に関するトレーニングを受けた保健師らによるライフレビューを行っている。ライフレビューの内容は，対象者の過去（児童期）から現在に至るまでを6回に分け，それぞれの思い出について語ってもらうものであった。ライフレビュー前には，その導入として，脳卒中予防や転倒予防，栄養などに関する健康情報の提供についてパンフレットを用いて説明している。1回の介入は健康情報の提供を約20分，ライフレビューを約40分とした計60分を，週1回，合計6回実施した。本プログラムの結果，閉じこもりの改善にまでは至らなかったものの，ライフレビューを受けた人は，受けなかった人よりも聴力が改善し，物忘れや健康度自己評価，生きがい感などにおいて改善率が高めであったことが報告されている（藺牟田ほか，2004）。このプログラムでは，閉じこもり高齢者の心理面に着目し，専門家による訪問によってその心理面そのものを直接的に改善させる手法を取っており，閉じこもり高齢者への支援として新しく，有用な試みと言える。しかし自己効力感を高め，実際の外出頻度が向上するまでには至っていない。訪問した介入実施回数が6回のみであり，自尊心などを直接的に変容させる介入として，短いものであったと考えられる。

(2) 外出に対する自己効力感を向上させるための運動を活用した支援

　上述したとおり，閉じこもり高齢者は転倒不安を抱き，外出先でうまく対応する自信がない，つまり外出に対する自己効力感が低いことが明らかにされている。ここでは，自己効力感を高めるような心理的支援として行動変容の視点からのプログラムについて記したい。

　行動科学の分野では，自己効力感が高まれば行動が生起・維持しやすいとされる。自己効力感とは，「ある結果を生み出すために必要な行動をどの程度うまく行うことができるか，という個人の確信」(Bandura, 1992) と定義され，不健康な行動の変容には，その行動に特有な自己効力感が関連する (Schwarzer and Fuchs, 1997)。外出するという行動においても，外出そのものに対する自己効力感の高さが関連すると考えられる。

　山崎ほか (2012)，山崎ほか (2014) は，秋田県にかほ市在住の 65 歳以上 85 歳未満の 6,074 人に対し，留め置き法による調査を実施し，外出頻度と外出に対する自己効力感の関係を検討した。その結果，外出に対する自己効力感が高いほど実際の外出頻度も高いことを明らかにした。また，外出の自己効力感は，移動能力や高次の生活機能や対人交流など，これまでに閉じこもりに強く関連するとされていた要因と比して，同等，あるいはそれ以上の関連の強さがあることが確認された。つまり，外に出かけることに対して様々な側面で自信がある人ほど実際に日頃から外出していることから，外出に対する自己効力感が高まることで外出頻度も向上し，閉じこもり改善に至る可能性があることから，外出の自己効力感そのものを高めるアプローチが有用と考えられる。

　しかしながら，閉じこもり状態は疾病ではなくライフスタイルであることからも，総じて本人の問題意識は低い。したがって，外出の自己効力感を高めるために，外に出かけるよう促すなど外出に特化した関わりによる訪問支援では，閉じこもり高齢者が支援を受け入れず拒否される可能性が高い。そこで，閉じこもり高齢者の訪問支援の受け入れを良好にするため，関わりのツールとして簡易な体操を活用し，外出の自己効力感を向上させるプログラムの開発を試みた山崎ほか (2016) の研究を紹介する。

　山崎らは，閉じこもり高齢者の外出の自己効力感を高め，外出頻度を促し閉じこもり状態の改善を目指すため，自宅で 1 人でも実施でき，運動器の機能が低下した高齢者に対する訪問型の介入プログラムを開発している。ここでは関わりのツールとして，身体的側面への効果が確認されているロコモーショントレーニング（日本整形外科学会）を用いるプログラムを用いた。ロコモーショントレーニングは，「運動器の障害による要介護の状態や要介護リスクの高い状態」とされるロコモティブシンドローム（日本整形外科学会）に着目したトレーニングである。プログラムでは，ロコモーショントレーニングの成果目標を外出に関連させ，自己効力感を高める 4 つの情報資源を活用することで，外出そのものに対する自己効力感を高め，閉じこもり改善を図っている。自己効力感を高める 4 つの情報資源とは，① 遂行行動の達成（振る舞いを実際に行い，成功体験を持つこと），② 代理的体験（他人の行動を観察すること），③ 言語的説得（自己強化や他者からの説得的な暗示），④ 情動的喚起（生理的な反応の変化を体験してみること）が挙げられている（坂野，2008）。

　プログラムは，傾聴や自己効力感を高める心理支援について，トレーニングを受けた保健師ら

による閉じこもり高齢者宅の訪問によるものであった。訪問は，プログラム開始前と終了後の評価を含む計4回とし，訪問していない期間には電話による支援（週1回を基本，介入実施から1カ月以降は隔週）とした。訪問1回につき約50～60分，電話支援は10～15分程度であった。プログラムの内容は，ロコモーショントレーニングとして開眼片足立ちとスクワットの2種類を実施した。開眼片足立ちは左右1分ずつで1セット，スクワットは5～6回で1セットとした。実施回数は，1日各3セットとしたが，体調などにより回数の増減を認めた。対象者は，原則として自宅で毎日ロコモーショントレーニングを実施し，回数を記録用紙に記載した。保健師が次に訪問するまでに達成したい目標を立てること，その内容については可能な限り外出を伴うものになるよう目標設定について支援し記録用紙に記入させた。実施期間中，保健師が定期的に電話にてロコモーショントレーニングの実施回数の確認を行うとともに，自己効力感を高めるための支援内容でプログラムは構成された。

　自己効力感については，上述の自己効力感を向上させる4つの情報資源に対応させ，以下のような支援を行った。① 遂行行動の達成では，ロコモーショントレーニングで設定する目標は，外出を伴うものであり対象者本人が少し頑張ればできる，という内容になるよう支援した。ロコモーショントレーニングの継続状況に加え，目標達成度を確認し，対象者と情報を共有した。② 代理的体験では，対象者が自分と似ていると感じやすいモデル（性，年齢，家族構成，身体機能）を示して，その人がうまく外出を続けていることについて，匿名性を保つことに意識しながら代理体験を促した。③ 言語的説得では，ロコモーショントレーニングそのものの実施状況，目標達成状況などについて，小さなことでも必ずポジティブな評価を行った。また，目標が達成できなくても非難は行わず，できている点を支援した。④ 生理的・情動的状態では，訪問時に毎回，血圧や体重，体調について測定・聞き取りを行い，対象者と共有することで心身の状態を把握するよう促した。ロコモーショントレーニング継続に対し生理的に苦痛を感じている場合には，適切な目標設定ができるよう考え方の視点を変えるよう促した。目標達成できた際の気分の変化についてロコモーショントレーニングの記録用紙に記載し，気づきを高めるよう支援するものであった。

　本プログラム終了時には，閉じこもり高齢者の外出の自己効力感は向上し，またうつ傾向を合併していた対象者は，うつの改善も認められた。さらに身体機能の指標である開眼片足立ち時間も向上した。参加者のプログラム終了後の感想では，「自分を気にかけて声をかけてくれる人がいるのが楽しみだった」「すがすがしく日々を送ることができた」などが見られ，いずれも概ね肯定的な感想が見られた。本プログラムは自宅で一人でも継続できる簡単な体操であることや，専門家である保健師らが定期的に訪問したり，電話による支援を行うことが功を奏したと考えられる。しかしながら，閉じこもり状態そのもの十分な改善には至っていない。プログラム終了時が冬季であったことから季節の影響も考えられるが，この支援方法は広く自治体のプログラムとして活用できるよう，行政保健師らの負担を下げるために，訪問回数を4回と最小限に設定している。実際に，外出の自己効力感が高まり精神的健康も向上しているが，行動変容に至るためには，閉じこもり高齢者が外出し，かつ，外出行動がしばらく継続するまでの訪問支援が必要であ

ると考えられる。

　上述した2つのプログラムは閉じこもり状態の改善において限界があるものの、心理面の改善・向上など、専門家の訪問による心理的支援が功を奏した例である。閉じこもり高齢者自らが外出し、支援を求めることが少ない状態にあるが故に、専門家など支援者が出向き、コミュニケーションを取りながらその心理面にアプローチすることが求められる。

第4節　閉じこもりの改善に向けた社会・環境面へのアプローチ

(1)　閉じこもりをもたらす同居家族の関わり

　上述したとおり、閉じこもりの社会・環境要因では、同居子がいることや、家族との会話が少ない、家庭内での役割が少ないなどが明らかにされている。また閉じこもり高齢者は一人暮らしが少ないこともわかっている。これらから、一緒に住む家族との関わりが閉じこもりをもたらしている可能性があると考えられる。そのため、同居家族の関わり方によって閉じこもりが発生するかどうかの検証を行うことが必要である。

　山崎ほか（2017）は、福島のある地域に居住する65歳以上の全高齢者1,229人と、日頃から最も親しくしている同居家族のペアデータを用いた調査研究を実施している。初回調査時に、閉じこもっていなかった高齢者を対象に、同居家族のどのような関わりが、約1年半後に閉じこもりをもたらすのかを検証した結果、表12-1のような閉じこもり状態の発生に特徴的な同居家族の関わりが明らかにされた。つまり、これまでにも明らかになっていた、家族間の会話の少なさなどの他に、「助言してもいうことを聞いてくれない」「日頃から本人のことを頼りにしていない」といった家族関係の希薄さや否定的な関係は閉じこもり状態を促進させやすいことが、改めて確認された。これらから、閉じこもり高齢者は、日頃から頼りにされず、家庭内では役割などを担うことも少ないことが分かる。家庭内の役割はQOLの1つである精神的活力の良好さとの関連が示されているが（佐藤ほか、2011）、日頃から頼りにしない、役割を持ってもらわないといった同居家族による過小評価が、家に閉じこもりやすくするといった心理的影響があると思われる。閉じこもりの予防や改善には、日頃の会話を増やすなど良好な家族関係を保つ意識を持つことが必要である。

　閉じこもりへの家族関係の希薄さの影響が明らかにされた一方で、この調査で新たに解明された点は、表12-1における「本人の代わりに買い物などちょっとした用事をしている」、「出かける時、家族の誰かが送迎している」といった、同居家族による、一見、肯定的な関わりの影響である。なぜこのような同居家族の関わりが閉じこもりをもたらすのだろうか。それは、閉じこもり高齢者は身体的に閉じこもらざるを得ないような重篤な状態にあるのではなく、多少の心身の機能の低下があっても、自分で自分のことができる状態にあるためと考えらえる。このような高齢者に対し、日頃の買い物を代わりに実施してあげるなど、家族が日々、本人のためを思ってやってあげることが、当人の自立を妨げてしまうためではないだろうか。例えば、デンマークにおける介護分野での高齢者ケアの3原則の1つに、「残存能力の活性化」がある。これは、高齢者

表 12-1　閉じこもりをもたらす同居家族の関わりチェックリスト

質問項目
1　本人の代わりに買い物などちょっとした用事をしている
2　出かける時，家族の誰かが送迎をしている
3　本人のやりたいようにさせている
4　日ごろから会話をすることが多い
5　助言をしても言うことを聞いてくれないことがある
6　日ごろから本人のことを頼りにしている

（注）　回答の選択肢は「全くあてはまらない（1点）」「あまりあてはまらない（2点）」「あてはまる（3点）」「よくあてはまる（4点）」として合計得点を算出する。ただし項目番号3，4，6は得点を逆転させる。
（出典）　山崎ほか（2017）358頁をもとに作成。

の今ある能力に着目して自立を支援するものであり（松岡，2005），残された機能を維持し活用するために，周囲が過剰な世話をしないというものである。自分でできることを自分で行う，そのことが心身の機能維持を果たすと考えられる。また心理学的な視点からは，高齢者への関わり方の特徴として，パトロナイジングコミュニケーションといった概念の関与が挙げられる。これは，高齢者へのストレオタイプに基づくコミュニケーションの過剰な調節を指し，高齢者の能力を実際よりも低く見積もり，過度に平易な言葉遣いをしたり，子ども扱いしたり軽んじたりするといった態度をいう（Ryan et al., 1991）。パトロナイジングコミュニケーションは，高齢者の活動や心理面に負の影響を与えるものでもある（ibid.）。つまり，高齢者扱いしすぎて過保護に関わってしまう，といった家族の日常的な行為は，高齢者本人の心身の機能低下につながり，ひいては閉じこもりの発生や自立を妨げる結果に影響する可能性がある。

　閉じこもりを扱ったものではないが，上記に類する同居家族の高齢者本人との認識のズレについて，Yamazaki et al.（2016）は次のような報告をしている。この研究では，70歳以上の高齢者とその同居家族に対し，うつに関する調査を実施している。同居家族は，高齢者本人が日頃から最も接することが多く当人をよく知っている人であった。高齢者本人にはうつ傾向を自己記入式にて評価してもらい，同居家族には当該高齢者が日頃からうつ傾向にあるかどうかを4件法で評定させた。得られたペアデータ663組を用いて，高齢者のうつ傾向を同居家族がどの程度把握できているかその認識について分析した結果，高齢者のうつ傾向については，最も親しくしている同居家族であっても約半数に認識のズレがあることが認められた。またうつが軽度である場合は特に，その誤認識の割合は高いことが示された。さらには，客観的に見て分かりやすいと考えられる，うつの程度が中等度以上であっても家族が認識できていない場合が3割程度もあることが報告されている。つまり，高齢者本人にとって身近で，日頃からの様子を最も良く知っているはずの同居家族においても，実際には認識等にズレがあり，このようなズレの影響もあって，先に述べた本人の自立を妨げるような家族の日頃の関わり方につながっている可能性もある。

　以上から，閉じこもりの予防や改善のための支援として，一緒に住む身近な家族は高齢者を尊重し，本人の自立を促すようなコミュニケーションをとることが求められる。また支援者側は高齢者の家族に対して，上述の知見などに関する情報提供や心理教育的アプローチを行うことで，

閉じこもり高齢者の状態改善につながるものと考えられる。

　本章では，閉じこもり状態についてその定義や関連要因を概観し，関連要因に基づき開発された専門職による心理的支援，および，家族に対する支援方法を整理した。閉じこもりは疾病ではなくライフスタイルであることから，治療的な関わりは難しく高齢者本人の意思を尊重したコミュニケーションのあり方が求められる。家から外に出ることを強制的に促すのではなく，本人の心理面や社会・環境面から個々の状況に応じた支援方法が有用であると考えられる。

参 考 文 献

Bandura A.（1997）"Self-efficacy: Toward a Unifying Theory of Behavioral Change," *Psychological Review*, 84, 191-215．

藤田幸司・藤原佳典・熊谷修・渡辺修一郎・吉田祐子・本橋豊・新開省二（2004）「地域在宅高齢者の外出頻度別にみた身体・心理・社会的特徴」『日本公衆衛生雑誌』51(3), 168-180。

Gilbert, G. H., L. B. Branch, and E. T. Orav.（1992）"An Operational Definition of the Homebound," *Mental Health Services Research*, 26(6), 787-800.

原田謙・杉澤秀博・杉原陽子・斎藤民・浅川達人（2005）「大都市部における後期高齢者の『閉じこもり』に関連する要因――階層的地位と家族の地位に着目して」『厚生の指標』52(4), 28-33。

藺牟田洋美・安村誠司・藤田雅美・新井宏明・深尾彰（1998）「地域高齢者における『閉じこもり』の有病率ならびに身体・心理・社会的特徴と移動能力の変化」『日本公衆衛生雑誌』45(9), 883-892。

藺牟田洋美・安村誠司・阿彦忠之（2004）「準寝たきり高齢者の自立度と心理的 QOL の向上を目指した Life Review による介入プログラムの試行とその効果」『日本公衆衛生雑誌』51(7), 471-482。

Kawamura, K., M. Watanabe, T. Watanabe, Y. Tanimoto, T. Matsuura, K. Kono.（2005）"Incidence of Disability in Housebound Elderly People in a Rural Community in Japan," *Geriatrics & Gerontology International*, 5, 234-241.

Kinugasa, T. and H. Nagasaki（1992）"Reliability and Validity of the Motor Fitness Scale for Older Adults in the Community," *Aging Clinical and Experimental Research*, 10(4), 295-302。

Lee, M. and A. Kaufman（2006）"The University of New Mexico Visiting Physicians Program: Helping Older New Mexicans Stay at Home," *Care Management Journals*, 7(1), 45-50。

松岡洋子（2005）『デンマークの高齢者福祉と地域居住――最期まで住み切る住宅力・ケア力・地域力』新評論。

奥野純子・徳力格尓・村上晴香（2004）「運動教室参加による『閉じこもり』改善効果――精神健康度・体力との関連より」『厚生の指標』51(6), 7-13。

Ryan, E. B., R. Y. Bourhis, and U. Knops（1991）"Evaluative Perceptions of Patronizing Speech Addressed to Elders," *Psychology and Aging*, 6(3), 442-450.

坂野雄二（2008）「人間行動とセルフエフィカシー」坂野雄二・前田基成編『セルフエフィカシーの臨床心理学』北大路書房, 2-11。

佐藤美由紀・齊藤恭平・芳賀博（2011）「地域高齢者の家庭内役割と QOL の関連」『日本保健福祉学会誌』17(2), 11-19。

Schwarzer, R. and R. Fuchs（1997）"Changing Risk Behaviors and Adopting Health Behaviors: The Role of Self-efficacy Beliefs," A. Bandura ed. *In Self-Efficacy in Changing Societies*, Cambridge University Press, 259-288。

新開省二・藤田幸司・藤原佳典・熊谷修・天野秀紀・吉田裕人・寶貴旺（2005）「地域高齢者におけるタイプ別閉じこもり発生の予測因子――2年間の追跡研究から」『日本公衆衛生雑誌』52(10)，874-885。

竹内孝仁（1984）「寝たきり老人の成因『閉じこもり症候群』について」松崎俊久・柴田博編『老人保健の基本と展開』医学書院，148-152。

竹内孝仁（2001）「閉じこもり，閉じこもり症候群」『介護予防研修テキスト』社会保険研究所，128-140。

山崎幸子（2012）「閉じこもり研究の動向と課題――心理的支援の観点から」『老年社会科学』34(3)，426-430。

山崎幸子・藤田幸司・藺牟田洋美・安村誠司（2016）「外出に対する自己効力感を高める訪問型支援の効果――高齢者の閉じこもり改善に向けた試み」『応用老年学』10(1)，27-36。

山崎幸子・橋本美芽・藺牟田洋美・繁田雅弘・芳賀博・安村誠司（2008）「都市部在住高齢者における閉じこもりの出現率および住環境を主とした関連要因」『老年社会科学』30(1)，58-68。

山崎幸子・藺牟田洋美・橋本美芽・繁田雅弘・芳賀博・安村誠司（2008）「都市部在住高齢者における閉じこもりの家族および社会関係の特徴」『日本保健科学学会誌』11(1)，20-27。

山崎幸子・藺牟田洋美・平井寛・藤田幸司・安村誠司（2012）「地域高齢者における外出頻度の関連要因――外出の自己効力感に着目して」『老年社会科学』34(2)，228。

山崎幸子・藺牟田洋美・増井幸恵・安村誠司（2017）「高齢者の閉じこもりをもたらす同居家族の関わりチェックリストの開発」『老年社会科学』39(3)，352-364。

山崎幸子・藺牟田洋美・野村忍・安村誠司（2014）「地域高齢者の閉じこもり解消に対する外出行動変容ステージの分類――外出に対する自己効力感との関連から」『老年社会科学』35(4)，438-446。

山崎幸子・藺牟田洋美・安村誠司・野村忍・橋本美芽（2010）「地域高齢者の外出に対する自己効力感尺度の開発」『日本公衆衛生雑誌』57(6)，439-447。

山崎幸子・安村誠司・後藤あや・佐々木瞳・大久保一郎・大野裕・大原里子・大渕修一・杉山みち子・鈴木隆雄・本間昭・曽根稔雅・辻一郎（2010）「閉じこもり改善の関連要因の検討　介護予防継続的評価分析支援事業より」『老年社会科学』32(1)，23-32。

Yamazaki, S., H. Imuta, and S. Yasumura（2016）"Depression in Older Adults: Do Close Family Members Recognize It?" *Geriatrics & Gerontology International*, 16(12), 1350-1351.

安村誠司（2003）「高齢者における『閉じこもり』」『日本老年医学会雑誌』40(5)，470-472。

安村誠司（2006）「閉じこもりとは何か」安村誠司編『地域ですすめる閉じこもり予防・支援――効果的な介護予防の展開に向けて』中央法規出版，16-19。

渡辺美鈴・渡辺丈眞・松浦尊麿・河野公一（2003）「基本的日常生活動作の自立している地域高齢者の閉じこもり状態像とその関連要因」『大阪医科大学医学会雑誌』62，144-152。

日本整形外科学会 HP「ロコモティブシンドローム」http//www.jcoa.or.jp/jp/public/locomo/index.html（2018.5.10参照）

第5部

文化的・経済的障壁とコミュニケーション

第13章

権利アプローチによる子ども支援とコミュニケーション[1]

甲斐田 万智子

✿ 1989年に子どもの権利条約が制定されてほぼ30年がたつが，開発途上国の子どもへの支援アプローチは，この条約によって大きく変わってきた。条約で子どもの参加の権利が保障され，子どもが権利の主体であることが明示されたため，子どもの意見を聴きながら国際開発を進めることが求められるようになったからである。そして1990年代になり，国際開発において，権利を保有する者として子どもたち自身がそれを主張できる力を育成すること，また，その権利を実現する義務を負うおとなの能力強化を行うことを基にした権利アプローチ[2]の必要性が指摘されるようになった。またそれは，急速なスピードで変化して行く社会において，自分で主体的に考え，行動する市民を育成することにもつながる。このような子どものエンパワーメントと関係するおとなの能力強化においては，それぞれのコミュニケーション能力を高めることが不可欠である。おとなは子どもの意見表明の機会をどのように保障していけばいいのか，またそのことによって子どもの権利をどのように実現できるのか。本章では，まずこれに関する理論的な進展について概説する。その後，具体的に，グローバルな動き，各国内での全国（ナショナル）レベルの動き，地域（ローカル）レベルの動きについて説明し，特にカンボジア社会における文化にも注目しながら検証する。

Keywords： 子どもの権利，権利アプローチ，子どものエンパワーメント，国際協力

第1節 途上国における子ども支援の変遷
―― 子どもの権利条約と権利アプローチ

⑴ 子どもの権利条約の採択とその前後

開発途上国への本格的な開発支援は，1961年から戦略が定められた「第一次国連開発の10年」[3]のころから始まった。市民社会においては，開発支援の多くが当初は貧困を社会構造の問題

と考えないチャリティ志向で，開発の第一世代と言われた。第二世代には社会正義，第三世代ではエンパワーメントなどの概念ベースが強くなり，1990年代から人権を重視するアプローチに変わってきた。[4]

　子どもへの支援に関しても，初期の開発援助においては，主としてサービス提供によって貧困層の子どもの生存・発育・保護を促進するというニーズベース・アプローチ（needs-based approach）が中心であった。[5] たとえば，国連の専門機関であるユニセフ（国連児童基金）は，子どもの生存のために，保健衛生の分野でワクチンを供給したり，井戸やトイレを設置したり，物資とそれに伴う技術支援を提供することが主要な活動であった。これは，1945年に設立された国際連合で謳われた子どもの権利宣言で，子どもは日々成長できるように十分なサービスの提供を特に重視したことが背景にあった。この時期は，子どもたちのコミュニケーション力が問われることはなかった。

　しかし，1989年に国連で採択された子どもの権利条約は，子どもに対する見方を大きく変える契機となった。子どもの権利条約に規定されている権利は，「生存の権利」「発達の権利」「保護される権利」「参加する権利」の4つの領域に分けられる。この条約で，「参加する権利」の保障などを通じて，初めて子どもが権利の主体であることが明示されたのである。そのため，国際開発の現場でも，子どもを開発や援助の受益者としてのみ考えるのではなく，開発の主体，すなわち子どもが自ら自身の直面する課題を明らかにし，その課題の解決に向けて行動を起こす変革のアクター，新しい社会の担い手としてとらえられるようになったのである。この結果，子ども自身が事業立案，実施，モニタリングに参加し，地域における調査や啓発活動，事業評価にも関わる事例が出てきた。

　さらに，児童労働や性的搾取などの様々な国際会議に参加し，1999年の国際労働機関（ILO）で最悪の形態の児童労働条約（182号[6]）が採択されたときなど，子どもたちがすべての労働を禁止すべきでないという意見を表明し，国際レベルの政策にも影響を及ぼすようになった。

(2)　権利アプローチの推進

　1990年代からは，国際開発において権利アプローチ（rights-based approach）が推進されるようになったが，国連開発計画（UNDP）から毎年出される人間開発報告書は，2000年に「人権と人間開発」という報告書を出版し，人権と開発はコインの表裏をなすものであり，開発に人権は欠かせないものだと主張した。

　権利アプローチでは，あるグループがその権利の実現にあたって問題に直面した際，それを権利の侵害であるととらえる。そして，その問題を解決するために権利保有者（rights holders）の当事者自身が権利を主張できるよう，開発従事者が当事者のエンパワーメントを支援する。また，そうした権利を保障すべき責任を負っている責務履行者[7]（duty bearers）の意識化・能力強化を行う[8]。さらに社会的には，そうした権利の保障義務が，関係の国際条約の調印や批准，憲法や個々の法律の制定を通して定められており，責務履行者に対して説明責任を問うことができるものであることを人々に広く啓発し，そうした権利を守ろうとする社会規範づくりも目指している。

これに伴い，子ども支援に携わる援助機関においても，子どもの権利に基づいて開発事業を進める権利アプローチへの変化がみられるようになった。これは，国連機関としては主にユニセフが，NGO としてはセーブ・ザ・チルドレンなどが進めてきたアプローチである[9]。

具体的には，子どもが置かれている貧困，暴力による被害などの状態を子どもの権利侵害としてとらえ，権利保有者である子どもが権利の実現を主張できるように，また権利保障に責任を負っている責務履行者がその主張に応えられるように，それぞれの能力を強化するというアプローチである。そのためには，第一に子ども自身の声を聴くことと，子どもがエンパワーされ，権利を主張できる自信と力をつけられるようになることに重きを置く。また，「子どもの最善の利益」(the best interests of the child)，「差別の禁止」などの子どもの権利条約の原則にそって，子どもの権利を実現する法律を整備し，それらを実際に執行する能力を高め，子どもの権利を優先する規範（norm）を社会一般に広めながら，開発を進めることを志向する。これは，子どもが人間として十全に育つことを，「経済的・社会的な必要性（ニーズ）を満たす」という観点からだけでなく，「人間誰もが持つ当然の権利（ライツ）を満たす」という観点から見るという点において，それまでのアプローチとは違う。

そのため，例えば児童労働の廃絶に取り組む場合，関係の子どもの家庭に経済的な支援をするだけでなく，責務履行者の能力分析を行い[10]，児童労働を禁止する法律を整備し，それを執行するために労働監督官の能力を高めたり，義務教育を徹底化させたりする。また，児童労働を容認しない社会規範を強化するために，児童労働が違法であることを政府がメディアを使って広報することなども重視する。

(3) 子どもの意見表明

子どもの権利アプローチにおいて重要なことの一つは，おとなが子どもの意見表明権を保障することである。このことを，子どもの権利条約第12条は次のように規定している。

1. 締約国は，自己の見解をまとめる力のある子どもに対して，その子どもに影響を与えるすべての事柄について自由に自己の見解を表明する権利を保障する。その際，子どもの見解が，その年齢および成熟に従い，正当に重視される。
2. この目的のため，子どもは，とくに，国内法の手続規則と一致する方法で，自己に影響を与えるいかなる司法的および行政的手続においても，直接にまたは代理人もしくは適当な団体を通じて聴聞される機会を与えられる。（国際教育法研究会訳）

子どもの権利条約に含まれる上記2項により，子どもは，自分の影響を与えるすべての事柄において，意見を表明するだけでなく，おとなによってきちんと聴かれる権利が保障されていることがわかる。図13-1に示されているように子どもの参加にはさまざまなレベルがあるが，本当に意味のある子ども参加の基準は，子ども自身が主体的に計画の段階から参加していることである。そして，それを保障するための社会的合意やシステムの形成が求められている。

子どもたちが民主的な意思決定に参加できるようにするために，ランズダウン（Lansdown, 2001）は，「民主的意思決定における子ども参加の促進」というガイドラインをユニセフ・イノ

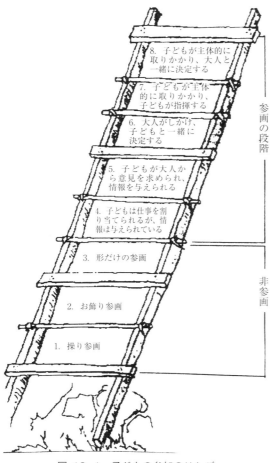

図 13-1 子どもの参加のはしご
(出典) ロジャー・ハート著 木下勇・南博文・田中治彦訳
『子どもの参画』萌文社, 2000 年, より。

チェンティ研究所から発行している。それによると, おとなが子どもに耳を傾けないケースが多いことや, 親に対する尊敬の念がなくなってしまうという理由で子どもが意見表明することに異議を申し立てるおとながいることがわかる。子どもの意見表明権を実現し, 子どもたちが意味のある参加ができるようにするためには, おとな側が, そのための心構えや知識, スキルを養い, 行動を変えていく必要がある。

途上国の子どもを支援している日本の国際協力の NGO から構成されている「『南』の子ども支援 NGO ネットワーク」は, これらの資料や現場経験をもとに, 2003 年『国際協力 NGO のための「子ども参加実践ガイドライン」』を国際協力 NGO センター (JANIC) から発行し, 子どもの意見を聴くために組織として準備すべき心構えや体制を解説している。

第2節 子どもの意見表明の機会の保障

(1) 子どもの声を聴く国際社会の取組み

子どもの参加する権利が子どもの権利条約で保障されてから, 子どもが関係する主要な国際会議で, 子どもが代表として参加し意見を述べることが多くなった。以下は, その例である。

子どもの性的搾取に反対する世界会議

世界における子どもの性的搾取反対運動においては, 子どもが積極的に参加し意見を述べている。その背景には, 子どもの性的搾取反対の国際運動をその初期から続けている主要な国際 NGO である ECPAT が, 子どもの参加を重視していることが考えられる。

1996 年, ストックホルムで「第 1 回子どもの性的搾取に反対する世界会議」が開かれ, ECPAT も参加したが, このとき, 子どもと若者が初めて国際会議に政府代表とともに正式に参

188 第 13 章 権利アプローチによる子ども支援とコミュニケーション

加した。

　2001年の横浜における第2回世界会議には99人の子どもと若者が参加し，それぞれの会議のセッションでおとなたちに混じって子どもたちが報告し意見を述べた。また，最後の共同声明は後に国連の正式文書となった。これらは，子どもが意見を述べる力が十分にあること，そして子どもの意見が非常に的を射ており，「当事者」としておとなにはない視点を提供できることを示し，その意味で画期的な会議となった。

　さらに，2008年12月，ブラジルのリオデジャネイロで開かれた第3回世界会議には200人の子どもと若者が参加し，全体会，分科会のほぼすべてのパネル・ディスカッションにおいて，国連の専門家とともに子ども代表がパネリストとして参加した。子どもたちからは「子どもポルノに関する法律の制定状況において，各国に差があるのは容認できない」「幼い子どもが路上で性的搾取に遭い続けている」「家庭内で子どもが性的虐待を受けたときに，おとなではなく子どもが家を出ていかなくてはいけないのはおかしい」などの意見が出された。会議の最終日には，子ども，若者からの提言書も発表された。[11]

国連子ども特別総会

　2002年5月，国連子ども特別総会が開かれ，60カ国以上の首脳，約180カ国の政府高官を含む7,000名以上が参加するなか，世界150カ国以上の国々から400名を超える子どもたちも参加した。子どもたちは，「わたしたちにふさわしい世界（A World Fit for Us）」の実現を訴え，世界のリーダーはその世界の実現を約束した。その世界とは，①搾取・虐待・暴力のない世界，②戦争のない世界，③HIVエイズから守られる世界，④教育や保健サービスを受けられる世界，⑤環境が守られる世界，⑥貧困の悪循環がない世界，そして，⑦子どもたちが積極的に参加できる世界というものだった（国際子ども権利センター，2003）。

　この様子はメディアにも多く取りあげられ，政府などの政策決定者だけでなく，一般社会においても，子どもの意見を聴いていくことの重要性を広めることができた。特に，①おとなが子どもの能力と子どもが直面している課題についての理解促進，②子ども参加に対する社会の理解，③子どもの知識とスキルの向上，が成果として挙げられる。

子どもとのコンサルテーション──子どもの意見を聴聞する際の最低基準

　こうした国際会議における子どもの意見表明の成果が評価される一方で，子どもの国際会議への参加が，本当に意味のあるものになっているかという疑問も出されるようになった。例えば，国連子どもの特別総会のアジア地域準備会合への子どもの参加を評価した調査（Ennew et al, 2004）によると，以下の問題点が指摘されている。①子どもの選定が透明ではなく，必ずしも関係のトピックに関する子どもの代表として適格ではなかった。②子どもに対して否定的な態度や父権的な態度がとられた。③参加した子どもに対するリスク（虐待，健康への脅威など）から子どもを十分に保護することができなかった。④準備やフォローアップが不十分であった。⑤子どもの意見が会議後の意思決定過程に十分反映されることがなかった。

　このような反省から，2007年に，子どもの意見を聞き，話し合う（コンサルテーション）際に守るべき最低基準「子どもとコンサルテーションするための最低基準」（Minimum Standards for

Consulting with Children）が，ユニセフと子ども参加を進めているいくつかの NGO によってつくられた[12]。その目的は，子どもを参加させるときに子どもにおとなと対等な発言権を与え，すべての成果文書に子どもの意見を反映させることである。この基準には，コンサルテーションの事前にすべきこととして 13 項目が，コンサルテーションの際にすべきこととして 8 項目，コンサルテーションの後にすべきこととして 1 項目が挙げられている。そのうちの 1 つは，おとなのファシリテーターの最低基準として，「代表となるような子どもと活動した経験が豊富で，すべての子どもが差別も排除もされない環境をつくる能力が十分あること」としている。そして，すべてのファシリテーターが活動を始める前に参加型のスキルを身につけるトレーニングを受けることを条件としている。また，コンサルテーションの際には，子ども代表が声明文をつくったり，報告や意見表明をしたりする上で，おとなと平等な機会が与えられるということを最低基準としている。

（2） 国レベルで子どもの声を聴く取組み

1990 年代の内戦の終了後，観光業が復活したカンボジアでは，一般の観光客とともにチャイルド・セックス・ツーリストが入国し，多くの子どもたちが人身売買および性的搾取の被害に遭うようになった。そうしたことから子どもたちを保護するにはどのようなことが必要かを話し合うために，NGO が中心になって，子どもの意見を聴くワークショップが全国レベルで 2000 年に開かれた。そのワークショップには，3 つのグループからなる子どもたちが参加していた。1 つは，人身売買・性的搾取をなくすために活動する子どもたち，2 つめは，人身売買・性的搾取の被害に遭うリスクが高い農村の子どもたち，3 つめが，実際に人身売買・性的搾取の被害に遭った子どもたちであった。

このようにカンボジアでは，性的搾取の被害にあった子どもたちも全国レベルの場で発言の機会を与えられている。最初は，性的搾取に遭った子どもたちに話をさせると心の傷が再発するのではないかと懸念されていたが，COSECAM という NGO が性的搾取の被害に遭った少女たちを対象に開催した Girls Speak Out というワークショップでは，当事者の少女たちがお互いの経験を聞くことによりエンパワーされるということが報告され，その後も継続して同様のワークショップが開催されるようになった。

（3） 地域レベルで子どもの声を聴く取組みに関する国際的議論──子どもにやさしいまちづくり

1996 年にユニセフは「子どもにやさしいまち（Child Friendly Cities and Communities：CFC）」を提唱したが，世界各地で 900 の自治体が「子どもにやさしいまちづくり」に参加している[13]。

ユニセフの定義によると，「子どもにやさしいまち」とは，子どもの権利を満たすために積極的に取り組むまちのことであり，子どもたちが望むまちのあり方に関して意見を言うことができるまちとされている。また，具体的には搾取・暴力・虐待から守られる，まちを安全に歩くことができる，友達と会い，遊ぶことができる，汚染されていない環境で暮らす権利など計 12 の権利が守るべきものとして掲げられている[14]。

ユニセフが進める「子どもにやさしいまちづくり」のプロセスに必要とされるのは、①子ども参加、②必要な法的枠組み、③まち全体の子どもの権利を実現するための戦略、④子どもの権利を担当する部局やその実現のための協力・調整のしくみ、⑤事前・事後の子どもに対する影響の評価、⑥子どもの権利を優先した予算づくり、⑦自治体による定期的な子ども白書の出版、⑧子どもの権利の周知徹底、⑨他者に影響されない独立した子どもアドボカシー（提言活動）の9つである。

インドネシアは、女性のエンパワーメント・子どもの保護省が中心となり、国レベルで「子どもにやさしいまちづくり」を推進している。同省は他のすべての省庁と連携し、239の郡や市が子どもにやさしいまちとして認証されている。子どもフォーラムが村レベルから国レベルまで開催され、子どもの意見を聴くシステムがある。子どもは変化の担い手とみなされ、もし子どもが友だちや教師によって暴力をふるわれたら、フォーラムのメンバーが通報する役割をもつ。また、親に強制結婚させられそうになったら、子どもたち同士が話し合い、地元の委員会に問題提起をすることができる（ロザリン、2017）。

ネパール政府は、同国における「子どもにやさしいまちづくり」のために、2008年に「子どもにやさしい地方行政」という政策を始め、法令や機構を通じて体系的かつ参加型の子どもの権利を実現する制度を構築している。この制度により、国、県、郡、市、村の各レベルで「子どもにやさしい行政委員会」が設置されている。また、2012年には「子どもにやさしい地方行政（CFLG）運用ガイドライン」が政府によって策定され、地方レベルの計画策定・予算編成においては、子どもたちの声に耳を傾け、子どもの意味のある参加を保障しようとしている。ネパールには、2万2,000の「子どもクラブ」があり、およそ8万の子どもクラブメンバーが、さまざまな村落開発委員会（Village Development Committee：VDC）や地方公共団体・郡レベルのCFLG計画委員会に参加し、計画策定、予算編成および実施に積極的に関与している（プラダーン、2017）。なお、2015年の新憲法により連邦制が導入され行政区分が大きく変わった。

これらの事例から、国によっては、子どもにやさしいまちづくりを進める中で、子どもの権利アプローチがとられ、制度づくりが進み、子どもたちが自身の権利実現に役割を果たしていることがわかる。

第3節　カンボジアで子どもの意見を聴く地域レベルの取組み[15]

本節では、子どものエンパワーメントと責務履行者の能力強化をどのように進め、子どもを児童労働、人身売買、性的搾取、親からの虐待などの「子どもに対する暴力」から守るのか、カンボジアを例にとって説明する。

（1）カンボジアの文化と子どもの権利

ユニセフは毎年『世界子供白書』を発表し、各国の子どもたちが置かれた状況を、教育や保健などのテーマごとの指標のデータによって示している。子ども保護というテーマの指標の1つは、

女性に対する暴力がその社会でどの程度正当化されているかというものである。すなわち，その指標とは，提示された5つの理由の少なくとも1つに妻が該当すれば，夫が妻を殴打することが正当化されると考えている15歳から49歳の男性と女性の割合である。その5つの理由とは，妻が「食べ物を焦がした」「夫に口答えした」「断りなく外出した」「子どもを放任した」「性的な関係を拒んだ」などである。カンボジアでは，こうした理由で妻への暴力が正当化されると考える人々の割合は，女性の方が圧倒的に高くなっている。

『世界子供白書2017』（ユニセフ，2017）によれば，これらの理由で妻に対する暴力が正当化されると考える割合が男性では27%であるのに対して，女性では50%に上る。これは，必ずしも男性が女性よりもジェンダー意識が高いということではなく，暴力の受け手である女性自身の多くが，女性を男性より低くみており，それが回答に反映されているということであろう。いずれにせよ，そのようなジェンダー規範が社会に存在することにより，子どもたちも，女性・少女への暴力を容認するようになる。

また，カンボジアでは目上の人を敬う文化が強く，子どもが意見を表明する権利を認めることが難しい面もある。そうしたカンボジアの文化と子どもの権利の関係を研究調査してゴーリーによってまとめられた報告書が *The Middle Way Bridging the Gap Between Cambodian Culture and Children's Rights*（2009）である。ゴーリーは，2008年にカンボジアの3つの地域で1,800人（1,200人のおとなと600人の子ども）を対象に調査を行った。調査では，縦の関係，名誉，父権主義，恩義，調和，集団主義に強い文化的価値が置かれているカンボジアにおいて，平等，透明性，男女の平等，エンパワーメント，正義，個人の尊重に価値をおく子どもの権利の理念をどのように推進していけるのかを検証した。

結論として，ゴーリーはカンボジアの文化的価値観に対して，子どもの権利条約の価値観はかなり異なることから，たとえば親への尊敬を忘れないというような，文化的価値観にも配慮し，その2つの中間の価値観をもって子どもの権利を推進するべきだと提案している。このようなカンボジアの文脈のなかで，カンボジアの農村地域において，子どもの権利ベースのアプローチをとることによって，子どもたちがどのように参加の権利，意見表明権を実現しているのだろうか。

(2) 地域における権利保有者である子どものエンパワーメントの事例

こうしたカンボジアの文化のなかにあって，権利アプローチを用い，子どもにやさしい地域社会づくりを目指した取組みの事例がある。

その1つは，国際NGOのプラン・インターナショナルが実施するフォトボイスと呼ばれる取組みである。これは，子ども自身が自分たちの地域における子どもの権利状況をモニタリングし，早すぎる結婚やジェンダーに基づく暴力，親が出稼ぎに行き家に残された子どもの問題などについて，スマートフォンで写真を撮り，コミューン（集合村）[16]役場に展示する，あるいは，コミューン評議会の月例会議で劇を披露するという形で，子どもが参加して，問題解決を話し合うものである。

もう1つは，筆者がかかわっているNGOの国際子ども権利センター（シーライツ）の事例で，

カンボジアのコンポンロー郡タナオコミューンにおいて，子どもの権利アプローチによって，子どもにやさしい社会づくりの事業を実施している。

タナオコミューンには9つの村があり，人口は7,670人（子ども3,252人，おとな4,418人）である。多くの住民が稲作に従事しているが，生産性が低いため，収穫したコメで1年分の食糧をまかなえない世帯も多い。

干ばつと洪水に見舞われた時期に，一部の家族がベトナムに物乞いに行ったところ，簡単に稼ぐことができたことから，多くの家族やブローカーが中華正月やクメール正月の時期に子どもたちを連れてベトナムに物乞いに行くようになった。

シーライツは，人身取引の一形態である子どものベトナムへの物乞いを防止するための事業を，タナオコミューンで2013年に開始した。2014年には，子どもたちがトレーニングを受けたり，子どもたちで話し合ったりすることのできるコミュニティセンターを設立し，その中で子どもが自由に活動できる部屋と図書室をチャイルド・フレンドリー・スペース（子どもにやさしい空間，CFS)[17]として設置した。そこでは，子どもたちが様々な権利を学び，教育を受ける権利などを主張できるようになり，地域社会の意識が変わることにより，子どもたちがベトナムに物乞いとして出稼ぎに出されること（人身取引）を防止する活動を行った（甲斐田，2013）。活動を通じて，NGOによってピアエデュケーター[18]として育成された子どもたちが，エンパワーされることを通じて，社会やおとなに主張できるようになることが目指されている。それでは，このような権利保有者としての子どものエンパワーメントの結果はどのようなものであろうか。とりわけ，責務履行者とのコミュニケーションを行う能力はどのように向上したのであろうか。

A．2016年8月のワークショップ，B．2016年8月のフォーカスグループディスカッション，C．2016年8月のピアエデュケーターとコミューン評議会との会合，D．2017年8月のワークショップでの観察により，考察したことを以下まとめる。

A．2016年8月のワークショップ——参加の権利を知りおとなに影響を与える子どもたち

表13-1は，2016年8月にピアエデュケーターとワークショップを行った際の，質疑応答である。表13-1のような回答から，ピアエデュケーターになることで子どもたちは参加の権利を知

表 13-1

質問	「ピアエデュケーターになって良かったこと，良くなかったことは何か？」 「ピアエデュケーターの活動は自分に何をもたらしたか？」
答え	・以前と比べて，ピアエデュケーターになって勇気や自信を持てるようになった。 ・以前はほかの人を尊重しようとしなかったが，するようになった。 ・以前は子どもの権利を知らず，何も地域で調査することができなかったが，今では，子どもの権利を知って地域の問題を調査するようになった。 ・以前は，大人たちは子どもがミーティングに参加できることを知らなかった。 ・以前は人前で話す時に不安だったが，参加の権利を学び，話すのに自信を持てるようになった。 ・ピアエデュケーターになって，参加の権利を知った。本を読むことの大切さがわかった。 ・大人が子どもを尊敬するようになった。 ・子どものミーティングや話し合いに大人も参加するようになった。ミーティングに誘ったら，親が子どもにどうするか聞くようになった。

り，それを行使し，話し合いの重要性を認識し，おとなにも影響を与えていることがわかる。

B．2016年8月のフォーカスグループディスカッション──子どもが安心して意見を言い合える居場所の重要性

　子どもが自由に意見を表明できる環境を整えるためには，子どもたちの居場所づくりも重要であり，タナオコミューンのCFSはそのために設置された。そこで，CFSに関わっているピアエデュケーターたちに，CFSが子どもたちの意見表明の推進に役に立っているかについて2016年8月30日に調査した。

　実施したピアエデュケーター（25人）に対する質問と回答は表13-2のとおりである（5人で1グループになって模造紙に回答を書いてもらった）。

　表13-2の回答から，子どもの権利を知ることで，自分の権利を主張するだけでなく，家事を

表 13-2

質問：3年前にCFSができてからどう変わったか？

	CFSの事業前	CFSの事業後
グループA	・家庭内暴力や，子どもを物乞いに行かせる親がいた。 ・子どもはあまり勉強せず，読み書きが困難だった。	・家庭内暴力が減り，子どもはよく勉強している。 ・たくさんの子どもが本を読み，子どもの権利を学んでいる。 ・ピアエデュケーターは図書館の本を読んで調査し，学んでいる。
グループB	・本を読めない。学校から遠く，本を読む機会がなかった。 ・子どもたち同士が会って何かを話し合う機会がなく，子どもの権利を学べなかった。	・ミーティングが定期的に開かれていて集まれる。 ・子どもの権利を学べる。 ・放課後も本が読めるようになり，本の内容が理解できるようになった。 ・シーライツのスタッフや友達から意見をたくさん聞き，発表できるようになった。議論したり，より社会を知ることができるようになった（例えばドラッグ売買の危険について学びの場ができた）。 ・ときどき他人の意見を聞き，行動を見て，自分の行動を変えられる。
グループC	・お互いに批判しあったり，自分のミスについて話し合ったりする機会がなかった。コミュニティの問題について，大人から情報提供がなかった。自分の間違いを認識できなかった。 ・団結心がなかった。	・ミーティングでお互いの間違いを指摘しあい，直しあう。 ・団結して行動できるようになった。今まではミーティングの機会が無く，自分のことしか考えていなかった。今はチームになって一緒に助け合って行動できる。
グループD	・家事をして親を助けることがなかった。 ・子どもたちは子どもの権利を知らず，遊んでばかりだった。 ・子どもたちは助け合うことを知らず，お互い尊敬し合わなかった。	・家事を手伝って親を助けるようになった。 ・教えることが好きになった。たくさんのアイデアが浮かぶようになった。
グループE	・時間のあるときは，ただぶらぶらしていた。	・いつも本を読んでいる。 ・放課後にCFSに集まって調査研究できる。ミーティングし，他の人と意見をシェアする。

手伝うようになり親に対して協力的になったり，お互いの助け合いが生まれてきているということが明らかになった。

　また，ほとんどの家庭に本が1冊もない貧困地域において，図書室で本を読めるようになったことが子どもたちの意見表明を大いに促していることがわかる。「本を読めば読むほど，たくさん話せる」という発言から明らかなように，子どもたちが本から知識を得ることが，意見表明の能力向上と自信につながっているのである。さらに意見を交換することが子どもたちのエンパワーメントにつながり，それがひいては，社会に情報発信したり，行政に意見を言うアドボカシーにつながっていると考えられる。

　開発途上国では，10代の子どもたちが家や庭先で話し合おうと思っても，小さな子どもたちが走り回っている環境では騒がしく，また，おとなからは集まって話すことが遊びだと思われているため，真剣な話し合いをすることは難しい。そのような子どもたちにとって，誰にも遠慮せず，自由に村の問題を話し合える居場所があるというのは，非常に大切なことである。

　そして，「たとえ貧しくても，その状況を変えることができる」という子どもの言葉に表れているように，これまで差別されてきて発言する勇気がなかった子どもたちが社会を変える勇気を得ていることがわかる。

C. 2016年8月　草の根の子どもによるアドボカシー──コミューン評議会における意見表明

　子どもの権利を知った子どもたちは，自分たちの責任も認識するようになり，自分の権利を主張するだけでなく，地域のゴミ拾いを行ったり，道路修理の手伝いをしたりするようになった。そして，エンパワーされた子どもたちは，自分たちの村で子どもの権利が実現するために社会や行政に訴えることができるようになるが，地域において貢献活動をしている彼ら彼女らの言うことは，行政からも真剣に受け取られるようになる。ここでは，タナオコミューンにおけるそのようなアドボカシー活動の有効性について，上記の例をもとに詳述する。

　カンボジアのコミューンには5名～11名の公選評議員から構成される評議会がおかれているが，そこには女性と子ども委員会（CCWC）が設置されている。タナオコミューンのCCWCのメンバーはコミューン長，コミューン事務員，保健所職員＝委員会責任者，警官，コミューン立保育所の職員，教師，助役などで構成されている。

　2016年8月29日，ピアエデュケーターとコミューン評議会との会合には，評議員兼コミューン長補佐，コミューン長兼コミューン助役のほか，CCWCから委員会責任者の女性が参加した。ピアエデュケーターは9名参加したほか，シーライツスタッフ3名，理事3名，インターン1名が参加した。

　ピアエデュケーターたちは，自分たちの活動を以下のように紹介した。

○ 中学生男子

　「僕たちは，社会の問題について考えるミーティングを開き，話し合っています。また，貧しい子どものために募金活動をしています。親たちとも会合を持ち，中退する子どものことを話し合っています。学校へ行けるように啓発キャンペーンを行いました。」

○ 中学生女子

「ピアエデュケーターとして家庭訪問をして，親に子どもの態度の変化や子どもの権利を知っているか，物乞いや中退の問題をどう思うかについてインタビューしています。子どもと親の両方に子どもの権利について教えています。」

その後，ピアエデュケーターやシーライツからの質問に対して，コミューン評議会からは以下の回答があった。

「CCWCは，家庭内暴力や移民，人身売買，孤児院，栄養の問題などについて話し合う。深刻な報告を受けたら，警察に連絡をし，また州事務所に相談する。月例会で問題を報告しあうことはとても大事である。」

「この地域の子どもの権利関連の課題は，学校中退や両親の出稼ぎ，子どもを工場で強制的に働かせること。毎年このコミューンでは40人ほどの子どもが中退する。今年は44人（24人女子，20人男子）が中退した。工場で働くために，中学生の年齢の子どもが退学することが多い。」

○ ピアエデュケーターから質問

「今年44人の子どもが中退したということだが，今後子どもたちに何をしていくのか。」

○ コミューン評議会からの回答

「啓発活動をする。親はたまに間違いを犯すが，工場で働きたい子どももいるのも事実である。明るい未来のために，勉強を続けられるように，正しい方向へ導けるように努力したい。」

D．2017年8月のワークショップ——問題解決に向けて地域計画に参加する子どもたち

2017年8月の12日と13日の両日，タナオコミューンで，子どもの権利実現状況と課題について，カンボジア子どもの権利保護センター（Cambodia Center for Protection of Children Rights：CCPCR）とともに，子どもたちと住民に問題を分析する参加型ワークショップを行った。

ワークショップには，ピアエデュケーターのほか，学校の先生，コミューン長（日本でいう村長。地域の大人の代表）コミューン評議員，農業組合員，子どもの親など，事業に関わるさまざまな立場の人々40人以上が参加した。それぞれの属性のグループに分かれ，グループディスカッションによって3つの質問に答えてもらった。子どもたちは，それぞれおとなのグループに入ってディスカッションに参加した。

最初に，参加者が感じている問題を体系的かつ視覚的に示すために，「子どもの権利が実現されていない原因は何か」という質問の答えを付箋に書きだして，模造紙に貼りつけてもらった。その結果，それぞれのグループから「親に十分な知識がないから」「学校で子どもの権利が十分に教えられていないから」「子ども自身，子どもの権利を知っていても関心を持たないから」「地域社会（地域の人々，組織）に子どもの権利が侵害されたときに対応する体制が整っていない」などの原因が挙げられた。そして，親に問題があると記述した付箋が多く集まった。

次に，具体的に子どもがどのような権利を認識しているか，また，それらの権利を実現する責任は誰が負っているかを質問した。

その結果，「親」「子ども」「地域社会」「NGO」「学校」と大きく5つのグループが責務履行者として挙げられた。

ピアエデュケーター1人（中学生女子）からは，

「子どもの権利が十分に実現されていない理由の1つに，地域のおとなが子どもの権利に十分に配慮していないことが挙げられる。例えば，地域には子どもが意見を表明し，話し合いに参加する機会や場所がない。この現状を解決するために，地域社会が子どもの権利に関するNGOと積極的に協力していくことが必要だ。」

という意見が出された。

もう1人のピアエデュケーター（中学生男子）からは，

「今回子どもの権利が実現されていない原因として，さまざまな原因を分類した結果，親に関係するものが多く集まった。1つ1つの家族が子どもの権利について理解する必要性を再確認することができた。また，親同士の間で対立が起きると，それは子ども同士の関係にも大きく影響すると思う。」

と発表があった。

ワークショップ2日目は，前日に明らかになった子どもの権利を実現する上での課題を解決するために，具体的に住民や支援団体には何ができるかを「子ども」「教員」「行政」のグループごとに答えてもらった。

まず子どもグループからは，

「他の村にも子どもクラブを設置し，子どもの権利に関する情報，特に貧しい子や勉強に苦労している子などの情報を集めて活動に生かしたい。また，新しいピアエデュケーターの募集にも繋げたい。」

「毎月1回子どもの権利の啓発キャンペーンを行いたい。」

などの自分自身が主体となるような活動が提案された。

教員グループからは，「学校内における啓発キャンペーンの実施」，「学校でピアエデュケーターを育成し，子どもの権利に関する話し合いを行うこと」，行政グループからは「児童労働やドラッグ使用をなくすようなキャンペーン」の実行，などが発表された。その後の意見交換の場では，ピアエデュケーターの子どもから，「僕たちが意見を表明する場を地域に設けてほしい」という要求が出され，それに対し，地域の行政職員からは，子ども達が地域の話し合いに参加できるように努めたいという回答があった。

このワークショップでは，ピアエデュケーターとして子どもの権利活動をしてきた子どもたちは，責務履行者である行政役人に対して自分たちには意見を表明する権利があり，自分たちにそれを主張することが認められていることをしっかり認識していることがわかった。同時に，子どもの権利の啓発活動によって，子どもの意見表明権を認識したおとなも，ピアエデュケーターたちの発言を真摯に受け止めていた。このワークショップから，第一に，子どもの権利実現における課題を子どもとおとなが共に明確化することによって，子どもが安心して意見を述べやすくなること，第二に，参加しているおとなが子どもの意見表明権を十分に認識していることにより，何を言っても受け止めてもらえる安心感を子どもが抱くことができているのではないかと考えら

れる。

　これらの事例からわかることは，子どもの意見表明権の保障にとって重要な点は，第一にCFSのような集まる場所があることの意義が大きいということである。子どもが安心して過ごせる場所があれば，子ども個人が知識を得て，勇気や自信が得られるようになり，話す・聴く・発表するなどのコミュニケーションスキルを得られる。同時に，コミュニティの仲間とともに集合的なパワーが生まれ，ますますエンパワーされる。

　第二に，非公式な場としてのCFSだけでなく，コミューン評議会という公式な場で子どもが発言をすることにより，結果的に責務履行者の能力向上がなされるということである。第三に，単に権利を学ぶだけでなく，地域活動の実施や図書館とPC教室を併設することにより，子どもが社会のために貢献したり，勉強を熱心にするのは重要であるという地域のおとなの伝統的価値観も大事にしたことが地域で受け入れられることにつながったといえよう。

　おわりに

　本章で検討してきたように，子どもの権利アプローチをとるにあたり，子どもの意見表明権を実現することが重要になる。同時にそのためには，子どもから意見を聴く際に，おとなの側も前もってさまざまな準備をしておく必要がある。その意味でも，「子どもにやさしいまち」（あるいは地域）づくりを進め，子どもの意見を聴く仕組みや制度を整えることは重要である。

　そして，主に以下の2つ理由から，地域レベルの子ども支援において，子どもの権利をベースに活動することが効果的であることがわかる。第一に，子どもが自らの権利を知り，仲間との議論などを通じてエンパワーされる過程で権利を主張する勇気を得ていき，子ども自身が子どもにやさしい社会を実現していく担い手になることである。そのためには，子どもたちが意見を言いやすい環境（CFSなどの「居場所」）を用意することが重要である。第二に，おとなの能力が強化され，自分達の責任を認知し，コミュニケーション力をつけることができれば，子どもの権利実現に向けて行動できるようになることである。

　また，子どもの権利アプローチをとる際に，その国の文化的価値観にも配慮することで，おとなが子どもの権利を承認しやすくなる。カンボジアの例からわかるように，その土地の伝統的価値観と反対の価値観をいきなり持ち込むのではなく，伝統的価値観に近いもので子どもには有害でないことを実践していくことも戦略的に必要である。タナオコミューンのピアエデュケーターの子どもたちがおとなたちに受け入れられた要因の1つは，ピアエデュケーターの子どもたちが家事を手伝ったり，地域のゴミを拾ったり道路修理に参加したり，家庭や地域で自らの伝統的な価値も大切にし，責任も果たそうとしているからだと考えられる。子ども自身が果たせる責任を果たしていることに刺激を受け，おとなも子どもの権利保障という重要な責任を果たしていく自覚が生まれるのではないだろうか。

　注
1）　本研究の子どもの学びに関するテーマは，JSPS科研費16K13077の助成を受けたものである。

1) 本稿執筆にあたり，岡島克樹大谷大学教授に多くの貴重なご助言をいただいた。深く感謝を申し上げる。
2) ライツ・ベース・アプローチ，権利基盤型アプローチ，人権アプローチと日本では訳されているが，本稿では，権利アプローチと記す。
3) 国連憲章第55条の理念に基づき1961年から10年ごとに国連総会で採択される「国連開発の10年」（現在は2001～2010年の第5次）の開発戦略を指針にして，開発途上国及び市場経済移行国における持続可能な開発の実現を多角的に援助することにある。
4) 甲斐田万智子（1993）「南の市民と連帯するためのNGO活動」久保田順編『市民連帯論としての第三世界』文眞堂。
5) ユニセフ（国連児童基金）は，5歳未満児の死亡率を減らすことを再優先課題としてきたが，1980年代子どもの生存のために，体重測定，経口補水塩，母乳，予防接種という頭文字をとってGOBIという政策を進めた。
6) ILOは次の4つを最悪の形態の児童労働と定義した。
　　a. 児童の人身売買，武力紛争への強制的徴集を含む強制労働，債務奴隷などのあらゆる形態の奴隷労働またはそれに類似した行為。b. 売春，ポルノ製造，わいせつな演技のための児童の使用，斡旋，提供。c. 薬物の生産・取引など，不正な活動に児童を使用，斡旋または提供すること。d. 児童の健康，安全，道徳を害するおそれのある労働。
7) 法的な，狭義の「義務」だけではなく，社会的な「責任」も含めて，dutyということばが使われているので，「責務履行者」と訳している。誰が主たる責務履行者であるかについては，個別の状況によって変わってくる。それを特定化することもこのアプローチの特徴である。
8) 川村暁雄（2013）「人権と人権基盤型アプローチ」牧田東一編『国際協力のレッスン――地球市民の国際協力論入門』東京：学陽書房，112-126ページ。
9) セーブ・ザ・チルドレンは，子どもの権利プログラミングと呼んでいる。
10) なお，UNICEFの東・南アフリカ地域事務所元所長ジョンソン（Jonsson, 2003）は，①責任の認識度，②権利・権限，③人材・資金，④意思決定能力，⑤コミュニケーション力という5つの視点から責務履行者の能力分析をすることを提案している。
11) 国際子ども権利センター（2009）『子ども買春・子どもポルノ・子どもの人身売買をなくすために～第3回子どもの性的搾取に反対する世界会議』。
12) ECPAT, Knowing Children, Plan, Save the Children, World Vision.
13) 日本ユニセフ協会，「ユニセフ基礎講座第34回」http://www.unicef.or.jp/kodomo/teacher/pdf/fo/fo_43.pdf。国際子ども権利センター「シーライツ・ニュースレター 2012年9月79号」では，インドネシアの国を挙げての子どもにやさしいまちづくりについて紹介している。
14) ほかには，教育や保健などの基本サービスを受けられる，安全な水やトイレを使うことができる，植物や動物のための緑地がある，差別されない権利が守られていること。
15) 本節執筆にあたり，調査に同行し記録をとってくれた八野井めぐみさん，クメール語を翻訳してくださったチューブ・サラーンさんに感謝を表する。
16) カンボジアの最小行政単位。コミューン評議会は選挙で選ばれる。
17) 子どもが安心して自分の意見を言えて，自分らしく過ごせるスペース（空間）や居場所。
18) ピアエデュケーターとは，小学校4年生以上の子どもたちが，子どもの権利や児童労働，人身売買，危ない出稼ぎなどについてのトレーニングを受け，それを同年代の子どもたちに伝え，子どもの権利を守る活動を地域で行う子どもたちのことである。

参 考 文 献

甲斐田万智子（1993）「南の市民と連帯するための NGO 活動」久保田順編『市民連帯論としての第三世界』文眞堂。

甲斐田万智子（2013）「児童労働と子どもの権利ベース・アプローチ」中村まり・山形辰史編『児童労働撤廃に向けて――今，私たちにできること』アジ研選書33，アジア経済研究所。

甲斐田万智子（2016）「少女に対する暴力――『伝統』に挑む権利ベース・アプローチ」甲斐田万智子・佐竹眞明・長津一史・幡谷則子編『小さな民のグローバル学――共生の思想と実践を求めて』上智大学出版。

川村暁雄（2013）「人権と人権基盤型アプローチ」牧田東一編『国際協力のレッスン――地球市民の国際協力論入門』学陽書房。

喜多明人編（1996）『子どもの参加の権利――市民としての子どもと権利条約』三省堂。

国際子ども権利センター（2003）『若者から見た UNGASS ――国連子ども特別総会報告書』。

子どもの参画情報センター（2002）『子ども・若者の参画』萌文社。

ハート，ロジャー（木下勇ほか監修）（2000）『子どもの参画――コミュニティづくりと身近な環境ケアへの参画のための理論と実際』萌文社。

プラダーン，ガウリー（2017）「子どもにやさしいまちと子ども参加――ネパールの経験」子どもの権利条約総合研究所編『子どもの権利が拓く 第28号 教育・福祉の連携と学校支援 子ども法の今日的動向』日本評論社。

ユニセフ（2017）『世界子供白書2017』日本ユニセフ協会。

ロザリン，レニー（2017）「インドネシアにおける子どもにやさしいまち」子どもの権利条約総合研究所編『子どもの権利が拓く 第28号 教育・福祉の連携と学校支援 子ども法の今日的動向』日本評論社。

Ennew, J., Y. Hastadewi, and D. p. Plateau（2004）"Seen and Heard: Participation of Children and Young People in Southeast, East Asia and Pacific," in events and forums leading to and following up on the United Nations General Assembly Special session on Children, May 2002, Bangkok: Save the Children Southeast, East Asia and the Pacific Region.

Gourley, Steve（2009）*The Middle Way Bridging the Gap Between Cambodian Culture and Children's Rights,* NGO Committee on the Rights of the Child（NGOCRC）.

Inter-Agency Working Group on Children's Participation（IAWGCP）（2007）*Minimum Standards for Consulting with Children.*

Jonsson, Urban（2003）*Human Rights Approach to Development Programming.* Nairobi: UNICEF ESARO.

Lansdown, Gerison（2001）*Promoting Children's Participation in Democratic Decision-Making,* Unicef Inocenti Center.（日本ユニセフ協会［平野裕二］訳，『民主的意思決定における子ども参加の促進』ユニセフ・イノチェンティ研究所，2001年。）

The Save the Children Fund（2011）*Children's Right to be Heard.*

「南」の子ども支援 NGO ネットワーク（2003）『国際協力 NGO のための「子ども参加実践ガイドライン」』JANIC。http://www.janic.org/wp-content/uploads/2017/07/childparticipation_guideline.pdf

第14章

言語的マイノリティの子どもへの教育支援

小 林　宏 美

✿近年，日本に暮らす在留外国人は増加の一途である。それに伴って外国籍の子どもたちも増加しており，子どもの母語や母文化を活用した教育の重要性が指摘されるようになっている。本章では，言語的マイノリティの子どもへの教育支援のあり方についてどのような方策が有効なのか，とりわけ，母語や母文化を活用した教育の可能性と課題について，アメリカと日本の言語的マイノリティに対する教育実践も交えながら検討する。まず言語的マイノリティの子どもに対する教育支援に関する理論の整理を行う。次に，母語を用いた教育の実践例を紹介する。そして，筆者のアメリカでの調査結果も交えながら，今後の日本の教育支援のあり方について論じ，最後に総括を行う。

Keywords： 言語的マイノリティ，外国人児童生徒，母語，文化資本，バイリンガル教育

第1節　外国人住民の増加と外国人児童生徒の現状

(1) 外国人住民の増加

1980年代以降の経済のグローバル化による国境を越える人の増加や1990年の「出入国管理及び難民認定法（入管法）」改正により，日本に暮らす在留外国人は増加の一途である。法務省の統計によると，2017年末現在の在留外国人は約256万人で，前年比7.5％増と過去最高となった。1970年代まで，外国人住民の大半は戦前から在住する韓国・朝鮮籍の人々であったが，2017年には国籍・地域の数が195におよび多国籍化が顕著である。

このような在留外国人数の増加にともない，親とともに来日する子どもも増えている。外国人児童生徒の多くは日本の学校に在籍しているが，制度上，外国籍の子どもについては就学義務がない。保護者が日本の公立学校に就学させることを希望する場合には，授業料の不徴収など日本人児童生徒と同様に取り扱うことになっている。しかし，親の教育方針で朝鮮・韓国学校や中華学校，欧米の学校評価教育機関の認定を受けたインターナショナルスクール，ブラジル人学校の

201

ような南米系の学校などで学んでいる子どもも少なくない[3]。

2016年5月1日時点で公立学校に在籍している外国人児童生徒は8万119人で2014年度より9.3％増加した。また，2016年度の「日本語指導が必要な外国人児童生徒[4]」は3万4,335人で，2014年度より5,137人増加した。さらに，日本語指導が必要な日本国籍児童生徒も9,612人在籍している[5]。このような日本の学校で学ぶ言語的マイノリティの子どもに関しては，学校生活に不慣れなため学校不適応の問題や，日本語力不足，学力問題，不就学，アイデンティティの問題など様々な問題が指摘されてきた。

(2) 外国人児童生徒のおかれている現状

このような状況に対して，2011年3月，文部科学省は「外国人児童生徒受入れの手引き」を発行し，外国人児童生徒の教育に関わる立場の日本語指導員や学級担任，学校の管理職，教育委員会指導主事を対象に具体的な取組の指針を示している。しかし，先述したように，外国籍の子どもについては就学義務がないなど，国の施策は必ずしも十分とはいえない。

一方，外国人児童生徒を受け入れてきた自治体や学校現場では，従来より様々な取り組みが進められてきた。日本語指導の必要な児童生徒に対応した教員の配置や日本語指導，生活指導，適応指導，保護者面談時の通訳配置などがあり，地域の受け入れ体制は必要に応じて徐々に整備されてきたといえよう。日本語指導は，在籍学級以外の教室で指導を行う「取り出し」指導と在籍学級での「入り込み」指導がある。

このような取り組みにもかかわらず，日本語を母語としない外国人児童生徒にとって日本語を教授言語とする教育環境のなかでは，様々な困難がある。とりわけ，日本の学校文化の特徴として，外国からきた子どもを日本の学校に適応させる同化圧力の強いことがあげられる。外国からきた子どもは，それまで日本の学校文化とは異質の言語や文化の中で生活してきたにもかかわらず，日本の学校の中では，自文化を押し込めてひたすら日本の学校文化になじむことが求められる。このような環境では，自分や自文化の存在が否定されたと感じられ，自文化への引け目を感じるようになる可能性が少なくない。それは，外国人児童生徒にとっても，そして今後さらにグローバル化が進むであろう日本にとっても望ましいことではないと思われる。

(3) 言語的マイノリティの子どもへの教育支援と本章の視座

それでは，言語的マイノリティの子どもたちにとって有益な教育支援とはどのようなものであろうか。多くの移民を受け入れてきたアメリカやカナダでは，移民の子どもの言語や文化を貴重な資源として捉え，子どもの母語を生かした教育理論や実践が発達してきた。日本社会においても外国籍の子どもが増加する中で，子どもの母語や母文化を活用した教育の重要性が指摘されるようになっており，これに関連した研究や教育実践が増えつつある。本章では，言語的マイノリティの子どもへの教育支援についてどのような方策が有効なのか，とりわけ母語や母文化を生かした教育の可能性と課題について，アメリカと日本の言語的マイノリティへの教育実践例も交えながら検討したい。以下，まず言語的マイノリティの子どもに対する教育支援に関する理論の整

理を行う。次に，母語を用いた教育の実践例を紹介する。そして，筆者のアメリカでの調査結果も交えながら，今後の日本の教育支援のあり方について論じ，最後に総括を行う。

第2節　言語的マイノリティに寄り添う教育

(1) 言語的マイノリティと文化資本

　言語的マイノリティの子どもに対する教育に関する理論として，これまでに展開された議論は，「社会文化的射程」と「バイリンガル教育の射程」に大別できる。まず，社会文化的射程から取り上げる。社会文化的射程では，教育を「資源」という見方から捉える。いわゆる「文化資本（cultural capital）」の考え方である。

　宮島（2017）は日本社会の文脈に照らして，文化資本の視点からエスニックマイノリティの子どもの学業達成について重要な指摘を行っている。文化資本とは，「言語をたくみに操ったり，正統的な芸術への趣味をもっていたりする能力を，社会の成員個々人のレベルではなく，むしろ社会集団あるいは階級の総体としての有利―不利という面でとらえようとしたものである」（宮島，2017，44頁）。そして，教育が社会的な選別の過程として機能すること，選別の過程でどのような能力が有利さをもつかは，暗黙の，社会的に基礎をもつ基準によって決められる傾向があり，この基準は上層階級の文化的行動に近く，結果的に，文化資本は上層階層に有利に配分されていると述べている。さらに，宮島は，文化資本の考え方から，言語的マイノリティの子どもの教育について次のように論じている。

　　「滞在の長さと日常的な交わりがある程度解決してくれる社会生活言語としての日本語とちがい，学習言語（教科の言語）は，より抽象的であるが，外国人生徒には，条件が許せば接近可能な普遍性と，明らかな特殊性という二面性をもって表れる。筆者らの面接・インタビューでは，「新陳代謝」「因数分解」「平氏，源氏」「幕府」「三権分立」などの用語をあげて，あえて彼／彼女らの理解を問うことにした。「因数分解」や「三権分立」は実際的知識となりうる，または母語に置き換えることができる普遍性をもつためか，分かっているつもりだと答える生徒がいたが，当該社会の特有性に関係する「歴史文化言語」（宮島，1999，147頁）ともいうべき「平氏，源氏」「幕府」は，外国人生徒すべてにとって同化しにくい特殊な言葉で，ほとんど棒暗記の対象だった。」（宮島，2014，48頁。）

　日本人の子どもは，家庭のなかで親から日本の文学や歴史を学んだり，家族旅行で史跡を訪問したりして，自らの生活や文化のなかで学習してきた知識や経験がある。一方，外国人児童生徒はそのような機会が乏しく，かれらが日本人の子どもと同様の文化資本を獲得するのは至難の業である。すなわち，外国人児童生徒は文化資本という観点から不利な状況に置かれているといえる。

　逆に，ブラジル社会で戦後，社会的地位を築き上げてきた日系人に関する研究では，日系家庭の文化資本が社会的成功の要因としてあげられるという指摘がある。成功した日系人は教育を受けることに高い価値を置き，社会的地位を上げることを戦略的に図っていたという。金銭的な投

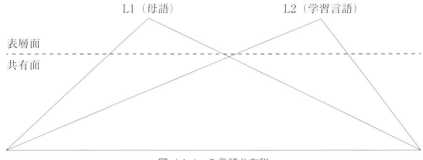

図14-1　2言語共有説
(出典)　カミンズ（2011）33頁より作成。

資だけはなく，家庭内でもできる子どもの勉強を家族みなで支援した。長男が農家を継いで，弟が医者や弁護士になり最終的には兄弟が助け合うケースもあり，日系人がブラジル社会で成功した要因は，日本から持ち込んだ文化資本（親と祖父2世代の教育水準の高さ）であったという（モラレス松原，2017，103-105頁）。

(2)　バイリンガル教育の射程

バイリンガル教育の射程からみると，外国人児童生徒はどのような状況に置かれているのであろうか。まず，言語的マイノリティの第二言語習得に関する理論の発展に貢献してきたJ.カミンズのバイリンガル教育理論を取り上げる。

カミンズ（Cummins, 1981；2011）の「2言語相互依存の原則」によると，バイリンガルの2言語には共有面があって1つの言語による教科学習を通して習得したものが，新しい言語による学習でも役立つという考え方である。図14-1の「2言語共有説」（氷山説）は，表層面では別個の2言語，深層面では共有面があることを示している。例えば，L1（母語）で時間の概念を理解している子どもは，L2（学習言語）で再度時間の概念を学習する必要はなく，時間を表す新しいラベルを学べばよい（Cummins, 1981, pp.24-25；カミンズ，2011，33頁）。

カミンズは，ことばの力を「会話面」と「認知面」に分けて，互いに深く関係しているのは主に「認知面」の方だという。図14-2の縦軸は，人とコミュニケーションをとる場合にどのくらい認知力を必要としているか（英会話で毎日の簡単な挨拶をすることから環境汚染問題について英語で議論すること），横軸はどのくらい場面に依存しているか（買い物に行って指を指しただけで買い物ができるなど）を示している。Aは場面に依存し，認知力をあまり必要としない言語使用，Dは場面から離れて高度な認知力を必要とする言語使用であり，B，Cはその中間となる。カミンズは，場面から離れ，高度な認知力を必要とする言語面では，すでに持っていることばの力が土台となって，新しい外国語の学習に役立つと指摘する。例えば，兄は小学校5年生，弟は小学校1年生の日本生まれの兄弟が，カナダのトロントに来て，同じ公立小学校に入学し，英語で授業を受けることになった場合，「会話力」「読解力」双方において兄のほうが弟よりも習得が早かったという（中島，2016，38-42頁；Cummins, 2000, pp.66-71）。

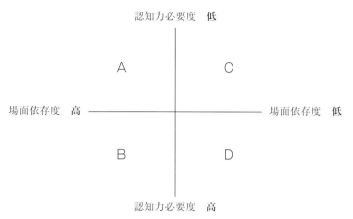

図14-2 コミュニケーション活動における認知力必要度と場面依存度
（出典）中島（2016）41頁より作成。

すでに習得した母語は，新しい言語学習において認知面での転移に有用という研究成果を日本の学校に在籍する外国人児童生徒の指導に適用すれば，子どもになじみのある親の言語（母語）を活用した指導の有用性がみえてくる。

(3) なぜ子どもの母語・母文化が大切なのか

前2項でみてきたように，外国人児童生徒は日本社会のなかで文化資本的に不利な状況に置かれている。また，バイリンガル教育の射程からは学習におけるL1（母語）の重要性が指摘されている。そのような観点からみると，外国人児童生徒に対しても，日本語のみを教授言語とする教育環境は必ずしも望ましいものではないと考えられる。

太田（2005）は，日本語が唯一の教授言語として展開される教育の問題点を2点指摘している。第一に，日本語のみが授業理解に有効な言語であるとのモノリンガリズムに立つならば，教育達成上の問題は，もっぱら当該の子どもの日本語力の不十分さに求められる。授業がわからないのは，日本語がわからないからであるゆえに，授業がわかるようになるには，子どもがさらに頑張って日本語の習得に努めなくてならない。それには，子どもの相当な努力と教員などまわりの長期かつ適切な支援が必要となる。第二に，モノリンガリズムは日本語を母語としない子どもから母語を奪う危険性を有している。とくに，母語の確立過程にある年少者が，母語以外の言語のみによる学習環境の下におかれると，第二言語習得過程が往々にして母語喪失の過程となりかねない。結果的に母語の喪失という「代償」にもかかわらず，第二言語である日本語の習得も不十分なレベルに止まることが起こるという（太田，2005，60-62頁）。

(4) 母語の喪失と親子の関係

母語の喪失は親子間のコミュニケーションや親子関係の形成にも否定的な影を落とす。アメリカで5,000人以上の移民第二世代を対象に調査したポルテスとランバートらの研究によると，親

子間の文化変容（acculturation）について，子どもの移住先の習慣と言語の獲得のペースが親のそれを上回ると「不協和的文化変容（dissonant acculturation）」が起き，親子の「役割逆転」あるいは親の権威の失墜を招くおそれがあるという。それに対して，親子の言語，文化の習得プロセスが同族コミュニティに埋め込まれた形で，文化の転移が緩やかで，家庭言語と規範が部分的保持された状態で起こる「選択的文化変容（selective acculturation）」である場合には，世代間の葛藤は緩和され，第二世代は完全なバイリンガルとなることが見込まれるという（Portes and Rumbert, 2001, pp. 44-69）。

　子どもにとって，自分を生み育て導き，信頼でき，安心感を与えてくれるはずの最も身近な存在である親を頼りにできなくなれば，日常生活で生起する様々な問題への対応や物事の判断を自分自身で決断せざるをえない。先述したポルテスとランバートらの指摘する親子の役割逆転という現象は，筆者の調査でもしばしば観察された。例えば，日本語の不自由な親が言葉の面で子どもに頼る姿である。両親と一緒に来日し，小学校4年に編入学したある少女は，読書が好きで日本語力が高く，日本語の話せない両親のために普段からさまざまな場面で大人の間に入って通訳をしたりしていた。母親の妊娠中には病院に付き添い通訳をしていたが，小学校4年生の子どもにとっては負担が大きい仕事であり，そのような役割を本人も望んではいなかった（小林, 2005, 146頁）。

　年長である高校の外国籍生徒においても同様の状況が見られる。筆者は，外国につながりのある子どもを支援する目的で，2007年より神奈川県の高校で始まった「多文化教育コーディネーター・サポーター事業」に関わっており，その一環として生徒たちの課題を探るために聞き取り調査を実施してきた。生徒たちの親は，日本社会での生活基盤を安定させるために仕事に追われている人が多く，ほとんどが日本の学校や教育システムに不慣れであった。なかには親子間の良好な関係を築けずに悩みをかかえている生徒もいた。文化資本の観点から，日本の学校制度のなかでは，親からの文化を資本として生かすことが困難な生徒が少なくない。とくに，将来の進路については子どもに適切なアドバイスをすることができない親が多い。生徒への卒業後の進路についての質問について，中国人生徒Aは「うちはもうほぼ放任主義だから，私が自分ですべてを決めるので，（大学進学は）親も了承済みだと思います。」と答えていた。中国人生徒Bは「両親からは，もう高校生だから，自分の事は自分で決めてっていわれています。」中国人生徒Cは「両親は焼き肉屋をやっていて月曜日だけが休みで，一緒にいる時間はあまりないです。両親とは，中学3年のときに進路のこととかよく話をしていたけど，今は忙しいし，用事があるときだけですね」と話し，仕事で忙しい親との会話が少ない上，進路については自分の判断にまかされている様子がうかがえた（小林, 2013, 166-168頁）。

　以上のように，異なる言語や文化背景をもつ外国人児童生徒の母語を考慮しない日本語のみの教育活動の問題点は，言語的マイノリティの教育研究領域では，広く認識されているといえよう。それでは，子どもの母語を用いた教育活動の与える影響についてはどのようなことがいえるだろうか。次節では，実践例を交えて母語を用いた教育について考察する。

第3節　言語的マイノリティの教育実践における母語の使用

(1) 言語的マイノリティにとってどのような学習環境が望ましいのか

　本節では、言語的マイノリティ生徒に対する母語を用いた具体的な教授法を取り上げ、その有効性について考察する。移住先の言語（L2：第二言語）とその文化が、母語（L1：第一言語）の地位をおびやかすような圧力を受けずに習得された場合は、「加算的バイリンガリズム（additive bilingualism）」が生じ、肯定的な自己概念に結びつくとされる（Baker, 1993, 訳118頁）。逆に、第二言語と文化が第一言語（母語）の地位をおびやかす圧力のもとで習得された場合、「減算的バイリンガリズム（subtractive bilingualism）」になる。減算的バイリンガリズムのもとでは、疎外や同化が起こり、自己概念が弱くなり、文化的アイデンティティを喪失することにつながる。

　日本の学校教育では、外国から編入学した子どもの最大の課題は日本語の習得という認識のもと、日本語指導が優先的に取り組まれている。しかしながら、先述のように母語がまだ確立していない年少者の場合、日本語習得の過程が母語喪失の過程と重なり、減算的バイリンガリズムになる可能性がある。母語の喪失と減算的バイリンガリズムを回避するためにはどのような教育実践が望ましいだろうか。外国人の子どもは、日本語力は不十分であるが認知的な発達に問題はないので、子どもの認知能力に合わせた言語教育を提供することができれば理想的である。図14-2でいえば、認知力必要度が高く場面依存度も高いBの学習環境である。具体的には、日本語が流暢な子どもとそうでない子どもをペアにして種々のアクティビティをさせたり、グラフや表、絵などを多用したり、インターネットやDVDを利用し、子どもの母語や文化を取り入れた学習活動である（坂本, 2017, 160-161頁）。

(2) カナダにおけるバイリンガル教育の実践例

　中島（2010）はバイリンガル教育の実践例として、カナダのトロントの「アイデンティティー・テキスト」というプロジェクトを紹介している（中島, 2010, 223頁）。

　「本作り、お話・詩、ポスター、ドラマの演出、口頭発表などを複数の言語で、またさまざまなテクノロジーを駆使して行う創作活動である。重要なポイントは、教室活動の過程で、言語背景、文化背景の異なる子どもたちがそれぞれ力を出し合い、それぞれの立場でプロジェクトに貢献しながら、自分の「声」を聞いてもらうチャンスが与えられること、対等な立場で積極的にグループ活動に参加できることである。さらにワープロ、スキャン、ウェブサイトなどさまざまなテクノロジーを駆使して聴衆を増幅し、自分たちの作品が大勢の人に評価されることにより、当人が「英語」も「母語」もできるバイリンガル、トライリンガルとしてのあらたなアイデンティティーの確立に繋がるという。」（中島, 2010, 223頁）

　たとえ授業の最後の5分間でも、新しい概念の理解を母語で確認するとか、母語を使ったディスカッションをするとか、母語で背景知識を引き出すことが大切であり、このような機会を捉えて家庭では伸ばしにくい母語の質の向上と教科学習の深い理解を促すべきであると述べている

(中島, 2010, 171頁)。カナダは国策としても多文化主義政策を導入しており、教育現場においても先駆的なバイリンガル教育が取り組まれているといえるだろう。

第4節　アメリカの言語的マイノリティに対するバイリンガル教育

(1) アメリカの状況

アメリカでは、移民の多い地域で移民の子どもに対してバイリンガル教育が制度化され、長年様々な形態のバイリンガル教育が提供されてきた。バイリンガル教育プログラムは、マイノリティ生徒の母語と英語の両方を使用した形態の授業であるが、その時々の言語教育政策の影響を受け、その目標や内容、教授方法は時代や州によって異なる。移民人口の多いカリフォルニア州ではバイリンガル教育は30年以上の歴史をもつ。カリフォルニア州の学校には、スペイン語を母語とする子どもが多く在籍しているため、スペイン語と英語によるバイリンガル教育が最も多いが、他に韓国語、広東語、フランス語、日本語等を使ったバイリンガル教育も行われている。

(2) ロサンゼルスの言語的マイノリティに対するバイリンガル教育

本項では、移民の子どもたちの教育において豊富な研究蓄積と実践経験をもつアメリカの事例について、筆者の調査研究をもとに考察する[7]。ここで取り上げるC小学校は、カリフォルニア州ロサンゼルスのダウンタウン西側に位置し、中米系移民と韓国系移民が多く居住するコミュニティにある。同地区は低所得層が集中する地域でもある。C小学校は100年以上の歴史をもつ伝統校で、過去に何度も優秀校として表彰された実績のある学校でもある。幼稚園から5年生までの児童が在籍し、2013年度の児童数は総計858名であった。児童に占める最大のエスニック集団はヒスパニック系[8]（約53％）、次に多いのがアジア系（39％、大半は韓国系）で、この2グループで在籍児童の9割を占める。C小学校で英語学習者（English Learners、以下EL生徒[9]）に提供されている教育プログラムを表14-1に示した。

C小学校の特色の1つは、韓国語と英語の「二重言語プログラム（Korean Dual Language Program、：KDLP）」という積極的な形態のバイリンガルプログラムが、各学年に1クラスずつ設置されていることである（表14-1の3段目）。このプログラムは、韓国語を母語とする児童と英語に堪能な児童が同じクラスに在籍して、英語と韓国語両方の読み書き能力と言語運用能力を高めることを重視している。ロサンゼルスでもこのような二重言語プログラムを提供している学校は少ないので、わざわざ遠方から子どもを通わせたり、学校の近くに転居したりする韓国系の家族もあるという。KDLPを受けている児童の成績がよいことも、保護者のみならず教育関係者からも注目されている。KDLPを指導して13年になるという教師は、授業内容について以下のように話していた。なお、この教師は1年生を担当している。

「二重言語プログラムは、基本的には英語50％、韓国語50％のモデルです。私は午前中は韓国語を教えます。約30分フォニックスをします。母音や子音などで。その後、特定のテーマに焦点をあてた本を読みます。1年生でカバーする必要があるような本です。算数の時間は、

表 14-1　EL 生徒に提供されている教育プログラム（2014 年-2015 年）

Transitional Bilingual Education Program （移行型バイリンガルプログラム）	幼稚園～2 年生までのスペイン語を母語とする児童が対象。 母語と英語を使用して教科の指導をするが，英語能力が向上するにしたがって，徐々に英語の割合を増やしていく。 最終的には英語のみのクラスに移行することを目的とする。
Maintenance Bilingual Education Program （維持型バイリンガルプログラム）	幼稚園～3 年生までの韓国語を母語とする児童が対象。 児童の母語と英語を使用したバイリンガルプログラム。 英語と母語による高い言語運用能力と学業達成を目標とする。
Korean Dual Language Program （二重言語プログラム）	幼稚園～5 年生までの韓国語を母語とする児童と，英語に堪能な児童が同じクラスで学ぶ。 英語と母語による高い言語運用能力と学業達成を目標とする。 韓国語を母語とする児童と，英語に堪能な児童がお互いに言語学習上のモデルとなり学びあう。
Structured English Immersion Program （ストラクチャード英語イマージョンプログラム）	幼稚園～5 年生に配当。 全ての教科を英語で学ぶが，必要に応じて生徒の母語を使用し理解を助ける。 英語の言語能力を獲得し，主流の英語クラスに移行することを目的とする。

（出典）　ロサンゼルス統合学区発行の保護者向け冊子より筆者作成。

韓国語で数の数え方などやります。社会も韓国語で教えます。1 つの章全部は無理なので，特定の箇所のレッスンです。韓国語が理解できる子どもには韓国語で話します。私の話が早くて理解できないときもあります。韓国系の子どもは普段から親と韓国語で話しているので，理解できる場合が多いです。（英語を母語とする児童については）第二言語学習者なので，私の（韓国語の）話があまりにも早くてついてこられないときがあり，そのときは韓国語の話せる子どもと一緒に座らせてお互いに助け合うようにさせています。（英語を母語とする）児童も幼稚園からこのクラスで勉強しているのですが，まだ苦労している子どもが 4 人います。（その場合は）英語で説明して明確化しています。」[10]

KDLP の特徴は，算数や社会などの教科内容を英語と韓国語で指導していることである。また，児童の母語である韓国語と英語の使用を均等にすることで，韓国語の能力を保持伸長させながら英語の運用能力も高めるというねらいがある。就学前から最高学年まで英語に堪能な子どもと韓国語を母語とする子どもを同じクラスで学ばせることで，子ども同士がお互いに英語と韓国語を学びあう共同学習が可能となる。KDLP で教えて 16 年になるという 3 年生の教師は共同学習の授業について次のように語っていた。

「3 年生は 50% 韓国語，50% 英語です。例えば，午前中は英語のみで，午後は韓国語にスイッチします。学区の支援があり，韓国語の教材はたくさんあります。数冊の教材の中から選択します。例えば，韓国語のライティング教材，韓国語のリーディング教材，韓国で出版されたコンピューター教材もあります。授業料は無料で，テキストや文具もすべて無料です。KDLP に在籍する児童は，幼稚園から 5 年生まで同じクラスで一緒に勉強します。KDLP では非韓国系の子ども（と韓国系の子どもの双方）が在籍している必要があります。そうすることで，非韓国系の子どもは韓国語が勉強できます（韓国系の子どもは英語が勉強できます）。」[11]

KDLPの最大の特長は，母語が異なる2つのグループを長期にわたり同じ教室で学習させることで，第一言語話者が第二言語話者の模範となり，相互に学び合うことを期待できることにある。C小学校で，KDLPや維持型バイリンガルプログラムを受けている韓国系の児童の英語能力は高く，カリフォルニア英語能力発達テスト（California English Language Development Test：CELDT）でも上級レベルの成績に位置する者が多い。[12]

　韓国系の子どもの英語能力が高い要因について，さらに考察を加えたい。

　まず，第一に，韓国系の保護者の教育への関心の高さがあげられる。3年のKDLPの教師は，学校が高い評価を得ている理由として，「保護者のサポートがよいからだと思います。保護者は教員をよくサポートしてくれるし，教師と保護者は良好な関係にあります。また，保護者は，子どもの宿題もよくみています」と述べていた。1年生のKDLP教師は，「KDLPは，特別なプログラムなので，例外的に学区外からの通学を認めています。子どもに二重言語プログラムを受けさせたい保護者がいて，近所にそのような学校がない場合，子どものニーズに応える必要があるので許可します。パサデナやトーランスなどから通ってきている子どもも少数ながらいます。去年はサンディエゴから転居してきた子どももいました。父親がサンディゴの大学の教授で，近くに引っ越してきて父親がここから大学に通っていました。父兄は非常に教育熱心です」と二重言語プログラムを希望する韓国系の保護者の教育熱の高さについて語っていた。

　第二に，子ども自身のモチベーションの高さがある。さきほどの1年のKDLP教師は，「この学校が良い評価を得られているのは，1年生のモチベーションが高いことにあると思います。この学校に勤務して16年になりますが，ほとんどの生徒は意欲があります。かれらはもっと勉強したがり，もっと良い点をとりたがります。」「家庭の影響だと思います。親が子どもに学校で良い成績を収めることが大切だと伝えているのです。子どもは学校でよい成績をとらないといけないことを知っているのです。」まさに，韓国系の家庭の「文化資本」が子どもに継承されているといえよう。

　第三に，勤勉で教育に熱意のある教師の存在である。3年のKDLP教師は，「学校はそれぞれの教師の強みをみていて，教室でその能力を生かすよう配慮しています。教室運営には自由が与えられています。皆，自分たちの得意なところを生かした教育をしています。たとえば，私は歌うこととダンスが得意なので，音楽を子どもたちの授業に取り入れています。教室に芸術を持ち込む人や演劇を持ち込む人もいます。また，教師は新しいことに挑戦するのを恐れていません。今，テクノロジーのサポートをたくさん受けていますが，それを教室で使っています。教師が自分のスタイルや指導法に誇りをもっていて，それを教室に持ち込みたいと思っているのです。」と語り，教師の自由裁量を認めた学級運営が行われていることで，教師が自分の得意分野を生かした授業をできることを強調していた。2年生のKDLP教師は，「この学校がよいのは，基本的に教師がよいからです。本当に，この学校にはよく働く教師がたくさんいます。勤勉な教師というのは，良い授業ができて，（子どもに）高い期待をもっているということです。教師が（子どもに）高い期待をもてば，子どもはその期待に応えようとします。低い期待であれば，それなりにしか応えません。」と述べていた。

C小学校のバイリンガルプログラムであるKDLPで学ぶ子どもたちの高い学業達成の要因は，家庭の言語が学校の中で保障され，その言語の保持伸張が目標とされる教育プログラムが提供されていること，勤勉で教育に熱意のある教師が多数存在すること，子どもの教育に熱心な保護者とその影響を受けた子ども自身の高いモチベーションがあること，これらが互いに相乗効果を生み，プラスに作用していることなどによるものと推察される。

第5節　外国人児童生徒にとって望ましい教育とは

　本章では，在留外国人の増加に伴って学校教育の現場で外国人児童生徒が増えているという背景のもと，言語的マイノリティの子どもたちに対する教育のあり方や方策について，「社会文化的射程」と「バイリンガル教育の射程」から教育理論の整理を試みた。さらに，マイノリティの子どもに対する教育実践例として，カナダの「アイデンティティーテキスト」やアメリカのバイリンガル教育を取り上げて，その意義について考察した。

　本章で論じてきたように，わが国で一般的と考えられるモノリンガリズムの教育環境は，日本語を母語としない子どもから母語を奪う可能性を有している。とくに，母語の確立過程にある年少者が，母語以外の言語のみによる学習環境の下におかれると，母語に加えて第二言語である日本語の習得も不十分なレベルに止まる可能性が少なくない。子どもの母語や母文化を考慮しない教育は，母語と日本語ともに不十分な子どもを生みだすだけではなく，子どもの自尊感情やアイデンティティ形成という心理的な側面においても否定的な影響を及ぼしうるのである。このような事態は当該の子どもや家族だけの問題ではなく，社会全体にとっても望ましいことではないだろう。他方，カナダやアメリカのバイリンガル教育は，バイリンガル教育の目標やプログラムの形態，教授法は様々だが，教科指導において子どもの母語を使用しているところが，日本とは大きく異なるところである。日本においても外国人児童生徒のもつ言語，文化を資源と捉え，それらを生かした教育が広がることが望まれる。

注
1) 日本に住む外国人の子どもについては，「外国につながる子ども」「外国にルーツをもつ子ども」「ニューカマーの子ども」「多文化の子ども」など，著者の専門分野やアプローチの違いによって様々な呼称が用いられている。本章では，教育現場で使用される言語に注目しているので，「言語的マイノリティ（linguistic minority）」という用語を主に使用している。
2) 1989年12月に入管法が改正され，1990年6月1日から施行された。入管法改正で南米日系人二世，三世に就労制限のない在留資格が認められ，これ以降ブラジル人やペルー人が急増した。
3) 外国人学校は日本の学校教育法に定める「1条校」（国・公・私立学校）には該当せず，各種学校として位置づけられているところが多い。南米系の学校には各種学校の認可を受けていないところもある。
4) 「日本語指導が必要な児童生徒」とは，「日本語で日常会話が十分にできない児童生徒」及び「日常会話ができても，学年相当の学習言語が不足し，学習活動への参加に支障が生じており，日本語指導が必要な児童生徒」を指す（文部科学省2017「日本語指導が必要な児童生徒の受入状況等に関する

調査（平成 28 年度）」）。
5) 日本語指導が必要な日本国籍の児童生徒には，海外からの帰国児童生徒のほかに保護者の国際結婚により家庭内言語が日本語以外の子どもなどが含まれる（文部科学省 2017「日本語指導が必要な児童生徒の受入状況等に関する調査（平成 28 年度）」）。
6) 多文化主義政策は，一般に社会のマイノリティやエスニック集団が独自の文化や習慣，アイデンティティを保持し，表現することを公的に認め促進させる政策である。
7) 2012 年 8 月，2013 年 8 月，2014 年 8 月に訪問調査を実施し，授業見学のほか，管理職や教員に聞き取り調査を行った。なお，本事例については，『文京学院大学総合研究所紀要』第 15 号（2015 年）に公表した内容に加筆修正を加えたものである。
8) ヒスパニック系は，中南米系出身者を指す言葉で，「スペイン語」と「カトリック」という信仰を共有する人々である。
9) EL 生徒とは，母語が英語以外の言語で英語能力が十分ではない児童生徒のことである。
10) C 小学校 1 年生 KDLP 教師への聞き取りに基づく（2013 年 8 月 22 日）。
11) C 小学校 3 年生 KDLP 教師への聞き取りに基づく（2012 年 8 月 21 日）。
12) CELDT は，カリフォルニアの公立学校に在籍する母語が英語以外の児童生徒に対して編入学時及び学年移行時に実施する。

参考文献

Baker, Colin（1993）*Foundations of Bilingual Education and Bilingualism*, Clevedon: Multilingual Matters.（岡秀夫訳・編『バイリンガル教育と第二言語習得』大修館書店，1996 年。）

Baker, Colin and Wayne E. Wright（2017）*Foundations of Bilingual Education and Bilingualism*, Bristol: Multilingual Matters.

Bourdieu, Pierre & Jean-Claude Passeron（1970）*La Reproduction*, Paris: Édition de Minute.（宮島喬訳『再生産』藤原書店，1991 年。）

Cummins, James（1981）"The Role of Primary Language Development in Promoting Educational Success for Language Minority Students," In California State Department of Education eds., *Schooling and Language Minority Students: A Theoretical Framework*, Los Angeles: Evaluation, Dissemination and Assessment Center, California State University, 3-49.

Cummins, Jim（2000）*Language, Power and Pedagogy: Bilingual Children in the Crossfire*, Clevedon: Multilingual Matters LTD.

カミンズ，ジム（2011）中島和子訳『言語マイノリティを支える教育』慶応義塾大学出版会。

小林宏美（2005）「『中国帰国者』の子どもの生きる世界——文化変容過程と教育」宮島喬・太田晴雄編『外国人の子どもと日本の教育——不就学問題と多文化共生の課題』東京大学出版会。

小林宏美（2013）「国境を越えて形成される家族関係——日本語を母語としない生徒への聞き取り調査から」坪谷美欧子・小林宏美編著『人権と多文化共生の高校——外国につながる生徒たちと鶴見総合高校の実践』明石書店。

宮島喬（1999）『文化と不平等——社会学的アプローチ』有斐閣。

宮島喬（2014）『外国人の子どもの教育——就学の現状と教育を受ける権利』東京大学出版会。

宮島喬（2017）『文化的再生産の社会学——ブルデュー理論からの展開』藤原書店。

モラレス松原礼子（2017）「ブラジルの日系人と在日ブラジル人——言語・メンタリティー」宮崎幸江編『日本に住む多文化の子どもと教育——ことばと文化のはざまで生きる』上智大学出版。

中島和子（2010）『マルチリンガル教育への招待——言語資源としての外国人・日本人年少者』ひつ

じ書房。

中島和子（2016）『バイリンガル教育の方法──12歳までに親と教師ができること』アルク。

太田晴雄（2000）『ニューカマーの子どもと日本の学校』国際書院。

太田晴雄（2005）「日本的モノカルチュラリズムと学習困難」宮島喬・太田晴雄編『外国人の子どもと日本の教育──不就学問題と多文化共生の課題』東京大学出版会。

Portes, A. and R. G. Rumbaut（2001）*Legacies: The Story of the Immigrant Second Generation*, Los Angeles: University of California Press.

坂本光代（2017）「多文化共生社会の実現にむけて」宮崎幸江編『日本に住む多文化の子どもと教育──ことばと文化のはざまで生きる』上智大学出版。

法務省HP「平成29年末現在の在留外国人統計について」http://www.moj.go.jp/nyuukokukanri/kouhou/nyuukokukanri04_00073.html（2018年4月26日）

第15章

異文化間の信頼関係構築とコミュニケーション

能間 寛子

✿ 「信頼」という言葉は，様々な場面で使われ，その重要性については言うに及ばない。しかし，普段の生活の中で私たちはどのくらい信頼について考えているだろうか。信頼について立ち止まって考える時は，多くの場合，信頼関係を築くことが困難だと感じる時や信頼関係が壊れてしまった時なのではないだろうか。信頼関係を築くには多くの時間と努力が必要だが，長い時間をかけて築いた信頼関係であっても一瞬で壊れてしまうこともある。人と人とのつながりの中で，信頼は大きな意味を持ち，認知や行動にも影響を与えるが，同時に脆弱さを含んでいるのである。

信頼に関する研究は，多分野にわたっている。各分野の特徴的な観点や方法で多くの研究がなされているが，統合的な議論は未だ十分になされていない。また，国際化が進む昨今では，信頼の意味や役割，そして信頼構築のプロセスに対する文化の影響について考えることが急務である。本章では，信頼の概念に対する統合的な理解を深めるとともに，異文化コミュニケーションの視点から，信頼関係構築を支援するコミュニケーションについて考える。

Keywords： 信頼，文化，信頼のシグナル，異文化コミュニケーション，文化的感受性

第1節 信頼とは

信頼は，複数の学問分野で研究されている学際的な研究課題である。そのため，様々な観点から，信頼の基盤となる要因や，信頼の側面，信頼度（信頼できる程度）が議論されている。本節では，信頼という概念を理解するため，信頼の定義と，近接する概念であるリスクとコントロールとの関連性について説明する。

(1) 信頼の定義

信頼とは，相手が双方の利益のためにリスクを適切に対処し，自分との良好な関係を維持して

くれるであろうという相手に対する好意的な期待である（Six and Sorge, 2008）。言い換えれば，相手の行動やその意図に対する好意的な期待である（Shockley-Zalabak et al., 2000）。そして，信頼の概念や特質については，様々な側面が言及されているが，共通する信頼の基盤となる主な要因として，次の4点が挙げられる（Lewicki et al., 2006; Lane, 1998; Whitener et al., 1998）。

① 相手を信頼したことによって引き起こされる結果に対して肯定的な期待をしていること。
② 相手を信頼することに伴うリスクをためらわずに受け入れること。
③ 他者を信頼しやすいかどうかの個人の特性。
④ 信頼する側とされる側の相互依存関係。

多くの研究では，これらのうち1つまたは複数が，信頼を築く基盤として議論されている。注意しなければならないのは，信頼そのものの特性や，信頼の結果として現れる現象などの議論と混同しやすい点である。さらに，これらの信頼の基盤となる要因のそれぞれの特徴は，後述するリスクやコントロールなど，近接する概念と混同されやすい。

信頼そのものは目に見えるものではない。したがって，信頼があるのかないのかに関して，客観的に判断するのは難しい。また，相手が信頼できるかどうか，反対に自分が相手から信頼されているかどうかの判断は，主観的な部分も多い。したがって，信頼が問題になった時，相手が信頼できるかどうかをどのように判断しているのか，また自分が信頼されているのかどうかをどのように判断しているのか，そのプロセスを理解しておくことは重要である。次項では，まず，どのような環境で相手の信頼度が問題になるのか，そして信頼関係の構築が課題になるのか，その環境的な要因について触れておきたい。

(2) 信頼が必要なときとは

信頼が必要な場面は，通常，他者に依存しなければならない場面である（Lane, 1998）。仮に，誰にも依存せず，自分1人ですべてのことができるのであれば，信頼は必要にはならない。また，山岸（1998）も指摘しているとおり，信頼が議論される場面には逆説的な側面がある。信頼が必要とされるのは，社会的不確実性の高い状況であるが，そのような状況は，通常，最も信頼が生まれにくいと考えられる状況でもある。さらに，安定性が高い環境や安定した関係性では，信頼に対する必要性を強く感じることはあまりないと考えられる。

信頼に関する研究は，1990年代以降，急激に増加した。その背景には，不安定な経済環境や予測不可能なビジネス環境，社会環境などが指摘されている（e.g. Sydow, 1998；山岸, 1999）。国境を越えた個人レベルでの交流も盛んになり，異文化との接触も増えている。異文化間のコミュニケーションや関係性の構築は，不確実性や予測不可能性の高いものであることはよく知られている。前述したとおり，家族間や，親しい友人間など，普段信頼の有無について疑問視すらしないような間柄は，安定性が高く，相手の行動も予測しやすい。しかし，異文化間の人間関係のような不確実性や予測不可能性が高い状況であればあるほど信頼が課題となる。本章で議論したいのは，このような異文化間の不確実性や予測不可能性の高い状況での信頼関係構築であり，それに係るコミュニケーションである。では，不確実性，予測不可能性が高く，他者に依存しなけれ

ばならない場面で，私たちはどのように，相手が信頼できるかどうかを判断しているのだろうか。信頼できない相手に助けてもらわなければならない場面を想像すればわかりやすいが，信頼できない相手に依存しなければならない場面では，様々なリスクを意識せざるを得ない。次項では，信頼に伴うリスクについて，その性質と信頼との関係性について整理する。

(3) 信頼とリスク

前述したように，社会的不確実性，予測不可能性の高い状況では信頼に関する問題が意識化される。ではなぜ，社会的不確実性や予測不可能性の高い状況で信頼に関する議論が増えるのか，ここで考えてみたい。

不確実性や予測不可能性はリスクと密接に関係している。私たちは，これから起こる全てのことを予測することはできない。つまり不確実性を完全に避けることはできない。したがって，それに伴う潜在的なリスクが常に存在するのである (Bottery, 2003)。さらに，信頼は，他者に依存しなければならない場面で必要になることから，必ず，その相手の行動の意図や結果に係るリスクを伴う (Lewicki et al., 2006; Li, 2007)。何が起こるかわからない未来の事象に対して，相手がどのように対応するか，という相手の行動の結果起こり得ることに関わる潜在的なリスクは，信頼関係を考える上で重要である (Li, 2007)。

Li (2007) は，このような潜在的なリスクを3つの種類に分類した。1つ目は「システムに関するリスク (system risk)」，2つ目は「能力に関するリスク (ability risk)」，3つ目は「意図に関するリスク (intention risk)」である。「システムに関するリスク」が，外部要因であるのに対し，「能力に関するリスク」と「意図に関するリスク」は，信頼しようとしている相手に関するものである。この相手に関する2つのリスクは，個人間の信頼関係の構築及び発展において特に重要であり，相手を信頼できるかどうかを判断する際の主要な判断基準である (Six et al., 2010)。

1つ目の「システムに関するリスク」は，マクロレベルの要因であり，例えば法律や道徳的な制度上の不完全さからくるリスクである。このタイプのリスクは，部分的には予測可能なものである。そしてこのタイプのリスクを知っておくことは，特に国際的なビジネスを行う場合など，不確実性を減らすという意味で有益である (Child, 2001)。しかし，相手がこのリスクに対してどのように対応するか，言い換えれば，相手がお互いの利益を考えて行動してくれるかどうか（自分の利益だけのために行動しないか）が信頼関係を深めるプロセスにおいてはより重要なポイントとなる (Nooteboom, 2002; Dietz et al., 2010)。

2つ目の「能力に関するリスク」は，システムに関するリスクのような外部環境からくる要因ではなく，信頼しようとする相手に関するものである。前述したように，信頼が必要な場合は，通常誰かに助けてもらわなければならない，頼らなければならない状況である (Lane, 1998; Whitener et al., 1998)。このような状況下では，信頼しようとしている相手の行動が招く結果に関するリスクが存在する (Bottery, 2003; Lewicki et al., 2006; Li, 2007)。能力に関するリスクは，信頼しようとしている相手が，「システムに関するリスク」に対して適切に対処ができる能力があるか，ということに関する不確実性を意味する (Li, 2007)。

3つ目は「意図に関するリスク」である。「意図に関するリスク」は信頼しようとしている相手の意図に関する不確実性を指す。「意図に関するリスク」における不確実性とは，信頼しようとしている相手が，自己利益のために行動する可能性に係るものである。例えば，相手が自身の利益のために自分を裏切る可能性がある場合や，同様に自分との良好な関係を維持することをやめる可能性があるような場合に生じる不確実性のことである。相手の意図は直接目に見えないだけに，正確に判断するのは難しい。特に，相手のことをあまり知らない，親しくない場合などは，予想不可能性が高い分，相手の意図に関する不確実性やリスクは不可避なものである。

(4)　信頼とコントロール

　信頼の概念を理解するには，信頼とコントロールの関係性についても理解しておかなければならない。それは，信頼そのものと，信頼の結果表れる協力や協調などのような行動とを区別する必要があるからである。研究の中には協力などの行動を，信頼が存在する証拠として議論しているものもある。しかし，協力などの行動は，信頼がほとんどないような関係性の中でも発生する可能性がある (Loh et al., 2010)。信頼もコントロールも，相手の行動やその結果を左右する方法として議論されているが，この2つの概念の関係性は複雑なのでここで説明しておく。

　信頼に関する研究では，信頼とコントロールの考え方について，コントロールは信頼を補完するものであるという考え方と，代用するという考え方の2つがある (Dietz et al., 2010)。補完的な観点から考えると，信頼とコントロールは共存することができる。この観点では，信頼とコントロールは相互に影響し合って協力行動を生じさせると考える (Zucker, 1986; Child, 2001; Bachmann, 2003)。このような相互作用では，主に信頼関係を築く初期段階での法律や公的な規則・制度の役割に着目している。法律や規則，組織内でのルールなどの公的な仕組みは，相手に関する情報がほとんどない場合の初期の信頼を築く上で役に立つ。例えば，ビジネスにおける関係性における公的な仕組みは，信頼関係を構築することに伴うリスクに関する計算の正確性を高めることができる (Child, 2001)。明確な規則やルールがある場合は，それらの規則やルールが「セーフガード」としての役割を果たし，不確実性を減少させることによって信頼関係を構築しやすくさせるのである (Bachmann, 2003)。また，相手に関する情報がほとんどない，出会ったばかりのほとんど知らない相手についても，このような公的な規則や仕組みは信頼を築くベースとして信頼関係構築に役立つことも指摘されている (Zaheer and Zaheer, 2006)。

　他方，信頼はコントロールにとって代わると考える観点は，信頼構築のプロセスに着目している。この観点では，信頼関係が発展するにつれて，コントロールは必要なくなると考える。つまり，関係性があまりできていない段階では，相手の行動の予測不可能性を減少させるためのコントロールが必要であるが，信頼度が高まるにつれて，そのコントロールは必要なくなると考える。この考え方に基づけば，コントロールされていると感じることは，信頼されていないと感じることにつながるのである (Whitener et al., 1998; Gargiulo and Ertug, 2006)。

　コントロールには，法律や規則などの比較的わかりやすい公的な仕組みだけでなく，社会的な圧力や，暗黙のルールなど，目に見えにくいものもある。公的な仕組みを考えると，例えば，職

場などで厳しい規則や決まりがあり，協力的な行動をとらないと罰則があり，不利益を被る場合などは，信頼がなくてもお互いに協力するであろうと予測できる。また，公的な仕組みがなくても，協力しなければ仲間外れにされる，など，社会的な圧力がかかる場合には，相手を信頼しているかどうかにかかわらず，協力的な行動をとることが考えられる。信頼は，確かに協力的な行動の誘因ではあるが，必ずしもその行動が発生する条件であるとは言えない点に注意が必要である。

第2節　信頼の種類

　本節では，信頼の種類について説明する。ここで説明する4つの信頼に対する考え方は，信頼が学際的な研究課題であることに起因する視点の違い，という見方もあれば，信頼の深さの違い，という考え方もある。本章の目的は，この議論の答えを出すことではなく，ゴールとなる信頼が，いずれかの，もしくはどの段階の信頼であったとしても，そこに到達するまでのプロセスとコミュニケーションについて考えることである。そこで，ここでは，これらの信頼の種類を，「信頼」という概念を構成する複数の側面として捉えたい。普段，私たちは，信頼についてじっくりと考える機会は少ないが，このような信頼の側面を考えることで，私たちがどのような基準で，または何を基準として相手の信頼度を判断しているのかを理解することができるのである。

(1)　合理的信頼

　合理的信頼（calculation-based trust）は，経済学的な観点から議論されることが多い。この信頼では，信頼度は，利益と損害に関わる計算によって導き出すことができると考える（Lane, 1998）。合理的信頼では，人は共通のゴール，または相手のため，というよりも，自分の利益が大きくなるように振る舞い，自分の利益を優先するような選択をすると考える。例えばビジネスの場面を思い浮かべると，この種類の信頼を理解しやすいかもしれない。この信頼に伴う計算は，主に法律や契約などの公的なシステムに基づいたやりとりの計算である（Child, 2001）。よって，合理的信頼に基づく信頼関係は，自己利益の確保に伴うリスクと大きな関係があり，関係性を取引とみなしていることが特徴的である。例えば，契約を結ぶことによって，その相手が自分を裏切るリスクを減少させることができる。契約違反をすれば，相手が罰せられるなど，相手が不利益を被ることがわかっている場合，よほどのことがない限り，相手は裏切らないだろうと予測する。このような公的な仕組みは，相手が裏切るリスクを推測し，予想不可能性を減少させる役割を果たしているのである。

　合理的信頼は，自発的な意思によるやり取りというよりも，コントロールといった側面から議論されることが多い（Woolthuis et al., 2005; Li, 2007）。このような公的な仕組みを理解することによって，相手が自分を裏切らないような関係性を作ることができることから，「抑止に基づく信頼（deterrence-based trust）」と呼ばれることもある（Sheppard and Tuchinsky, 1996）。しかし，信頼関係というのは，例えビジネスの場であったとしても，このような合理的な側面よりも，よ

り社会的なものであるという批判もある (Grey and Garsten, 2001)。ビジネスの場における信頼関係であっても，このような計算に基づく合理的な側面が全くないわけではないが，実際の個人間の信頼には，その人の特性やものの見方や考え方などが関わってくることから，信頼できるかどうかの判断に係る判断は，より複雑なものになると考えられる (Lane, 1998)。

(2) 知識に基づく信頼

　合理的信頼が「システムに関するリスク」と関連しているのに対して，知識に基づく信頼 (knowledge-based trust) は，相手の「能力に関するリスク」や「意図に関するリスク」と密接にかかわっている。相手の信頼度を正確に評価するには，「能力に関するリスク」や「意図に関するリスク」を適切に判断する必要がある。このような判断に不可欠なのは，相手に関する情報である。相手との交流の中で，その相手が，どのようなスキルを持っているか，どのような目的があるのか，などの情報を得て，相手が信頼できるかどうかを判断するのである。つまり，相手の信頼度は，その相手に関する情報や知識に基づいた評価となる。

　相手に関する情報や知識には，大きく2つの種類に分けられる。1つは，非直接的に得た情報，もう1つは，直接的なやり取りの中で得たものである (Dietz et al., 2010)。非直接的な情報には，相手の文化的背景や職業に対するイメージやステレオタイプなどの憶測や思い込み，評判や噂なども含まれる (Dietz et al., 2010; Jeffries, 2002)。このような視点から考えると，職業や民族などの社会的なカテゴリーも，信頼を築くベースとして信頼関係構築のプロセスに影響を与えていると考えられる (Zucker, 1986)。

　信頼関係を発展させるプロセスでは，実際のやり取りの中で得た情報の質や，その情報の解釈が重要な意味を持つようになる (Dietz et al., 2010, p. 12)。相手との関係性が長くなればなるほど，また親密になればなるほど実際のやり取りの中で得た情報や知識の重要度が増してくるという (Jeffries, 2002; Dietz et al., 2010)。Six et al., (2010) は，このようなやり取りの中で，私たちは，「能力に関するリスク」や「意図に関するリスク」を見極めるのに必要な情報（相手の言動）に注目するようになると指摘している。つまり，信頼関係構築のプロセスは，強みや弱みを含む，相手の個性を学ぶプロセスともとらえることができる (Six and Sorge, 2008)。

　知識に基づく信頼は，ある程度相手を知っていることが前提となる。相手の情報が全くない場合は，相手がどれくらい信頼できそう（またはできなさそう）か，判断することができない (Six et al., 2010)。この信頼は，直接的，非直接的な相手に関する情報を基に築かれ，相手との実際のやり取りの中で発展していくという特徴がある (Lewicki et al., 1998)。相手の言動を正確に予測するには，その相手をよく理解することが必要である。知識に基づく信頼では，相手に関する知識や情報によって，相手の行動の予測可能性を高め，その予測可能性の高さが相手の信頼度となるのである。

(3) 情緒的信頼

　情緒的信頼 (affect-based trust) は，相手が示す心遣いや，情緒的態度に基づいて形成される，

または感情の共有を通じて形成される信頼である（Colquitt et al., 2012）。前述した合理的信頼や，知識に基づく信頼が，「頭で判断する信頼（trust from head）」であるのに対して，情緒的信頼は，「心で判断する信頼（trust from heart）」である（Chua et al., 2008）。この信頼は，相手との感情的なつながりに着目したものであり，友情に基づく信頼もここに含まれる。

情緒的信頼は，親しみや共感の気持ち（Nooteboom, 2003），そしてラポール（気が合うという感覚）や自己開示を伴う（Chua et al., 2008）。例えば，相手が正直に自分の感情や考え，感じていることを伝えると，受け取り手もその感情を共有したり，共感したりすることができ，つながりが生まれる。このような感情の共有を軸にした情緒的なつながりを基盤にした信頼関係が，情緒的信頼である。

感情的なつながりが重視される信頼では，自分自身や相手の性格特性などの要素が着目されやすいが，環境的な要因にも影響を受ける。情緒的信頼には，親しみや自己開示が伴うと前述したが，相手に自分の感情を正直に伝えたり，弱さを見せたりすることにはリスクが伴う。相手に利用されたり，立場が不利になったり，不利益を被ったりするかもしれない。しかし，その人間関係が発生している環境，例えば所属する組織や集団などの風土（雰囲気）が友好的であり，助け合いが進んで行われているような環境では，弱みを見せやすい（能間，2014；Noma, 2012）。前述したとおり，信頼関係は，他者に頼らなければならない状況で必要になる。友好的な雰囲気，お互いに助け合うことが当たり前の環境があれば，人々の自己開示が促され，情緒的な信頼関係の構築や発展が促進されるのである。

(4) アイデンティティに基づく信頼

アイデンティティに基づく信頼（identification-based trust）とは，共有された規範や価値観に基づいて築く信頼である（Huang and Van de Vliert, 2006; Bottery, 2003; Child, 2001; Lane, 1998; Lewicki and Bunker, 1996）。信頼関係が深まる過程について言及したLewicki and Bunker（1996）は，アイデンティティに基づく信頼が最も深い信頼であり，相手の関心や期待を裏切らない振る舞いをすることができる状態，相手のために，または相手と同じように振る舞うことができる状態であると説明している。

この信頼を築くための信頼度の評価は，規範や価値観が相手と共有されており，それに基づく「適切」な振る舞いができているかどうかが基準となる（Six et al., 2010）。信頼しようとしている相手の行動は，様々な場面で観察され，各場面で「適切」になされていれば，その人の信頼度は上がる。そして，この信頼は，観察した相手の行動に基づいて，信頼する側が相手の意図に対して確信が持ちえたときにはじめて成立する（Six et al., 2010）。信頼関係をこのレベルまで発展させるためには，前述した他の信頼よりも多くの時間やエネルギーを費やさなければならない（Sheppard and Tuchinsky, 1996）。Borgen（2001）は，このレベルの信頼だけが，相手が裏切るのではないかという不安から解放されると言及している。

日本企業においては，特にこのアイデンティティに基づく信頼が重視されている（Noma, 2012）。日本企業においては，このアイデンティティに基づいた信頼を築いていなければ，一人

前の社員として認められにくい（Noma, 2012）。会社では，その人のスキルや能力に対する評価に基づいて信頼度を判断している，と考えることもできるが，一人前の社員として信頼してもらうには，それだけでは不十分な場合もある。一人前の社員として認められ，仲間として信頼されるには，職務を遂行できる能力やスキルだけでは不十分であり，会社の規則や暗黙のルールを理解し，それらのきまりに基づいて「適切に」行動できることを示す必要がある。むしろ，アイデンティティに基づく信頼で，より重視されるのは，相手の行動の「適切さ」である。それぞれの場面において「適切な」行動を取ることができると認められて初めて，その集団の一員としてのメンバーシップが認められ，仲間として信頼してもらえるのである。このような意味で，アイデンティティに基づく信頼とは，メンバーシップを獲得するプロセスと関わっていると考えることができる。

　本節では，異なる信頼の側面について概説した。信頼関係について考える時，あなたはどの信頼を想定していただろうか。1つの側面だけでなく，状況や環境によって異なる信頼の側面について思い浮かべただろうか。それぞれの信頼は，独立しており，共存できるという見解もあれば，信頼関係が強くなれば，合理的信頼，知識に基づく信頼，情緒的信頼，アイデンティティに基づく信頼へと発展していくという議論もある。このように，信頼について立ち止まって考えたとき，様々な捉え方があり，それは，信頼の概念の持つ多様な側面と，それらの複雑な関係性に起因しているのである。次節では，このような信頼が構築されるまでのプロセスをコミュニケーションの視点から考える。

第3節　信頼関係構築のプロセス

　前節では異なる信頼の側面について説明した。それぞれの信頼の側面について，どの種類/レベルの信頼がゴールであっても，私たちは，相手の信頼度を，相手の姿勢や行動から判断する（Nooteboom, 2003）。それは，信頼そのものも，相手の意図も直接観察して確認することができないからである。私たちは，直接観察できる相手の言動や姿勢，態度に基づいて，相手の意図を推測し，相手を信頼することに係るリスクを見極め，信頼度を評価するのである。本節では，相手の信頼度を評価し，信頼関係を構築するプロセスについてコミュニケーションの視点を用いて考える。

(1)　信頼のシグナル

　相手が信頼できるかどうかの判断を，コミュニケーションの視点を用いて考えると，その判断に使う情報は，信頼できる（またはできない）というメッセージを含んだシグナル（合図）ととらえることができる。ここでは，信頼を構築または発展させるための信頼度の評価に使われる直接的に得るメッセージを「信頼のシグナル」と呼ぶことにする。

　信頼のシグナルになりうるのは，言葉だけではない。非言語メッセージも信ぴょう性の高いシグナルとなる。例えば，表情や声のトーン，ジェスチャー，服装などもシグナルとなる。信ぴょ

う性が高い，というのは，非言語メッセージは自分自身でコントロールできないことも多いからである。例えば緊張した時に手に汗をかいたり，顔が赤くなったりすることがあるが，これらの現象は自分でそうしたくなくても起こってしまう。これらの現象もコミュニケーションの中で意味をもつ信頼の（もしくは不信の）シグナルとなりうるのである。

　ここで気を付けなければならない点は，このようなシグナルの全てが，意図的に発せられたものではないということである。私たちは，相手が無意識にした行動，たとえば，瞬きや咳払い，腕組なども，意味のあるメッセージとして受け取ることがある。意味のあるメッセージは，信頼のシグナルとして機能するということである。反対に，相手が意図的に発したシグナルに受け手側が気づかないこともある。通常，私たちは，意識的に発信したシグナルが相手に届き，シグナルの意味も，相手は誤解せずに理解してくれているであろうと疑わずにコミュニケーションをとっていることが多いのではないだろうか。しかし，実際には，シグナルが相手に届いていなかったり，意図した意味とは別の意味として受け取られたりして誤解が生じることもあるのである。詳しくは後述するが，特に，異文化間ではこのような誤解が生じやすい。

　戦略的に信頼関係を築き，発展させるには，コミュニケーションの中で適切なシグナルのやり取りができるよう，意識して取り組む必要がある。そのためにはまず，自分の姿勢や行動が，信頼のシグナルとして相手に届いているということを意識しなければならない。信頼関係構築のコミュニケーションにおいては，信頼のシグナルの「適切さ」が重要であり，同じメッセージであっても，その状況や，受け取る相手によって，信頼関係を促進したり，阻害したりすることがある。私たちは，普段のコミュニケーションの中で，様々なメッセージをやり取りして，自分の思いや考えを伝えようとしている。信頼関係を築き，発展させていくには，適切なメッセージのやり取りが必要である。

(2) 信頼のシグナルのコミュニケーション

　文化は，信頼のシグナルの優先順位や重要さ，そして解釈に影響を与える（Gibson et al., 2009）。信頼や信頼度を評価する際に参照する事柄は多岐に及び，解釈や意味は，文化によって異なる（Branzei et al., 2007）。例えば，家族の一員であるということは，文化によって異なる意味合いを持つことがある。Child and Möllering (2003) は，中国では，家族や親せきであるかどうかは，重要な信頼の要素であり，親せきの間では信頼を得ることが容易であることに対して，親族ではない人からは信頼を得にくいことを明らかにした。

　前述したように，信頼のシグナルには，様々な種類のものが考えられる。私たちは，それらのシグナルを意識的または無意識的に発信している。そして，相手のシグナルを，相手の意図とは関係なく受け取っている。受け取ったシグナルは，自分の認知の枠組みに基づいて意味を解釈している。信頼関係構築のコミュニケーションとは，言語・非言語のメッセージをシグナルとした，信頼のシグナルのやり取りと捉える考えることができる。

　信頼の基盤の1つに，相手の行動の適切さが挙げられる（Six et al., 2010）。しかし，「適切さ」に対する評価は，文化によって異なるため，文化的背景の異なる人の間では，社会的規範を基盤

にした信頼を築くことは大きな挑戦である (Zucker, 1986)。そして，文化的距離の隔たりが大きければ大きいほど，社会的な規範も大きく異なるため，誤解が生じやすく，人間関係，特に信頼関係を築くことが難しくなる (Zucker, 1986; Dietz et al., 2010)。

　異文化間での信頼のシグナルのやり取りは，誤解が生じやすい (Noma, 2012; Dietz et al., 2010)。相手の信頼度の高さは，相手から適切な信頼のシグナルが送られてきているか，がカギとなるが，その「適切さ」とは，受け取る側の信念や価値観に基づいた「適切さ」である。そのため，特に異文化間では誤解が生じやすく，信頼ではなく，不信を生じさせてしまうこともある。また，私たちが適切な信頼のシグナルを送っていると思っていても，それが届いていなかったり，異なった意味合いで伝わってしまったりすることもある。異文化間の信頼関係の構築や発展では，コミュニケーションの中でこのような信頼のシグナルのすれ違いや誤解を減らすことが不可欠なのである。

(3) 変化する信頼の性質と相互依存性

　信頼関係が発展するプロセスについて考察した研究では，信頼は変化し続ける動的なものであり，その信頼の性質の変化に着目している。第2節で述べた，合理的信頼，知識に基づく信頼，アイデンティティに基づく信頼は，信頼関係の発展に関するモデルでは，順に低信頼から高信頼に発展していく段階として捉えられている (Jones and George, 1998, p.537)。この視点では，信頼の性質とそれに関するリスクは，直接的なやり取りの中で得た知識の質と量によって変化することを説明している (Rousseau et al., 1998; Sheppard and Sherman, 1998)。

　相互依存の度合いによって，そして関連するリスクによって，信頼も異なって経験される。信頼をより深いものに発展させるには，時間をかけて信頼のシグナルのやり取りをして，その中で価値観を共有することが必要である (Jones and George, 1998)。価値観の共有は，不確実性や相手が自己利益を優先させた行動をとる心配を減らすことで (Child, 2001)，相手の行動や意図に対する確信を得ることを促進させる (Jones and George, 1998)。

　信頼を発展させるプロセスは，断続的であり，様々な場面での経験を通して，相手の長所や短所に関する知識を増やしていくプロセスでもある (Dietz et al., 2010, pp.11-12)。Jones and George (1998) は，信頼の性質の変化に関する概念的枠組みとして，「条件付きの信頼 (conditional trust)」と「無条件の信頼 (unconditional trust)」について言及している。「条件付きの信頼」は，お互いに積極的にやり取りをしようとするポジティブな期待であり，似たような枠組みで状況を理解し，相手のために行動できる状態をいう (Jones and George 1998, p.536)。他方，「無条件の信頼」は，実際のやり取りの中で得たエビデンスに基づいて，相手が共通の価値観と理解の枠組みを持っていると確信を得ている状態をいう。つまり，お互いが既に「適切な」行動をとっていて，「適切な」信頼のシグナルを送り合い，お互いが信頼度の高い相手であると確信を持っている状態である。言い換えれば，お互いがお互いの利益のために行動できるのだということを過去のやり取りから確信しており，信頼の好循環を形成しているのである。

　このプロセスでは，相手とのやり取りは，善意に基づいたコミットメントであり (Li, 2007)，

相手との絆を育成する（Lewicki and Bunker, 1996; Jones and George, 1998; Child, 2001; Bottery, 2003）。このような相互依存的な関係性を考えれば，信頼の根幹には，相手に進んで頼ろうとする心理状態，つまり，相手に弱さを見せる姿勢があることがわかる（Lane, 1998; Rousseau et al., 1998; Lewicki et al., 2006）。このような意味で，特定の場面の特定の信頼関係の意味合いは違っていても，より深い相互依存関係を伴う信頼関係は，認知的，情緒的そして行動的な要素を伴うと考えられる（Lewicki et al., 2006, pp. 1003-1004）。

(4) 不均衡な信頼

　異文化間の信頼関係に関する研究では，信頼の基盤が異なることに起因する不均衡な信頼を構成しやすいことが示唆されている。例えば，Zaheer and Zaheer (2006) は，異文化間では，信頼関係を築くために費やす時間や努力の観点から，信頼の不均衡が発生すると指摘している。Zucker (1986) は，信頼に関する認知や期待は，自分の出身文化の規則や制度などのサポートシステムに基づいていることを指摘している。それぞれの異なる出身文化のシステムが信頼を構築する基盤として機能することから，異文化間では，信頼を築く際に不均衡が生じ，困難に直面しやすくなる（Zaheer and Zaheer, 2006）。したがって，異文化間で信頼関係を築くには，不均衡さをつくっている要因について考慮することが不可欠になる（McEvily et al., 2003）。

　異文化間の信頼関係構築において，それぞれの出身国の制度から生じる不均衡は，特に初期段階の関係性に影響を与える（Ariño et al., 2005）。例えば，公的な規則や制度が十分に機能している国では，個人間の信頼はそれほど必要ではなく，反対に公的な規則や制度によるサポートがあまり機能していない国では，個人間の信頼がより重要になる（Child and Möllering, 2003）。前者のような国の出身者は，個人間の信頼関係構築に多くの時間を割こうとしないであろうし，後者のような国の出身者は，個人間の信頼関係の構築に多くの時間とエネルギーを注ぐであろうことが予想できる（Child and Möllering, 2003）。それぞれの出身国の規則や制度は，信頼関係構築の基盤として，個人間の信頼関係構築に対するニーズやモチベーションに影響を与えるのである。

　制度的なサポートの度合いの違う文化間で信頼関係を構築する際は，個人間の信頼関係を構築したいというモチベーションだけでなく，信頼関係を見守り，管理するための投資に関しても不均衡が生じやすい（Zaheer and Zaheer, 2006, p. 27）。相手から監視や管理されていると感じた場合は，信頼関係に影響を与える可能性があり（Costa and Bijlsma-Frankema, 2007），信頼関係構築に対する投資に関する不均衡や期待の不一致は，両者にとって非生産的な結果を招きやすい（Zaheer and Zaheer, 2006）。

　不均衡な信頼は，信頼の役割が文化によって異なることを示す。例えば，異なる文化背景を持った人々が，共通の目的に向かって動いているとしても，それぞれの期待が異なり，また好ましいと思う方法や手段も異なっていることも多い（Dietz et al., 2010）。したがって，私たちは，異文化間での信頼には，このような期待のミスマッチ，または信頼関係構築のプロセスにおける潜在的な不均衡について注意深く考えなければならない（Zaheer and Zaheer, 2006）。異文化間の信頼関係の構築にかかるコミュニケーションにおいては，このような期待のミスマッチや，信頼関

係の継続と発展に係る投資に対する考え方が異なる点について考慮する必要がある。

第4節　信頼関係構築における文化的影響

　異文化間では，第3節で説明した「信頼のシグナル」の発信や解釈にずれが生じやすく，それが異文化間での信頼関係の構築を難しくしているといわれている。本節では，異文化間の信頼関係構築に関する先行研究及び信頼に対する文化的影響に関する議論を概説し，文化的に多様な場面での信頼関係構築に係る課題について考えたい。

(1)　高信頼文化と低信頼文化

　異文化間の信頼に関する研究は，Hofstede (1991) の個人主義/集団主義の観点から信頼に関する文化的差異について議論したものが少なくない。異文化マネジメントの文献などでは，集団主義的傾向の強い文化では，ビジネスを行う際には人間関係を築くことが不可欠であると指摘されてきた (Hofstede, 1991)。このような背景から，集団主義的文化では，高い信頼があり，個人主義の傾向の強い文化では低いという仮定に基づいて，信頼が議論されていることがある (Huff and Kelley, 2003)。ここで言及されている信頼の側面は，信頼の結果として生じる助け合い（協力的な行動）と，他者を信頼しやすいかどうかという個人の特性である (e.g. Huff and Kelley, 2003; Koch and Koch, 2007; Loh et al., 2010)。

　個人主義/集団主義との関連において，ある文化が，高信頼文化か低信頼文化かといった議論は，一見すると相反する結論が出されている。例えば，集団主義の文化は高い信頼がある高信頼文化であり，個人主義の国は低信頼文化であると結論付けている研究では，文化的特性を集団主義/個人主義の観点から指摘し，信頼の結果として生じる協力的な行動について議論している (e.g. Huff and Kelley, 2003)。集団主義の文化背景をもつ人は，個人主義の文化背景をもつ人よりも，内集団（身内）の人とよりよく協力するのに対して，個人主義の価値観を持つ人は，個人の独立性や身軽さを重視しているという (Chen et al., 2002)。そのため，集団主義の文化では，内集団の他者に対してより多くの協力行動がみられ，高信頼文化であると結論付けられている (Huff and Kelley, 2003)。しかし，注意しなければならないのは，集団主義の文化で協力行動が生じやすいのは，内集団の人が対象であった場合であり，外集団の人との間ではそうでない可能性がある (Koch and Koch, 2007)。したがって，集団主義の文化が高信頼文化であると断定することはできない。集団主義的文化的背景をもつ個人も，場合や相手によっては個人主義的にふるまうことがある (Triandis et al., 1990)。信頼しようとしている対象が誰か，また個人がどのように内集団と外集団を区別しているのかについて触れずに，信頼の高低を判断することはできないのである。

　さらに，研究の中には，集団主義の文化は，個人主義の文化に比べて低信頼文化であると結論付けたものもある。このような研究が着目しているのは，他者を信頼しやすいかどうかという個人の特性であり，外集団の他者が対象の場合である。集団主義的傾向の強い文化では，内集団と

外集団の区別がはっきりしており，それが外集団の人と信頼関係を築くことを阻害しているという（Yamagishi and Yamagishi, 1994; Yamagishi et al., 1998; Huff and Kelley, 2003）。このような意味で，基本的に外集団の人々で構成されるグローバルな環境においては，相手の信頼度を評価するのに時間がかかる集団主義的傾向の強い文化の人々は，不利な立場にあるとの指摘もある（Huff and Kelley, 2003）。しかし，これは，集団主義的傾向の強い文化圏の人々だけの課題ではなく，それらの人々と信頼関係を築こうとするすべての人々にとっての課題となるのではないだろうか。

ある文化が高信頼文化なのか低信頼文化なのか，という議論や研究結果は一見，一貫性のない結論に至っているように見える。しかしこの混乱は，信頼の認知的要素，認知に影響を与えている要素，信頼の結果として表れる行動などのそれぞれの区別があいまいであることに起因している。異文化間の信頼に関する研究結果を適切に理解するには，このような区別を明確にしておく必要がある。また，このような矛盾した結論は，多様な信頼の側面のうち，1つのみに焦点を当て，高信頼文化なのか低信頼文化なのかの結論を出していることにも原因がある。信頼の概念の1つの側面のみに焦点をあてることは，信頼の意味することや役割などに対する文化の影響を見落とすことにもつながる（Zaheer and Zaheer, 2006）。異文化間の信頼関係構築を考える際には特に，信頼の多様な側面に留意する必要があり，それぞれの文化では，信頼のもつ意味や役割も異なる可能性があることを考慮しなければならない。

(2) 日本文化に関する信頼の研究

異文化間の信頼に関する研究は，信頼を静的なものとしてとらえ，その性質の文化的差異を追究することを中心に発展してきた。前述したように，信頼に対する文化の影響に関する研究では，高信頼文化／低信頼文化に言及したものが少なくない。それらの研究の多くは，アメリカと日本が比較対象の国として挙げられているが，アメリカは低信頼文化であり，日本は高信頼文化であると結論付ける研究（e.g. Huff and Kelley, 2003; Hagen and Choe, 1998）もあれば，日本はアメリカと比べて低信頼文化であるとする真逆の結論が出ている研究もある（e.g. Yamagishi and Yamagishi, 1994; Yamagishi et al., 1998）。

例えば，日本のビジネスの場面を研究したHagen and Choe（1998）は，協力的な行動に着目し，日本には，強い非公式の，社会的なコントロールシステムがあり，それがルールを破る者に対する制裁の役割を担うと同時に協力的な行動を促進しているため，日本は高信頼文化であると結論付けている。反対に，Yamagishiらの研究（e.g. Yamagishi and Yamagishi, 1994; Yamagishi et al., 1998）では，日本社会が内集団と外集団をアメリカよりも明確に区別することから，他者一般に対する信頼を考えると，日本は低信頼文化であると結論付けている。

コミュニケーションの観点から日本人とオーストラリア人の信頼関係構築のプロセスを考察した一連の研究（Noma, 2012; Crossman and Noma, 2013）では，さまざまな場面で信頼のシグナルが誤解されやすいことが指摘されている。例えば，日本では，上下関係を重視し，目上の人に対して素直であることが求められる（Crossman and Noma, 2013）。このような中で，オーストラリア人が事情の説明をしたことが，言い訳だと受け取られてしまい，不信が生じた事例もある。ま

た．オーストラリア人の部下が，日本人の上司に対して自分の考えに基づいた提案をしようとしたところ，個人的な攻撃だと受け取られ，信頼関係を築くことができなかった例もある。オーストラリア人部下が会社へ貢献する姿勢という信頼のシグナルを送ったが，日本人上司にとっては，それが社会的な規範を破る行為と受け取られた。社会的な規範が破られた時，信頼関係は危険にさらされる（Han and Cai, 2010）。この場合も，オーストラリア人から送られた信頼のシグナルを，日本人は不信のシグナルとして解釈するという誤解が生じた。

このような信頼のシグナルの誤解は，相手から送られた信頼のシグナルを受け手側の文化的価値観の枠組みで解釈してしまうことによって発生する。上述した例では，日本文化を特徴付ける，素直さや権力格差（権力の不平等を受け入れる度合い）の大きさなどの価値観，そして年功序列制度の枠組みに基づく解釈が，信頼のシグナルの適切な理解を妨げていた。では，このような誤解が生じないようにするには，どうしたら良いのだろうか。次項では，このような異文化間の信頼のシグナルの誤解を減らし，信頼関係構築を促進するために必要な文化的感受性について考えたい。

(3) 文化的感受性

文化的感受性とは，文化や文化的影響に対する気づきや配慮のことをいう。異文化間で信頼関係を構築するには，この文化的感受性を高めることが不可欠である。前述したように，個人間の信頼関係の構築や発展には，コミュニケーションによる信頼のシグナルのやり取りが伴う。信頼のシグナルを効果的にやり取りすることができれば，信頼関係を発展させることができるが，シグナルのやり取りがうまくいかなければ，反対に不信を招くことになる。異文化間では，信頼のシグナルの効果的なやり取りを促進するために，文化的感受性を高める必要がある。

異文化間の信頼関係構築のプロセスにおける文化的感受性の向上には，文化に関する学びが伴う（Noma, 2012）。この文化に関する学びは，相手の文化の表面的な知識に留まることもあれば，より深い部分まで理解が進むこともある。相手の文化の表面的な知識とは，例えば挨拶の仕方や，食事の仕方など，新しい行動様式を身につけることによって，表面的には相手の文化のルールに合わせることができる状態である。そして，さらに深いレベルまで理解が進んだ場合は，このような行動だけではなく，相手の文化での考え方や価値観まで理解が深まった状態になる。このように相手の行動の背景にある考え方や価値観まで理解できるようになれば，相手の行動が予測できるようになり，それに対応するより「適切」な行動をとることができるようになるのである。相手の行動の予測可能性が高まること，そして，特定の文脈で「適切」に行動できるようになることは，信頼関係を発展させる促進要因になる。

このような学びは，日々の異文化コミュニケーションの中で失敗したり，うまくいかなかったりした経験がきっかけとなることが多い（Noma, 2012）。自身の行動を見直し，別の方法で行動してみてうまくいけば，その経験を通して，相手の文化に対応できるスキルを身につけることができる。このような表面的な対応を繰り返すことで，ある程度の信頼関係を構築することができる。信頼関係をさらに発展させるには，相手の行動に対する予測可能性を高める必要があるが，

全ての学びが相手の文化の考え方や価値観を理解するまでに至るかといえば，そうではない。それは，より深いレベルの理解に達するまでには，さらなる時間と努力が必要となるからである。また，関係性が限定的で短期間のものであることが分かっている場合など，全ての場面で深いレベルの信頼が必要であるとは限らないことから，相手の文化の表面的な理解で十分な場合もある。

　相手の文化に対する理解は，信頼のシグナルのやり取りの質に影響を与える。相手の文化に対する表面的な理解であっても，より深いレベルの理解であっても，相手の文化に関する知識を得ることで，相手の視点から見た「適切」なシグナルを送ることができるようになったり，相手のシグナルの意図を「適切」に解釈できるようになったりと，信頼のシグナルのコミュニケーションの質を高めることができる。そしてそれは同時に，異文化間で生じやすい信頼のシグナルのやり取りにおける誤解を減らすことにつながるのである。

　通常，私たちは普段のコミュニケーションの中で試行錯誤しながら，ほとんど無意識に信頼のシグナルをやり取りし，信頼関係を築いている。しかし，異文化間では特に，より効果的に信頼関係を築いていくには，そのコミュニケーションを無意識に行うのではなく，意識的に，そして戦略的に取り組むことも必要なのではないだろうか。そのためには，積極的に文化的感受性を高める必要がある。相手の文化に対する学びを行き当たりばったりの偶然に任せるのではなく，積極的に，そして戦略的に取り組むことで，不必要な不信の発生を防ぎ，初期の信頼関係の構築を効果的に行うことができるのではないだろうか。例えば，相手の文化の習慣を予め学ぶことができれば，実際のコミュニケーションの中での気付きを促進することができる。また，自身のコミュニケーションスタイルや，自文化の特徴（例えば，日本社会で重視される素直さや権力格差など）について理解しておくことも効果的であると考えられる。

　本章では，異文化間の信頼関係構築のコミュニケーションに関する議論や研究を紹介し，その実践における課題を検討した。前述したように，近年，信頼に関する研究は急増し，有益な知見を得ることができるようになった。しかし，信頼の概念，役割，意味における文化の影響や，異文化間の信頼関係構築に係るコミュニケーションの研究は，十分になされているとは言えない。個人間での異文化コミュニケーションの機会が増加し，文化的背景の異なる人々との効果的なコミュニケーションや，人間関係構築の方法が模索される中，異文化間の信頼関係構築は，今後積極的に取り組む必要のある研究課題である。そして，信頼関係を阻害する要因だけでなく，促進する要因についても理解を深め，トレーニングなどの実践的なアプローチに活用するなど，今後のさらなる研究と開発が待たれる。

参 考 文 献

Ariño, A., P. S. Ring, and J. De La Torre (2005) "Relational quality and inter-personal trust in strategic alliances," *European Management Review*, 2(1), 15–27.

Bachmann, R. (2003) "Trust and power as means of coordinating the internal relations of the organization: a conceptual framework," in B. Nooteboom and F. E. Six (eds), *The trust process in organizations: empirical studies of the determinants and the process of trust development*, Cheltenham: Edward Elgar pp. 58–74.

Borgen, S. O. (2001) "Identification as a trust-generating mechanism in cooperatives," *Annals of Public and Cooperative Economics,* vol. 72, no. 2, 209-228.

Bottery, M. (2003) "The management and mismanagement of trust," *Educational Management Administration Leadership,* (31) 3, 245-261

Branzei, O., I. Vertinsky, I. Camp and D. Ronald (2007) "Culture-contingent signs of trust in emergent relationships," *Organizational Behavior and Human Decision Processes,* (104) 1, 61-82.

Chen, C. C., M. W. Peng and P. A. Saparito (2002) "Individualism, collectivism, and opportunism: a cultural perspective on transaction cost economics," *Journal of Management,* (28)4, 567-583.

Child, J. (2001) "Trust-the fundamental bond in global collaboration," *Organizational Dynamics,* (29) 4, 274-288.

Child, J. and G. Möllering (2003) "Contextual confidence and active trust development in the Chinese business environment," *Organizational Science,* (14)1, 69-80.

Chua, R. Y. J., P. Ingram and M. W. Morris (2008) "From the head and the heart: Locating cognition- and affect-based trust in managers' professional networks," *Academy of Management Journal,* 51(3), 436-452.

Colquitt, J. A., J. A. Lepine, R. F. Piccolo, C. P. Zapata and B. L. Rich (2012) "Explaining the justice-performance relationship: Trust as exchange deepener or trust as uncertainty reducer?," *Journal of Applied Psychology,* 97(1), 1-15.

Costa, A. C., R. A. Roe and T. Taillieu (2001) "Trust within teams: the relation with performance effectiveness," *European Journal of Work and Organizational Psychology,* (10)3, 225-244.

Crossman, J. and H. Noma (2013) "Sunao as character: its implications for trust and intercultural communication within subsidiaries of Japanese multinationals in Australia," *Journal of Business Ethics,* 113(3), 545-555.

Dietz, G., N. Gillespie and G. T. Chao (2010) "Unravelling the complexities of trust and culture," in M. N. K. Saunders et al. (eds), *Organizational trust: a cultural perspective,* Cambridge New York: University Press, 3-41.

Gargiulo, M. and G. Ertug (2006) "The dark side of trust," in Bachmann, R. and Zaheer, A. (eds), *Handbook of trust research,* Cheltenham: Edward Elgar, 165-186.

Gibson, C. B. Maznevski, M. L. and Kirkman, B. L. (2009) "When does culture matter?", in Bhagat, R. S. and Steers, R. M. (eds), *Cambridge handbook of culture, organizations, and work,* Cambridge: Cambridge University Press, 46-68.

Grey, C. and C. Garsten (2001) "Trust, control and post-bureaucracy," *Organization Studies,* (22)2, 229-250.

Hagen, J. M. and S. Choe (1998) "Trust in Japanese interfirm relations: institutional sanctions matter," *The Academy of Management Review,* (23)3, 589-600.

Han, B. and D. Cai, (2010) "Face goals in apology: a cross-cultural comparison and US Americans," *Journal of Asian Pacific Communication,* 20(1), 101-123.

Hofstede, G. H. (1991) *Cultures and organizations: software of the mind,* London: McGraw-Hill.

Huang, X. and Van de Vliert, E. (2006) "Job formalization and cultural individualism as barriers to trust in management," *International Journal of Cross Cultural Management,* (6)2, 221-242.

Huff, L. and L. Kelley (2003) "Levels of organizational trust in individualist versus collectivist societies: a seven-nation study," *Organization Science,* (14)1, 81-90.

Jones, G. R. and J. M. George (1998) "The experience and evolution of trust: implications for cooperation and teamwork," *Academy of Management*, (23)3, 531-546.

Koch, B. J. and P. T. Koch (2007) "Collectivism, individualism and outgroup cooperation in a segmented China," *Asia Pacific Journal of Management*, (24)2, 207-225.

Lane, C. (1998) "Introduction: theories and issues in the study of trust," in C. Lane and R. Bachmann. (eds), *Trust within and between organizations: conceptual issues and empirical applications*, New York: Oxford University Press, 1-30.

Lewicki, R. J. and B. B. Bunker (1996) "Developing and maintaining trust in work relationships," in R. M. Kramer and T. R. Tyler (eds), *Trust in organizations: frontiers of theory and research*, Thousand Oaks: Sage, 114-139.

Lewicki, R. J., D. J. McAllister and R. J. Bies (1998) "Trust and distrust: new relationships and realities," *The Academy of Management Review*, (23)3, 438-458.

Lewicki, R. J., E. C. Tomlinson and N. Gillespie (2006) "Models of interpersonal trust development: theoretical approaches, empirical evidence, and future directions," *Journal of Management*, (32)6, 991-1022.

Li, P. P. (2007) "Towards an interdisciplinary conceptualization of trust: a typological approach," *Management and Organization Review*, (3)3, 421-445.

Loh, J., S. L. D. Restubog and C. Gallois (2010) "Attitudinal outcomes of boundary permeability: a comparison of Australian and Singaporean employees," *Cross Cultural Management: An International journal*, (17)2, 118-134.

McEvily, B., V. Perrone and A. Zaheer (2003) "Trust as an organizing principle," *Organization Science*, (14)1, 91-103.

Noma, H. (2012) "Creating a circle of trust: Managing cultural interfaces in subsidiaries of Japanese multinational orporations operating in Australia," *PhD thesis*, University of South Australia.

能間寛子（2014）「信頼が育つ風土とは　在豪日系多国籍企業における日本人駐在員と現地社員間のコミュニケーション研究」『経営行動科学学会発表論文集』（17），83-88。

Nooteboom, B. (2002) *Trust: forms, foundations, functions, failures and figures*, Cheltenham: Edward Elgar.

Rousseau, D., S. B. Sitkin, R. S. Burt and C. Camerer (1998) "Introduction to special topic forum: not so different after all: a cross-discipline view of trust," *The Academy of Management Review*, (23)3, 393-404.

Sheppard, B. H. and D. M. Sherman (1998) "The grammars of trust: a model and general implications," *Academy of Management Review*, (23)3, 422-437.

Sheppard, B. H. and M. Tuchinsky (1996) "Micro-OB and the network organization," in R. M. Kramer and T. R. Tyler (eds), *Trust in organizations: frontiers of theory and research*, Thousand Oaks: Sage, 140-165.

Shockley-Zalabak, P. K. Ellis and G. Winograd (2000) "Organizational trust: what it means, why it matters," *Organization Development Journal*, (18)4, 35-48.

Six, F. E., B. Nooteboom and A. Hoogendoorn (2010) "Actions that build interpersonal trust: a relational signalling perspective," *Review of Social Economy*, 68(3), 285-315.

Six, F. E. and A. Sorge (2008) "Creating a high-trust organization: an exploration into organizational policies that stimulate interpersonal trust building," *Journal of Management Studies*, 45(5), 857-884.

Sydow, J. (1998) "Understanding the constitution of interorganizational trust," in C. Lane, and R.

Bachmann (eds), *Trust within and between organizations: conceptual issues and empirical applications*, New York: Oxford University Press, 31-63.

Triandis, H. C., C. McCusker and C. H. Hui (1990) "Multimethod probes of individualism and collectivism," *Journal of Personality and Social Psychology*, (59)5, 1006-1020.

Whitener, E., S. E. Brodt, M. A. Korsgaard and J. M. Werner (1998) "Managers as initiators of trust: an exchange relationship framework for understanding managerial trustworthy behaviour," *Academy of Management Review*, (23), 513-530.

Woolthuis, R. K., B. Hillebrand and B. Nooteboom (2005) "Trust, contract and relationship development," *Organization Studies*, 26(6), 813-840.

山岸俊男（1998）『信頼の構造——こころと社会の進化ゲーム』東京大学出版会。

山岸俊男（1999）『安心社会から信頼社会へ——日本型システムの行方』中央公論新社。

Yamagishi, T., K. S. Cook and M. Watabe (1998) "Uncertainty, trust and commitment formation in the United States and Japan," *The American Journal of Sociology*, (104)1, 165-194.

Yamagishi, T. and M. Yamagishi (1994) "Trust and commitment in the United States and Japan," *Motivation and Emotion*, (18)2, 129-166.

Zaheer, S. and A. Zaheer (2006) "Trust across borders," *Journal of International Business Studies*, (37)1, 21-29.

Zucker, L. G. (1986) "Production of trust: institutional sources of economic structure, 1840-1920," *Research in Organizational Behavior*, (8), 53-111.

第6部

災害支援とコミュニケーション

第16章

被災者の生活再建における環境調整と被災者間コミュニケーション

嶋﨑　寛子

✿震災など大きな災害の後では，生活における物理的環境および人的環境が劇的に変化する。被災者は災害によって変化した環境に適応することを要求されるが，適応過程でさまざまな課題に直面する場合が多く，これらの課題は生活再建を妨げる要因となる。

　本章では，コミュニティの回復過程に沿って，東日本大震災の後の期間を発災から英雄期・ハネムーン期・幻滅期・再建期に分け，各期で行なわれた物理的・人的な環境調整に着目し，震災後の被災者間コミュニケーションの重要性について検討する。

Keywords：　震災，コミュニティの回復，環境調整，被災者間コミュニケーション

第1節　東日本大震災の被害と影響の長期化

　東日本大震災（東北地方太平洋沖地震）は2011（平成23）年に発災した。東北3県（岩手，宮城，福島）が受けた被害はとりわけ大きく，2018年現在においても影響が続いている。震災による直接的な被害は死者1万5,895名，行方不明者2,539名（警察庁，2018年3月発表）であり，わが国における大規模広域災害の1つである。

　東日本大震災では東京電力福島第一原発事故が生じたことから，地震，津波，そして原子力発電所の事故による放射線被害というトリプル災害となったことが大きな特徴として挙げられる。また，その被害や影響が長期化していることも特徴である。阪神淡路大震災では，震災後5年で応急仮設住宅（以下，仮設住宅）が撤去されたが，東日本大震災では，震災後6年が経過した2018年4月現在においても，仮設住宅で生活する被災者は4万7,637名も存在すると報告されている。また，県外避難者数は2018年4月現在で約6万8千名おり，震災関連死者数は3,647名（復興庁，2017年9月）であり，いまもなお増加し続けていると報告されている。

　阪神淡路大震災後の1995（平成7）年に災害対策基本法が改定され，避難所で高齢者・障害者

表 16-1　20 世紀以降の日本における大震災

年月日	災害名	地震の規模	死者・行方不明者数
1923 年 9 月 1 日	関東大震災	7.9	105,000
1995 年 1 月 17 日	兵庫県南部地震	7.3	6,437
2004 年 10 月 23 日	新潟県中越地震	6.8	68
2011 年 3 月 11 日	東北地方太平洋沖地震	9	23,769

（参考）　内閣府　災害情報。

を対象にした支援が優先的に行われるなど，東日本大震災では被災者の生活再建支援において前例からの学びが大きく反映されている。地域コミュニティを維持しうる転居計画や集会所設置基準の緩和など，被災者間のコミュニケーションに重点を置いた支援が散見され，被災生活における物理的・人的環境の整備が促進された。筆者が東日本大震災後に，仮設住宅入居者を対象に生活時間の聴取をした際，「あなた方と話をして，仮設住宅の入居者で，『震災前はこうだった。震災の時は大変だった』と話をすることが楽しみになっていることに気づいた」という内容の手紙を頂いた。被災者にとって，経験を共有できる者の存在がいかに重要であるかを強く認識することとなった。

第2節　英雄期の被災者の生活

(1)　避難所での生活

震災直後の「英雄期」は，自分や家族・近隣の人々の命や財産を守るために，危険をかえりみず，勇気ある行動をとる時期とされている。被災者は，家屋倒壊や津波等から生命を守り，その後の被害を回避するために，各自治体で指定されている小中学校や公民館避難所へ一時避難する。

避難所での食事は1日2回または3回配布され，炭水化物が中心で肉，魚，野菜などは少なく，栄養バランスの偏りに対する避難者の訴えは大きい。被害が広域に及ぶ場合には，食料や物資の支給が間に合わない場所もある。排泄は，避難所の水洗トイレは震災により機能しない場合が多く，衛生管理も困難になる。トイレ環境が整わない状況が続くと，避難者は飲食を控えるようになり，体力低下や免疫低下につながる可能性が高い。

東日本大震災での避難所の設置期間は，岩手県で7カ月，宮城県で9カ月，福島県では2年9カ月におよび，避難所生活の長期化が顕著であった。十分とは言えない物理的環境下での集団生活によって，ストレス等の精神的問題を生じる人や，運動範囲が制限されることで筋力低下を生じる等の身体的問題を生じる人への対応は，喫緊の課題となる。

被災者の心理回復プロセスのうち，震災直後は英雄期，震災後1週間～半年の期間はハネムーン期と呼ばれるが，この時期には，自身の危険を顧みず周囲の人達を助けるなどの勇気ある行動が見られたり，同じ被災経験をした者同士が体験を共有することで強い連帯感で結ばれ，身辺の整理などを助け合う行動が見られたりすると言われる。コミュニティの回復に向け，被災者同士

が積極的にコミュニケーションをとる時期であると言える。これは大規模災害ではおよそ避難所での生活に該当する。しかし，避難所では，一人暮らしの人，車いすの人，子どものいる家族，要介助者がいる家族等々，様々な背景を持つ人が生活する。個々に与えられるスペースは狭く，プライバシーが守られない状況が続くことで，場所の取り合い等が生じた事例もある。震災直後の避難所における物理的環境の不整備は，被災者の心身の健康を損なうだけでなく，被災者間で負の感情を伴うコミュニケーションを生じさせる可能性を含んでいると思われる。

(2) 避難所での生活支援

英雄期には，避難所での生活における物理的環境の整備が支援の中心となる。

食事では，栄養士によるメニューの工夫，ボランティアによる炊き出し，給食施設等の利用等を取り入れることで，栄養バランスや適温に配慮した食事を提供することが求められる。また，口腔機能や嚥下機能に問題を抱える人，内部疾患により食事内容に配慮が必要な人など，食事に関して専門的な対応が必要な人が存在する。

排泄では，避難所に設置されているトイレが使用できず，仮設トイレを使用することが多い。仮設トイレの設置が遅れたり，設置されてからも和式便器や高い段差を含むタイプでは下肢筋力が低下した高齢者や車椅子の使用者は使用が困難であった。

また避難所では，慣れない環境下での生活を強いられ，自宅では行わなかった動作が必要な場合も少なくないため，高齢者や障害者を対象に床からの立ち上がりや段差昇降などの動作指導が必要とされた。一方，個々に与えられた生活空間は狭く，安全が確保されている範囲も限られているため，1日の活動量が顕著に制限される生活が続くことになる。身体機能低下のリスクが高い避難者には，リハビリテーション専門職が避難所を訪問し，体操や運動指導が積極的に実施された。また，精神の不安を訴える避難者に対して保健師等による相談支援を行うことは，重要であった。

このように，避難所での生活では，支援の必要な人に確実に支援を届けることが重要になる。また，集団生活でのトラブルを軽減するためにも，避難所のレイアウトを検討することも必要である。阪神淡路大震災後の災害対策基本法の改正により，災害時に高齢者，障害者，乳幼児その他の特に配慮必要とする要配慮者への対応が検討された経緯があり，福祉避難所が指定されるなど，災害時でも要支援者が適切な支援を受けられるよう整備が進んだが，避難所のレイアウト検討もその一つである。安心して生活できるよう，高齢者の生活空間，要支援者のいる家族の生活空間，子どものいる家族の生活空間，妊産婦のいる家族の生活空間といったように，生活空間を分けて配置したり（写真16-1），車いす者が通りやすいよう通路の配置を行うことが推奨されている。

レイアウトの検討は，トラブル回避に繋がるだけでなく，被災状況や置かれた状況，立場が近いもの同士がコミュニケーションを図ることによって，有益な情報共有や助け合いに発展する可能性は高いと思われる。救出直後では分かりにくいクラッシュ症候群や深部静脈血栓症などの疾病は，異変に気づいたら早急な対応が必要であるが，震災後の混乱で初期症状が見過ごされ重症

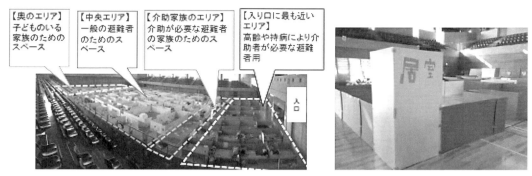

写真 16-1 避難所のレイアウト例
（出典） 平成28年度避難所における被災者支援に関する事例等報告書。

化するケースが問題となっているからである。

　このように震災に特有の疾病だけでなく，糖尿病や高血圧症などの慢性疾患に対する常用薬を携行できないまま避難所に来た人や，避難生活が続いて常用薬が不足する人も散見された。こうした人々の異変に早期に気づき対応することは重要であるが，避難所の運営者や不定期に訪問する専門職が全ての避難者の体調を管理し対応することは困難である。避難者同士の日常的なコミュニケーションが行われることで，小さな困りごとやわずかな体調の変化も見えるようにし，被災者同士で体調を管理することは，二次的な震災被害を軽減させることにも繋がると言える。

　このように，英雄期では物理的な環境調整が主な支援であるが，避難者同士の適切で有用なコミュニケーションが促されるような環境づくりを行うことで，制限の多い環境下でも避難者の安全な生活を確保し，心身機能を維持することが課題であると思われる[1]。

第3節　ハネムーン期の生活

(1) 仮設住宅での生活（前期）

　ハネムーン期とは震災後1週間～6カ月を指し，劇的な災害の体験を共有し，くぐり抜けてきたことで，被災者同士が強い連帯感で結ばれる，援助に希望を託しつつ，瓦礫や残骸を片付け助け合う，被災地全体が暖かいムードに包まれる時期とされている。それは一方で，避難所から仮設住宅に転居し，新たな生活が始まる時期でもある。

　仮設住宅への入居は，阪神淡路大震災の経験から，要配慮者を優先的に扱いながらも，入居者の社会とのつながりを目的に従前地区を意識した集落やコミュニティ単位での入居計画が立てられた。従前地区を考慮した転居計画が立てられたことで，仮設住宅に転居してからも従来のコミュニティが維持され，住民間でコミュニケーションをとる機会が残された。これによって，自治会長を中心に住民の健康状態や安否確認を行われた。一方で，集団入居が困難であったために新たなコミュニティ形成が求められた場所では，「近隣住民が変わってしまった」「子供家族と別に暮らすことになった」など，震災前との人的環境の違いに関する訴えが聞かれた。

震災後に建てられるプレハブ式の仮設住宅は，早急に提供することが求められることもあり，設備が不十分な場合がある。壁が薄く断熱材を備えていない住宅もあり，寒さや近隣住民の生活音に対して不満を訴える入居者は多い。住宅内は，トイレやお風呂，家電製品等の日常生活に必要な物品は揃っている。しかし，家屋が倒壊したなどの理由で元の自宅に入ることができない人は，使い慣れた物品，馴染み深い物品を用いての生活は適わない。自宅が残存する人も，居住空間の狭さから，使い慣れた物や馴染み深い物のいくつかは処分せざるをえない状況になる。交通の便が良いとは言えない場所に建てられた仮設住宅が多く，多くの仮設住宅入居者が買い物や受診に不便さを訴え，買い物代行サービスや移動販売などの対策を講じたことが報告されている。

(2) 仮設住宅での生活支援（前期）

　阪神淡路大震災以降は，被災者支援に集会所が活用されている。仮設住宅でのコミュニティ形成が大きな課題であったことから，それまでの例からの学びによって集会所の設置計画が立てられた。阪神淡路大震災では仮設住宅100戸以上で集会所を設置していたが，以降の震災では仮設住宅概ね50戸以上で集会所の設置が可能となっている。集会所では社会福祉協議会や保健師などによる行政サービスの提供，全国からのボランティアによるレクリエーションや催事，自治会の会議や専門職による健康教室などが開かれる。

　集会所での活動に関する具体的な活動内容および実施頻度に関する報告はなく詳細は明らかではないが，いずれの活用方法であっても，集会所は入居者が顔を合わせて談話したり情報交換したりすることが可能な場であり，被災者同士のコミュニケーション促進に貢献していることが推測される。また，集会所での活動に参加する入居者と参加しない入居者を比較すると，参加している者の方が生活の質（以下，QOL：Quality Of Life）は高いとされている。仮設住宅入居者のQOLは，被災していない者と比べて顕著に低いことが明らかになっており，QOLの観点からも集会所での活動に参加し，被災者間のコミュニケーションを促進することは意義が大きいと言える。

　東日本大震災で原発事故の影響を受けた地区では，安全性が確保されるまでは農業や漁業などの一次産業の再開が困難であった。福島県では，震災前の農業従事者のうち約7割が65歳以上であったことから，高齢者の多くが仕事を失ったことが予測される。さらに高齢者に関しては，震災後1年の間に要介護認定された者が増加し，特に仮設住宅への入居が始まった2011年5月以降に増加していることが明らかになっている。認定率の増加は，震災の被害が大きかった地域で顕著であり，震災被害の大きさと要介護認定率の増加に関連があることが示唆されている。仮設住宅入居高齢者は，震災後の生活への適応に困難さを抱えている可能性があり，生活状況を把握した上で支援を検討することは重要である。

　筆者らは，仮設住宅入居者の生活を聴取り調査し，国民生活時間調査（NHK）の活動分類に当てはめて，同年代ごとに比較した。その結果，被災者の生活時間は拘束行動（家庭や社会を維持向上させるために行う義務性・拘束性の高い行動，仕事関連，学業，家事，通勤・通学，社会参加など）の占める割合が少なく，必需行動（個体を維持向上させるために行う必要不可欠性の高い行動。睡眠，

表 16-2 主観的活動分類の例

男性		女性	
仕事関連活動	余暇	仕事	余暇
警戒区域の片づけ	テレビ	食事準備	テレビ
食事準備	散歩	洗濯	人と話す
食事	集会所に行く	掃除	散歩
テレビ	人と話す	食事の片づけ	折り紙
散歩	パークゴルフ	食事	集会所に行く
服薬	ラジオ	買い物	入浴

写真 16-2　男性対象のものづくり（男の木工）の活動
（出典）　福島県社会福祉協議会ホームページより。

食事, 身のまわりの用事, 療養・静養など), および自由行動（人間性を維持向上させるために行う自由裁量性の高い行動, レジャー活動, 会話・交際, 休息など）が多くを占めた。それに対して, 本人自身の活動に対する認識を問い, 主観的に活動分類（表16-2）すると, 男性では「テレビを見る」「服薬する」などの活動を拘束行動のうちの仕事関連の活動であると認識する者が多く認められた。女性では, 家事全般が仕事関連活動と認識される傾向があった。つまり, 女性は震災前から仕事関連活動は大きく変化していない可能性があり, 男性は震災により社会的活動を奪われたと考えられる。

　習慣的な活動を奪われた者は QOL が顕著に低下するため, 奪われた活動を補いうる活動の提供が重要である。習慣的な生活時間は QOL と関連するとされていることから, 経済的な見返りの期待できる活動の提供は困難であっても, 本人が仕事関連活動であると認識できる活動の提供によって QOL 向上に寄与することは可能と考える。

　このような状況に対する支援の実践例として,「男の料理教室」「男の木工」（写真16-2）など, 男性を対象にものづくりを行う活動がある。成果物は他者に振る舞われ, 社会との繋がりを感じられる活動であり, 仕事関連活動と認識しやすい活動であったと思われる。参加者の生活時間やQOL に関する追跡調査が行われていないため直接的な効果は明らかではないが, 集会所での活動には参加しなかった男性が自ら申し込み, 継続的に参加していたことから, 習慣活動に少なからず影響があったと予測できる。

　仮設住宅入居者の生活は, 物理的な生活環境は依然として十分に整備されているとは言い難い状況にあるが, コミュニティの維持や集会所での活動, 社会とつながる場所の提供によって被災者同士のコミュニケーションの機会が作られることで, 人的な環境は整備されつつあるがことが

分かる。

第4節　幻滅期の生活

(1) 仮設住宅での生活

「幻滅期」とは，震災後2カ月～1,2年間を指し，被災者の忍耐が限界に達し，援助の遅れや行政の失策への不満が噴出する。被災者は自分の生活の再建と個人的な問題の解決に追われるため，地域の連帯感や共感が失われる時期とされている。また，仮設住宅から恒久住宅への転居が進み始める時期でもある。仮設住宅は建築から2年3カ月以内が入居期間の目途とされるが，震災の規模によっては滞在期間の長期化が考えられる。この時期は，被災者の心理回復プロセスのうち，幻滅期に該当すると思われ，被災者の忍耐が限界に達し，援助の遅れや行政の対応について不満を抱くなど，やり場のない怒りにかられ喧嘩などのトラブルが生じやすい時期とされている。飲酒や閉じこもりなどの個人的な問題も生じやすい時期であり，地域の連携や共感が失われる時期でもあると言われ，被災者同士のコミュニケーションが重要な時期であると考える。

仮設住宅からの退去計画が立ちにくい者には，高齢者や障がい者，低所得層などの社会的弱者が多いと言われているが，居住地が震災後に災害危険区域に指定される等の理由で帰還を躊躇するために退去が遅れる者は少なくない。東日本大震災では，放射線の影響で立ち入りを制限されていた区域の避難指示が解除される日を待つ者は，仮設住宅からの退去が大幅に遅れた事例がある。このような場合，長期に仮設住宅に入居する者は高齢者が多いながらも，その生活背景は多様であり日々の生活において解決すべき課題（以下，生活課題）は異なる。ボランティアなどの支援が減少していく時期でもあるため，被災者自身が日々の生活課題に対処する能力を獲得し，支援者から自立した生活を送る準備が期待される。生活課題はQOLと関連があることからも，生活課題を適切に把握し支援につなげることが重要である。

(2) 仮設住宅での高齢者の生活支援（後期）

仮設住宅入居高齢者が抱える生活課題は，身体機能に関するものや精神状態に関するもの，社会生活に関わるものなどあらゆる観点から分析が行われ，多岐にわたることが明らかになっている。筆者らが検証した仮設住宅入居高齢者が認識する生活課題を示す（表16-3）。

表 16-3　仮設住宅入居高齢者が認識する生活課題の一覧

男　　性	女　　性
「自分が生産的（仕事, 勉強, ボランティア）になる場所」	「自分の能力をうまく発揮している」
「自分が生産的になるために必要な物」	「自分の目標に向かってはげむ」
「生活している所を片付ける」	「自分が生産的（仕事, 勉強, ボランティア）になる場所」
「満足できる日課がある」	「問題をはっきりと認めて解決する」
「自分の好きな活動を行う」	「自分が生産的になるために必要な物」
「自分が生活して体を休ませるために必要な物」	「他人に自分を表現する」

一般的に高齢者が認識する生活課題では男女差が認められていないが，仮設住宅入居高齢者では明らかな男女差が認められている。震災による生活環境の変化によって生じる生活課題には男女で異なる可能性があり，性別に配慮した支援が必要である。

またここで特記すべきは，物理的環境を生活課題に挙げる仮設住宅入居高齢者は多いが，生活環境のうち人的環境に限っては生活課題として認識しない傾向が見られたことである。東日本大震災では，従前地区を意識した仮設住宅入居計画が立てられたことや，仮設住宅への移行期の前期には集会所を活用した活動が開催されるなど，コミュニティの維持に着目した施策であったことを前述した。移行期の後期になっても，市区町村が企画した催事を集会所で開催する，入居者がいつでも立ち寄れるよう集会所を開放する，申請すれば催事に使用できる補助金が自治会単位で支給されるなど，仮設住宅での生活において住民同士のコミュニケーション促進を目的にした支援や環境整備が散見された。筆者らが明らかにした生活課題のうち，人的環境に関しては，問題を認識する者が少なかったが，これは，これら施策の成果として被災者同士のコミュニケーションが促進され，人的環境が整備された結果ではないかと考える。

つまり，震災後の物理的な住環境が困難であっても，地域コミュニティ等の人的環境を整備することで，仮設住宅入居者の生活課題の軽減に寄与できると思われる。

第5節　再建期の生活

(1) 恒久住宅での生活

「再建期」は震災後数年間を指し，被災地に「日常」が戻り始め，被災者も生活の建て直しへの勇気を得る。地域づくりに積極的に参加することで，自分への自信が増してくる時期とされている。またこの時期は，仮設住宅を出て恒久住宅での生活を始める時期でもある。

転居先となる恒久住宅には，元の住宅または元の住宅以外の2種類がある。さらに元の住宅以外のものは，災害公営住宅とその他住宅に分けられる。再建期における被災者のQOLは，震災前と同じ住宅に戻れたかどうかが大きく関与すると言われ，住環境の変化が少ないことはQOLの維持・向上に貢献する可能性を示している。東日本大震災では，震災前の居住地が住民の居住に適当でないと判断された地区住民には防災集団移転促進事業[3]が適応され，仮設住宅への入居時と同様にコミュニティ単位での移転が推進された。居住地や家屋といった物理的環境は異なるが，人的環境の変化を抑えることで，生活環境の変化軽減に寄与している。

恒久住宅での生活は，コミュニティの再構築が大きな課題となる。復興拠点施設は多世代が交流を図れるよう設計され，恒久住宅でも人的環境の整備に重点が置かれる。恒久住宅でのコミュニティのあり方に関して，被災経験者のうち特に高齢者は，非常時に頼りになる者として近隣者を挙げる者が多いことや，震災を気に自治体への参加希望が増えること，近隣との日常的な交流を重視するとの報告があり，コミュニティに対する意識の高まりが伺える。再建期には，人的環境の質的な向上を期待する高齢者は多いと言える。

(2) 恒久住宅での生活支援

　恒久住宅での生活を再開した被災者への支援は，戸別訪問や介護予防事業，地域リハビリテーション支援事業に組み込まれ，一般的な高齢者支援と同様に実施されることが多い。被災経験者による自主運営サロンの立ち上げ支援などが行われ，コミュニティの再構築が促進される。

　しかし留意すべきは，被災された方々が震災後にどのように生活してきたか，何を失い何を得たか，現在の生活に対する満足度はどの程度か，今後の生活をどのように変えたいと考えているかといった，過去―現在―未来という連続性を持って生活背景に関する情報を得ることにある。ここに至るまでには，制約の大きい環境下で生活することを余儀なくされ，十分とは言えない環境への適応を強いられてきた経緯があり，自己効力感が顕著に低い人が多い。恒久住宅における生活支援は，肯定的な感情を抱くことができるようなフィードバック，本人の考えを十分に話してもらえる環境，やりたいこと・やってみたいことについて話し合える仲間，希望を叶えるために実践可能な内容を仲間と一緒に計画し実践する経験など，自己の能力を適切に認識できるような配慮が必要である。その上で，コミュニティを再構築することで，被災経験者が期待する質の高い人的環境が形成されて行くと考える。

　発災から仮設住宅入居・退去，地域生活の再開に至るまで，コミュニティ維持等の人的環境の整備は主要な課題であり，各期で対策が講じられている。震災では，居住地や家屋状況などの物理的な生活環境が注目される傾向にあるが，フィールドワークを通して被災地での生活を見ると，人的な生活環境に対する課題が生活への影響がより大きく，対処すべき重要な課題であることが分かる。戸別単位または市区町村単位での防災対策も重要であるが，人的環境に関しては，近隣住民で形成される身近で密接なコミュニティが重要である。仮設住宅から物理的環境が整った恒久住宅へ転居した者が，被災者同士のコミュニケーションが活発であった仮設住宅を懐かしく思うことが報告されているが，まさに生活再建のためには震災後の環境整備は被災者間のコミュニケーションが促進されうる人的環境にこそ重点を置くべきではないかと思われる。

注
1) レイアウトを含む避難所での対応を模擬的に体験できるものとして，避難所HUG（H：避難所，U：運営，G：ゲーム）というゲームがある。静岡県が開発したもので，災害時の避難所生活で被災者間コミュニケーションの在り方を考える機会を提供してくれる。詳細は静岡県のホームページを参照されたい。
2) 建築基準法第39条の指定により，災害からの安全確保を目的に，区域内の建築用途・構造制限を行う区域。
3) 「防災のための集団移転促進事業に係る国の財政上の特別措置等に関する法律」に基づき，被災地域において住民の居住に適当でないと判断された区域にある住居の集団的移転を行うための事業。必要な経費は，復興交付金及び震災復興特別交付税として地方公共団体に交付される。

参 考 文 献

Baron, Kathi, Gary Kielhofner et al. (2002) "A User's Manual for the Occupational Self Assessment" (Version 2.1). (山田孝他訳『作業に関する自己評価改訂版（OSA Ⅱ）使用者用手引き』日本作業行動研究会，2003 年。)

Clark, F. et al. (1997) "Occupational Therapy for Independent-Living Older Adults: A Randomized Controlled Trial," *JAMA*, 278(16), 1321-1326.

Ellen, L. and Stanislav Kasl (1991) "Health Perceptions and Survival: Do Global Evaluations of Health Status Really Predict Mortality?" *Journal of Gerontology*, 46(2), 55-65.

Ellen, L. and Stanislav Kasl (1995) "Self - Rating Health: Do They Also Predict Change in Functional Ability?" *Journal of Gerontology*, 50(6), 344-353.

Fukuhara, S., J. E. Ware, M. Koshinski, D. Wada, and B. Gandek (1998) "Psychometric and Clinical Tests of Validity of the Japanese SF-36 Health Survey," *Jurnal of Clinical Epidemiology*, 51(11), 1045-1053.

Fukuhara, S., S. Bito, J. Green, A. Hsiao and K. Kurokawa (1998) "Translation, Adaptation, and Validation of the SF-36 Health Survey for Use in Japan," *Journal of Clinical Epidemiology*, 51(11), 1037-1044.

McCurry, Justin (2012) "Japan's Tohoku Earthquake 1 Year on," *The Lancet*, 379, 880-881.

Kielhofner, G. (2009) *A Model of Human Occupation*, 4th edition, Walters Klumer. (山田孝・監訳『人間作業モデル——理論と応用』（改訂第 2 版）共同医書出版社，2007 年。)

Smith, R. N., G. Kielhofner and H. J. Watts (1986) "The Relationships between Volition, Activity Pattern, and Life Satisfaction in the Elderly," *American Journal of Occupational Therapy*, 40(4), 273-278.

Tomata, Y., M. Kakizaki, Y. Suzuki, S. Hashimoto, M. Kawado and I. Tsuji (2014) "Impact of the 2011 Great East Japan Earthquake and Tsunami on Functional Disability among Older People: A Longitudinal Comparison of Disability Prevalence among Japanese Municipalities," *J Epidemiol Community Health*, 68, 530-3.

石井良和・山田孝（2008）「『作業に関する自己評価・改訂版』の信頼性および基準関連妥当性に関する研究——作業療法学生を対象として」『作業療法』27(4)，351-362。

川又寛徳他（2012）「健康高齢者に対する予防的・健康増進作業療法プログラムの効果——ランダム化比較試験」『日本公衆衛生雑誌』(59)2，73-81。

小林法一・宮前珠子・村田和香（2003）「作業の意味に基づく作業バランス——健常者を対象とした探索的検討」*The Journal of Japanese Occupational Therapy Association*, 22, 620.

嶋﨑寛子・宮口英樹・石附智奈美（2015）「福島県南相馬市における仮設住宅住民の震災後の生活の特徴」『日本プライマリ・ケア連合学会誌』38(2)，131-139。

中村久美・今井範子（1999）「阪神・淡路大震災被災地域の公団住宅における住生活上の諸課題（第 4 報）非常時を考慮した近隣関係・組織のあり方」『日本家政学会誌』50(6)，611-620。

引地博之他（2015）「集団災害医療における『人とのつながり』の効果——東日本大震災後の被災者支援に携わった保健師を対象としたグループインタビューから」『日本災害医学会会誌』20(1)，51-56。

福原俊一・鈴鴨よしみ（2004）『SF-36 v2 日本語版マニュアル』特定非営利活動法人健康医療評価研究機構。

福土審（2012）「東日本大震災支援プログラム——大災害のストレスと心身医学」『心身医学』52(5)，388-395。

室崎益輝（2013）「東日本大震災後の生活再建に向けて」『人間福祉学研究』第 6 巻第 1 号，9-18.

読売新聞（2018）「『仮設は良かった』尽きぬ課題」3 月 11 日。

ロモ，デビッド（1995）『災害と心のケア――ハンドブック』アスク・ヒューマンケア。

警察庁：平成 23 年（2011 年）東北地方太平洋沖地震の被害状況と警察措置。https://www.npa.go.jp/news/other/earthquake2011/pdf/higaijokyo.pdf.（閲覧日 2018.04.25）

消防庁：災害対応能力の維持向上のための地域コミュニティのあり方に関する検討会．http://www.fdma.go.jp/neuter/topics/houdou/h21/2105/210508-1houdou/02_houkokusyo.pdf.（閲覧日 2018.04.25）

内閣府：災害対策基本法の概要。http://www.bousai.go.jp/taisaku/kihonhou/pdf/kihonhou_gaiyou.pdf.（閲覧日 2018.04.25）

内閣府：応急仮設住宅（1）総論．http://www.bousai.go.jp/taisaku/pdf/sumai/sumai_5.pdf.（閲覧日 2018.04.25）

内閣府：平成 28 年度避難所における被災者支援に関する事例等報告書。http://www.bousai.go.jp/taisaku/hinanjo/pdf/houkokusyo.pdf.（閲覧日 2019 年 4 月 25 日）

第17章

被災者―支援者の関係を越えたコミュニケーションの在り方

中 山 智 晴

✿ 1995年1月17日に発生した「阪神・淡路大震災」は近畿圏の広域に大きな被害をもたらし，特に震源に近い神戸市市街地の被害は甚大で激甚災害に指定される事態となった。被災者を支援するボランティア団体やNPOが数多く誕生し，同年は後年「ボランティア元年」と呼ばれるようになった。さらに，2011年3月11日には東北地方太平洋沖にて「東日本大震災」が発生し，最大震度7の強い揺れと国内観測史上最大の津波により，東北・関東地方を中心とする広い範囲に甚大な被害をもたらした。私たちは，阪神・淡路大震災，東日本大震災を契機に，被災者支援としての理想的な社会の在り方，コミュニティの中でのコミュニケーションを通した「相互扶助」や「支え合い」の仕組みの再構築が重要であることに，改めて気付かされることとなった。

被災者支援を含む現代の社会問題は，人と人との新たなつながりを形成する中で総合的に解決を図るものである。すなわち，社会全体の中で多様な人々が他者を理解し，被災者同士，あるいは被災者と支援者の「支え合い」「分かち合い」，コミュニティと関わる活動を通して新たな地域社会を創造していこうとする意識が全ての人に共有される中でしか解決されないのである。

本章では，被災者の自立，今後の被災者―支援者の関係性を考えていく中で，どのようにして「相互扶助」の関係性を構築していけば良いのか，被災者―支援者の間のコミュニケーション支援の在り方を模索する。

Keywords： 幸せ，相互扶助，相利共生，共生社会，コミュニティ，コミュニケーション

第1節 「幸せな暮らし」とは

日本は地震大国といわれ，約2年に1回の割合でマグニチュード7クラスの地震が発生している。また，台風や火山噴火などの自然災害が世界的にも多発する国である。災害が起こるたびに私たちは考える。「幸せな暮らし」とは何なのかと。ここではまず「幸せ」について考える。

(1) 幸せな暮らしとは何か

「幸せな暮らし」とは何なのだろう。「幸せ」を定義することは難しいが，様々な機関が多様な指標を用い世界各国の幸福度を算出している。表17-1に一例を示すように，世界トップクラスの長寿国，国民総所得も高いなど健康面や経済面では幸福であると考えられる日本人は，寿命や国内総生産を算出指標とする「国民総所得」や「人間開発指数」においては，世界の中でも高い幸福度にランキングされている。一方，生態系にダメージを与えないライフスタイル，コミュニティとのつながり，生活の満足度や社会的支援など，人と人，人と自然の関係性を指標に入れる「世界幸福度指数」「より良い暮らし指標」や「世界幸福度ランキング」においては幸福度は大きく低下している。

この事実は何を物語っているのであろう。一概には言えないが，日本人は生産性を重要視し，物質的要求を満足させるために一生懸命働いてきた一方で，忘れてしまった精神的な何かがあるのではないだろうか。

ブータンやタイなどのアジアの幸福度指標においては家族関係が重視されているが，日本においても家族関係が強いほど幸福度が高いとの結果が示されている[1]。困ったときに家族が頼りになると思えることが幸福度に大きな影響を与えている。したがって，家族等との接触度，家族生活の満足度，そして困った時に助けてくれる者の存在などの人のつながりを再構築していくことが，幸せな暮らしを形成するためには重要である。また，家族ではなくとも一般的な他者に対しても信頼の気持ちを強く持っている人ほど，幸福度が高い傾向にある[2]。すなわち，自分以外の他者（家族を含む）を信頼する人ほど幸福度が高くなるということである。

表 17-1 幸福度算出法の一例

幸福度	日本の世界ランキング	幸福度算出指標
国民総所得[*1] (GNI: Gross National Income)	172カ国中3位（2015年）	居住者が国内外から1年間に得た所得の合計
国民1人当たりの所得[*2]	172カ国中23位（2015年）	居住者1人当たりが国内外から1年間に得た所得の合計
人間開発指数[*3] (HDI: Human Development Index)	188カ国中17位（2015年）	平均寿命，識字率，就学率，国内総生産の4要素
世界幸福度指数[*4] (HPI: The Happy Planet Index)	140の国・地域中58位（2016年）	平均寿命，健康指標，健康格差，エコロジカル・フットプリントの4要素
より良い暮らし指標[*5] (BLI: Better Life Index)	OECD加盟国にブラジルとロシアを加えた36カ国中20位（2015年）	住居，収入，仕事，コミュニティ，教育，環境，市民参画，健康，生活の満足度，安全，ワークライフバランスの11要素
世界幸福度ランキング[*6] (World Happiness Report)	155カ国中51位（2017年）	GDP，健康寿命，社会的支援，信用性，人生における選択の自由，寛容性の6要素

（出典） *1 外務省「国民総所得（GNI）の高い国」http://www.mofa.go.jp/mofaj/kids/ranking/gnp_1.html　*2 総務省HP「世界の統計2017　1人当たり国民総所得」http://www.stat.go.jp/naruhodo/c1data/04_02_stt.htm　*3 Global Note HP「人間開発指数（HDI）国別ランキング・推移」https://www.globalnote.jp/post-802.html　*4 New Economics Foundation HP「The Happy Planet Index」http://happyplanetindex.org/　*5 OECD HP「My Better Life Index」http://www.oecd.org/tokyo/statistics/aboutbli.htm　*6 World Happiness Report 2017 HP http://worldhappiness.report/wp-content/uploads/sites/2/2017/03/HR17.pdf　（いずれも2018年1月8日参照）。

さらに，地域のつながり，地域への愛着度合いも幸福度に比例する。子どもの発達には両親の関わりだけでなく，いわゆる「近隣効果」として近隣の環境が重要とされる。また，社会的課題解決の活動に既に関わっている者や関心のある者と幸福度の高さは相関している[3]。すなわち，「幸せ」とは，家族を含む人や地域とのつながり，人と人との「コミュニケーション」の豊かさであるといえよう。

(2) 物質的欲求から精神的欲求へ

私たちは，物質的欲求を追い求めてきた。その結果，自身の周囲に目をやると，改めて物の多さに驚く。本当にこれだけのものが必要なのだろうか。たとえば，食卓に目をやると食料の多さに驚く。本当にこれだけのものを食べることができるのであろうか。日本人は食料の約6割を輸入に頼り，そして約3割を食べ残しや賞味期限切れで捨てている「食料廃棄率」世界トップクラスの国民である[4]。食品安全法に基づいた賞味期限の厳重な管理がなされているという理由もあるが，日本人の家庭からの廃棄量は世界全体の食料援助量を大きく上回る現実をみても，ムダの多さに気付かされる。

一方，世界には十分な食事を得ることができず飢えに苦しむ人がたくさん暮らしている。グローバル化に伴い一瞬にして世界の情報を得ることができる現在においては，家族や近隣とのつながりだけでなく，自分の暮らしは広く世界の人々とつながっていると感じられること，そして，国境を越えてもお互いに助け合う関係性を構築すること，そのための双方向のコミュニケーションを形成することが，真に「幸せ」な生き方なのではないか。私たちは，「幸せ」を物質的欲求から精神的欲求に移行していく時代に突入していることを忘れてはならない。

このような状況の中，2011年3月11日に発生した東日本大震災は，東北，関東地方の沿岸部の広い範囲に甚大な被害をもたらした。三陸沖を震源にマグニチュード9.0の規模で，最大震度7という強い揺れと津波を引き起こし，日本国内では観測史上最大の地震となった。また，津波により福島第一原子力発電所においては全電源喪失状況になり，冷却が不可能な状況に至ったため放射性物質の流失を伴う原子力発電事故を起こした。大きな人的被害だけでなく，農林水産業にも甚大な被害をもたらした。日本の食を支えてきた東北3県の一次産業は壊滅的事態に陥った。

(3) 東日本大震災のもたらしたもの

筆者が勤務する文京学院大学人間学部コミュニケーション社会学科では，東日本大震災前の2006年から都市―農村交流による地方活性化を目指し，主に福島県の農村地帯を中心に調査，研究，交流活動を継続してきた。あの大震災直後，「被災者」と呼ばれるようになった地元農家の方々から耳を疑うような言葉を聞き胸を痛めてきた。「私たちはゴミなのか？」この言葉には，発する立場により様々な解釈が成り立つと考えられるが，言い換えれば，「私たちに生きていく価値はあるのか？」「私たちは他の人に必要とされているのか？」といった自問自答の言葉である。接してきた農家の方々の多くは，日本の食の安心・安全，先祖から受け渡されてきた伝統・文化，農村生態系の保全など，都市部の消費者が考えもしないような考えを抱きつつ農業を継続

してきた。金銭的には決して豊かではないが，他者を思いやるといった精神的に裕福な農民の献身的な努力に支えられ，都市部の人間が生かされているという事実を否応なしに思い返される機会であった。

　改めて考える。「ゴミ」とは何だろう。辞書には「最初から誰にとっても価値を生じない物。誰かが，何らかの理由で一度は所有し，その後価値を失った物」といった内容が書かれている。日本では食べ残しがゴミとなり捨てられていくが，経済的に貧しいといわれる多くの途上国においては，そもそも食べ残しが少ないうえに，あっても他の資源として活用されていく。そして最終的には畑の堆肥などに生かされていく。すなわち，あるものにとってはゴミでも，他のものにとってゴミは宝の山なのである。このように，ゴミは誰がその物体をゴミと考えるかに依存した相対的な定義である。そもそも，ゴミとは人の世界にだけ存在する用語であり自然生態系の中ではすべての物が他の物に必要とされる循環のメカニズムが発動されるため，ゴミという概念は存在しない。

　「私たちはゴミなのか？」とは，農業従事者は都市部の胃袋を満たすだけの存在なのか，ということでもある。放射線物質の農産物に与える影響が基準値を下回ったり，検出されなくなったりしても，東北の農産物は風評被害によりなかなか買ってはもらえない現状が続いている。農民は努力して育て上げた農作物を一瞬にして「価値を失った物」と扱われることで自信を無くしている。生産者である農村地域の農民と消費者である都市域の住民の間には，お互いの想いを話し合い理解するコミュニケーションがもはや存在しておらず，「作る人ー食べる人」といった短絡的な一方通行の関係でしかないことが問題である。市場原理，自分第一主義の思想の下では，被災地の農民が未だに立ち上がれないでいる風評被害から逃れることはできないものと思われる。

(4) 豊かさを「得ること」から「分かち合う」時代へ

　被災者の方々は，一瞬にして家族を，家を，そして生活の基盤となるコミュニティを失った。また，被災していない人々も明日の暮らし，生き方を真剣に考えることとなった。日本に暮らす多くの人々は，明日からの生きる希望や幸福，そして人生とは何かを真剣に模索することとなった。「豊かさ」を追い求めるために，優先的に何に取り組んでいけばよいのかを再考することとなった。その結果，家族や近隣住民，地域とのつながり形成，その結果としての社会からの孤立防止が最優先の課題であることを感じた。

　震災を契機に将来の日本について，人々は上記のようなイメージを抱いて生きてきたが，震災からの時間の経過とともに，そのイメージはどのように変化しているのであろうか。東日本大震災後から2014年の5年間において，首都圏に暮らす15～65歳750名に対する意識の経年変化を調査した結果によれば[5]，年を追うごとに上昇していく意識項目は，「福祉など公共のための負担もやむを得ない時代となる」であり，最終的に全体の60％が回答している。一方，毎年の減少傾向が顕著な項目は，2011年の37.7％から2014年には19.7％にまで低下している「人々の相互助け合いの意識が高まる」，26.0％から18.5％に低下している「人々の家族志向・家庭志向がより強くなる」，そして52.5％から44.1％に減少している「コミュニティや地域社会がより重要

視される」の3つである。「自助」「共助」の意識は年々薄れ、「公助」に頼ろうとする人が増えている。

　東日本大震災を契機に再認識され、当時の「今年の漢字」にも選定された「絆」であるが、このような意識が翌年には既に減少に転じ、年を追うごとに希薄化していく様子が伺える。東日本大震災を契機に真の「幸せ」を追い求めてきた私たちが、あの時に感じた「家族や近隣住民、地域とのつながり形成、その結果としての社会からの孤立防止」の大切さに再び気付き、そして明るい未来を創造する活力ある社会を作り出していく必要性を改めて考える時が来ている。

　以上述べてきたように、私たち日本人には、豊かさを求めてきた中で忘れてしまった価値観がある。幸福度の低さは、豊かさを「得ること」だけでは満たされず、自ら社会や周囲の人に「与える」ないしは「分かち合う」ことを求める時代になったのだと感じる。もともと日本人には「結、もやい」といった相互扶助の精神が綿々と受け継がれてきた。この関係性は東日本大震災を経て再燃し、当時、私たちは全ての人が必要とされる社会、支え合う社会に暮らすことを希望していたのではないだろうか。すなわち、人にも自然にも物にも必要とされないものなどない社会づくり、コミュニティの中での双方向コミュニケーションが大切であることに、再度気付かされたのではないだろうか。

第2節　被災者と支援者との今後の関係性

　前節では、人にも自然にも物にも必要とされないものなどない社会づくり、コミュニティの中での人々の双方向コミュニケーションの豊かさが「幸せ」な生き方には大切であることを論じてきた。ここでは、東日本大震災による被災者への意識調査を通して理解される「被災者と支援者の今後の関係性」そして「被災者の自立」から、人と人のつながり、人と社会とのつながり、すなわち、震災後のコミュニケーションによるコミュニティづくりの重要性について考察を行う。

⑴　支援者と被災者の関係性に関する調査

　東日本大震災直後の2011年4月、文京学院大学の位置する埼玉県ふじみ野市の地域住民と同大学の学生が「市民ボランティアふじみ野」を立ち上げて以降、調査研究テーマに「支援者―被災者、そして支援者同士の関係性の在り方」を加え、被災者の自立を進めるための「支援者―被災者」双方の関係性、コミュニケーションの在り方について調査を進めてきた。家を失った被災者は震災後の住まいの形態で分類すると、自宅を再建し転居する人、災害公営住宅に移る人、仮設住宅に残る人、の3つに分類される。特に、仮設住宅に残らざるを得ない方々の肉体的・精神的ケアの必要性が急務となっているため、調査対象者を仮設住宅に残る人に定めた。

　「市民ボランティアふじみ野」の活動目的は東北3県における復興支援であり、生活支援ボランティアや祭りなどの交流イベントなどを実施してきた。主な活動先は、岩手県大船渡市、陸前高田市、宮城県気仙沼市であり、仮設住宅の住民の交流を主たる取組みとしてきた。

　ここでは、2016年10月に岩手県大船渡市の3カ所の仮設住宅において実施した聞き取り調査

の結果をもとに，仮設住宅での生活を余儀なくされている「被災者」と「支援者」との今後の関係性，「被災者」の自立促進に関し，被災者－支援者，そして支援者同士のコミュニケーションの在り方を考察する。[6]

　大船渡市における調査対象地区は，赤崎地区の大立仮設住宅（調査時の世帯数 44 戸），末崎地区の大田仮設住宅（調査時の世帯数 36 戸）そして末崎地区の平林仮設住宅（2016 年 6 月 30 日，撤去のため閉鎖）の 3 カ所である。いずれも 2012 年以降毎年訪れ，主として，住民とのお茶会，夏祭りの企画・運営を行ってきた。

　東北 3 県において，各市町村社会福祉協議会に設置された災害ボランティアセンターを経由して活動した支援者数の推移は，2011 年 5 月の 18 万 2,400 人をピークに減り続け，2017 年 1 月時点では 1,600 人となっている。[7]

(2) 支援者へのインタビュー調査概要[8]

　自力再建できる方々は仮設住宅を出ていく。一方，金銭面や家族問題などで課題を抱える被災者は仮設に取り残されている。仮設住宅を訪問するたびに聞かれる高齢者の「引きこもり」は大きな問題となっている。震災から年が経過した今でも孤立などの課題は改善されていないどころか，さらに深刻な問題となっている。さらには，復興住宅に移ることができた人たちにおいても，新たに出会う近隣住民との交流などの心のつながりにおいて大きな悩みを抱えている話もよく耳にする。

　本研究では，調査対象とする支援者を「中間支援員」とした。ここでいう「中間支援員」とは，震災により被害を受けた被災者の立場でありながら，被災者の支援をしている立場でもある方のことである。被災者－支援者を同時に経験している人の意見を聞くことで，被災者－支援者双方のより良い関係性，被災者の自立についての対応策を見出すことを目的としている。

　具体的には，震災から 5 年が経過した時点における被災者の支援者に対する意識や考え，他府県から訪れる支援者間の今後の関係性について，また被災者の「自立」に対する意識，考えについて，中間支援員に対しインタビュー調査を実施した。

　調査対象は岩手県大船渡地区の大立仮設住宅の中間支援員 2 名，大田仮設住宅の中間支援員 2 名，平林仮設住宅の中間支援員 2 名，さらに日本赤十字社岩手県支部の支援員 4 名を加えた計 10 名である。調査はフォーカスグループインタビューを参考に実施した。インタビュー時間は，それぞれの箇所で約 1 時間程度である。IC レコーダーにてインタビュー内容を録音し，データは逐語録を作成し質的手法を用いて分析を行った。

　インタビュー内容は主に「被災者と支援者の今後の関係性についての意見や思い等を教えてください」，「被災者の自立ということについてどのように考えていますか」であり，インタビューについて得られた中間支援員，支援員の回答から関連図を作成し，カテゴリー関連図が示すストーリーラインを作成した。

(3) 被災者と支援者の今後の関係性[9]

　調査を実施したすべての支援員が共通して考える理想的な「今後の関係性」がある。現在，被災者から支援者への要求はほとんど見受けられなくなったが，その一方で，支援者側が被災者の気持ちに寄り添い，付かず離れ過ぎずの距離で実施できる支援とは何かを支援者自らが熟考し，実行することが「被災者と支援者の今後の関係性」なのではないかと考えている。すなわち，「支援する側」と「支援される側」という一方通行の関係性ではなく，お互いに支え合いながら復興へ向かっていく双方向の関係性の構築，つながりの強化が一番大切であると考えている。

　そのためには，被災者と支援者の密接なかかわりを保つことだけを考えるのではなく，支援者同士が連携し助け合いながらイベントや交流会を開催するなどの活動を継続していくことも求められる。そうすることで支援者同士の結びつきが強くなり，活動の幅も規模も増やしていくことが可能となり，今までよりも多くの住民（地元地域と仮設住宅，復興住宅など）の方々が交流することが可能となり，広範囲にコミュニティを拡大することができるようになる。一日も早い復興のため，「支援者同士の結びつきが大切」であると考えている。

　また，祭りなどのイベントも対象地区の仮設住宅の方のみを対象とする従来型ではなく，もともと仮設住宅に住んでいた方々で自宅再建や復興住宅に移転するといった理由で転居していった方々も対象にするなど，イベントへの参加対象者の範囲を広げ，以前あった地域住民同士の交流の場を作り出す取組みが重要であると考えている。仮設住宅を出られた方々はもちろん，震災前に暮らしていた地域の大勢の方々を巻き込むようなイベント開催が求められている。

(4) 被災者の自立[10]

　中間支援員のほとんどが，被災者は震災前のような生活に戻ることは困難であると感じている。特に精神面での自立は不可能であると感じている。このような現状の中，「被災者から支援者が教わる」という関係性に注目している。今までの「被災者＝支援される側」「支援者＝支援する側」という考え方ではなく，被災者にも他者に対し何か必ず提供できる（役に立つ）ことがあるという心の持ちようが重要であると考えている。支援していただいている方々にお返しがしたいという思いは被災者の方々みなさんが持っている。したがって，支援者が一方的になにかを提供するのではなく提供される立場にもなれば，お互いに必要とされていると感じる前向きな生き方が双方に形成されていく。そうすることで，被災者は，自分でもできることがある，社会の，人の役に立っているということが実感できるので，「被災者＝無力」という不安や悩みが解決していき，それが日々の活力となり，生きる糧となっていくのだと考えている。

　仮設住宅での暮らしを継続している方々もいずれは自宅を建てるか復興住宅に入るか，あるいは集約仮設住宅への移動かと，必ず生き方を選択しなければならない。どの道を選んだとしても，問題となるのは「社会的孤立」である。

　現在も復興住宅はいろいろ建ってはいるが，必ずしも希望した地域，住宅に入れるわけではなく，隣の地域や隣町の公営住宅に入ることになる人もいる。そうなると，今まで築き上げてきたコミュニティ内での関係性がいったんゼロとなり，また最初からコミュニティを形成していかな

くてはならない。しかも家族で移転してきた方に比べ，1人で住む方はコミュニティへの参入が困難となるうえ，もともと戸建てに住んでいた方ともなると，いわゆる集合住宅に入ること自体が初めてとなる。その結果，そこでの生活に馴染むにも時間がかかってしまいストレスにもなりやすいため，より他者からの支援が必要になってくる。

したがって，そのコミュニティづくりに，はじめのうちは支援者が関わってイベントなどの集まり，催し物を開き，住民を家から外に出して住民同士の交流の場所を設ける。そうすることで参加している住民同士が会話のきっかけを作り，住民同士が自発的に交流を持つようになり，結果として孤立度の軽減につながっていく。また，支援者同士の連携によってイベント等を行う地域を広げ，そしてつなげていくことで，コミュニティ間の交流も深化していく。最終的には，被災者である住民同士で「以前支援者さんがやってくれたようなイベントを自分たちで開くか」と発案するようになると，コミュニティができたといってもいいぐらいまでしっかりとしたつながりを作れたこととなり，限りなく自立へと向かっていけると考えている。

第3節　自然界の仕組みから「相互扶助」の在り方を考える

第1，2節から，「幸せ」とは家族を含む人や地域とのつながり，そして，そのつながりを形成する「コミュニケーション」の豊かさにあることが理解された。そして，東日本大震災を契機に，すべての人が必要とされる社会の創造，コミュニティの中での双方向のコミュニケーションによる「分かち合い」や「支え合い」の仕組みの再構築が重要であることに，改めて気付かされることとなった。

これは，将来の被災者と支援者の関係に置き換えると，「支援する側」と「支援される側」という一方通行の関係性ではなく，今までの「被災者＝支援される側」「支援者＝支援する側」という考え方から，被災者にも他者に対し何か必ず提供できる（役に立つ）ことがあるという「分かち合い」の気持ちを取り戻すことが大切であることを示唆している。そうすることで，被災者は自分でもできることがある，社会の，人の役に立っているということが実感できるので，孤立，無力という不安や悩みが解消していき，その結果，日々の生きる活力が生まれ，自立へとつながっていくのである。

それでは，どのように「分かち合い」の関係性を構築していけば良いのであろうか。以下に，長い時間をかけ形成されてきた自然界の仕組みを参考に，人と人の「相互扶助」の在り方を考察する。

(1)　生物学的「相互扶助」の仕組み

19世紀半ばは，ダーウィンが生物進化の根拠の一つとした「生存競争」と「適者生存」という概念，すなわち，自然界や社会の中での自由な「生存競争」に任せておけば，強いものだけが生き残り，弱いものは淘汰されていくという「進化論」に注目が集まっていた時代である。強いものが生き残る産業資本の原理が正当化されていく時代でもあった。一方，19世紀末にはクロ

ポトキンが『相互扶助論』[11]の中で，自然界においては「生存競争」よりも本能的な「相互扶助」が種の生き残りと進化に重要な意味をもっていると説いた。そして，人間社会には競争によってではなく，自発的な協同によって進歩するという「相互扶助」の原理が働いているとし，「相互扶助」は元来人間に備わっている社会的本能であると説いた。

実際，東日本大震災の際，国内のみならず世界中から救援・支援の手が差し伸べられた事実は，この「相互扶助」に基づく社会的本能の現れであるとも考えられる。「相互扶助」こそが，人間社会の進歩と発展，平和と調和を推進する原動力であるともいえよう。

そもそも，「相互扶助」という人と人の関係性はどのように形成されていったのであろうか。その経緯を生物学的に考察することで，今後の人間社会の関係性，すなわち，「相互扶助」を形成するための「コミュニケーションと支援」の在り方が見えてくる。

自然界における生き物の関係性は，古くは「競争」から始まったと考えられている。2つの種類の生物が，互いに相手の存在によって不利益を被る場合に，これらの種は競争関係にあるという。生物学における競争とは，生物が生息空間や食物，配偶相手などを争うことを指し，同種個体間にみられる「種内競争」と，異なる種間にみられる「種間競争」が知られている。種内競争においては，個体間の優劣・順位がたとえば闘争などで確定すれば，それ以降はムダな労力を衝突で費やす行為が減少していく。そこに見かけの安定性が形成される。さらには，群れの中にリーダーが生まれると，集団の秩序のさらなる強化につながっていく。

種が増えていくことで異なる種が同所の生息環境に生存しようとなると，そこには「種間競争」が働く。食物や生活空間などの生活に必須な要求が似かよった異なる種は同一場所で共存することがむずかしく，自然界では種間競争によって最終的には必ず一方が他方によってそこから排除されてしまうという「競争排除の法則」が働く。

それでは，クロポトキンが説いた「自然界においては『生存競争』よりも本能的な『相互扶助』が種の生き残りと進化に重要な意味をもっている」とは何を意味するのであろうか。生物学的な「相互扶助」の意味する第1段階は「ニッチ分化」とよばれるメカニズムにより成立している。「ニッチ分化」とは，たとえば，異なる2種が同じ生息域の同じ食料資源に依存している場合を考えると，この2種は競争の末一方が排除される結果を招く。しかし，たとえば一方が樹木の枝を主食とし，他方が葉っぱを主食とするような「食い分け」が起こると，双方は同一空間で暮らすことが可能となる。あるいは，同一生息空間を使う時間帯が異なれば，双方が同じ空間を使い分け，共に同じ空間で生きる「共棲関係」を選択することが可能となる。この段階では生物学的な「相互扶助」は完成していない。

(2) 生き物は強くなくても生き残れる

生物学的「相互扶助」は，「ニッチ分化」による第1段階の「共棲関係」から，さらに「生物間相互作用」による第2段階の「共生関係」へと進化し完成に近づく。「生物間相互作用」とは，ある種の個体群がほかの種の個体群におよぼす作用とその反作用のことを意味するが，共にニッチ分化し共棲する生活スタイルを形成していく中で，異なる生物種が同所的に生活することで，

表 17-2 生物界の「共生」スタイル

		生物 A		
		利益あり	利益なし	どちらでもない
生物B	利益あり	相利共生	寄生や捕食	片利共生
	利益なし	寄生や捕食	競争	片害作用
	どちらでもない	片利共生	片害作用	中立作用

互いに利益を得る（利用し合う）ことができる共生関係へと進化することがある。この関係性を「相利共生」とよぶ。そうすることで，双方が共棲することで双方が暮らしやすい共生が形成され，双方がいることで双方が生かされていく「相利共生」の関係性が生まれる。

　たとえば，魚類であるクマノミと，刺胞動物であるイソギンチャクの「相利共生」は有名である。イソギンチャクの触手には，異物に触れると毒針を発射する「刺胞」という細胞が無数にあり，これで魚などを麻痺させて捕食している。ところがクマノミの体表には特殊な粘液が分泌され，イソギンチャクの刺胞は反応しない。このためクマノミは大型イソギンチャクの中や周囲を棲みかにして外敵から身を守ることができる。一方，イソギンチャクの触手の間のゴミをクマノミが食べる，またクマノミの食べ残しをイソギンチャクが得る，イソギンチャクの天敵チョウチョウウオをクマノミが追い払う。このように，自然界においては，個体では生き残ることが難しい状況の中で，種を異にする生き物が互いを利用しあう「利己的」な関係で競争の時代を越え，他の生き物と共に生きる道を選んだものが生き残っているのである。すなわち，自然界では強いものが生き残るのではなく，双方利用しあう「相利共生」の関係が多くの生き物を共存させる大きな要因なのである。

　自然界の「相利共生」とは，相手のために何かをしてあげるのではなく，自分が生き残るために相手を利用し，相手も自分を利用するという双方が利用しあうことで互いに利益を得る関係である（利己的なギブ＆テイクの関係）。

　多様な生き物が双方に関係し合うことによって，個体で生きていくよりも，遥かに強く生き残れる社会が，自然界における共生社会である。生物間の敵対や競争よりも共生の方が安定しており，資源を取り尽くす心配のない関係である。そして，共生こそが生物多様性，持続可能性を維持する上で必要不可欠なのである。このように，自然界の生き物は，「競争」の時代を超え「共生」する関係へと変化し，生物多様性を形成している。

(3) なぜ，共生社会が必要なのか

　自然界の共生メカニズムをダイレクトに人間社会に適応させることはできない。なぜならば，人間には他の生き物には見られない複雑な感情がある。思いやりや裏切りなど，人間にしか分からないような感情も存在する。「利己的」であると同時に「利他的」でもある。したがって，自然界の「共生」関係を人間社会に直接取り込むことには無理があるが，それでも，自然のメカニズムは私たちの暮らしに多くの示唆を与えてくれる。

競争社会が激化する人間社会においては，社会は競争の側面でしか図ることのできない価値ばかりを追い求め，他者との共生，自然との共生というこの世で生きていく上での配慮や思いやりが失われてしまうという危機感から共生社会が必要とされているのである。
　ここでいう「共生社会」とは，社会を形成する各個人が，自立し尊厳を持ち，自分の属する社会への参加や貢献をしたいという意識をもとに，他者とのコミュニケーションの結果成り立つ社会のことである。共生社会は，自分の考え，立場とは異なるという点で他者を排除することを慎む社会ともいえる。社会全体の中で多様な人々を理解し，支え合い，他者と関わる活動を通して社会を変えていこうとする意識が全ての人に共有される社会であるともいえる。
　現代社会には，被災者以外にも，社会的孤立，ジェンダー，虐待など深刻な社会問題が山積している。これらの問題は，強者と弱者といった競争の社会に存在する「強一弱」の関係性の下に発生する事象である。もし，自身の利点や気持ちが他者の欠点や気持ちを補い，その一方で自身の欠点を他者の利点が補ってくれる相利共生の関係が構築されれば，ここに双方が必要とされる関係性が成立するのである。
　現代の社会問題は，個別に対応されるべき内容ではなく，人と人との新たなつながりを模索する上で総合的に解決を図るべきものである。すなわち，社会全体の中で多様な人々を理解し，支え合い，他者と関わる活動を通して社会を変えていこうとする意識が全ての人に共有される社会の中でしか解決されないのである。現代社会の抱える多くの問題は，自然界のメカニズムとして存在する「相利共生」の関係性を配慮しながら，人間の持つ優れたコミュニケーションの力を活用し解決していくことが唯一の方法であると考える。
　「ものの豊かさ」より「こころの豊かさ」を充足させる社会とは，自発的な他者とのかかわりを促進させる社会であり，自由な個々人の自発的な行動により，「人」を媒介とするネットワークという形が見える社会である。
　ここで忘れてはならないのは，自然界における「共生」関係は，環境や状況に応じてダイナミックに変動するものであり，状況に応じ「相利的」になったり「寄生的」になったりするものである点を忘れてはならない。「共生」と「寄生」，「共存」と「対立」，「相互扶助」と「搾取」あるいは「支配」と「従属」といった一見対立的な概念は，実は1本の線でつながっており，状況に応じてダイナミックに1本のレールの上を移動するということである。「共生」関係は一度構築したら終わりではなく，絶え間ない持続的努力により継続されるものである。一度手を抜くと「寄生」関係に移行したりしてしまうのである。
　他者とつながることは，他者を自分のために利用しようとする行為ではなく，自分も他者に活用されていく，あるいは，活用されたいと思う行為である。すなわち，個々人は自尊心をはっきりと持ち，自立した人間として自分とは異なる考え方や生活様式をもつ他者と接触し，葛藤をしながらも双方理解され，最終的には双方がいなければ成立しない社会を構築していくことこそ，共生社会なのである。

第4節　被災者―支援者の関係を越えたコミュニケーション

　第3節までにおいて，支援を必要としている人のコミュニケーションニーズと，支援を行う人のコミュニケーション支援の考え方について述べてきた。その結果，双方は「支援する側」と「支援される側」という一方通行の関係性ではなく，被災者にも支援者に対し何か必ず提供できることがあるという「相互扶助」の気持ちを取り戻すことが大切であることが理解された。そして，自然界の仕組みを参考に，自身の利点や気持ちが他者の欠点や気持ちを補い，その一方で自身の欠点を他者の利点が補ってくれる相利共生の関係が構築されれば，これは，双方が必要とされる真の「相互扶助」の関係性が成立すると考えられる。

　それでは，「相互扶助」を形成するための「コミュニケーションと支援」をどのように人間社会の中に構築していけば良いのであろうか。

(1) 被災者の「ニーズ」と支援者の「支援欲求」のズレ

　一般的に被災者が抱える問題は震災後の経過時間とともに変化していき，それぞれの被災の状況による多様な課題が山積されていく。実際，私たちも経験したが，東日本大震災直後は，被災者からは食料や水，お風呂や寝床など物質的・空間的要求が多かったが，時間の経過とともに，家族や近隣との孤立による精神的ケアの必要性を強く感じるようになっていった。そのような中で，支援者の支援活動が，時には被災者自らが求めるものとは本質的に大きく異なる場合があることに気付いていった。

　支援は長期的視点から行うことが大切であり，効果的に支援を行うためには，時間とともに変化する被災者が抱えた問題に対し柔軟に対処し，被災者の「ニーズ」と支援者の「支援欲求」とのズレを調整していくことが重要となる。

　すなわち，支援者の「支援してあげたい」という気持ち，「被災者は社会的弱者である」という意識が強すぎると，その行為はかえって被災者の心を惑わす結果となり，また，自立を妨げることにも成りかねない。過度な支援は被災者のストレスを増大させることにもつながる。したがって，震災からの時間経過とともに，物質的支援から精神的寄り添いへ，その後は，精神的な「相互扶助」へ自然の流れで移行していく関係性を形成していくことが大切である。

　そのために支援者に求められることは，被災者をいつまでも「かわいそう」「何かをしてあげたい」と勝手に弱々しい「被災者―支援者」の関係を抱き続けるのではなく，被災者が強く，たくましく生きていくための精神的相互支援へと移行する柔軟性である。その結果として，「被災者＝支援を受ける人」「支援者＝支援する人」の関係性から，双方がいることにより双方が自立できる「共生する社会」が作られていくのである。

(2) 「共生する社会」のためのコミュニケーションの重要性

　生物の進化的観点からみれば，コミュニケーションとは情報を伝達するというよりも，むしろ

信号の受け手（敵，求愛相手など）の行動を一方的に変えることから始まっている。その変化が送り手（自身）に有利なもの（たとえば，敵を追い払う，雌を獲得する）であれば，その信号は自然選択によって進化を遂げていく。一方，人間社会におけるコミュニケーションとは人から人への情報の伝達を意味する。

そもそも，コミュニケーションの語源は，ラテン語で「分かち合い」，あるいは「共有し合う」を意味すると言われている。[12] 一般的には，情報の伝達が起きればコミュニケーションが成立したとは考えず，人と人の間で「意思の疎通」が行われた結果，「心の通い合い」や「相互理解」が起きて，はじめてコミュニケーションが成立したことになる。したがって，人間社会においては一方通行のコミュニケーションはなく双方向である。人間にとって，コミュニケーションは基礎的社会ツールであり，個人の発達だけでなく，家族や仲間の形成や維持にとって必要不可欠であり，人間社会の根本を成すものである。

被災者の自立には被災者―支援者間のコミュニケーションによる「相利共生」の関係性の構築が重要である。「相利共生」を構築するには，支援されることにより被災者の問題が解決する「支援効果」と，被災者を支援することにより支援者自身も恩恵を受ける「支援成果」がある。[13] 被災者は，支援者が支援活動の結果得た「支援成果」を認識することで，「自分は一方的に他者から助けられるだけの存在ではない」という気持ちを抱くことにつながり，被災者の社会的孤立を防止することにつながる。さらには，被災者と支援者双方がそれぞれ得たものに対し，双方で認識を共有し認め合うこととなり，コミュニケーションによる「相互扶助」の関係性が形成されていく。この関係性は支援には効果的で，長期的な関係性の維持を可能とする。

(3) コミュニケーション支援による共生社会の実現に向けて

震災から時間が経過しても，被災による様々なストレスから立ち上がれない人が多くいる。慢性的な疲弊，体験が思い出されて苦しみ，悲しみや怒りその他のさまざまな感情がこみ上げる，もしくは無理に抑え続けている被災者が多くいる。「岩手県こころのケアセンター」に寄せられる沿岸被災者からの相談件数に減少の兆しはない。時間の経過とともに周囲の環境が落ち着いていく中で，悲しみや喪失感が押し寄せてくる方も多くいる。

東日本大震災に関連する自殺の状況は，発生年2011年の55人をピークに，その後も毎年20～30人程度で推移している。2016年には30～50代の働き盛りの方も12名が命を落としている。原因・動機として「経済・生活問題」は減少したが，「家庭問題」「健康問題」は増加している。[14]

「福島県こころのケアセンターなごみ」においては，断酒中のアルコール依存者が仮設住宅から自宅に戻ったとたんに飲酒を再開するケースが報告されている。[15] 仮設住宅のコミュニティから自宅に戻り，孤独でどこにも，だれにもつながらなくなると，自殺のリスクが高まることが懸念されている。もともと被災者が所属していた地域にあった「相互扶助」「支え合い」の関係性をどう取り戻していくのか，創造していくのかが今後の課題である。仮設住宅で育まれたコミュニティがあるのなら，その環境を別の場所に移っても生かせるような工夫も必要となる。

コミュニケーション支援による共生社会の実現に対し，たとえば「ゲートキーパー」の役割が

期待されている。「ゲートキーパー」とは，悩んでいる人に気づき，声をかけ，話を聞いて，必要な支援につなげ，見守る人のことを指す。言わば「命の門番」とも位置付けられる人のことである。現在では，自殺対策における国の重要施策の1つとして内閣府がゲートキーパーの養成を掲げている。かかりつけ医師を始め，教職員，保健師，看護師，ケアマネージャー，民生委員，児童委員，各種相談窓口担当者などばかりでなく，一般支援者にも拡充していくことが求められる。すなわち，多様な人の意見を把握・理解し，必要に応じて人と人をつなげ，その関係性を円滑なものに維持していく「被災者―支援者」をつなぐ人材である。今後さらにゲートキーパーの育成は重要となるであろう。

　さらには，グループリビングのように住み慣れた地域の中で友人や近隣の人々などと非血縁的なつながりを大切にしながら，ゲートキーパーにみられるような地域支援サービスや社会福祉サービスを積極的に活用するという生活の在り方を創造していく社会づくりが大切である。従来家族が行ってきた無償の行為を，仲間と一緒に暮らすことでお互いに補完し合い，できないことは地域のその他の人の力を借りることで解決していこうとする生き方である。孤独感を取り除き，安心して生きていく地域づくりには欠かせない取組みである。

　そして，最終的には「共生する社会」を形成することが重要である。日本には，伝統的な相互扶助に見られる人びとの関係性，コミュニティが存在していた。近隣の人々の「相互扶助」の関係の中で行われていた農業などの生産や生活上の営みが，貨幣経済の普及に伴い，市場を通して手軽にカネで買えるようになり消滅の危機にさらされている。もう一度，本来の人間としての生き方を深く熟考し，社会全体が「共生する社会」の意義を理解し，その形成に向けて足並みを揃える時代が来ているのである。

注
1) 小谷みどり（2013）『人づきあいと幸福度との関係』第一生命 Life Design Report。
2) 同上。
3) 内閣府経済社会総合研究所（2011）『若年層の幸福度に関する調査』。
4) 政府広報オンライン「もったいない！　食べられるのに捨てられる「食品ロス」を減らそう」https://www.gov-online.go.jp/useful/article/201303/4.html#anc01（2018年9月8日参照）。
5) 公益財団法人吉田秀雄記念事業財団（2016）「東日本大震災後5年間の意識の変化――『絆』から『個』へ，揺り戻しが進む意識」『AD STUDIES』Vol. 55。
6) 飯島翔太（2016）『東日本大震災の被災者とボランティアの関係性への一提案』文京学院大学人間学部コミュニケーション社会学科卒業論文。
7) 社会福祉法人全国社会福祉協議会地域福祉部／全国ボランティア・市民活動振興センター「災害ボランティアセンターで受け付けたボランティア活動者数の推移」https://www.saigaivc.com/ （2018年1月8日参照）。
8) 前掲飯島（2016）。
9) 同上。
10) 同上。
11) ピョートル・クロポトキン著，大杉栄訳『新装 増補修訂版 相互扶助論』同時代社，2017年。

12) ブリタニカ・ジャパン株式会社『ブリタニカ国際大百科事典小項目事典』。
13) 高木修（1998）『人を助ける心――援助行動の社会心理学』（セレクション社会心理学 7，サイエンス社。
14) 厚生労働省自殺対策推進室 HP「東日本大震災に関連する自殺者数の年次推移」http://www.mhlw.go.jp/wp/hakusyo/jisatsu/17/dl/1-9.pdf（2018 年 1 月 8 日参照）。
15) 毎日新聞 HP「大震災 6 年　関連自殺，福島突出 80 人　精神科病床が激減」https://mainichi.jp/articles/20170301/k00/00m/040/200000c（2018 年 1 月 8 日参照）。
16) 厚生労働省 HP「ゲートキーパーとは？」http://www.mhlw.go.jp/stf/seisakunitsuite/bunya/0000128768.html（2018 年 1 月 8 日参照）。

参 考 文 献

公益財団法人吉田秀雄記念事業財団（2016）「東日本大震災後 5 年間の意識の変化――『絆』から『個』へ，揺り戻しが進む意識」『AD STUDIES』Vol. 55。
小谷みどり（2013）『人づきあいと幸福度との関係』第一生命 Life Design Report。
高木修（1998）『人を助ける心――援助行動の社会心理学』セレクション社会心理学 7，サイエンス社。
中山智晴（2016）『競争から共生の社会へ』改訂版，北樹出版。

第18章

東日本大震災におけるボランティア活動とコミュニケーション

文 野　洋

✿本章では，災害における支援のコミュニケーションを社会心理学の視点からとらえ，東日本大震災のボランティア活動に参加した大学生を対象とした調査結果をもとに，災害支援ボランティア活動のあり方について検討する。はじめに，災害と関連するコミュニケーションの形態を整理し，概要を述べる。その上で，本章で扱う大学生の災害支援ボランティア活動についての語りを支援者間のコミュニケーションのなかに位置づけ，本章において論じられる内容の範囲を示す。調査対象となるボランティア活動の概要をまとめた後，大学生によるボランティア体験についての語りを分析し，他者とのコミュニケーションを通じて災害支援ボランティア活動がいかに意味づけられるか，その特徴を検討する。最後に，調査結果に基づいて，大学生等が参加する災害支援ボランティア活動をより意義あるものにするための活動のあり方を考える。

Keywords： 語り，体験の意味づけ，減災コミュニケーション，災害支援ボランティア

第1節　災害とコミュニケーション

(1) 災害に関連するコミュニケーション

災害に関連するコミュニケーションのうち，1つの研究領域として成立しているのが「リスクコミュニケーション」である。リスクコミュニケーションとは，個人，集団，組織間で，人間の健康や環境に関わるリスクについての情報や意見を相互的に交換する過程である（National Research Council, 1989）。例えば，食品添加物の安全性やごみ処理場の設置が環境や人体に及ぼす影響などの情報のやりとりは，リスクコミュニケーションである。したがって，災害のリスクコミュニケーションとは，大地震や豪雨等の異常な自然現象や大規模な事故などが日常生活に与える被害の可能性（リスク）についてのコミュニケーション（情報や意見の交換）のことである。

災害のコミュニケーションについて考える際，時期の観点から，災害が発生する以前の時期に

263

おけるコミュニケーション，災害発生時から災害の直接の影響がある程度沈静化するまでの時期におけるコミュニケーション，その後の日常生活や行政・経済など地域社会が果たしていた機能を回復していく復旧・復興過程におけるコミュニケーション，の3つにわけることができる。リスクコミュニケーションの分野は，これらの時期の観点からは，復旧・復興の過程よりも，災害発生前と発生時のコミュニケーションに主に焦点をあててきたといえる。しかし，「減災コミュニケーション（渥美，2011a）」という観点からは，リスクコミュニケーションは発災前後のすべての時期にわたるコミュニケーションに含まれる。

また，コミュニケーションの主体の観点からは，「行政－住民」「専門家－住民」「住民間（住民どうし）」「被災者－支援者」「被災者間（被災者どうし）」等のさまざまなコミュニケーションが想定できる。これらのコミュニケーションの一部，とくに前2者の主体の間には，マスメディアも介在する。なお，「被災者」や「支援者」は，後に述べるように，特定の人物に固定的に与えられる役割ではなく，その場のコミュニケーションの展開に応じて各人が担う流動的な役割である。

(2) 減災コミュニケーション

本章では，災害の影響を最小限に抑えることに関わるすべてのコミュニケーションのことを，減災コミュニケーションとよぶ。減災という語は，災害の発生や影響を極力ゼロに抑えることを目標とする「防災」と大きな違いはないようにみえる。しかし，減災は防災と異なり，災害の発生を完全に防ぐことが難しい現状をふまえ，常に次の災害が生じることを前提にして，災害の影響を考える。つまり，災害は私たちの日常生活のなかに不規則かつ周期的に現れる事象であり，その影響を抑える活動を絶え間のないものとしてとらえる。したがって，防災が災害発生前の備えによって災害の影響を防ぐことに焦点をあてるのに対し，減災は災害発生前だけでなく，災害発生直後，また復旧や復興の過程においても，それぞれの場面における影響を抑えることを視野に入れている。以下に，減災コミュニケーションの視点から，あらためて災害に関連するコミュニケーションの形態と検討が求められると考えられる内容の概要をまとめておく。なお，災害発生時とその前後に時期を区切って考えるが，こうした区分は自明なものとして与えられてはいないため，あくまで便宜的なものであることにも注意したい。

災害が発生するまでは，災害発生を予防することとともに，災害発生時に適切な対応をとることで被害を最小限に抑えようとするためのコミュニケーションが主となる。

ある環境において，考えうる災害がどの程度生じる可能性があるかというリスクを見積もり，その情報をどのように提供すれば，地域の住民が予防的な措置をとることにつながるのか，ということが検討される。これは，情報提供を目的とするリスクコミュニケーションであり，「専門家－住民または行政」，「行政－住民」のコミュニケーションが主な対象になる。このとき，情報の受け手としての住民がどの程度災害のリスクを想定しているかというリスク認知を調べることも，情報提供のあり方を検討する上で必要になる。

さらに，防災対策をどのように実施するかという点に関して，主に行政と住民による合意形成

のコミュニケーションが図られる。この合意形成のプロセスには，上記のリスクコミュニケーションも含まれるだろう。例えば，どの程度の大きさの地震や津波をどの程度の頻度で生じるものとしてとらえるのかというリスクの見積もりに応じて，建築物の補強や堤防の高さの引き上げを実施するなどの対策の合意形成や意思決定を行うプロセスが考えられる。

　災害発生前のコミュニケーションにおける住民の立場は，情報の受け手や意見聴取の対象という消極的な位置づけがなされてきた。近年では，これまで以上に住民の主体的な参加によるリスクコミュニケーションの実現が目指されている。とくに，減災コミュニケーションの視点からは，防災のための注意喚起や政策決定の限られたコミュニケーションの場において住民の積極的な参加を求めること以上に，日常生活のなかにそうしたコミュニケーションが浸透していくことが重要であると考える。つまり，地域や学校，各家庭において行われる催しや取組みが，とくに防災を意識せずとも結果的に減災につながっているような状態，いわば「防災と言わない防災（渥美，2011b）」が地域に根づいていることが理想である。

　自然現象に起因する災害が発生する場合，注意報や警報，避難勧告や指示等の情報提供がなされ，地域住民には適切な対応が求められる。阪神・淡路大震災以降，大きな災害が発生する際に，台風や地震への対応や避難行動に遅れが生じないようにするため，正しい情報を的確に提供できるような改善が一層図られるようになった。それにもかかわらず，災害時の避難行動の遅れは繰り返し生じている。この原因の1つに，「情報待ち」の現象が指摘されている。「情報待ち」とは，避難に関する情報を得るために待機をすることで，かえって避難が遅れる現象（矢守，2013，2頁）である。矢守（2013）は，住民の災害リスクコミュニケーションのリテラシー（災害情報を受け取り，理解し，活用するスキル）を高め，洗練された情報の提供を行うことが，同時に住民の「情報待ち」を強化してしまうというパラドックスがあることを指摘している。

　行政や専門家からの情報に基づいて行動することは，個人のリスク認知（被害の可能性の見積もり）のみに基づくよりも適切な対応をとることにつながる可能性が高い。一方で，災害発生時の対応の適切さは，その人の置かれている状況によって異なってくる。緊急の対応が求められている被災現場では，正しい行動が何かを定めることができない局面が多くあると考えられる。そこでは，専門家や行政からの情報を待つのではなく，自分自身で状況を判断し行動する主体性が求められる。減災コミュニケーションでは，後者のような場面において住民が主体的に行動を起こすことができるようなコミュニケーションのあり方を検討することに，より重点を置くのである。阪神・淡路大震災での体験に基づいたシミュレーション・ゲーム「クロスロード」（矢守ほか，2005）は，こうした考えに基づいて開発されたゲームである。

　災害発生時のコミュニケーションには，災害後に発生した各地の被害状況とともに，人命の救助をはじめ必要とされる救援物資・人員についての情報を伝達するコミュニケーションも含まれる。災害による被害を最小限に抑え，幅広い援助活動を行うために，迅速で正確，かつ網羅的な情報の発信と集約が求められている。

(3) 災害支援のコミュニケーション

災害支援ボランティアは，主に災害による直接的な影響が収まった後の復旧や復興に向けた時期に活動する。活動内容は，物理的な環境の復旧や避難場所の環境整備などいわゆるハード面の支援から，「足湯」や「お茶っこ」など被災者との交流を行うソフト面の支援など多岐にわたる。

復旧や復興に向けた支援活動には，支援者と被災者が交流する「被災者－支援者」のコミュニケーションの他に，「支援者間」のコミュニケーションもある。災害支援ボランティアの活動は，多くの場合，各地より集まったボランティアによる共同作業となるため，活動をともにする支援者どうしのコミュニケーションがそこで展開される。支援者どうしのコミュニケーションは，ボランティア活動の意義や，被災地の状況について意見交換を行う場となるため，現地での体験を自分の住む地域に戻った際に他者に伝えるなど，間接的な支援活動にも関わっている。本章で扱う大学生によるボランティア活動の参加体験に関する大学生の語りは，支援者間のコミュニケーションの1つとして位置づけることができる。

減災コミュニケーションの視点では，地域の復興に向けた時期も，見方を変えれば次の災害の予防の取組みの時期といえる。災害後の復興には多かれ少なかれ地域の再編が求められるが，その際の合意形成には前項で述べた防災のリスクコミュニケーションが含まれている。行政や専門家との協働のもと，住民どうしの主体的なコミュニケーションによって復興が進められることが重要となる。

災害支援のコミュニケーションとは，狭義には，災害発生時や復旧・復興にむけた支援時に行われる「被災者－支援者」のコミュニケーションをさすだろう。しかし，減災のコミュニケーションの視点では，ボランティア参加者が自分の地域に戻って自分の体験を伝えていくことや，復興に向けた住民どうしのコミュニケーションも減災コミュニケーションの一部を構成している。広義の災害支援のコミュニケーションは，減災コミュニケーションを推進させていくさまざまな主体間のやりとりとしてとらえることができる。

第2節　東日本大震災におけるボランティア活動の体験の意味づけ

(1) 体験の意味づけとコミュニケーション

本節では，東日本大震災の災害支援ボランティア活動に参加した大学生（以降，学生）に対して行ったインタビューにおける語りを分析し，他者とのコミュニケーションを通じてボランティア活動がいかに意味づけられるか，その特徴を検討する。はじめに，ボランティア活動に参加した学生の語りを分析する際の視点について確認しておきたい。

一般に，コミュニケーションというと，コミュニケーションの各参与者の意図していること（意味）が，言語を主とする何らかの記号によって表現され，これを受け手となった参与者が解釈することで伝達される（意味が伝わる）という古典的なモデルを基本としてとらえられることが多い（概要は竹内（1973）に詳しい）。しかし本論では，これとは異なり，参与者が互いにことばのやりとりをしている「今ここ」の場で意味が確定されていくようなコミュニケーションを前

表 18-1　体験を意味づけるコミュニケーション

```
R：　じゃ埋め戻しの方の人たちはどうでした？
A：　埋めてる作業をひたすらやってるって〈うーん〉感じだったけどー私は
　　　〈うーん〉もう，必死になって〈うーん〉，何も考えずに〈うーん〉，
　　　よしっ〈うーん〉，よしって感じで
B：　やってたやってたね，夢中にやってたね
A：　なんかね夢中だったよね
C：　しゃべんなかったよねー
B：　うん，ほん［無口だった
A：　　　　　　　［確かにしゃべんなかった
全員：　hh（　　　　）hh
B：　がんばろうってね hh〈うーん〉
A：　hh 無口だった〈うーん〉
B：　無口だったねー
```

（注）　〈　〉他者の発話　　［同時の発話　　（　）聞き取り不能　　hh 笑いを示す呼気

提とする。私たちは，何か伝えようとすること（意味）をあらかじめ持っていて，それを伝達するのではなく，他者との発話（ひとまとまりの発言）のやりとりにおいて，その都度，意味を確定していくと考えるのである。

このことは，自分が体験したことを人に伝えるという場合に，より顕著に示される。私たちは，さまざまな体験を，他者に語ることで自分の「体験」として位置づけていく。昨日見た映画の感想，今食べている料理のおいしさなどは，はじめから「自分の体験」としてどこかにあるのではなく，他者と語り合いながら確定していくのである。言いかえれば，体験は語りによって意味づけられるのであり，また体験を意味づける行為が語りである。

例えば，以下の会話をみてみよう（表 18-1）。本章で検討するボランティア活動に参加した学生に対するインタビューのやりとりである。調査者（R）の質問に対し，まず A が自分の作業の取り組み方について述べると，B がこれに同意する。A は B の「夢中だった」という語り（意味づけ）を借りながら再び同意を示す。さらに，C がその作業の様子を自分も理解していることを別な表現（しゃべんなかった）によって示すと，B と A が同時に同意を示し，笑いが起きる。この間のやりとりは，疑問が呈されることもなく笑いに至っていることから，参加者たちが作業に夢中で黙々と取り組んでいたという意味づけを互いに共有していることがわかる。

このように，コミュニケーションのある参与者が体験を意味づける発話を行い，聞き手がそれに呼応して賛同や確認を行い（反論や疑問を呈することもあるだろう），ときに新たな意味づけが生まれ，各人の体験を意味づける語りとして用いられるようになる。したがって，意味は，他者との語りのやりとりによって初めて確定していく。コミュニケーションをこのような意味づけのプロセスとするとらえ方（文野，2008；Gergen, 1994）を，ここでは相互行為の視点と呼ぶことにする。

相互行為の視点では，コミュニケーションを他者との意味づけのプロセスとしてとらえるだけではなく，同時に，アイデンティティの交渉のプロセスでもあると考える。私たちは，コミュニケーションのなかでどのような内容と形式の発話をつないでいくかによって，自分たちが何者で

あるかをその都度示し続けているのである（文野，2007）。例えば，東日本大震災の当日のことを東京都や埼玉県の学生どうしが話題にして，強い地震やそれに伴って帰宅が困難になった体験をエピソードとして語るとき，各人は自分自身を「被災者」として語っていることになる。一方で，その学生がボランティア活動について語るときには，現地で被災した人びとを「被災者」と呼び，自分たちに何ができるのかを問う。このときの語りには，自身は「支援者」であるという前提が置かれているだろう。

したがって，第1節において指摘したように，「被災者―支援者」のコミュニケーションや，「被災者間」「支援者間」のコミュニケーションは，固定された役割を担う人物によるコミュニケーションではない。つまり，あるコミュニケーションの文脈で「被災者」となる人は常に「被災者」ではないし，「支援者」もまた同じである。実際には，被災者や支援者は，コミュニケーションにおける発話の連鎖のなかでそれぞれの参与者がその都度担う役割なのだということには留意が必要である。本章におけるボランティア参加学生のコミュニケーションも，この相互行為の視点に基づいて検討していく。

（2）NPO法人「まごころネット」を通じた災害支援ボランティア活動

調査対象とするボランティア活動は，NPO法人「まごころネット」（以降，まごころネット）による支援活動のうち，文京学院大学の学生が参加した活動の一部である。まごころネットは岩手県遠野市に拠点を置き，災害発生の早い段階から沿岸部での支援活動に取り組んできた。とくに，大槌町，釜石市，大船渡市，陸前高田市などが主要な活動地となっていた。これらの活動には，全国各地から様々な立場の人びとがボランティアとして参加しており，学生も個人や団体，インターカレッジサークル等，多様な形態で参加していた。

文京学院大学では，2011年9月より主としてまごころネットによるボランティア活動に学生を派遣し，2015年度まで活動を継続した。すべての活動について，主に教員が引率者として参加した。活動の形態は前半と後半で異なっている。2013年3月までは，夏期休業期間および春期休業期間を利用して計5回，各回約20〜40名の学生が活動に参加した。日程は多くの場合4日間で，初日と最終日は移動日で中2日間を活動日とした。2013年度以降は，8名前後の少人数による参加とし，休業期間だけではなくより継続的に活動を行った（2013年度5回，2014年度6回，2015年度5回）。2013年度までは，まごころネットによるボランティア活動への団体参加という形態をとっていたが，2014年度からは，まごころネットの支援を受けながら学生自身が企画する活動を主に展開し，うち3回についてはNPO法人「カリタス釜石」による支援活動に参加した。

2013年度までに参加した活動の内容は，主として津波による被害を受けた宅地跡や側溝の清掃，新設するコミュニティハウスや農園・ハーブ園の整備に関連した作業である。1日の活動の流れは，概ね以下のとおりであった。朝7時30分にまごころネットに集合し体操と集会，8時に活動地ごとに異なるバスに乗り現地に向けて出発，9時半前後より活動を開始し，（多くの場合）現地の復興支援商店街で昼食をとり，15時には活動を終了して帰路につき，夕方にはまご

ころネットに戻り全体ミーティングによる活動の共有に参加した。活動地までのバスでの移動時間が往復3時間弱と長いため，現地での活動時間は限定されていた。この作業時間は，ボランティア参加者の体調管理に配慮して設定されたものでもあった。宿泊先は，まごころネットの施設内や近隣の地区センター，地域住民の有志により提供された部屋等に宿泊した。

(3) 大学生の災害支援ボランティア活動の語りの調査

ここでは，前項に示した学生参加のボランディア活動のうち，2012年9月に実施された活動の参加者を対象に行った調査の結果（文野，2013，2014a，2014b）を整理し，新たな事例を含めて報告する。ボランティア活動に参加した体験を，学生が他者との語りにおいてどのように意味づけるのかを明らかにするために，活動当日のミーティングや活動報告の記録，活動後のインタビューにおける語りを分析した。分析においては，ボラティア活動の経験を積むことによって，語りの内容や語り方がどのように変化するかをみるために，初回参加者と2回目参加者の比較も行った。以下に調査の概要を示す。

a) 対　象　者

東日本大震災災害支援ボランティアの活動に参加した学生18名を対象とし，活動参加募集時に調査協力の依頼を同時に行い，17名の参加者から承諾を得た。このうち，2回目の活動参加となる参加者は6名であった。対象者には，調査目的および調査結果の公表の方法等について説明を行い，調査の実施と個人が特定されない形での語りの内容の公表について了承を得た。

b) 活　動　日　程

日程は2012年9月3日～6日の3泊4日であった。1日目，遠野市にむけてバス移動，まごころネット到着後，宿泊先に移動して宿泊。2日目，大槌町柾内地区「はーぶの郷」にて，地域集会施設設置のための水道管の埋め戻し作業および花壇整備のボランティア。3日目，釜石市鵜住居地区において宅地跡清掃のボランティア。4日目，大学に向けてバス移動，解散。

c) 調査手続き

ボランティア活動に引率教員として参加し，活動後，2012年10月下旬～11月初旬に，大学にて，同時に複数名を対象とした半構造化インタビューを行った（1回の実施人数は2名から5名であった。日程の都合上1名のみ単独で実施した）。質問内容は，前回活動参加の有無，活動への参加動機，活動で印象に残っていること／人，各作業の感想，まごころネットについて，宿泊場所提供店舗について，被災地について自分たちにできること，活動後に感じた自身の変化等であった。各活動後，まごころネットに戻るバスの中で記載した活動報告（各自が活動の感想をごく簡単にコメントしたもの），および各作業日の夜に全体ミーティングとは別に実施したミーティング（文京学院大学の参加者のみ）での感想についても筆記にて記録をとり，活動終了後1週間前後に学内報告用に各参加者が執筆した感想文についても許可を得て分析対象とした。

d) 分析手続き

参加者の活動報告，ミーティングでの感想，活動後の感想文，インタビューでの語りを対象に，同じ活動に従事した参加者が，同じように体験の意味づけを行う事象と，異なった意味づけを行

表 18-2　初回参加者と 2 回目参加者の語りの相違

参加者	発話内容
D（1）	バスを降りた駐車場での説明で，そばの建物の 2F まで波が来たと聞いて驚いた。大きな石があってすごいところまで来たな（運ばれたんだな）と思った。［2 ミ］
	もっともっとこの現状をいろんな人に伝えなければいけないと思いました。［2 報］
E（1）	テレビで（見たことを）間近に（見て）こんなところにも波が来たんだと怖さを（感じた）［1 ミ］
F（1）	イメージを持たずに（参加したが，実際に被災地を見て）**本当に何もなくなっちゃったんだ**（と思った）。（泣いてことばに詰まる）新しいものをつくるのはすばらしいこと。［1 ミ］
G（2）	3 月に見た景色と変わってないなというのが率直な印象です。（中略）**1 年半も経つと違った景色が見られるのかなと思っていましたが，現状はそう簡単ではなく**，今もボランティアの手が行き届いていないのが現状でした。［感］
H（2）	前回はがれき撤去で**今回は次につながる活動**だった。［1 ミ］
I（2）	**前回経験した活動とは異なり，新しいものを作っていくという作業に携われたことは，自分にとっていい経験になったし**，喜びを感じることができました。町に明るさが増えるといいなぁ，と感じた 1 日でした。［感］

（注）　参加者の（　）の数字は参加回数を示す。
　　　発話内容の（　）は，筆者によるミーティングのメモの補足。
　　　発話内容の［　］内の数字は活動 1 日目または 2 日目，文字の「報」は当日の活動報告，「ミ」は当日夜のミーティング，「感」は感想文を示す。

う事象に注目し，今回のボランティア活動の体験の語られ方の全体的な傾向をまとめた。また，今回 2 回目となる参加者が自身の活動の履歴を参照しながら語る場面に注目し，同じ場面における初回参加者との比較によりその特徴を整理した。

(4)　大学生の災害支援ボランティア活動の意味づけ

　ボランティアに参加した学生（以降，参加者）の語る内容は共通するものが多く，多様性は見られなかった。しかし，初回参加者と 2 回目参加者の間には語りの内容と語り方に違いが見られた。以下に，ボランティア活動の意味づけとして多くの参加者に見られた典型的な語りの事例を示す。

　a)　初回参加者と 2 回目参加者の語りの相違

　ボランティア活動の意味づけは，初回参加者の学生と 2 回目参加となった学生との間で特徴が異なっていた（表 18-2）。初回参加者からは，現地の風景やボランティア活動のリーダー等からの説明により感じ取られた，津波の被害の大きさを実感した衝撃についての語りがみられた。現地の風景のうち，津波の被害を示す痕跡は，「被災地の現状を伝えなければいけない」という自身の責務も喚起していた。

　一方で，2 回目の活動参加となる参加者は，被害状況について語るのではなく，過去に参加した際に見た風景と比較して変わらない被災地の状況を表現していた。また，復興に向けた作業に初めて取り組んだことに言及していた。2 回目の参加者は，被災地の復興という視点で活動の体験を意味づけているといえる。

表 18-3 他者の語りの参照

参加者	発話内容
J（1）	たった2日間では，全く復興の力になれていないのではないかと思った。しかし，長期ボランティアの方が，作業そのものだけでなくボランティア活動している姿が被災者の方の力になるとおっしゃっていた。（中略）長期ボランティアの方が，被災地の方が一番恐れているのは震災の風化だとおっしゃっていた。被災地の今を知ったからこそできる震災の風化防止などの活動をこれからも続けていこうと思う。［感］
K（2）	活動が終わると現地のボランティアの人は，ありがとう，お疲れ様という温かい言葉をかけてくださった。そのとき，私が小さいと思っていること，ちっぽけだと思っていることでも，それにはきちんと意味のあることなのだと教えてくれた気がした。［感］
L（1）	作業日数は2日間という短い時間でした。その限られた時間の中で私たちができることは本当に限られていて，本当に少なかったです。しかし，それでも「ありがとう」と思ってくださる方々もいて，決して意味の無いものではないのだと思いました。（中略）この出来事は風化されてはいけないこと（中略）その為にも今回私たちが見てきたこと，学んだことは誰かに伝えていかなければいけないことだと思いました。［感］
M（1）	力になっているのかなと（思っていた）。でも役立っているといわれた。（今後も）続けられたら，（このことを）伝えられたら（と思う）［2ミ］
N（1）	今回こうしてボランティアをすることができたのは，宿泊施設を提供してくださったボランティアのボランティアの方がいたからです。こうした人と人と繋がりの大切さにも気づくことができ（後略）［感］

（注）（ ），［ ］内の文字は，表18-2と同じ。

b) 他者の語りの参照

ボランティア活動の意味づけは，他者の語りを参照しながら行われていた（表18-3）。参照された語りは，主に現地のボランティアスタッフによるものであった。

本調査の対象となったボランティア活動の時間は，前項で述べたように，きわめて限られている。当日の作業で担っているのは一連の支援活動のごく一部であることは，参加者にとっても明らかである。参加学生の多くは，実質2日間のみの活動に従事したため，自身の活動がどの程度支援に貢献できているのかという懸念を語っていた（J「全く復興の力になれていないのではないか」，K「私が小さいと（中略）ちっぽけだと思っていること」など）。その際，現地のボランティアスタッフの語りを引用しながら，自身の短期間での活動にも意義があることを示し，そうした懸念を解消していた。この点は，当日のミーティングでも語られていた（M「力になっているのかなと（思っていた）。でも役立っているといわれた。」）。

「ボランティアのボランティア」という語は，遠野市での宿泊場所を提供してくださった店舗のオーナーが，参加学生一同に向けた話の中で使われたことばである。ボランティア活動にはその活動を支える人びとが必要であり，自分たちはそのような活動支援のボランティアである，という主旨の話の流れで用いられた。参加学生は，この語りを引用することで，自身が参加したボランティア活動が他の人びととのつながりの中で成立していることへの気づきを表現していた。

また，支援活動が限定的であることから，自分たちが貢献できることとして，継続的に活動に参加すること，活動を終えて自分の地域に戻ったときに，震災から今に至る現地のできごとを風化させないよう，自分たちの体験を伝えていくということにも言及していた。

第3節　災害支援ボランティア活動とコミュニケーション

(1) 災害支援ボランティア活動の参加者のコミュニケーション

　本調査によって，災害支援活動のボランティアに団体として参加した学生の体験が意味づけられていくプロセスの特徴の一端が示された。まず，被災した現地の状況を実際に見ることで，参加者は被害の物理的な大きさを実感する。活動への参加が継続的になれば，災害により大きなダメージを受けた「被災地」として見るよりも，そこで暮らしている人びとが生活を取り戻す復興の場であるという視点に変わっていく。

　ボランティア活動の体験として語られる内容には多様性は見られなかった。少なくとも本調査の対象となったボランティア活動に数回参加するだけでは，各人に独自の感想や意見などが語られることはなかった。これには，今回の活動が施設整備や宅地清掃という対人的でない作業であり，現地で生活している人びととの交流がなかったことが影響していると考えられる。しかし一方で，ボランティア活動への参加体験を意味づける語り方のレパートリーがあまり知られていないために，多くの人が同様の体験を語る際に利用する，型にはまった語り方が用いられているということも考えられる。

　ボランティア活動の体験を意味づける際，ボランティア活動に携わる現地の人びととの語りが参照されていた。それらの語りは，従事したボランティア活動の体験をどのように位置づけるかの1つの見本を示しているといえる。新しい体験を語りによって意味づける際には，こうした見本となる語りをそのまま利用したり，改変して用いたりすることで独自の感想や意見が述べられるようになる（文野，2011）。

(2) 災害支援ボランティア活動のデザイン

　参加者による体験の意味づけのコミュニケーションという点から，災害支援のボランティア活動をより意義のあるものにするためのデザインについて考えてみたい。なお，ここでいう活動とは，ボランティアをとりまとめる支援団体に登録し，割り当てられた活動に参加する型のボランティア活動のうち，直接的な対人支援が含まれないものに限定される。

　災害支援にあたって，現地の被害状況を知るという点では，被災の痕跡が示されている場所を，ボランティア活動のリーダー等が具体的に説明をすることは，参加者に災害の規模を把握し，実感してもらう効果がある。それによって，被災した人びとの経験に思いを馳せたり，被災地の実際の様子を他の人びとに伝えたり，類似の災害に対する備えの必要性を再認識したりすることが促され，直接・間接の支援として，また防災・減災のコミュニケーションとして役立てられる可能性がある。

　今回の調査での活動は，活動場所までのバスの往復に時間があったため，添乗した活動のリーダーが移動中に災害の概要を説明し，現地近辺では車窓から確認できる被災の状況や，復旧・復興のプロセスについて説明を行っていた。活動場所で活動内容を説明する前にも，その場の被災

状況についての説明があった。こうした一連の事前説明は，ボランティア活動とともに組み込んでおくことが望ましい。

　ボランティア活動に参加した学生の語りには多様性があまり見られず，現地で交流した人びとの語りが用いられることがあった。これは，自分にとってはじめて経験したことに意味を与えるときに，先に同じような経験をしている人の意味づけを参照しているといえる。しかし，他者の語りは，表面的に真似ることもできれば，自分自身の体験をより的確に示す表現に改変して用いることもできる（Wertsch, 1998）。

　ボランティア活動の参加者のコミュニケーションにおいて重要なことの1つは，先にも述べたように，ボランティア活動の体験を経験のない他者に伝えることで，その災害によって苦境にある人びとへの支援の必要性や類似の災害への備えや発生時の対応について認識を深め，行動に移すことを促進することである。この伝達内容は，形骸化して他の場所に行ってもふれることのできるメッセージではなく，「自分自身の」ボランティア体験として語られる方が，防災・減災の主体的なコミュニケーションを実現するという点で有益であるといえる。参加者独自の語りを促進するために，体験型の学習で通常行われるような活動のふりかえりの場を設定することが求められる。他の参加者と体験について語り合うことで，共通の語りが共有されていく一方で，自分とは異なる意味づけに出会うことで，「自分はこう感じた／こう思った」という独自の体験の意味づけが生まれる機会が提供される。

　本調査の時期においては，活動日の夕方にミーティングが行われ，複数の地域で異なる活動を行ってきた参加者が体験の共有を図っていた。しかし，多人数でのミーティングであるため，各参加者が体験をふりかえることは難しい。そのため，団体参加をしているグループは自主的にふりかえりの場を設けていた。本調査においても，自主的に開いたミーティングにおいて，各参加者が感想を述べあっていた。こうしたふりかえりの場に，活動経験が長く現地の事情に明るいメンバーが同席するような工夫も考えられる。活動経験の少ない参加者は，災害の状況や当日のボランティア活動の意味など，事前の説明がなされていても十分な理解が得られているとは限らず，そうした参加者間のみで体験の意味づけを行うことは，誤った知識を共有し，他の人へ伝達してしまう可能性もある。経験を重ねたメンバーがふりかえりの場を見守り，参加者の語りのなかに気になる点がみられた場合には，自身の意味づけを開示して共有することができる。とくに，現地で暮らす人びととの直接的な関わりがない支援活動に従事している場合には，限定的に感じられる支援活動の意義についてあらためて確認することができる。ただし，自分たちの活動の意義を確認したいがために，ボランティア参加者どうしで自分たちを「支援者」として位置づけ，「役に立っているかどうか」という点にばかり語りが偏ることのないよう留意すべきだろう。

　災害支援ボランティア活動の内容や実施形態は，災害の種類やそのときの状況に大きく左右される。そのため，ここで検討したような現地での事前説明やふりかえりの場の設定などは常に実現可能なわけではなく，その場の状況に応じて類似の形態で実施していくことになる。近年，大規模な災害発生後には多様な地域から多数のボランティアが集まり，活動に参加するようになってきている。そうした人びとの善意の活動が，活動の内容そのものによる貢献だけでなく，その

後の参加者自身や周囲の人びとの生活にもよい影響をもたらすような活動のあり方を考えるためにも，これらの取組みがいかに機能するかの詳細について，今後さらに検討していくことが求められる。

参 考 文 献

渥美公秀（2011a）「減災」矢守克也・渥美公秀編著『防災・減災の人間科学——いのちを支える，現場に寄り添う』新曜社，21-25。

渥美公秀（2011b）「防災と言わない防災」矢守克也・渥美公秀編著『防災・減災の人間科学——いのちを支える，現場に寄り添う』新曜社，222-225。

文野洋（2007）「インタビューにおける語りの関係性——エコツアーの参加観察」『社会心理学研究』第 23 巻，71-81。

文野洋（2008）「エコツアー体験の語りにみる環境の学び」『教育心理学研究』第 56 巻，498-509。

文野洋（2011）「体験から環境を学ぶ」茂呂雄二・田島充士・城間祥子編『社会と文化の心理学——ヴィゴツキーに学ぶ』世界思想社，175-189。

文野洋（2013）「被災地支援ボランティア体験の語りにおける体験の個別化」『日本社会心理学会第 54 回大会発表論文集』193。

文野洋（2014a）「被災地支援ボランティア体験のふりかえり場面の比較」『日本発達心理学会第 25 回大会発表論文集』418。

文野洋（2014b）「被災地支援ボランティア体験の語りの継時的変化——共有と個別化のプロセス」『日本教育心理学会第 56 回総会発表論文集』443。

Gergen, K. J. (1994) *Realities and Relationships: Soundings in Social Construction*, Cambridge, MA: Harvard University Press.（永田泰彦・深尾誠訳『社会構成主義の理論と実践』ナカニシヤ出版，2004 年。）

National Research. (2013) *Improving Risk Communication.*, Washington, DC: National Academy Press.

竹内郁郎（1973）「社会的コミュニケーションの構造」内川芳美・岡部慶三・竹内郁郎・辻村明編『現代の社会とコミュニケーション 第 1 巻（基礎理論）』東京大学出版会，105-138。

Wertsch. J. V. (1998) *Mind as Action*, New York: Oxford University Press.（佐藤公治・田島信元・黒須俊夫・石橋由美・上村佳世子訳『行為としての心』北大路書房，2002 年。）

矢守克也（2013）『巨大災害のリスク・コミュニケーション——災害情報の新しいかたち』ミネルヴァ書房。

矢守克也・網代剛・吉川肇子（2005）『防災ゲームで学ぶリスク・コミュニケーション——クロスロードへの招待』ナカニシヤ出版。

あとがき

　本書は文京学院大学総合研究所叢書（大学叢書）として4冊目となる。大学叢書は学園創立90周年事業の1つとして，2014年に創刊された（川邉信雄前学長，櫻山義夫前々総合研究所長・現副学長）。本書の企画は2016年秋に始まり，その後，2017年に工藤秀機学長がテーマを本学の学部横断的なものとして「支援者と被支援者のコミュニケーション」にすると決定し，伊藤英夫総合研究所長が具体的な刊行準備作業を進めてきた。この結果，約160名の本学教員から18名が各章を担当することとなり，本学創立95周年，また文京学院大学設置30周年に合わせて刊行されることとなった。

　「支援・被支援」の関係はなぜ生じるのであろうか？　人の身体的および精神的能力に違いがあることと，人は単独では生存できないことにその原因が存在すると考えられる。人の一生において，壮年期に身体力および精神力が一番強くなるので，若年者や老年者は被支援者の立場になる。医学上の罹患，災害や事故との遭遇，経済的な破綻，戦争や犯罪などの社会的な破綻なども支援・被支援の関係をもたらす要因となる。職場や社会的小集団においても職能や熟練度などに応じた支援・被支援の関係が存在する。また，支援・被支援関係は相対的であり，被支援者の集団の中でも能力に応じた支援・被支援の関係が生じる。このように，人の社会生活は支援・被支援の関係として捉えることもできる。本学建学の精神である「自立と共生」において，自立は身体的・精神的能力の個性を強めることであり，一方，共生はその個性の違いを社会の中で調和させていくことであると考えると，「自立と共生」の精神はこの支援・被支援の関係を内在していると考えられる。

　支援・被支援関係の構築においては，この2つの立場の間の違いおよび個々人の意見の違いをいくらかでも共感していかに尊重しあえるかが重要であり，それがコミュニケーション成立の要素となる。コミュニケーションを上手く成立させるには，本学の校訓である「誠実」「勤勉」「仁愛」の精神が必要である。特に，自分の意見に破綻が生じたときに言い訳や取り繕いをするのでなく，その破綻の原因に誠実に対処することは重要であろう。また，誠実に対処することで，コミュニケーションに失敗したときも互いの意見を否定するのでなく，相手の意見を受け入れないが，その意見を尊重することができ，1つの集団の中の多様性を認めることができるようになると考えられる。コミュニケーションで注意することは，正しいことや最善の道は一つとは限らず，個々の意見に何らかの理が存在することである。

　コミュニケーション能力の獲得は幼児期からの教育に大きく依存するが，本書に携わった各筆者の個性に富んだ事例から支援者・被支援者のコミュニケーションの実際を読み解いていただいて，それらが読者の立場での支援者・被支援者のコミュニケーションの在り方を構築していく教材あるいはヒントとされることを編者の1人としてお願い致したい。本書が本学の「自立と共生」の精神を一つの視点から掘り下げる役割を担い，本学の95周年から100周年への発展に

もつながり，日本の平和の維持，ひいては世界平和の構築を実現していく契機となることを祈念する。

　最後に，構想から脱稿まで1年未満という短期で実現できたことは，伊藤英夫総合研究所長の指導力に大きく依存していることが特筆される。また，構想時から様々な意見を下さり，かつ編集作業を担っていただいた文京学園前理事の伊東晋氏，多数の著者の原稿の取り扱いなどをしてくださったキャンパスディレクター補佐椎名昇氏には深謝いたします。

　2018年12月吉日

文京学院大学前総合研究所長

石　田　行　知

索　引

アルファベット

AAC（補助・代替コミュニケーション）　69, 73, 77
　　エイド系（非エイド系）——　70
　　——のためのアセスメント　73
　　——の補助的側面と代替的側面　69
ACP　→アドバンスケアプランニング
AD　→アドバンスディレクティブ
ADHD　68
CELDT　212
DNAR　136
DSM-5　55, 65, 82
ECPAT　188
EL 生徒　212
GHQ　101
ICD-10　82
ICD-11　65
IPE　107
KDLP　210, 211
KSAs　121
MSW（医療ソーシャルワーカー）　98, 99, 100, 101, 103
　　——業務指針　101
PCS　71, 72
PDCA サイクル　9
PIC　72
QOL（クオリティ・オブ・ライフ）　77, 103, 128, 129, 146, 150, 152, 156, 159, 165, 169, 239, 242
SHARE　132, 133
SST（社会生活技能訓練）　83
　　——の効果　84
　　——の短期目標　84, 86
　　——の長期目標　84, 86
　　——の目標設定　85
TALK　106
VOCA　73, 74, 75
WHO　→世界保健機関

あ　行

愛着形成　35
アイデンティティ　36
　　——テキスト　207, 211
　　——に基づく信頼　221
浅賀ふさ　101
遊　び　12, 15, 27
遊び文化　28
頭で判断する信頼　221

アディクション　105
アドバンスディレクティブ　136
アドバンスケアプランニング（ACP）　103, 136
アドボケイト　107
アフォーダンス（理論）　25, 27
アメリカのバイリンガル教育　208
安全欲求　147
アンチエイジング　163
アンビバレンス　104
暗黙知　26
暗黙のルール　218
生きがい　175
移行型バイリンガルプログラム　209
医　師　116
　　——・MSW 関係　102
　　——以外の医療者　116
　　———医療者チーム　119
　　———看護師チーム　118
　　——間のチーム　118
維持型バイリンガルプログラム　209
意思決定支援　135
移住先の言語　207
意図に関するリスク　218
異年齢集団　29
異文化間の信頼関係　224, 225
異文化コミュニケーション　228
異文化との接触　216
意味の共有　113
移民第二世代　205
医療・ケアチーム　104
医療行為　102
医療サービスの質　118
医療事故　121
医療者　115
　　——間の階層性　116, 117
　　——による説明　98
　　——の協働におけるコミュニケーション　118
　　——の分業と協業　115
医療制度改革　121
医療専門職の階層性　118
医療ソーシャルワーカー　→MSW
医療と介護の統合レベル　103
医療と福祉との連携の阻害要因　104
医療と福祉の壁　103
医療の組織化　115
医療モデル　103
インクルーシブ教育システム　55

277

陰性症状　82
インタビュー調査　252
インフォームドコンセント　98, 101, 135
うつ傾向　173, 177, 179
生みの親　36
　　──の喪失　41
運動教室参加　174
英雄期　236
疫　学　80
エスニック集団　208
援助者の役割　28
エンパワーメント　192
生い立ちの授業　40
太田ステージ　56
オープンアダプション　37
オープンさのレベル　37
親子関係　36
親子の「役割逆転」　206
親になる時期　44
親の言語（母語）　205
オルタナティブストーリー　100
音声手段　57

か　行

外国人学校　211
外国人児童生徒　201, 201, 203, 204, 205, 206, 211
介護福祉士　165, 166
　　──養成のカリキュラム　169
介護保険サービス　166
介護保険制度　145
介護予防・日常生活支援総合事業　165, 167
外集団　226
外出頻度　172, 174, 176
階層性構造　115
回想法　151, 175
開発途上国　185
かかりつけ医　157
学習言語　203, 204
学習障害　65, 68
学童期　47, 148
　　──の成長発達課題　40
加算的バイリンガリズム　207
仮設住宅　251
　　──からの退去計画　241
　　──での生活　238
仮設住宅入居高齢者　239, 241
仮設住宅入居者　236
家族（定義）　137
　　──とのコミュニケーション　138
　　──のニーズ　137
語　り　267
価値観の尊重　136

価値観の共有　224
学級活動　17
学級通信　33
学校評価　10
活動のふりかえり　273
家庭養育　36
過渡期　156
カナダのバイリンガル教育　207
カリフォルニア英語能力発達テスト　210
カリフォルニア州のバイリンガル教育　208
がん患者の心理過程　131
環境からの情報受信　24
環境認識　24, 27
環境の再構成　14
がん告知　125, 131, 132
　　──後の通常反応　131
観察学習　25
患者・家族の自己決定　99
患者家族の役割期待　98
患者の意志を代弁　103
患者の権利章典　135
患者の人権　101
患者の役割　98
感情の共有　221
がん対策推進基本計画　128
カンファレンス　118
カンボジア　190, 191
管理者（マネジャー）　119
官僚制の組織構造　115
緩和ケア　127
緩和ケア病棟入院料　128
聴き方　90
規則やルール　218
期待のミスマッチ　225
気づき　271
機能障害　173
規範意識　17
技法の習得　26
希望を支える　134
基本訓練モデル　83, 84
虐　待　106
キャリア開発　111
キューブラー・ロス，E.　131
教　育　30
教育課程　11
教育水準　204
教員養成　33
共感性　67
強者と弱者　257
共棲関係　255
共生関係　255
共生社会　55, 256, 257, 260

──の理念　55
共生スタイル　256
共生と寄生　257
競　争　255
競争社会　257
競争排除の法則　255
協　働　17
共鳴する身体　33
共有リーダーシップ　120
協力などの行動　218
記　録　10
記録用紙　11
近隣効果　249
クオリティ・オブ・ライフ　→QOL
鎖型コミュニケーションネットワーク　114, 117
クライエントの人権　100
クラッシュ症候群　237
グループ　110
グループ回想法　151
グループリビング　260
ケアチーム　169
経験の共有　236
継時処理　66, 68
傾聴と共感　130
契　約　219
ゲートキーパー　260
言　語　23
健康寿命　163, 164
健康度自己評価　173, 175
言語的コミュニケーション　88, 90
言語的マイノリティ　211
　　──の子ども・生徒　202, 203, 207
減災コミュニケーション　264
減算的バイリンガリズム　207
原発事故の影響　239
幻滅期　241
権利アプローチ　186, 187
権利保有者である子ども　187
権力格差　228
恒久住宅での生活　242
公式なコミュニケーション　118
公　助　251
高信頼文化　226
構造化された治療・援助技法　83
行動の適切さ　223
行動変容　176, 177
幸福度算出法　248
幸福度指標　248
合理的信頼　219
高齢化社会　144
高齢化率　144
高齢期の喪失体験　148

高齢者（定義）　143
　　──の経験知　152
　　──の雇用形態　162
　　──の社会貢献　162
　　──の就業意識　161
　　──のための住宅　160
高齢社会　102, 144
高齢者支援ネットワーク　150
高齢者就業数　162
高齢者人口　143, 144
高齢者像　160
　　──の変化　161
声かけ変換表　89
コード　113
国際NGO　192
国際協力のNGO　188
国際子ども権利センター　192
国立がんセンター東病院　128
国連子ども特別総会　189
心で判断する信頼　221
こころのケアセンター　259
心の理論　66, 67
個人差　16
個人主義　226
個人情報　167
言葉で伝えられるメッセージ　112
子どもアドボカシー　191
子どもクラブ　191
子どもとのコンサルテーション　189
子どもに対する暴力　191
子どもにやさしい空間　193
子どもにやさしい地方行政　191
子どもにやさしいまちづくり　190
子どものアイデンティティの形成　47
子どもの意見表明権　187
子どもの居場所　198
子どものエンパワーメント　191
子どもの権利条約　185
子どもの参加　187
　　──のはしご　188
子どもの性的搾取反対運動　188
ゴ　ミ　250
コミュニケーショナル・サポート　149, 151, 152
コミュニケーション　88, 91, 112, 147, 249
　　──が成立する条件　98
　　──の語源　259
　　──の質　229
コミュニケーションエイド　57
コミュニケーション技能　16
コミュニケーション技法　i
コミュニケーション社会　150, 153
コミュニケーション手段　57, 61

279

コミュニケーションスキル　99, 132
コミュニケーションネットワーク　113, 118
コミュニケーション能力　147
コミュニケーションパートナー　62
コミュニケーションブック　71, 74, 75
コミュニケーションプロセス　112, 113
コミュニケーションボード　75
コミュニティ　251
　　──づくり　251, 254
　　──の維持　242
　　──の再構築　242, 243
コントロール　218
コンピュータ　74
コンフリクト　117

さ　行

災害公営住宅　242
災害支援ボランティア　266
　　──活動のデザイン　272
災害対策基本法　235
災害に関連するコミュニケーション　263
災害発生時のコミュニケーション　265
災害発生前のコミュニケーション　265
再建期　242
在宅医療　104
在宅高齢者　159
在宅の形　160
サイン　70
里親（制度）　35, 36
里山生活　31
参加する権利　186, 193
残存能力の活性化　178
幸　せ　248, 249
支援効果　259
支援者間のコミュニケーション　266
支援者同士の結びつき　253
支援者と要介護高齢者の関係性　151
支援者の心構え　91
支援者－被災者関係　251
支援成果　259
支援の個別性　168
支援欲求　258
視覚優位　73
視覚優位型　67
資　源　203
自己肯定感　39, 152, 153, 155
自己効力感　151, 175, 176, 177
自己実現の欲求　147, 153
自己超越欲求　148
自殺企図　106
システムに関するリスク　217
自然生態系　250

自然体験プログラム　29
自尊感情　153, 155
実親家族との交流　38
実行機能　66, 68
児童館　30
指導計画　18
児童相談所　37
児童福祉司　39
児童福祉法　36
指導要録　10
児童労働の廃絶　187
しなやかな身体　33
死の受容過程　131
自閉症児　70
自閉症者　74
自閉症スペクトラム障害　65, 67, 68
市民ボランティアふじみ野　251
社会環境的ストレッサー　82
社会規範　186, 187
社会構成主義　99
社会参加　161, 173
社会性　58
社会生活技能（訓練）→SST
社会正義　100
社会的孤立　253
社会的障壁　54
社会的スキル　112
社会的な圧力　218
社会的な規範　228
社会的不確実性　216
社会的養護　35
社会的欲求　147, 150, 151
社会認知　82
社会福祉士及び介護福祉士法　101
若年性認知症者　168
集会所の設置　239
習慣的な活動　240
重症心身障害者　56
集団主義　226
　　──的文化　226
重度発達障害児のためのサイン　71
柔軟性や状況判断力　18
終末期医療　126
住民間のコミュニケーション　238
主観的活動分類　240
受診受療援助　102
出自を知る権利　36
出身文化のシステム　225
出入国管理及び難民認定法（入管法）　201
種内競争と種間競争　255
手　話　70
準言語的コミュニケーション　88, 90

ジョイントアテンション　66, 67
障害　54
障害者　54
障害者基本法　54, 79
障害者の権利に関する条約　55
障害特性　66, 77
小学校　25, 32
条件付きの信頼　224
少子高齢社会化　159
情緒的信頼　220
情緒の安定　15
承認欲求　147, 150, 151
情報共有　104, 117
情報処理過程　83
情報提供　264, 265
情報待ち　265
将来の日本のイメージ　250
職業キャリア　112
食事　237
自律管理型チーム　118
自立に対する意識　252
新規採用保育者　19
神経認知　82
神経発達障害　65
人権と開発　186
真実告知　36, 39, 47
人身売買および性的搾取　190
人生の危機的な時期　156
人生の最終段階　104
人生の四季　156
心臓マッサージ　126
身体介護　165
身体技法　24, 26, 28, 32
　　──の伝承　29
身体的コミュニケーション　24, 33
身体と外界の関係　25
身体の拡張論　25
新治療への期待　134
人的環境　14, 242
シンボル表象（期）　56, 57
親密性　48
信頼　215, 248
　　──のシグナル　222, 227
　　──の種類　219
　　──の性質の変化　224
信頼関係を構築するプロセス　222
心理社会的発達課題　38
心理的 well-being　146, 149, 150, 152, 156
図形シンボル　69, 70, 71, 72, 76
ストラクチャード英語イマージョンプログラム　209
スピリチュアルペイン　130

スペクトラム　66
生活支援　167
　　──にたずさわる者　166
　　──の担い手　165
生活体験　26
生活体力指標　173
生活不活発病　172
生活臨床　89
生産年齢人口　144
脆弱性－ストレス－対処モデル　81
成人期　48, 148
精神疾患を有する総患者数　80
精神障害　79
精神的欲求　147, 150, 249
精神病床における入院患者数　81
精神保健福祉法　79
生存競争　254
制度的なサポート　225
青年期　44, 47
成年期　44
生物間相互作用　255
生理的欲求　146
聖ルカ国際病院　101
聖隷三方原病院　127
セーブ・ザ・チルドレン　187
世界幸福度指数　248
世界保健機関（WHO）　128
責務履行者　186
世代性　48
全経路型コミュニケーションネットワーク　114, 117, 118
全人的苦痛　130
全人的ケア　129, 130
選択的文化変容　206
前頭前野　67
セント・クリストファー・ホスピス　127
専門職業的組織　115
専門職チーム　120
専門性の多角化　21
専門的コミュニケーション技法　i
総合的学習　25
総合的な学び　16
相互行為の視点　267
相互扶助　254, 255, 258, 259
　　──の精神　251
相互理解　259
喪失の理解　41
相乗効果　110
壮年期　45, 48, 148
双方向コミュニケーション　77, 251
相利共生　256, 257, 259
ソーシャルワーカーの関心　99

ソーシャルワークの定義　100
組織コミュニケーション　112
組織成立の3要件　112
ソンダース医師　127

た　行

退院援助　105
体験学習　24
体験活動　26
体験の意味づけ　266, 273
体験の語りによる意味づけ　272
第三者的な目　20
対人援助　ii
第二言語　211
第二言語学習者　209
第二言語習得（過程）　204, 205
第二の患者　137
他者の語りの参照　271
多職種コミュニケーション　104
多職種連携　122
　　――の壁　103
タスクワーク　111
多文化教育コーディネーター・サポーター事業　206
多文化主義政策　208
試し行動　38
団塊の世代　161
短期記憶　151
探索行動　27
男女差　242
地域ケアシステム　104
地域コミュニティ　236
地域社会　55
地域住民による支援　166
地域トータルケア　104
地域の人々とのコミュニケーション　103
地域の連帯感や共感　241
地域包括ケア（システム）　102, 103
地域リハビリテーション支援事業　243
チーム　109, 152
　　――の設計　111
　　――の定義　110
チームプロセス　111
チームアプローチ　99
チーム医療　106, 107, 115, 117, 121
　　――のコンフリクト　117
チーム訓練　121
チームマネジメント　111, 121
チームリーダー　111
　　――の役割　120
チームワーク　111
知識に基づく信頼　220

知的機能の障害　54
知的障害　54, 63, 65
知的能力障害　55
知能指数　54
注意欠陥多動性障害　65, 68
注意焦点付け訓練　83
注意の柔軟性　66, 68
中間支援員　252
聴覚優位（型）　67, 73
超高齢者　143
超高齢社会　144
調　整　117
終の棲家　160
通所型サービス　168
通所型のプログラム　174
デイサービス　168
低信頼文化　226
定年退職　162, 164
適応的なスキルの学習　84
手伝い　26
手続き記憶　151
電子カルテ　104
伝達意図　61
転倒不安　173, 176
同居家族　178, 179
統合失調症　80
　　――の経過　82
　　――の成因　81
統合失調症治療ガイドライン　84
同時処理　68
特別支援学校　73
特別養子縁組　35, 36
閉じこもり　171
ドミナントストーリー　100
「取り出し」指導　202
泥だんご　28

な　行

内集団　226
内面での葛藤　43
ナラティブアプローチ　99, 100
ニーズベースアプローチ　186
2言語共有説（氷山説）　204
2言語相互依存の原則　204
二重言語プログラム（KDLP）　208, 209, 210
日常生活の能力　54
日系人　203, 204
ニッチ分化　255
日本企業　221
日本語指導が必要な外国人児童生徒　202, 211, 212
日本の学校文化　202
日本文化に関する信頼の研究　227

入院生活技能訓練療法　83
入管法改正　211
乳児院　39
乳児期　147
乳児の自己主張や欲求　153
乳幼児の探索行動　27
乳幼児理解　9
人間のコミュニケーション　57
認知機能障害　82, 84
認知症　80
認知症高齢者　151
認知発達段階　56, 61
認知力の必要な言語使用　204
ネガティブな感情　91
年功序列制度　228
ノイズ　112
脳機能研究　67
農耕・牧畜生活の歴史　25
能動性　54
能力に関するリスク　217

は 行

バイスティック，F.P.　107
排泄　237
廃用症候群　172
「入り込み」指導　202
バイリンガル教育　204, 205
バイリンガル教育プログラム　208, 211
パターナリズム　107
働き方　163
発達障害　66, 69
発達障害児　70
発話の指導　63
バトラー，ロバート　151
パトロナイジングコミュニケーション　179
話ことばによるコミュニケーション　61
ハネムーン期　236, 238
ハビトス　26
パブリックスピーチ　104
場面への依存　204
パラレルキャリア　163
反社会的行動　41
阪神淡路大震災　235, 239
反発と受容　43
ピアエデュケーター　193, 194
非音声手段　57
東日本大震災　235, 249, 266
引きこもり　171
非言語的コミュニケーション　88, 90, 112
非言語メッセージ　222
被災者　249
　　――間のコミュニケーション　236, 239

――同士が強い連帯感　238
――と支援者　253
――と支援者のコミュニケーション　266
――の自立　253
――の心理回復プロセス　236
――のニーズ　258
ヒスパニック系　208, 212
避難所　236
　　――での生活支援　237
　　――のレイアウト　237, 238
避難所HUG（ゲーム）　243
比喩的なものごとの捉え方　25
病院　115
表情の変化　154
フォトボイス　192
不協和的文化変容　206
不均衡な信頼　225
福祉職　101
複数担任　17, 19
普通養子と特別養子　36
物質的欲求　147, 249
物的環境　13
プラン・インターナショナル　192
ブリスシンボリックス　71, 72
フレイル（予防）　156, 164
プレハブ式の仮設住宅　239
文化　223
文化資本　203, 206, 210
文化的感受性　228, 229
文化的差異　227
文化変容　206
分業と調整　117
平均寿命　146
保育　30
保育環境　12
保育・教育　25
保育室　13
保育実践　9
　　――の評価　11
保育者　9, 14
　　――の養成　33
保育所　10, 28
防災集団移転促進事業　242
訪問介護　165
訪問支援　176
法律や公的な規則・制度の役割　218
ホームバウンド　172
母語　204, 205, 206, 207
　　――の喪失　205, 207
　　――を用いた教授法　207
母子健康手帳省令様式　58
母子コミュニケーション　59

補助・代替コミュニケーション　→AAC
ポストモダニズム　99
ホスピス　127
ボランティア（活動）　165, 166, 266
　　──のボランティア　271

ま　行

マイナーサブシステンス　26, 29
マウント医師　127
マカトン（サイン）　71, 76
まごころネット　268
マザリーズ　59
マズローの欲求5段階説　146
マトリックス組織　116
マネジメント　120
3つの資質・能力　21
身振り　23
宮沢賢治　24
ミラーニューロン　66, 67
無条件の信頼　224
無シンボル期　56
無知のアプローチ　100
無知の姿勢　133
命令ゲーム　76
メッセージ　119
　　──の記号化　113
メディア　23, 25
モノリンガリズム　205, 211
模倣機能　67
模倣能力　67, 70
模倣への動機形成　24
モラトリアム　48
問題解決技能訓練　83

や　行

約束事やルール　17
有料老人ホーム　160, 161
ユニセフ　186, 187, 190, 191
要介護高齢者　148, 151, 153
要介護状態　172
要介護認定　239
養護と教育　10
要支援　172
養子縁組あっせん機関　37
幼児間のコミュニケーション　16
幼児期〜児童期の成長発達課題　39
幼児期の終わりまでに育ってほしい姿　21
幼児期の学習支援　12
幼児教育施設　21
幼児後期　148
養子制度　36

幼児前期　148
幼児との信頼関係　15
養子のアイデンティティ（の形成）　36, 43
養子の心理社会的適応モデル　38
養子の心理社会的発達課題　39
幼児の多様性　16
養親と実親　38
陽性症状　82
幼稚園　28, 31
幼年期　46
抑止に基づく信頼　219
抑制機能　68
予測不可能性　216
4つの喪失　156
淀川キリスト教病院　127

ら　行

ライフサイクル　77
　　──モデル　38
　　──理論　156
ライフレビュー　103, 175
リーダー　119
　　──と補助（サブ）　17, 19
　　──の役割　119
リスク　217
リスクコミュニケーション　263
リスク認知　264
リスクファクター　174
リハビリテーション　83
　　──の目的　103
ルーツ探し　36
ルーツ出自　42
ルビンの壺　i
歴史文化言語　203
レビンソン, D. J.　156
ロイヤル・ビクトリア病院　127
老性自覚　163
労働と遊び　26
老年期　45, 49
老年への過渡期　156
ロールプレイ　85
ロコモーショントレーニング　176, 177

わ　行

ワーキングメモリー　66, 68, 69
輪型コミュニケーションネットワーク　114, 117
分かち合い　254
わざの伝承　32
わらの上からの養子　46
悪い知らせ　132

文京学院大学総合研究所叢書 4

対人援助のためのコミュニケーション学
──実践を通じた学際的アプローチ

2019年3月15日　　初版第1刷発行

編　者　　伊 藤　英 夫
　　　　　工 藤　秀 機
　　　　　石 田　行 知

発　行　　文京学院大学総合研究所
　　　　　　　所長　　伊 藤　英 夫
　　　　　　　〒113-8668　東京都文京区向丘1-19-1
　　　　　　　Tel 03-3814-1661（代）　Fax 03-5684-8494

発　売　　株式会社冨山房インターナショナル
　　　　　　　〒101-0051　東京都千代田区神田神保町1-3
　　　　　　　Tel 03-3291-2578　　Fax 03-3219-4866

印刷・製本　大日本法令印刷株式会社

装　丁　　笠 井　亞 子

©2019　Bunkyo Gakuin University　　Printed in Japan　　ISBN 978-4-86600-058-9
無断転載を禁じます　　乱丁・落丁はお取替えいたします

文京学院大学総合研究所叢書

① ジョゼフ・R. デジャルダン ［著］
　文京学院大学グローバル・カリキュラム研究会 ［訳］
　『ビジネス倫理学入門』　　　　　　　　B5 判　304 頁　2500 円＋税

② 関根謙司／ユスフ・エルソイ・ユルドゥルム／川邉信雄 ［編］
　『トルコと日本の経済・経営関係 ［国際共同研究］』
　　　　　　　　　　　　　　　　　　　B5 判　190 頁　2500 円＋税

③ 加藤佐和子／アイシェヌール・テキメン／マグダレナ・ヴァシレヴァ ［編］
　『マンガ・アニメにみる日本文化 ［国際共同研究］』
　　　　　　　　　　　　　　　　　　　B5 判　240 頁　2500 円＋税

④ 伊藤英夫／工藤秀機／石田行知 ［編］
　『対人援助のためのコミュニケーション学
　　——実践を通じた学際的アプローチ』
　　　　　　　　　　　　　　　　　　　B5 判　304 頁　2500 円＋税

発行　文京学院大学総合研究所
発売　冨山房インターナショナル